O SEMINÁRIO
DE JACQUES LACAN

Campo Freudiano no Brasil

Coleção dirigida por Judith (*in memoriam*) e Jacques-Alain Miller

Assessoria brasileira: Angelina Harari

Jacques Lacan

O SEMINÁRIO

livro 2

O eu na teoria de Freud e na técnica da psicanálise

Texto estabelecido por
Jacques-Alain Miller

2ª edição
8ª reimpressão

ZAHAR

Tradução autorizada da primeira edição francesa, publicada em 1978
por Éditions du Seuil, de Paris, França, na coleção Le Champ Freudien

*Grafia atualizada segundo o Acordo Ortográfico da Língua Portuguesa de 1990,
que entrou em vigor no Brasil em 2009.*

Título original
Le Séminaire de Jacques Lacan
Livre II: Le moi dans la théorie de Freud et dans
la technique de la psychanalyse (1954-1955)

CIP-Brasil. Catalogação na fonte
Sindicato Nacional dos Editores de Livros, RJ

L129s
2 ed.

Lacan, Jacques, 1901-1981
Seminário, livro 2: o eu na teoria de Freud e na técnica da psicanálise / Jacques Lacan; texto estabelecido por Jacques-Alain Miller; [versão brasileira de Marie Christine Laznik Penot com a colaboração de Antonio Luiz Quinet de Andrade]. – 2ª ed. – Rio de Janeiro: Zahar, 2010.

(Campo freudiano no Brasil)

Tradução de: Le Séminaire de Jacques Lacan, livre II: le moi dans la théorie de Freud et dans la technique de la psychanalyse (1954-1955).
ISBN 978-85-7110-316-0

1. Ego (Psicologia) – Discursos, conferências etc. 2. Psicanálise – Discursos, conferências etc. I. Miller, Jacques-Alain, 1944-. II. Título. III. Título: O eu na teoria de Freud e na técnica da psicanálise. IV. Série.

10-0493

CDD: 150.195
CDU: 159.964.2

EDITORA SCHWARCZ S.A.
Praça Floriano, 19, sala 3001 – Cinelândia
20031-050 – Rio de Janeiro – RJ
Telefone: (21) 3993-7510
www.companhiadasletras.com.br
www.blogdacompanhia.com.br
facebook.com/editorazahar
instagram.com/editorazahar
twitter.com/editorazahar

livro 2

o eu na teoria de Freud e na técnica da psicanálise

1954-1955

Versão brasileira:
Marie Christine Laznik Penot

com a colaboração de:
Antonio Luiz Quinet de Andrade

Sumário

PARA ALÉM DO IMAGINÁRIO, O SIMBÓLICO OU DO PEQUENO AO GRANDE OUTRO

FINAL

Introdução

I

Psicologia e Metapsicologia

Verdade e saber.
O cogito *dos dentistas.*
[Eu] não é o eu, o sujeito não é o indivíduo.
A crise de 1920.

Bom dia, meus prezados amigos, ei-nos de novo juntos.

Definir a natureza do eu leva muito longe. Pois bem, é deste *muito longe* que vamos partir para voltar ao centro – o que nos trará de volta ao *muito longe.*

Nosso assunto deste ano é *o Eu na teoria de Freud e na técnica da psicanálise.* Mas não é só nessa teoria e nessa técnica que o eu tem sentido, isto que faz justamente com que o problema seja complicado.

A noção do eu foi elaborada no decurso de séculos, tanto pelos chamados filósofos, e com os quais não tememos comprometer-nos aqui, quanto pela consciência comum. Em suma, há uma certa concepção pré-analítica do eu – vamos chamá-la assim por convenção, a fim de orientarmo-nos – que exerce sua atração sobre aquilo que a teoria de Freud introduziu de radicalmente novo no que se refere a esta função.

Poderíamos admirarmo-nos de tal atração, até mesmo subdução[2] ou subversão, se a noção freudiana do eu não fosse tão transtornadora a ponto de merecer que se introduza, por sua causa, a expressão de *revolução coperniciana*, cujo sentido entrevimos no decurso das nossas palestras do ano passado, as quais estão no fundamento das que teremos este ano.

Os resultados a que chegamos serão quase completamente integrados na nova fase de onde agora retomamos a teoria de Freud, a qual permanece sendo nosso fio condutor – não se esqueçam de que se trata aqui de um seminário de textos.

1

As novas perspectivas abertas por Freud tinham por vocação abolir as precedentes. E, no entanto, através de mil vieses, algo ocorreu no manejo dos termos teóricos e uma noção do eu reapareceu, que não é, de modo algum, aquela que o equilíbrio do conjunto da teoria de Freud comporta e que, pelo contrário, tende à reabsorção, como aliás se diz muito abertamente, do saber analítico dentro da psicologia geral, o que significa, neste caso, a psicologia pré-analítica. E, da mesma feita, já que teoria e prática não são separáveis, a relação analítica, a direção da prática ficaram desviadas. A história atual da técnica da psicanálise assim mostra.

Isto permanece muito enigmático. Isto não teria por quê comover-nos se não passasse de um conflito entre escolas, entre retrógrados e avançados, entre ptolomaicos e copernicianos. Mas isto vai muito mais longe. Trata-se do estabelecimento de uma cumplicidade concreta, eficaz, entre a análise, manejo libertador, desmistificador, de uma relação humana, e a ilusão fundamental da vivência do homem, pelo menos a do homem moderno.

O homem contemporâneo cultiva uma certa ideia de si próprio que se situa num nível meio ingênuo, meio elaborado. A crença de que ele tem de ser constituído assim e assado participa de um certo *medium* de noções difusas, culturalmente admitidas. Ele pode imaginar que ela é oriunda de uma propensão natural, quando, no entanto, no atual estado da civilização ela lhe é ensinada, de fato, por todos os lados. Minha tese é a de que a técnica de Freud, em sua origem, transcende esta ilusão que, concretamente, exerce uma ação sobre a subjetividade dos indivíduos. A questão é, portanto, saber se a psicanálise vai pouco a pouco se relaxando até abandonar o que foi por um instante entreaberto ou se, pelo contrário, ela vai tornar a patentear seu relevo, e de maneira que o renove.

Daí a utilidade de se referir a determinadas obras de um determinado estilo.

Não é o caso, a meu ver, de cortar nossas falas em diferentes séries nas quais se desenrolam. Assim, o que Alexandre Koyré introduziu em sua conferência de ontem à noite a respeito da função do diálogo platoniano, a partir precisamente, do *Mênon*, pode sem artifícios inserir-se no encadeamento do ensino que aqui se desenvolve. A função das conferências das terças-feiras, denominadas, a justo título, *extraordinárias*, é com efeito a de permitir a cada um de vocês cristalizar as interrogações em suspenso nas fronteiras daquilo que levamos adiante neste seminário.

Ontem à noite, nas poucas palavras que pronunciei, eu salientava, transformando as equações menonianas, aquilo que se pode denominar a função da verdade em estado nascente. Com efeito, o saber, ao qual a verdade vem amarrar-se, deve provavelmente ser dotado de uma inércia própria que lhe faz perder algo da virtude, a partir da qual, ele começou a se depositar como tal, já que dá mostras de uma evidente propensão a desconhecer seu próprio sentido. Em canto algum esta degradação é mais evidente do que na psicanálise e este fato, por si só, revela o ponto deveras eletivo que a psicanálise ocupa num certo progresso da subjetividade humana.

Esta singular ambiguidade do saber e da verdade, a gente a vê desde a origem – se bem que nunca se esteja completamente na origem, mas tomemos Platão como origem, no sentido em que se fala da origem das coordenadas –, nós a vimos ontem revelar-se no *Mênon*, mas teríamos igualmente podido tomar o *Protágoras*, do qual não se falou.

Quem é Sócrates? É aquele que inaugura na subjetividade humana este estilo de onde surgiu a noção de um saber ligado a determinadas exigências de coerência, saber prévio a todo progresso ulterior da ciência como experimental – e vamos ter de definir o que significa esta espécie de autonomia que a ciência adquiriu com o registro experimental. Pois bem, no mesmo momento em que Sócrates inaugura este novo ser-no-mundo, que denomino aqui uma subjetividade, ele se dá conta de que o mais precioso, a *areté*, a excelência do ser humano, não é a ciência que vai poder transmitir os caminhos para se chegar aí. Aqui já ocorre um descentramento – é a partir desta virtude que um campo é aberto ao saber, mas esta própria virtude, no que tange a sua transmissão, a sua tradição, a sua formação, permanece fora de campo. Eis aí algo em que vale a pena deter-se, ao invés de precipitar-se a pensar que no fim tudo vai dar certo, que é ironia de Sócrates, que mais dia, menos dia, a ciência conseguirá recobrar isso mediante uma ação retroativa. No entanto, até agora, nada no decurso da história nos provou isto.

O que foi que se passou de Sócrates para cá? Bastante coisa e, em particular a noção do eu veio à luz.

Quando algo vem à luz, algo que somos forçados a admitir como sendo novo, quando uma outra ordem da estrutura emerge, pois bem! ele cria sua própria perspectiva no passado, e dizemos – *Isto jamais pôde não ter estado aí, existe desde toda eternidade.* Aliás, será que não está aí uma propriedade que nossa experiência nos demonstra?

Pensem na origem da linguagem. Nós imaginamos que há um momento em que se deve ter começado a falar nesta terra. Admitimos, pois, que houve uma emergência. Mas a partir do momento em que esta emergência é apreendida na sua própria estrutura, fica absolutamente impossível especular sobre aquilo que a precedeu, a não ser por intermédio de símbolos que sempre puderam ser aplicados. O que aparece como novidade dá sempre a impressão de estender-se pela perpetuidade, indefinidamente, aquém de si mesmo. Não podemos abolir pelo pensamento uma nova ordem. Isto se aplica a tudo o que quiserem e, inclusive, à origem do mundo.

Da mesma maneira, não podemos mais deixar de pensar sem este registro do eu que adquirimos no decurso da história, mesmo que lidemos com rastros da especulação do homem sobre si mesmo em épocas em que este registro, como tal, ainda não tinha sido promovido.

Daí é que nos parece que Sócrates e seus interlocutores deviam, assim como nós, ter noção implícita desta função central –

o eu devia exercer para eles uma função análoga àquela que ele ocupa em nossas reflexões teóricas, assim como também na apreensão espontânea que temos de nossos pensamentos, de nossas tendências, de nossos desejos, daquilo que é nosso e daquilo que não é nosso, daquilo que admitimos como expressões de nossa personalidade ou daquilo que rejeitamos como sendo parasita. A respeito desta psicologia toda, é muito difícil, para nós, pensar que ela não seja eterna.

Será que é assim? A questão merece, ao menos, ser colocada.

Colocá-la nos incita a olhar mais de perto se, com efeito, não há um certo momento em que esta noção do eu se deixa apreender como se estivesse em seu estado nascente. Não precisamos ir muito longe, os documentos estão ainda frescos. Isto não remonta além dessa época, ainda recente, em que se produziram tantos progressos em nossa vida, em que nos divertimos quando, lendo no *Protágoras*, alguém chega de manhãzinha na casa de Sócrates – *Olá! entre, o que está havendo? – Protágoras chegou.* O que é divertido é que tudo se passa, tal como Platão conta, como por acaso, na mais negra escuridão. Isso nunca foi assinalado por ninguém, pois só pode interessar a pessoas como nós, que de setenta e cinco anos para cá, nem isso, têm o hábito de girar o botão da luz.

Olhem a literatura, Vocês vão dizer que isto é próprio das pessoas que pensam, mas que as pessoas que não pensam deviam sempre ter tido, mais ou menos espontaneamente, alguma noção do seu eu.

Como é que vocês sabem? Vocês, em todo caso, estão do lado das pessoas que pensam ou, pelo menos, vocês chegaram depois das pessoas que pensaram. Então, tentemos abrir a questão antes de arrematá-la com tanta comodidade.

O tipo de gente, que definiremos por notação convencional como *os dentistas*, está muito seguro quanto à ordem do mundo porque pensa que o sr. Descartes expôs no *Discurso do método* as leis e os processos da clara razão. Seu [*eu*] *penso, logo sou,*[3] absolutamente fundamental no que diz respeito à nova subjetividade, não é, no entanto, tão simples quanto parece a esses dentistas, e alguns acham que devem reconhecer aí uma escamoteação, pura e simplesmente. Mesmo que efetivamente seja verdade que a consciência é transparente a si própria e que é apreendida como tal, fica patente que, nem por isso, o [*eu*] lhe é transparente. Ele não lhe é dado de modo diferente do de um objeto. A apreensão de um objeto pela consciência não lhe fornece da mesma feita suas propriedades. Ocorre o mesmo com o [*eu*].

Mesmo que este [*eu*] nos seja efetivamente entregue, no ato de reflexão, como uma espécie de dado imediato em que a consciência se apreende transparente a si própria, nada indica, no entanto, que a totalidade desta realidade – e dizer que se vai chegar a um julgamento de existência já é muito – fique de todo esgotada.

As considerações dos filósofos nos levaram a uma noção cada vez mais puramente formal do eu e, em suma, a uma crítica desta função. O progresso do pensamento se afastou, pelo menos provisoriamente, da ideia de que o eu fosse substância, assim como de um mito a ser submetido a uma crítica científica estrita. Legitimamente ou não, pouco importa, o pensamento enveredou por uma tentativa de considerá-la como pura miragem, com Locke, com Kant e, inclusive, com os psicofísicos, que tinham apenas de prosseguir neste sentido, claro que por outras razões e com outras premissas. Eles tinham a maior desconfiança da função do eu, dado que esta perpetua, mais ou menos implicitamente, o substancialismo implicado na noção religiosa de alma, como substância revestida, ao menos, das propriedades da imortalidade.

Não é de se admirar que, por intermédio de um extraordinário passe de malabarismo da história – por se ter abandonado por um instante o que Freud introduzia de subversivo, e que, numa certa tradição de elaboração do pensamento, pode ser tido como um progresso –, se tenha voltado para aquém desta crítica filosófica, que não é de ontem?

Empregamos o termo de revolução copernicana para qualificar a descoberta de Freud. Não que aquilo que não é copernicano seja absolutamente unívoco. Nem sempre os homens acreditaram que a Terra fosse uma espécie de prato infinito, acreditaram também que tivesse limites, formas diversas, por vezes, a de um chapéu de senhora. Mas, enfim, tinham a ideia de que havia coisas que estavam por baixo, digamos no centro, e que o resto do mundo se edificava por cima. Pois bem, se não sabemos direito o que um contemporâneo de Sócrates podia pensar do seu eu, havia contudo algo que devia de estar no centro, e não parece que Sócrates duvide disto. Este algo não tinha provavelmente o feitio do eu que começa numa data que podemos situar ao redor dos meados do século XVI, início do XVII. Mas estava no centro, na base. Com relação a esta concepção, a descoberta freudiana tem exatamente o mesmo sentido de descentramento que aquele trazido pela descoberta de Copérnico. Ela se expressa bastante bem na fulgurante fórmula de Rimbaud – os poetas, que não sabem o que dizem, como é bem sabido, sempre dizem, no entanto, as coisas antes dos outros – [*Eu*] *é um outro*.

2

Não fiquem embasbacados com isso, não se ponham a espalhar pelas ruas que [*eu*] *é um outro* – isso não produz nenhum efeito, creiam-me. E, além do mais, isso não quer dizer nada. Porque, primeiro, é preciso saber o que quer dizer isso – um outro. O outro – não se deleitem com este termo.

Há um de nossos colegas, de nossos antigos colegas, que tinha transado um pouco com os *Temps Modernes*, a revista do existencialismo, como se diz, e que nos trazia como uma audácia a de dizer que, para que alguém pudesse ser analisado, era preciso que fosse capaz de apreender o outro como tal. Era um sabichão, esse aí. A gente poderia ter perguntado a ele – *O outro*, o que é que o senhor quer dizer com isto? – é seu semelhante, seu próximo, seu ideal de [*eu*], uma bacia? Isso tudo são outros.

O inconsciente escapa totalmente a este círculo de certezas no qual o homem se reconhece como um eu. É fora deste campo que existe algo que tem todos os direitos de se expressar por [*eu*] e que demonstra este direito pelo fato de vir à luz expressando-se a título de [*eu*]. Justamente aquilo que é o mais não reconhecido[4] no campo do eu que na análise se chega a formular como sendo [*eu*] propriamente dito.

Eis o registro no qual o que Freud nos ensina sobre o inconsciente pode adquirir seu alcance e relevo. Que ele assim o tenha expresso, denominando-o *inconsciente*, leva-o a verdadeiras contradições *in adjeto*, leva-o a falar de pensamentos – ele próprio o diz, *sic venia verbo*, ele pede desculpas por isto o tempo todo –, de pensamentos inconscientes. Tudo isto é terrivelmente embaraçoso porque, da perspectiva da comunicação, na época em que está começando a expressar-se, ele é forçado a partir da ideia de que aquilo que é da ordem do eu é também da ordem da consciência. Mas isto não é seguro. Se ele assim o diz é devido a um certo progresso da elaboração filosófica que, na época, formulava a equivalência *o eu = consciência*. Porém, quanto mais Freud avança em sua obra, menos consegue situar a consciência, e ele tem de acabar confessando que ela é, no final das contas, insituável. Tudo se organiza, cada vez mais, numa dialética em que [*eu*] é distinto do eu.[5] Por fim, Freud abandona a partida – deve de haver, diz ele, condições que nos escapam, o futuro nos dirá o que é. Tentaremos entrever este ano como podemos, no fim das contas, situar a consciência na funcionalização freudiana.

Com Freud faz irrupção uma nova perspectiva que revoluciona o estudo da subjetividade e que mostra justamente que o sujeito não se confunde com o indivíduo. Esta distinção, que lhes apresentei primeiro no plano subjetivo, é também apreensível – e talvez seja este o passo mais decisivo do ponto de vista científico – no plano objetivo.

Caso se considere, como os behavioristas, aquilo que, no animal humano, no indivíduo como organismo se apresenta objetivamente, notar-se-á um certo número de propriedades, de deslocamentos, certas manobras e relações, sendo que é da organização dessas condutas que se infere a maior ou menor extensão dos rodeios de que o indivíduo é capaz para alcançar coisas que, por definição, se enunciam como sendo suas metas. Tem-se, assim, uma ideia do nível de suas relações com o mundo exterior, medese o grau de sua inteligência, em suma, fixa-se o nível, a estiagem onde medir o aperfeiçoamento, a *areté* de sua espécie. Ora, o que Freud nos traz, é o seguinte – as elaborações do sujeito de que se trata não são, de maneira alguma, situáveis num eixo onde, na medida em que fossem mais elevadas, se confundiriam cada vez mais com a inteligência, a excelência, a perfeição do indivíduo.

Freud nos diz – o sujeito não é a sua inteligência, não está no mesmo eixo, é excêntrico. O sujeito como tal, funcionando como sujeito, é algo diferente de um organismo que se adapta. É outra coisa, e para quem sabe ouvi-lo, a sua conduta toda fala a partir de um outro lugar que não o deste eixo que podemos apreender quando o consideramos como função num indivíduo, ou seja, com um certo número de interesses concebidos na *areté* individual.

Por enquanto vamos ater-nos a esta metáfora tópica – o sujeito está descentrado com relação ao indivíduo. É o que [*Eu*] *é um outro* quer dizer.

De certa forma, isto já se achava à margem da intuição cartesiana fundamental. Se, para ler Descartes, vocês deixarem de lado os óculos do dentista, vocês se darão conta dos enigmas que ele nos coloca, em particular aquele de um certo Deus enganador. É que quando se aborda a noção do eu, não se pode deixar de ver, ao mesmo tempo, esta implicação – em algum lugar as cartas foram maldistribuídas. O Deus enganador, no fim das contas, é a reintegração daquilo que sofrera rejeição, ectopia.

Na mesma época, um desses espíritos frívolos dados a exercícios de salão – é aí, por vezes, que começam coisas muito surpreendentes, uns recreiozinhos fazem, por vezes, aparecer uma nova ordem de fenômenos –, um cara muito engraçado, que não corresponde em nada à noção de que se tem do clássico, La Rochefoucauld, para nomeá-lo, resolveu, de repente, ensinar-nos algo de singular, ao qual não se deu suficiente atenção, e que ele chama de *amor-próprio.* Curioso que isto tenha parecido tão escandaloso, pois o que é que ele dizia? Ele salientava o seguinte – até mesmo nossas atividades aparentemente mais desinteressadas são feitas para cuidar da glória, até mesmo o amor-paixão ou o mais secreto exercício da virtude.

O que é que ele dizia exatamente? Será que dizia que o fazíamos para o nosso prazer? Esta questão é importantíssima porque, em Freud, tudo vai girar em torno dela. Se La Rochefoucauld tivesse dito apenas isto, teria apenas repetido o que se ensinou nas escolas desde sempre – nada é *desde sempre*, mas dá para vocês verem bem a função do *desde sempre* neste caso. O que existia desde Sócrates, é que o prazer é a busca do próprio bem. Seja lá o que for que se pensar, vai-se ao encalço do próprio prazer, busca-se o próprio bem. A questão é apenas a de saber se dado animal humano, considerado como ainda há pouco em seu comportamento, é bastante inteligente para apreender seu verdadeiro bem – se ele entender onde está seu bem, obterá o prazer que sempre resulta disso. O sr. Bentham levou esta teoria até suas últimas consequências.

Mas La Rochefoucauld realça outra coisa – que, quando nos empenhamos em ações ditas desinteressadas, afiguramos libertarnos do prazer imediato e buscar um bem de ordem superior estamos enganados. Aí é que está a novidade. Não se trata de uma teoria geral segundo a qual o egoísmo engloba todas as funções humanas. Isto, a teoria física do amor na obra de são Tomás já o dizia – o sujeito, no amor, busca o próprio bem. São Tomás, que só estava dizendo aquilo que há séculos se dissera, era contraditado, aliás, por um certo Guillaume de Saint-Amour, o qual fazia notar que o amor devia ser outra coisa que a busca do bem próprio. O que é escandaloso em La Rochefoucauld não é o amor-próprio se achar, para ele, no fundamento de todos os comportamentos humanos, é ele ser enganador, inautêntico. Há um hedonismo próprio ao *ego*, e que é justamente o que nos engoda, ou seja, nos frustra ao mesmo tempo do prazer imediato e das satisfações que poderíamos tirar de nossa superioridade com relação a este prazer. Separação de planos, relevância introduzida pela primeira vez, e que, por intermédio de uma certa diplopia, começa a nos despertar para o que vai aparecer como uma separação real de planos.

Esta concepção se inscreve numa tradição paralela à dos filósofos, a tradição dos moralistas. Não se trata de pessoas que se especializam em moral, mas sim que introduzem na observação dos comportamentos morais ou dos costumes uma perspectiva chamada de verdade. Esta tradição vai dar na *Genealogia da moral* de Nietzsche, que se conserva totalmente nesta perspectiva, de certa forma negativa, segundo a qual o comportamento humano, como tal, se acha engodado. É nesta concavidade, nesta cuia, que a verdade freudiana vem despejar-se. Vocês se acham engodados, decerto, mas a verdade está alhures. E Freud nos diz onde ela está.

O que neste momento faz irrupção, com um barulho tonitruante, é o instinto sexual, a libido. Porém, o que é o instinto sexual, a libido, o processo primário? Vocês acreditam que sabem – eu, também – o que não quer dizer que estejamos assim tão seguros. Vai ser preciso rever isto de perto, e é o que tentaremos fazer este ano.

3

A que ponto chegamos hoje? A uma cacofonia teórica, a uma surpreendente revolução de posição. E por quê? Antes de mais nada, porque a obra de metapsicologia de Freud, posterior a 1920, foi lida às avessas, interpretada de maneira delirante pela primeira e pela segunda geração depois de Freud – essa gente insuficiente.

Por que será que Freud achou que devia introduzir estas noções metapsicológicas novas, ditas tópicas, que se denominam o eu, o supereu e o isso? Foi que houve, na experiência que se entabulou, no encalço de sua descoberta, uma guinada, uma crise concreta. Em suma, este novo [*eu*], com o qual tratava-se de dialogar, lá pelas tantas recusou-se a responder.

Esta crise aparece claramente expressa nas testemunhas históricas dos anos que vão de 1910 a 1920. Na época das primeiras revelações analíticas, os sujeitos saravam mais ou menos milagrosamente, o que ainda nos é perceptível quando lemos as observações de Freud, com as suas interpretações fulgurantes e explicações que não acabam mais. Pois bem, fato é que isso foi funcionando cada vez menos, que se amorteceu com o passar do tempo.

Eis aí algo que permite pensar que há alguma realidade no que lhes estou explicando, isto é, na existência da subjetividade como tal e nas suas modificações no decurso dos tempos, segundo uma causalidade, uma dialética própria, que vai de subjetividade a subjetividade, e que talvez escape a qualquer espécie de condicionamento individual. Nestas unidades convencionais, que denominamos subjetividades devido a particularidades individuais, o que ocorre, o que torna a fechar-se, o que resiste?

Foi justamente em 1920, ou seja, logo depois da guinada da qual acabo de lhes falar – a crise da técnica analítica –, que Freud achou que devia introduzir suas novas noções metapsicológicas. E quando se lê atentamente o que Freud escreveu a partir de 1920, a gente se dá conta de que há um laço estreito entre esta crise da técnica que tinha de ser superada e a fabricação dessas novas estruturas. Mas para isto é preciso ler seus escritos – e é preferível lê-los na ordem. Que *Além do princípio do prazer* tenha sido escrito antes de *Psicologia das massas e análise do eu*,[6] e antes de *O eu e o isso*[7] deveria suscitar certas perguntas – nunca foram feitas.

Freud introduziu a partir de 1920 as noções suplementares, então necessárias para manter o princípio do descentramento do sujeito. Mas longe de ser entendido como devia, houve uma abalada geral, verdadeira libertação dos escolares – *Ah! ei-lo de volta, esse euzinho boa-praça! Ei-nos de novo norteados – Voltamos para as trilhas da psicologia geral.* E como não voltar com alegria, quando esta psicologia geral não é apenas um assunto de escola ou de comodidade mental mas, justamente, a psicologia de todo mundo? Ficou-se contente em poder acreditar de novo que o eu era central. E presenciamos as últimas manifestações disto nas geniais elocubrações que nos chegam atualmente de além-mar.

O sr. Hartmann, querubim da psicanálise, nos anuncia a grande notícia, que nos permitirá dormir tranquilos – a existência do *ego autônomo.* Este *ego* que, desde o início da descoberta freudiana, sempre foi considerado como sendo conflituoso, que, mesmo quando situado como uma função com relação à realidade, nunca deixou de ser tido por algo que, tal como a realidade, se conquista num drama, ei-lo de repente restituído para nós como um dado central. A que necessidade interior responde o fato de dizer que deve haver em algum canto um *autonomous ego*?

Esta convicção ultrapassa a ingenuidade individual do sujeito que acredita em si, que acredita que ele é ele – loucura bastante comum e que não é uma loucura total, pois faz parte da ordem das crenças. Evidentemente, temos todos tendência a acreditar que nós somos nós. Mas não estamos assim tão seguros, observem bem de perto. Em muitas circunstâncias, bem precisas, duvidamos disto, sem sofrer por isto qualquer despersonalização. Logo, não é apenas a esta crença ingênua que querem trazer-nos de volta. Trata-se, propriamente falando, de um fenômeno sociológico que diz respeito à análise como técnica, ou, se preferirem, como cerimonial, sacerdócio, determinada num certo contexto social.

Para que reintroduzir a realidade transcendente do *autonomous ego*? Ao se olhar de perto, trata-se de *autonomous egos* mais ou menos *iguais*[8] conforme os indivíduos. Regressamos aqui a uma entificação segundo a qual não só os indivíduos existem como tais, mas ainda alguns existem mais do que outros. É o que, mais ou menos implicitamente, contamina as chamadas noções do eu forte e do eu fraco, que são, cada uma delas, modos de eludir os problemas que, tanto a compreensão das neuroses como o manejo da técnica, colocam.

Tudo isto, em sua hora e vez, veremos.

Neste ano prosseguiremos, pois, ao exame e à crítica da noção do eu na teoria de Freud, precisaremos seu sentido em função da descoberta de Freud e da técnica da psicanálise, estudando paralelamente algumas de suas incidências atuais, ligadas a um certo modo de conceber, na análise, a relação de indivíduo a indivíduo.

A metapsicologia freudiana não começa em 1920. Está presente logo no início – vejam a coletânea sobre os começos do pensamento de Freud, as cartas a Fliess, os escritos metapsicológicos deste período – e prossegue no fim da *Traumdeutung*. Ela está suficientemente presente entre 1910 e 1920 para que vocês se tenham dado conta disto no ano passado. A partir de 1920, entra-se no que se pode denominar o último período metapsicológico. Para este período, *Além do princípio do prazer* é o texto primeiro, a obra-pivô. É a mais difícil. Não resolveremos de entrada todos os enigmas. Mas foi assim que aconteceu – Freud a trouxe inicialmente, antes de elaborar sua tópica. E se, para abordá-la, se espera ter aprofundado, acreditado aprofundar as obras do período seguinte, não podemos deixar de incorrer nos maiores erros. E é assim que a maioria dos analistas, no que tange ao famoso instinto de morte, entrega os pontos.

Desejaria que alguém de boa vontade, Lefèbvre-Pontalis por exemplo, fizesse uma primeira leitura de *Além do princípio do prazer.*

17 de novembro de 1954

II

Saber, Verdade, Opinião

A psicanálise e seus conceitos.
Um verdadeiro não apreensível pelo saber ligado.
Forma e símbolo.
Péricles psicanalista.
Programa do ano.

Na última vez, fiz uma pequena introdução ao problema dentro do qual, espero, caminharemos juntos este ano, isto é, o eu na teoria freudiana.

Não é uma noção que se identifica ao eu da teoria clássica tradicional, ainda que a prolongue – mas devido ao que lhe acrescenta, o eu adquire, na perspectiva freudiana, um valor funcional totalmente diferente.

Fiz-lhes entrever que não há muito tempo que se teorizou o eu. No tempo de Sócrates não só não se entendia o eu como hoje em dia se entende – abram os livros, vocês verão que o termo está totalmente ausente –, mas efetivamente – aqui a palavra tem seu pleno sentido – o eu não tinha a mesma função.

De lá para cá, uma mudança de perspectiva abalou a noção tradicional do que podia ser o bem, digamos, do indivíduo, do sujeito, da alma, de tudo o que quiserem. A noção unitária do bem, como esta perfeição ou *areté*, que polariza e orienta o aprimoramento do indivíduo a partir de uma certa época ficou marcada por uma suspeita de inautenticidade. Mostrei-lhes o valor significativo do pensamento de La Rochefoucauld a respeito disto. Abram esta coletaneazinha de nada das máximas. Eis aí um jogo de sociedade bastante singular que nos apresenta um tipo de pulsação, ou mais exatamente de apreensão instantânea da consciência. É um momento de reflexão que tem um valor verdadeiramente ativo, e um abrir de olhos ambíguo – será que se trata de uma guinada concreta da relação do homem consigo mesmo, ou de uma simples tomada de consciência, tomada de conhecimento, de algo que até então não fora visto?

A respeito disto a psicanálise tem um valor de revolução copernicana. A relação toda do homem consigo mesmo muda de perspectiva com a descoberta freudiana, e é disto que se trata na prática, tal qual a exercemos todos os dias.

É por isto que, domingo passado, vocês me ouviram rejeitar da maneira mais categórica a tentativa de tornar a fusionar a psicanálise na psicologia geral. A ideia de um desenvolvimento individual unilinear preestabelecido, comportando etapas que vão aparecendo cada qual por sua vez conforme uma tipicidade determinada, é pura e simplesmente o abandono, a escamoteação, a camuflagem, a denegação propriamente falando, e inclusive o recalque, daquilo que a análise trouxe de essencial.

Esta tentativa de sincretismo, nós a ouvimos da boca do único dentre os partidários desta tendência que saiba sustentar um discurso coerente. Vocês puderam ver que este discurso coerente conduziu-o a formular o seguinte – *Os conceitos analíticos não têm valor nenhum, não correspondem à realidade.* Mas esta realidade, como apreendê-la se não a designarmos por intermédio de nosso vocabulário? E se, continuando a fazê-lo, acreditássemos que o vocabulário é apenas um sinal de coisas que se achariam além, que ele se reduz a pequenas etiquetas, a designações flutuando no inominado da experiência analítica cotidiana? Se fosse o caso, significaria apenas que é preciso inventar um outro, ou seja, fazer outra coisa que não psicanálise. Se a psicanálise não for os conceitos nos quais ela se formula e se transmite, ela não é a psicanálise, é outra coisa, mas então é preciso dizê-lo.

Ora – e é nisso que consiste a escamoteação – continua-se, bem entendido, a usar os mesmos conceitos, na falta do que a experiência se dissolveria totalmente – e não digo que concretamente isso não aconteça com alguns que descambam até chegar a reduzir a psicanálise à psicologia geral. Mas os conceitos da psicanálise estão aí, e é por causa deles que a psicanálise perdura. Os outros fazem uso deles, não podem deixar de usá-los, mas de uma maneira que não é nem integrada nem articulada, nem capaz de ser entendida, nem de se transmitir, nem sequer de se defender. E é justamente por isto que assim que eles dialogam com outros, o que aconteceu domingo passado, isto é, com psiquiatras, tornam a enfiar o vocabulário no bolso, dizendo que não é isso que é importante na experiência analítica, mas sim as trocas de forças, ou seja, lá onde vocês não podem meter o nariz.

O personagem de Mênon não ofereceu um preâmbulo vão ao nosso ciclo de trabalho deste ano. Seu valor é exemplar – pelo menos para aqueles que aqui estão e esforçam-se em compreender. Esses não podem partilhar a confusão que, pelo que me disseram, se criou em certos espíritos, segundo a qual Mênon seria o analisado, o infeliz analisado que teríamos ridicularizado na outra noite. Não, Mênon não é o analisado, é o analista – a maioria dos analistas.

Gostaria de que não fosse deixado para trás o que pode ter ficado inacabado em nosso encontro com Alexandre Koyré. Sei que se tratava de nosso primeiro encontro, e que sempre se tem uma certa dificuldade em estabelecer um diálogo. É toda uma arte, uma maiêutica. Alguns, que teriam tido coisas para dizer, não puderam fazê-lo, a não ser nos bastidores. Não podemos pretender esgotar a questão do diálogo platoniano num serão. O importante é que isto permaneça aqui, vivo, aberto.

Seria, todavia, lastimável que aquilo que Octave Mannoni me disse depois da conferência não fosse posto em circulação na nossa comunidade. Recorda-lhe ainda o que lhe parecera, após minha própria intervenção, sobre a função da *ortodoxa*? Pois, para dizer a verdade, há um enigma nesta *ortodoxa*.

1

O. MANNONI: – *O que me surpreendeu, no movimento da conferência do sr. Koyré, foi inicialmente uma tendência quase espontânea a assimilar diretamente à análise o diálogo platoniano e a maiêutica socrática. É contra esta assimilação demasiado direta que eu queria protestar, fazendo notar que, para Platão, há uma verdade esquecida, e que a maiêutica consiste em fazê-la vir à luz, de sorte que o diálogo é justamente uma mistura de verdade e de erro, e a dialética uma espécie de crivo da verdade. Na análise, não se trata do mesmo tipo de verdade, trata-se de uma verdade histórica, enquanto que a primeira aparece, por um certo lado, como uma verdade de ciência natural. É bastante surpreendente que se possa chamar o inconsciente ora de linguagem esquecida, como Eric Fromm o faz, e ora de língua fundamental, como o presidente Schreber o faz, ora de sabedoria e ora de loucura. De sorte que o que volta à luz na maiêutica analítica, é a verdade no erro e o erro na verdade. É totalmente diferente daquilo que ocorre numa perspectiva platoniana. Penso também que o sr. Koyré puxa a* ortodoxa *para os lados daquilo que os primitivos denominam os costumes que mantêm a vida. Por conseguinte, pode ocorrer, efetivamente, que aquele – Mênon, e sobretudo Anito – que é apegado aos costumes que mantêm a vida se sinta em perigo diante da pesquisa epistêmica. É possível que haja aí um conflito que também se vê na análise, quando aquele que está seguro, que confia no que faz, inquieta-se com o que pode acontecer se isto for posto em questão.*

É verdade que houve, e não só da parte do sr. Koyré, uma solicitação um pouco abusiva no sentido de que se comparasse a condução do diálogo de Mênon com a experiência analítica.

Agora, no que diz respeito à verdade, observem bem qual é meta do *Mênon*. O *Mênon* mostra como se faz a verdade sair da boca do escravo, isto é, de seja lá quem for, e que seja lá quem for está de posse das formas eternas. Se a experiência presente supõe a reminiscência, e se a reminiscência é devido à experiência das vidas anteriores, é que estas experiências devem ter sido conduzidas com a ajuda de uma reminiscência. Esta recorrência não tem motivo para se acabar, o que nos mostra que se trata, efetivamente, de uma relação com formas eternas. É o seu despertar no sujeito que explica a passagem da ignorância ao conhecimento. Em outros termos, não se pode conhecer nada, a não ser porque já se conhece. Mas esta não é, propriamente falando, a meta do *Mênon*.

A meta e o paradoxo do *Mênon* consistem em mostrar-nos que a *epistemé*, o saber ligado por uma ocorrência formal, não cobre o campo todo da experiência humana, e em particular que não existe uma *epistemé* daquilo que realiza a perfeição, a *areté* desta experiência.

Estas ligações, já lhes vou comunicando que, no *Além do princípio do prazer*, teremos de nos perguntar em que elas consistem.

O que é posto em destaque neste diálogo não é apenas que Mênon não sabe o que diz, é que ele não sabe o que diz a respeito da virtude. E isto, porque foi um mau aluno dos sofistas – ele não entende o que têm os sofistas para lhe ensinar, que não é uma doutrina que explica tudo, mas sim o manejo do discurso, o que é bastante diferente. Vê-se a que ponto é mau aluno quando diz – *Se Górgias estivesse aqui, ele nos explicaria tudo isto. Com o que Górgias disse vocês cairiam para trás.* É sempre no outro que está o sistema.

O que Sócrates destaca é muito exatamente o seguinte – não existe uma *epistemé* da virtude, e muito precisamente daquela que é a virtude essencial – tanto para nós como para os Antigos –, a virtude política, pela qual os cidadãos se acham ligados num corpo. Os práticos excelentes, eminentes, que não são demagogos, Temístocles, Péricles, agem neste mais alto grau da ação que é o governo político, em função de uma ortodoxia, que não é definida a não ser pelo seguinte – existe aí um verdadeiro que não é apreensível num saber ligado.

Traduziu-se *ortodoxa* por *opinião verdadeira*, e o sentido é justamente esse.

Se a constituição de uma *epistemé*, no interior do vasto tumulto, do alarido, da balbúrdia da sofística, é a função de Sócrates, tratase ainda de entender o que este último espera disto. Pois Sócrates não crê que isto seja tudo.

Haveria ainda muito a dizer a respeito dos pontos de referência de Sócrates. Sócrates em sua dialética traz sempre à baila uma referência às técnicas, não por fazer das técnicas o modelo de tudo, pois ele bem sabe que há diferenças entre a do navegador, a do construtor de navios, a do médico, e a técnica superior dos que governam o Estado. E, justamente, no *Mênon* ele torna a nos mostrar onde está a rachadura.

SR. HYPPOLITE: – *O senhor foge um pouco da pergunta de Mannoni.*

Não fujo. Há muito tempo que me desvio dela. Mas o senhor concorda com o que estou adiantando aqui?

SR. HYPPOLITE: – *Aguardo a continuação, para ver. Penso que, há pouco, Mannoni formulou uma diferença fundamental entre o diálogo platoniano e o da análise.*

Ela está totalmente admitida, e não tem nada a ver.

SR. HYPPOLITE: – *Creio que se pode evitar esta diferença naquilo que ela tem de radical. E perguntava-me se era o que o senhor queria tentar. Estava aguardando a continuação.*

O senhor vai ver.

Não é fácil pôr fecho e remate. Acontece que nossa *epistemé* progrediu tanto que se acha, evidentemente, constituída de maneira muito diferente da de Sócrates. Seria, contudo, um engano não perceber que, apesar de fundamentada sobre a forma da ciência experimental, a *epistemé* moderna, tal como no tempo de Sócrates, permanece sendo fundamentalmente uma certa coerência do discurso. Trata-se simplesmente de saber o que esta coerência quer dizer, que tipo de ligação ela comporta. É sobre este termo de ligação precisamente que incidirá uma grande parte das perguntas que colocaremos aqui a partir do que vou tentar ensinar-lhes sobre o *ego.*

Farei ainda outro reparo, antes de tornar-me de todo claro. Ao querer dar a Mênon um exemplo sobre a maneira pela qual o discurso da ciência se constitui, mostrando-lhe que não precisa saber tanto, que não tem porquê imaginar que a coisa está no discurso dos sofistas, Sócrates diz – *Tomo esta vida humana que está aí, o escravo, e vocês vão ver que ele sabe tudo. Basta espertá-lo.* Releiam agora com atenção a maneira pela qual ele faz o escravo achar a verdade de que se trata, isto é – como duplicar a superfície do quadrado, depois de se ter dado conta de que a um de seus lados corresponde um certo número de unidades de superfície, que se acha numa dada proporção com este lado.

Pois bem, por mais que o escravo tenha em si todas as ciências sob a forma do que acumulou em sua vida anterior, o fato é que ele começa enganando-se. Engana-se utilizando muito apropriadamente o que nos serve de base no teste-padrão de inteligência – ele procede pela relação de equivalência A/B = C/D com a qual a inteligência procede da maneira mais constante. Este procedimento o conduz matematicamente ao erro que consiste em acreditar que duplicando o lado duplica-se a superfície.

Sócrates lhe mostra na figura traçada na areia que não pode ser assim.

O escravo vê efetivamente que a superfície construída a partir da duplicação do lado de 2 pés é o dobro da que se queria obter – 16 ao invés de 8. Mas isso não lhe adianta para a solução do problema, e é Sócrates que lhe mostra que, retirando-se os quatro cantos do quadrado grande, este diminui exatamente de metade, ou seja de 8, e que daí o quadrado interior fica sendo de 8, e representa a solução procurada.

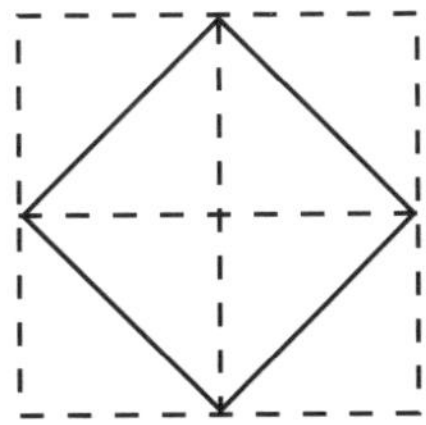

Vocês não estão vendo que há uma falha entre o elemento intuitivo e o elemento simbólico? Chega-se ao resultado com o auxílio da noção de que se tem dos números, de que 8 é a metade de 16. O que se obtém não são 8 quadrados-unidades. No centro temos 4 unidades de superfície, e um elemento irracional, $\sqrt{2}$, que não é dado no plano intuitivo. Logo, existe aí passagem de um plano intuitivo de ligação a um plano simbólico de ligação.

Esta demonstração, que é um exemplo de passagem do imaginário ao simbólico, evidentemente, é o mestre, o senhor quem a efetua. É Sócrates quem introduz que 8 é a metade de 16. O escravo, com toda sua reminiscência e sua intuição inteligente, vê a boa forma, se é que se pode dizer isto, a partir do momento em que a designam a ele. Mas fica aí palpável a clivagem entre o plano do imaginário ou do intuitivo – no qual, com efeito, funciona a reminiscência, ou seja, o tipo, a forma eterna, o que também se pode denominar as intuições *a priori* – e a função simbólica que não lhe é absolutamente homogênea, e cuja introdução na realidade constitui um forçamento.

Pergunto ao sr. Riguet, que é matemático, se estou dizendo coisas que lhe parecem discutíveis.

Sr. Riguet: – *Concordo.*

Prefiro decerto que um matemático concorde comigo.

Vocês estão vendo, portanto, que a função aqui manifestada como função genérica das ligações que Sócrates faz entrar em linha de conta na *epistemé* não vai sem questionar profundamente o valor da intervenção simbólica, do surgimento da fala. Há um momento em que na história da geometria aparece $\sqrt{2}$. Antes, girava-se em torno dela. Retrospectivamente, pode-se dizer que os geômetras egípcios e hindus entreviram-na, que acharam um jeito de manejá-la. Que nem Sócrates, que aí, na areia, põe em prática uma astúcia, e fornece uma equivalência dela. A autonomia de $\sqrt{2}$ não é, porém, absolutamente manifesta no diálogo. Quando aparece, ela engendra um monte de coisas, um desenvolvimento matemático inteiro, no qual o escravo não tem mais nada a ver.

Sr. Hyppolite: – *O senhor mostra, pois, que, em Platão, qualquer invenção, uma vez efetuada, revela-se como se engendrasse seu próprio passado, revela-se como uma descoberta eterna. No fundo, estamos pervertidos pelo cristianismo, que faz com que localizemos verdades eternas, como se fossem anteriores. Enquanto que o platonismo, seguindo mais o movimento que se poderia denominar historicidade, mostra que a invenção do símbolo revela-se, depois de inventada, como sendo um passado eterno. Talvez a noção de verdade eterna não tenha no platonismo o sentido que a Idade Média lhe conferiu, e, no qual a interpretação de Mannoni se fundamenta claramente. Eis porque dizia eu que podia haver uma ligação paradoxal entre o diálogo platoniano e a análise, e que era ela que o senhor buscava através da relação entre o simbolismo e a verdade.*

Não é exatamente isto. Creio justamente que há dois tipos de relação com o tempo. A partir do momento em que uma parte do mundo simbólico emerge, ela cria, efetivamente, seu próprio passado. Mas não do mesmo jeito que a forma no nível intuitivo. É justamente na confusão dos dois planos que reside o erro, o erro de crer que aquilo que a ciência constitui por intermédio da intervenção da função simbólica estava aí desde sempre, de crer que está dado.

Este erro existe em todo saber, visto que é apenas uma cristalização da atividade simbólica, e que, uma vez constituído, ele a esquece. Há em todo saber, uma vez constituído, uma dimensão de erro, que consiste em esquecer a função criadora da verdade em sua forma nascente. Que a gente se esqueça no âmbito experimental, ainda passa, já que está ligado a atividades puramente operantes – operacionais como se diz, não sei bem por quê, quando o termo de operantes tem todo o seu alcance. Mas nós, analistas, que trabalhamos na dimensão desta verdade em estado nascente, não podemos esquecê-la.

O que descobrimos na análise está no nível da *ortodoxa*. Tudo o que se opera no campo da ação analítica é anterior à constituição do saber, o que não impede que, operando neste campo, tenhamos constituído um saber, e que se mostrou inclusive excepcionalmente eficaz, como é natural, já que toda ciência surge de um manejo da linguagem que é anterior à sua constituição, e que é neste manejo da linguagem que se desenvolve a ação analítica.

É por esta razão também que quanto mais sabemos maiores são os riscos. Tudo o que se ensina a vocês sob uma forma mais ou menos pré-digerida nos pretensos institutos de psicanálise – estádios sádico, anal etc. –, é claro que tudo isto é muito útil, sobretudo para as pessoas que não são analistas. Seria estúpido que um analista os negligenciasse sistematicamente, mas é preciso que saiba que esta não é a dimensão na qual ele opera. Ele deve formar-se, tornar-se flexível num outro âmbito que não aquele onde se sedimenta, onde se deposita aquilo que em sua experiência vai formando-se pouco a pouco de saber.

O. MANNONI: – *Estou inteiramente de acordo.*

Só que, penso estar explicando-lhe o que, há pouco, o senhor colocou como um enigma. O senhor disse que, de cada lado, havia verdade e erro, erro e verdade. Eles estavam para o senhor numa repartição estritamente simétrica e inversa.

O. MANNONI: – *Não apresentei isso como um enigma. O que me parecia enigmático é o público estar prontinho a impelir a psicanálise no rastro do platonismo.*

Há dois públicos, aquele que está aqui, e tem ao menos uma chance de nortear-se, e o outro, que vem de horizontes bem diferentes, dar uma cheirada no que se passa, que acha isto engraçado, assunto para comentários e conversas na mesa, e que pode, naturalmente, ficar um pouco desnorteado. Se quiserem nortear-se que sejam mais assíduos. Nunca se desencoraja por demais a curiosidade – não se trata de conferências mundanas. Se eles vêm acreditando que queremos fazer da psicanálise o prolongamento do diálogo platoniano, enganam-se. Pois que se informem.

As falas fundadoras que envolvem o sujeito são tudo aquilo que o constituiu, os pais, os vizinhos, a estrutura inteira da comunidade, e que não só o constituiu como símbolo, mas o constituiu em seu ser. São leis de nomenclatura que determinam – pelo menos até um certo ponto – e canalizam as alianças a partir das quais os seres humanos copulam entre si e acabam criando, não apenas outros símbolos, mas também seres reais, que, ao virem ao mundo, têm imediatamente esta pequena etiqueta que é o sobrenome, símbolo essencial no que diz respeito a seu quinhão. Assim, a *ortodoxa* que Sócrates deixa atrás de si, mas pela qual se sente inteiramente envolto já que é também daí, contudo, que ele parte, já que ele está constituindo esta *ortodoxa* que deixa atrás de si –, nós a colocamos, de volta, no centro. A análise é isso.

No fim das contas, para Sócrates, mas não forçosamente para Platão, se Temístocles e Péricles foram grandes homens é que eram bons psicanalistas.

Encontraram no registro deles o que quer dizer a opinião verdadeira. Eles se acham no âmago deste concreto da história onde um diálogo se acha entabulado, quando no entanto nenhuma espécie de verdade pode ser deslindada sob a forma de um saber generalizável e sempre verdadeiro. Responder o que convém a um acontecimento na medida em que é significativo, em que é função de uma troca simbólica entre os seres humanos – pode ser a ordem dada à frota de sair do Pireu –, é fazer a boa interpretação. E fazer a boa interpretação no momento necessário é ser bom psicanalista.

Não estou querendo dizer que o político seja o psicanalista. Platão começa precisamente com *O político* a fornecer uma ciência da política, e sabe Deus onde isto, desde então, nos tem levado. Mas para Sócrates, o bom político é o psicanalista. Com isto respondo a Mannoni.

O. MANNONI: – *Não estou completamente de acordo. Há um outro ramo da alternativa que me parece mais socrático. Péricles e Temístocles eram bons homens de Estado por uma outra razão, é que tinha a* ortodoxa, *porque eram o que hoje em dia se denominaria* gentlemen. *Estavam tão integrados em seu meio social, havia tão poucos problemas para eles, tão pouca necessidade de ciência, que é quase o contrário.*

É o que lhe estou dizendo, meu caro. Não é por serem psicanalistas de nascença, sem terem sido psicanalizados, que deixavam de ser bons psicanalistas.

É claro que, neste caso, são apenas os senhores que fazem a história, e que o escravo, a quem Sócrates quis fazer dar uma voltinha no palco, não tem nada a dizer. Ele vai levar ainda um certo tempo para produzir Spartacus. Por enquanto, ele não é nada. É justamente porque só os *gentlemen* têm algo a dizer nesta história, que eles encontram as palavras necessárias. E até mesmo um cara como Sócrates vai ser posto *out* porque saiu um pouco demais da sociedade dos *gentlemen*. De tanta *epistemé*, ele não acerta na *ortodoxa*, e vão fazer-lhe pagar bastante caro, de uma maneira imbecil. Mas é que Sócrates, também, como Maurice Merleau-Ponty fez notar, pôs nisso um pouco de boa vontade – por pouco teria podido possuí-los. Talvez não estivesse naquele momento de posse de todas as suas capacidades? Sem dúvida tinha ele lá suas razões para enveredar por uma outra forma de demonstração. Afinal, não foi tão ineficaz. Teve um sentido simbólico.

2

Resta-nos um pouco de tempo. O senhor tem algo a nos dizer hoje, Pontalis?

Penso que é preciso começar sempre tomando as questões no ponto mais difícil – depois, basta descer. É por esta razão que quis que começássemos por *Além do princípio do prazer*. Bem entendido, não quis abater Pontalis sob o encargo de nos dar de início uma análise exaustiva, porque só conseguiremos entender este texto após ter dado volta em tudo o que Freud diz com respeito ao eu, do início de sua obra até o fim.

Quero lembrar-lhes que este ano é preciso que vocês todos leiam de ponta a ponta, com a mais extrema atenção os textos seguintes.

Em primeiro lugar, *Aus den Anfängen der Psychoanalyse*, que comporta as cartas a Fliess, e o *Entwurf*, que é uma primeira teoria psicológica já completa. A grande descoberta do pós-guerra são esses textos de juventude de Freud. Leiam este *Projeto* de uma teoria dita psicológica, que já é uma metapsicologia com uma teoria do *ego*. Encontrarão isso em inglês também sob o título de *Originis of Psycho-analysis*.

Em segundo lugar, a *Traumdeutung*, mais particularmente o capítulo intitulado *Psicologia dos processos do sonho*, e isto, na edição alemã ou, na falta, na inglesa.

Em terceiro lugar, os textos que dizem respeito ao que se denomina a segunda metapsicologia de Freud, reunidos na tradução francesa sob o título de *Essais de psychanalyse*. Aí se encontra *Além do princípio do prazer*, *Psicologia das massas e análise do eu*,[6] *O eu e o isso*,[7] que são os três artigos fundamentais no que tange à compreensão do eu.

Em quarto lugar, há outras coisas que vocês podem ler, como os artigos *Neurose e psicose*, *A função do princípio de realidade na neurose e na psicose*, *Análise finita e infinita*.[9]

Em quinto lugar, devem conhecer o derradeiro trabalho de Freud, este ensaio inacabado que, em alemão, se denomina *Abriss der Psychoanalyse*, que permite certos balizamentos quanto à maneira pela qual Freud fazia com que a primeira divisão tópica que dera do psiquismo – inconsciente, pré-consciente, consciente – e a nova tópica do eu, do supereu e do isso[1] se recobrissem. É só no *Abriss* que encontrarão indicações a respeito deste ponto.

Com isto, que vai do primeiríssimo trabalho de Freud até o derradeiro, vocês têm o elemento no qual vamos tentar operar para fazer a análise da teoria freudiana.

O. MANNONI: – *Será que posso assinalar nos* Colected Papers *o derradeiro artigo*, Splitting of the ego?

É justamente daí que todas as confusões partiram.

Pontalis, o senhor tem dez minutos para nos contar quais foram as questões que a primeira leitura de *Além do princípio do prazer* lhe inspirou.

SR. LEFÈBVRE-PONTALIS: – *Vou lembrar-lhes em poucas palavras o que este título significa. Vocês sabem que* Além do princípio do prazer *é um ensaio no qual Freud descobre que a preponderância que, de início, estabelecera do princípio do prazer, ligado ao princípio de constância, segundo o qual o organismo deve poder reduzir as tensões a um nível constante, que este princípio não é exclusivo, como de início afirmara. Tudo se passa como se ele fosse de certa forma impelido por um determinado número de fatos a ir além daquilo que afirmara de início. Mas neste texto, que eu não conhecia até então, ele está embaraçado.*

Primeiro, há o sonho dos traumatizados, ou seja, fato curioso, nas neuroses traumáticas haverá sempre retomada do sonho da situação traumatizante. De maneira que a ideia do sonho como realização alucinatória do desejo desmorona.

Depois, os jogos que as crianças repetem indefinidamente. Há o célebre exemplo da criança de 18 meses que a mãe larga e que, cada vez, joga um objeto e o recupera – processo de redesaparecimento, de reaparecimento. A criança tenta assumir um papel ativo nesta situação.

O mais importante é o que se passa na situação de transferência, onde o analisado recomeça um certo número de sonhos, sempre os mesmos. E de uma maneira geral ele é levado a repetir ao invés de simplesmente rememorar-se. Tudo se passa como se a resistência não viesse, como Freud o acreditara de início, unicamente do recalcado, mas sim unicamente do eu. E ele se dá conta de que sua concepção primeira da transferência está modificada. Esta última não é mais definida apenas como o produto de uma disposição à transferência, mas como o de uma compulsão à repetição.

Em suma, estes fatos levam Freud a objetivar, e a passar à afirmação de que há outra coisa além do princípio do prazer, que há uma tendência irresistível à repetição que transcenderia o princípio do prazer e o princípio de realidade, que, apesar de ser, de certa maneira, oposto ao princípio de prazer, o completaria no seio do princípio de constância. Tudo se passa como se, ao lado da repetição das precisões,[10] *houvesse um precisar de repetição que Freud mais constata do que introduz.*

Aí está fora de cogitação seguir Freud na tentativa biológica que tenta fornecer como infraestrutura. Gostaria simplesmente de colocar questões sobre o que vimos até aqui.

Algo que me impressionou – já que sou suposto desempenhar o papel do boca ingênua – foi que a tendência à repetição parece definida de maneira contraditória.

Ela parece definida pela sua meta, e sua meta, se tomarmos o exemplo do jogo da criança, parece consistir em controlar o que ameaça um certo equilíbrio, em assumir um papel ativo, em triunfar sobre conflitos não resolvidos. Neste caso, a tendência à repetição aparece como geradora de tensão, como fator de progresso, enquanto que, ao contrário, o instinto, no sentido em que Freud fala dele, é apenas uma estagnação. A ideia central é que a tendência à repetição modifica a *harmonia preestabelecida entre princípio de prazer e princípio de realidade, que ela conduz a integrações cada vez mais amplas, sendo, pois, fator de progresso humano. O título do artigo se justifica então. A compulsão à repetição estaria para além do princípio de prazer, já que seria a condição de um progresso humano, ao invés de ser, como o princípio do prazer, uma relação de segurança.*

Caso se passe para o outro ponto de vista, caso se deixe de definir a tendência à repetição pela sua meta, e caso a gente a defina pelo seu mecanismo, ela aparece como puro automatismo, como regressão. Para ilustrar este aspecto, Freud toma muitos exemplos emprestados à biologia. O aspecto tensão é ilustrado por intermédio dos progressos humanos e o aspecto regressão é ilustrado por intermédio do fenômeno de higiene alimentar.

Eis aí a construção que pareceu-me ter entrevisto entre a tendência à repetição, fator de progresso, e a tendência à repetição, mecanismo. Não se deve renunciar a descrever esta repetição em termos biológicos, e compreendê-la em termos unicamente humanos. O homem é levado a dominá-la através de sua morte, de sua estagnação, de sua inércia, na qual ele sempre pode recair.

Segunda questão. Esta inércia poderia ser figurada pelo eu, que Freud define muito expressamente como o núcleo das resistências na transferência. É um passo na evolução de sua doutrina – o eu na análise, ou seja, numa situação que recoloca em causa o equilíbrio precário, a constância, o eu representa a segurança, a estagnação, o prazer. De modo que a função de ligação de que se falava há pouco não definiria todo e qualquer sujeito. O eu, cuja tarefa principal consiste em transformar tudo em energia secundária, em energia ligada, não definiria todo e qualquer sujeito. Daí o aparecimento da tendência à repetição.

A questão da natureza do eu poderia estar ligada à função do narcisismo. Também aí, encontrei certas contradições em Freud, que, por vezes, parece identificá-lo com o instinto de conservação, e, por outras, fala dele como se fosse uma espécie de busca da morte.

Eis aí, aproximadamente, o que eu queria dizer.

Será que isto, em sua brevidade, pareceu suficientemente inteligível? Por mais breve que tenha sido, considero que a maneira pela qual Pontalis colocou o problema é notável, pois, ele visa deveras ao âmago das ambiguidades com as quais teremos de lidar pelo menos durante os primeiros passos de nossa tentativa de entender a teoria freudiana do eu.

O senhor falou do princípio de prazer como equivalente à tendência à adaptação. Bem que o senhor se dá conta de que é justamente o que colocou em causa mais adiante. Há uma profunda diferença entre o princípio do prazer e uma outra coisa que se diferencia dele, assim como estes dois termos ingleses que podem traduzir a palavra precisão[10] – *need* e *drive*.

O senhor colocou bem a questão ao dizer que uma certa maneira de falar disto implica a ideia de progresso. Talvez não tenha salientado suficientemente o seguinte – a noção da tendência à repetição como *drive* é explicitamente oposta à ideia de que haja o que quer que seja na vida que tenda ao progresso, contrariamente à perspectiva do otimismo tradicional, do evolucionismo, o que deixa a problemática da adaptação – e eu diria inclusive a da realidade – inteiramente em aberto.

O senhor fez bem em salientar a diferença entre o registro biológico e o registro humano. Mas isto só pode apresentar um interesse se a gente se der conta de que é justamente da confusão destes dois registros que surge a questão deste texto. Não há texto que coloque em questão num mais alto grau o próprio sentido da vida. Isto vai dar numa confusão, eu diria quase que radical, entre a dialética humana e algo que se acha na natureza. Existe aí um termo que o senhor não pronunciou, e que, no entanto, era absolutamente essencial, o de *instinto de morte*.

O senhor mostrou com muito acerto que isto não é apenas metafísica freudiana. A questão do eu se acha absolutamente implicada nisto. O senhor apenas o esboçou – de outra maneira teria feito aquilo para o que vou conduzi-los este ano.

Da próxima vez, abordarei a questão do eu e do princípio do prazer, ou seja, tomarei ao mesmo tempo aquilo que se acha no fim da questão de Pontalis e aquilo com que ele deparou logo de início.

24 de novembro de 1954

Além do Princípio do Prazer, a Repetição

III

O Universo Simbólico

Diálogos sobre Lévi-Strauss.
A vida e a máquina.
Deus, a natureza e o símbolo.
O imaginário natural.
O dualismo freudiano.

Houve na sessão de ontem à noite um progresso manifesto com relação à primeira, visto que sustentamos o diálogo um pouco melhor e por um tempo um pouco maior.

Tenho alguns testemunhos das idas e vindas que isto provoca na subjetividade de cada um – *Intervirei? – Não intervirei? – Não intervim* – etc.

Vocês, no entanto, devem ter-se dado conta, nem que seja pela maneira como as conduzo, de que estas sessões não são análogas às sessões de comunicações ditas científicas. É neste sentido que lhes rogo cuidar do seguinte – nestas sessões abertas, vocês não se acham de jeito nenhum em representação, apesar de termos convidados estrangeiros, simpatizantes e outros. Não devem procurar dizer coisas elegantes, destinadas a valorizá-los e a aumentar a estima que já se possa ter por vocês. Estão aqui para abrirem-se a coisas que ainda não foram vistas por vocês, e que são, em princípio, inesperadas. Então, por que não dar a esta abertura sua máxima ressonância fazendo as perguntas a partir do ponto mais profundo em que elas possam atingir em vocês, mesmo que isto se traduza de maneira um pouco hesitante, vaga, e até mesmo barroca?

Em outros termos, a única crítica que lhes poderia fazer, se posso permitir-me, é a de quererem todos parecer inteligentes demais. Todo mundo sabe que vocês o são. Então para que querer parecê-lo? E, de qualquer modo, que importância tem isto, quer para o ser, quer para o parecer?

Dito isto, aqueles que, ontem à noite, não puderam desopilar o fígado, ou o contrário, roga-se que o façam agora, já que o interesse destes encontros é que tenham consequência.

1

Eis o Anzieu que já se propõe. Fico-lhe grato por consentir em dizer o que tem a dizer.

A pergunta do sr. Anzieu não está reproduzida.

Durandin pareceu dizer que a violência da proibição do incesto era algo de mensurável, que se traduzia por atos sociais patentes. Não é verdade. Para descobrir o complexo de Édipo, foi preciso examinar primeiro os neuróticos, para passar depois a um círculo muito mais amplo de indivíduos. Foi por isto que eu disse que o complexo de Édipo, com a intensidade fantasiástica que nele descobrimos, a importância e a presença que tem no plano imaginário para o sujeito com o qual lidamos, devia ser concebido como um fenômeno recente, terminal, e não original, com relação àquilo de que Lévi-Strauss nos fala.

Mas como o senhor pode, caro Anzieu, dar tamanha importância ao fato de Lévi-Strauss fazer intervir em sua linguagem palavras como *compensação* ao se tratar, por exemplo, das tribos tibetanas ou nepalesas, onde se chega até a matar as meninas, o que faz com que haja mais homens do que mulheres? O termo compensação tem aqui apenas um valor estatístico, sem nenhuma relação com o termo analítico.

Não podemos deixar de conceder a Lévi-Strauss que os elementos numéricos intervêm na constituição de uma coletividade. O sr. de Buffon fez a respeito disto reparos muito acertados. O aborrecido é que, na escala dos macacos, à medida que se põem os pés num degrau, esquece-se de que há degraus embaixo – ou bem a gente os deixa apodrecer. De maneira que nunca se pode abarcar senão um campo bastante limitado no conjunto da concepção. Mas seria um engano não se lembrar dos reparos extremamente acertados de Buffon sobre o papel que os elementos estatísticos desempenham num grupo, numa sociedade.

Estes reparos vão muito longe, pois tiram o alcance de todos os gêneros de questões pseudofinalistas. Há questões que a gente não precisa colocar-se, porque se dispersam sozinhas em consequência da repartição espacial dos números. Problemas deste tipo ainda existem e são estudados em certos níveis demográficos aos quais Lévi-Strauss fez uma longínqua alusão.

Buffon se perguntava por que as abelhas fazem hexágonos tão bonitos. Reparou que não há outro poliedro com o qual se possa ocupar uma superfície de modo tão prático e tão bonito. É um tipo de pressão da ocupação do espaço que faz com que devam ser hexágonos, e a gente não deve colocar-se problemas doutos do gênero – será que as abelhas sabem geometria?

O senhor percebe o sentido que a palavra compensação pode ter neste caso aí – se houver menos mulheres, haverá forçosamente mais homens.

Mas o seu erro vai ainda mais longe quando o senhor fala de finalidade, quando crê que Lévi-Strauss, ao falar da circulação de uma família à outra, confere alma à sociedade. Haveria muito a dizer sobre o próprio emprego do termo finalidade, sobre suas relações com a causalidade, e trata-se de uma questão de disciplina do espírito deter-se nisso um instante, nem que seja só para notar o seguinte – a finalidade está sempre implicada, de forma diversamente larvar, no próprio interior de qualquer noção causal, a não ser que, justamente, se saliente a oposição entre o pensamento causalista e a concepção finalista. Para o pensamento causalista, a finalidade não existe, mas o fato de que se deva insistir prova suficientemente que a noção é difícil de manejar.

Qual é a originalidade do pensamento que Lévi-Strauss introduz com a estrutura elementar?

Ele salienta de ponta a ponta o seguinte – não se entende nada dos fenômenos referentes ao parentesco e à família, coletados há bastante tempo, se se tenta deduzi-los de uma dinâmica qualquer, natural ou naturalizante. O incesto como tal não provoca nenhum sentimento natural de horror. Não estou dizendo que podemos fundamentar-nos nisto, estou dizendo que isto é o que Lévi-Strauss diz. Não há nenhuma razão biológica, e em particular genética, que motive a exogamia, e ele mostra isto depois de haver discutido de maneira extremamente precisa os dados científicos. Numa sociedade – e podemos ter em vista outras sociedades que não as humanas –, uma prática permanente e constante da endogamia não só não terá inconvenientes como, ao fim de certo tempo, terá por efeito eliminar as pretensas taras. Não há nenhuma dedução possível, a partir do plano natural, da formação dessa estrutura elementar que se denomina a ordem preferencial.

E isto, ele o fundamenta em quê? No fato de que temos de lidar na ordem humana com a emergência total – englobando a ordem humana inteira em sua totalidade – de uma função nova. A função simbólica não é nova como função, ela tem lineamentos em outros lugares que não na ordem humana, mas trata-se apenas de lineamentos. A ordem humana se caracteriza pelo seguinte – a função simbólica intervém em todos os momentos e em todos os níveis de sua existência.

Em outros termos, está tudo ligado. Para conceber o que se passa no âmbito próprio à ordem humana, é preciso que partamos da ideia de que esta ordem constitui uma totalidade. A totalidade na ordem simbólica denomina-se um universo. A ordem simbólica é dada primeiro em seu caráter universal.

Não é aos poucos que ela vai-se constituindo. Assim que o símbolo advém, há um universo de símbolos. A pergunta que a gente poderia colocar-se – ao cabo de quantos símbolos, numericamente, o universo simbólico se constitui? – permanece aberta. Mas por menor que seja o número de símbolos que vocês possam conceber no momento da emergência da função simbólica como tal na vida humana, eles implicam a totalidade de tudo o que é humano. Tudo se ordena em relação aos símbolos surgidos, aos símbolos na medida em que apareceram.

A função simbólica constitui um universo no interior do qual tudo o que é humano tem de ordenar-se. Não é a troco de nada que Lévi-Strauss denomina suas estruturas *elementares* – ele não diz *primitivas. Elementar* é o contrário de *complexo.* Ora, o que é curioso é ele ainda não ter escrito as *Estruturas complexas do parentesco.* As estruturas complexas, quem as representa somos nós, e elas se caracterizam pelo seguinte – elas são muito mais amorfas.

Dr. Bargues: – *Lévi-Strauss falou das estruturas complexas.*

Claro. Ele dá seus lineamentos, indica seus pontos de inserção, mas não tratou delas.

Nas estruturas elementares, as regras da aliança estão inseridas numa rede, extraordinariamente rica, luxuosa, de preferências e proibições, de indicações, de mandamentos, de trilhamentos[11] e recobrem um campo bem mais vasto do que nas formas complexas. Quanto mais nos aproximamos, não da origem, mas sim do elemento, mais a estruturação, a amplidão, o intricamento do sistema propriamente simbólico da nomenclatura se impõem. A nomenclatura do parentesco e da aliança é mais ampla nas formas elementares do que nas formas ditas complexas, ou seja, elaboradas em ciclos culturais muito mais extensos.

É um reparo fundamental de Lévi-Strauss, e que mostra sua fecundidade neste livro. A partir disto, podemos formular a hipótese de que esta ordem simbólica, já que ela se coloca sempre como um todo, como se formasse por si só um universo – e inclusive constituísse o universo como tal, na medida em que é distinto do mundo –, deve, igualmente, ser estruturada como um todo, ou seja, ela forma uma estrutura dialética que se sustenta, que é completa.

Dentre os sistemas de parentesco, existem os que são mais ou menos viáveis. Alguns vão dar em impasses aritméticos, propriamente falando, e pressupõem que, de vez em quando, ocorram crises dentro da sociedade, com o que comportam de rupturas e de reinícios.

É a partir destes estudos aritméticos – caso se entenda por aritmético não apenas a manipulação das coleções de objetos, mas também a compreensão do alcance destas operações combinatórias, que vai além de qualquer espécie de dado que se poderia deduzir experimentalmente da relação vital do sujeito com o mundo – que Lévi-Strauss demonstra haver uma classificação correta daquilo que as estruturas elementares do parentesco nos apresentam. Isto supõe que as instâncias simbólicas estejam funcionando na sociedade desde a origem, desde o momento em que ela aparece como humana. Ora, é o que supõe igualmente o inconsciente tal como o descobrimos e manipulamos na análise.

Foi justamente aí, que houve ontem à noite alguma flutuação na resposta de Lévi-Strauss à minha pergunta. Pois, na verdade, devido a um movimento frequente naqueles que estão introduzindo ideias novas – uma espécie de hesitação em manter-lhes todo o gume – ele quase que regressou a um plano psicológico. A pergunta que eu lhe estava fazendo não implicava absolutamente um inconsciente coletivo, que foi o termo que ele empregou. Que solução poder-se-ia esperar da palavra coletivo neste caso, quando, no entanto, coletivo e individual são estritamente a mesma coisa? Não, não se trata de supor em algum canto uma alma comum onde todos estes cálculos ocorreriam, não se trata de nenhuma entificação psicológica, trata-se da função simbólica. A função simbólica não tem absolutamente nada a ver com uma formação para-animal, uma totalidade que faria do conjunto da humanidade uma espécie de grande animal – pois, no final das contas, o inconsciente coletivo é isso.

Se a função simbólica funciona, estamos dentro. E digo mais – estamos de tal maneira dentro que não podemos sair. Numa grande parte dos problemas que se colocam para nós quando procuramos cientificar, ou seja, colocar uma ordem num certo número de fenômenos, dentre os quais, em primeiro plano, o da vida, são sempre os caminhos da função simbólica que, no final das contas, nos conduzem, muito mais do que uma apreensão direta qualquer.

Assim, é sempre em termos de mecanismo que tentamos, apesar de tudo, explicar o ser vivo. A primeira questão que se coloca para nós, analistas, e talvez possamos aí sair da controvérsia que se entabula entre vitalismo e mecanicismo, é a seguinte – por que será que somos levados a pensar a vida em termos de mecanismo? Dado que somos homens, em que somos, efetivamente, parentes da máquina?

SR. HYPPOLITE: – *Dado que somos matemáticos, que temos a paixão da matemática.*

Claro. As críticas filosóficas feitas às pesquisas propriamente mecanicistas supõem que a máquina está privada de liberdade. Seria facílimo demonstrar-lhes que a máquina é muito mais livre do que o animal. O animal é uma máquina bloqueada. É uma máquina da qual certos parâmetros não podem mais variar. E por quê? Porque é o meio exterior que determina o animal e faz dele um tipo fixado. É na medida em que, em relação ao animal, somos máquinas, ou seja, algo de decomposto, que manifestamos uma maior liberdade, no sentido em que liberdade quer dizer multiplicidade de escolhas possíveis. Trata-se de uma perspectiva que nunca se coloca em evidência.

SR. HYPPOLITE: – *Será que a palavra máquina não mudou profunda e sociologicamente de sentido, desde seus inícios até a cibernética?*

Estou de acordo com o senhor. Estou tentando, pela primeira vez, inculcar nos meus ouvintes que a máquina não é o que o zé-povinho pensa. O sentido da máquina, para todos vocês, está mudando agora completamente, quer tenham aberto um livro de cibernética ou não. Vocês estão atrasados, é sempre a mesma coisa.

As pessoas do século XVIII, aquelas que introduziram o mecanismo – esse que hoje em dia pega bem execrar, esse das maquininhas longe da vida, esse que vocês acreditam ter ultrapassado –, estas pessoas como La Mettrie, cuja leitura nunca lhes aconselharia por demais, essas pessoas que vivenciavam isso, que escreviam o *Homem-Máquina*, vocês nem imaginam a que ponto elas estavam ainda enrascadas em categorias anteriores, que dominavam deveras seu espírito. É preciso ler de ponta a ponta os 35 volumes da *Enciclopédia das artes e das técnicas*, que fornece o estilo desta época, para se dar conta do quanto as noções escolásticas sobrepujam neles aquilo que estavam introduzindo, não sem esforços. Essas tentativas de redução a partir da máquina, de funcionalização dos fenômenos que ocorrem no nível humano, estavam de muito na dianteira dos encadeamentos que permaneciam em seu funcionamento mental quando eles abordavam um tema qualquer.

Abram a *Enciclopédia* na palavra *amor*, na palavra *amor-próprio* – verão a que ponto seus sentimentos humanos estavam afastados daquilo que, com referência ao conhecimento do homem, tentavam construir.

Foi só muito mais tarde, em nossa mente ou na de nossos pais, que o mecanismo adquiriu seu sentido pleno, depurado, despojado, fora de qualquer outro sistema interpretativo. Eis um reparo que nos permite apreender o que é ser um precursor. Não se trata, o que seria totalmente impossível, de antecipar as categorias que virão mais tarde e ainda não foram criadas – os seres humanos estão sempre mergulhados na mesma rede cultural que seus contemporâneos e não podem ter outras noções a não ser as deles. Ser um precursor é ver aquilo que nossos contemporâneos estão constituindo no momento como pensamentos, como consciência, como ação, como técnicas, como formas políticas, vê-los como os veremos um século mais tarde. Isto, sim, pode existir.

Existe uma mutação da função da máquina em curso, que deixa para trás todos aqueles que ainda permanecem na crítica do velho mecanicismo. Estar só um pouquinho de nada na dianteira, consiste em dar-se conta de que isto implica o desmoronamento total de todas as objeções clássicas feitas ao emprego de categorias propriamente mecanicistas. Creio que, este ano, terei a oportunidade de mostrar isto a vocês.

2

Há mais alguém que tenha uma pergunta a fazer?

O. Mannoni: – *O que me interessou foi a maneira pela qual Lévi-Strauss pegava o problema de natureza e cultura. Dizia ele que de uns tempos para cá não se via mais claramente a oposição entre natureza e cultura. As intervenções que existiram continuavam a buscar a natureza em algum canto, lá para os lados da afetividade, dos impulsos, da base natural do ser. Ora, o que levou Lévi-Strauss a colocar-se a questão da natureza e da cultura foi, por exemplo, uma certa forma de incesto, que lhe pareceu, ao mesmo tempo, universal e contingente. E esta espécie de contradição levou-o a uma espécie de convencionalismo que desnorteou um bom número de ouvintes. Fiz o seguinte reparo – o problema do contingente e do universal, este, reencontra-se, de um jeito perturbador, fora do mundo institucional. Os destros, eis uma forma universal, e, no entanto, ela é contingente – poder-se-ia ser canhoto. E nunca se pôde provar que era social ou biológico. Estamos diante de uma escuridão profunda, que é da mesma natureza que aquela que encontramos em Lévi-Strauss. Para ir mais adiante e mostrar que a escuridão é deveras gravíssima, pode-se notar que nos moluscos do gênero hélice, os quais, certamente, não são institucionais, existe também um enrolamento universal que é contingente, já que poderiam estar enrolados num outro sentido, e que, aliás, certos indivíduos estão enrolados num outro sentido. Parece-me, pois, que a questão colocada por Lévi-Strauss ultrapassa de muito a oposição clássica entre o natural e o institucional. Não é, pois, surpreendente que ele também se apalpe para saber onde estão seu lado natural e seu lado institucional, como todo mundo fez ontem. Isto me parece extremamente importante – estamos diante de algo que dissolve, ao mesmo tempo, a antiga ideia de natureza e a ideia de instituição.*

SR. HYPPOLITE: – *Seria uma contingência universal.*

O. MANNONI: – *Não sei.*

Creio que o senhor faz intervir aí coisas que talvez não estivessem implicadas na noção de contingência tal como Lévi-Strauss a evocou. Creio que, para ele, a contingência se opunha à noção de necessário – aliás, ele disse isto. O que ele introduziu sob a forma de uma questão, da qual diremos que, no final das contas, é ingênua, foi a distinção entre o universal e o necessário. O que equivale a colocar a questão de saber no que consiste aquilo que poderíamos chamar de a necessidade das matemáticas. Está muito claro que ela merece uma definição especial, e, por isto, falei há pouco de universo. A respeito da introdução do sistema simbólico, creio que a resposta à pergunta que Lévi-Strauss fazia ontem é a seguinte – o complexo de Édipo é, ao mesmo tempo, universal e contingente, porque é única e puramente simbólico.

SR. HYPPOLITE: – *Não creio.*

A contingência que Mannoni está enunciando agora é de ordem totalmente diferente. O valor da distinção entre natureza e cultura que Lévi-Strauss introduz com suas *Estruturas elementares do parentesco* consiste em permitir-nos distinguir o universal do genérico. O universal simbólico não precisa absolutamente espalhar-se pela superfície da terra inteira para ser universal. Aliás, que eu saiba, não há nada que faça a unidade mundial dos seres humanos. Não há nada que se ache concretamente realizado como universal. E, no entanto, assim que um sistema simbólico qualquer se forma, ele é, por direito, então, como tal universal. Que os homens tenham, salvo exceção, dois braços, duas pernas e um par de olhos – o que aliás, eles possuem em comum com os animais –, que sejam, como dizia alguém, bípedes sem penas, frangos depenados, tudo isto é genérico, mas de maneira nenhuma universal. O senhor introduz aí suas hélices enroladas num sentido ou no outro. A pergunta que o senhor está fazendo é do tipo natural.

O. MANNONI: – *É isso que coloco em questão. Até agora, os homens opuseram à natureza uma pseudonatureza, são as instituições humanas – encontra-se a família, como se encontra o carvalho ou a bétula. Em seguida, convieram entre si que estas pseudonaturezas eram um produto da liberdade humana ou da escolha contingente do homem. E foram, por conseguinte, levados a conferir a maior importância a uma nova categoria, a cultura oposta à natureza. Ao estudar estas questões, Lévi-Strauss chega a não saber mais onde está nem a natureza nem a cultura, porque a gente encontra justamente problemas de escolha, não apenas no universo das nomenclaturas, mas também no universo das formas. Desde o simbolismo da nomenclatura até o simbolismo de qualquer forma, a natureza fala. Fala ao enrolar-se para a direita ou para a esquerda, ao ser destra ou canhota. É o jeito dela de fazer escolhas contingentes, como famílias ou arabescos. Encontro-me agora, com efeito, situado num divisor de águas e não percebo mais como é que as águas se repartem. Queria informá-los deste embaraço. Não trago soluções, mas sim uma dificuldade.*

SR. HYPPOLITE: – *Parece-me que, há pouco, o senhor opôs, muito justamente, o universal ao genérico, quando disse que a universalidade estava ligada ao próprio simbolismo, à modalidade do universo simbólico criado pelo homem. Mas, então, trata-se de uma pura forma. Seu termo universalidade quer dizer no fundo que um universo humano afeta necessariamente a forma da universalidade, que puxa para uma totalidade que se universaliza.*

É a função do símbolo.

SR. HYPPOLITE: – *Será que isso responde à pergunta? Isso nos mostra apenas o caráter formal que toma um universo humano.*

Há dois sentidos para a palavra *formal*. Quando se fala de formalização matemática, trata-se de um conjunto de convenções a partir das quais vocês podem desenvolver toda uma série de consequências, de teoremas que se encadeiam, e estabelecem no interior de um conjunto certas relações de estrutura, propriamente falando, uma lei. No sentido gestaltista do termo, no entanto, a forma, a *boa forma*, é uma totalidade, porém realizada e isolada.

SR. HYPPOLITE: – *É este segundo sentido que é o do senhor, ou o primeiro?*

É o primeiro, incontestavelmente.

SR. HYPPOLITE: – *O senhor, no entanto, falou de totalidade, então, este universo simbólico é puramente convencional. Ele afeta a forma no sentido em que se fala de uma forma universal, sem que, por isto, ela seja genérica ou mesmo geral. Estou-me perguntando se o senhor não dá uma solução formal ao problema colocado por Mannoni.*

A questão de Mannoni tem duas faces.

Primeiro, há o problema que ele está colocando, e que se enuncia sob a forma *signatura rerum* – será que as próprias coisas apresentam, naturalmente, um certo caráter de simetria? Há um real, um dado. Este dado se acha estruturado de uma certa maneira.

Em particular, existem assimetrias naturais. Será que, no eixo de progressão do conhecimento em que nos encontramos, vamo-nos pôr a sondar seu misterioso sentido? Uma tradição humana inteira, que se denomina filosofia da natureza, dedicou-se a este gênero de leitura. Sabemos no que dá. Isto nunca leva muito longe. Leva a coisas altamente inefáveis, mas que estacam logo, a não ser que se queira, no entanto, continuar, e entra-se, então, no plano daquilo que é comumente denominado um delírio. Este, certamente, não é o caso de Mannoni, cujo espírito é por demais agudo, por demais dialético, para não fazer semelhante pergunta a não ser unicamente sob forma problemática.

A segunda coisa é saber se este é o ponto a que Lévi-Strauss visava quando, ontem à noite, nos disse que, no final das contas, ele se acha aí, à beira da natureza, tomado de uma vertigem, perguntando-se se não era nela que lhe era preciso reencontrar as raízes de sua árvore simbólica. Meus diálogos pessoais com Lévi-Strauss permitem-me esclarecer-lhes este ponto.

Lévi-Strauss está recuando diante da bipartição muito categórica que faz entre a natureza e o símbolo, e cujo valor criativo ele no entanto percebe bem, pois é um método que permite distinguir os registros entre si, e, da mesma feita, as ordens de fatos entre si. Ele oscila, e por uma razão que pode parecer-lhes surpreendente, mas que é perfeitamente confessada por ele – teme que, por detrás da forma da autonomia do registro simbólico, reapareça mascarada, uma transcendência pela qual, em suas afinidades, em sua sensibilidade pessoal, ele só sente temor e aversão. Em outros termos, teme que depois de termos feito Deus sair por uma porta, o façamos entrar pela outra. Não quer que o símbolo, e nem mesmo sob a forma extremamente depurada com a qual ele mesmo o apresenta a nós, seja apenas uma reaparição de Deus por detrás de uma máscara. Eis o que está na origem da oscilação que ele manifestou quando colocou em causa a separação metódica do plano do simbólico do plano natural.

Sr. Hyppolite: – *Nem por isto é menos verdade que apelar para o universo simbólico não resolve a própria questão das escolhas que foram feitas pelo homem.*

Certamente que não.

SR. HYPPOLITE: – *O que se denominava instituições e que implica um certo número de escolhas contingentes entra com certeza num universo simbólico. Mas nem por isto nos dá a explicação destas escolhas.*

Não se trata de explicação.

SR. HYPPOLITE: – *Nem por isto deixamos de ficar diante de um problema.*

É exatamente o problema das origens.

SR. HYPPOLITE: – *Não nego que a relação simbólica tenha impresso a marca de uma universalidade sistemática. Mas este revestimento, ele próprio, requer explicação e não deixa de nos levar ao problema que Mannoni colocou. Gostaria de fazer-lhe uma crítica. Em que nos auxilia o emprego da palavra simbólico? O que traz? Eis a pergunta. Não duvido de que auxilie. Em que acrescenta? E o que acrescenta?*

Ela me serve para a exposição da experiência analítica. O senhor pôde vê-la no ano passado, quando lhes mostrava que é impossível ordenar de maneira correta os diversos aspectos da transferência se não se partir de uma definição da fala, da função criadora, fundadora da fala plena. Na experiência apreendemos a transferência sob diferentes aspectos, psicológicos, pessoais, interpessoais – ela se dá de maneira imperfeita, refratada, como em marcha reduzida. Sem uma tomada de posição radical a propósito da função da fala, a transferência é pura e simplesmente inconcebível. Inconcebível no sentido próprio do termo – não há conceito da transferência, apenas uma multiplicidade de fatos ligados por um laço vago e inconsistente.

3

Da próxima vez introduzirei a questão do eu sob a forma seguinte – *Relações entre a função do eu e o princípio do prazer.*

Penso poder mostrar que para conceber a função que Freud designa sob o nome de o eu, assim como para ler a metapsicologia freudiana inteira, é indispensável servir-se desta distinção de planos e de relações expressa pelos termos de simbólico, de imaginário e de real.

Para que serve isso? Isso serve para conservar seu sentido a uma experiência simbólica particularmente pura, a da análise. Vou dar-lhes um exemplo, encetando aquilo que serei levado a lhes dizer a respeito do eu.

O eu, em seu aspecto mais essencial, é uma função imaginária. Isto é uma descoberta da experiência e não uma categoria que eu quase qualificaria, *a priori*, como a do simbólico. Por intermédio deste ponto, eu diria quase que por este único ponto, encontramos na experiência humana uma porta aberta para um elemento de tipicidade. Claro que este elemento nos aparece na superfície da natureza, mas sob uma forma sempre decepcionante. Foi sobre isto que quis insistir quando falei do fracasso das diferentes filosofias da natureza. Ela é bastante decepcionante, inclusive, no que diz respeito à função imaginária do eu. Mas é uma decepção à qual estamos inteiramente ferrados. Dado que somos o eu, não só temos uma experiência dela, como ela é tanto um guia de nossa experiência quanto os diferentes registros que foram chamados guias de vida, isto é, as sensações.

A estrutura fundamental, central, de nossa experiência, é de ordem propriamente imaginária. E podemos até apreender o quanto esta função no homem já é distinta daquilo que ela é no conjunto da natureza.

Reencontramos a função imaginária na natureza sob mil formas – trata-se de todas as captações gestaltistas ligadas ao cortejamento tão essencial à manutenção da atração sexual no interior da espécie.

Ora, a função do eu apresenta no homem características distintas. É isso a grande descoberta da análise – no nível da relação genérica, ligada à vida da espécie, o homem já funciona de modo diferente. Nele já há uma fissura, uma perturbação profunda da relação vital. Eis aí a importância da noção do instinto de morte que Freud introduziu. Não que o instinto de morte seja uma noção em si mesma tão luminosa. O que é preciso apreender é que ele foi forçado a introduzi-la para trazer-nos de volta a um dado agudo de sua experiência, num momento em que se começava a perdê-lo.

Como eu lhes fazia notar há pouco, quando uma apercepção sobre a estrutura está adiantada, há sempre um momento de recuo em que se tende a abandoná-la.

Foi o que ocorreu no círculo freudiano quando o sentido da descoberta do inconsciente passou para o segundo plano. Regressou-se a uma posição confusa, unitária, naturalista do homem, do eu, e, da mesma feita, dos instintos. Foi, justamente, para reencontrar o sentido de sua experiência que Freud escreveu *Além do princípio do prazer.* Vou mostrar-lhes através de que necessidade ele foi conduzido a escrever estes últimos parágrafos, dos quais vocês conhecem qual foi o tratamento que a comunidade analítica, em sua generalidade, lhe reservou. Dizem que não entendem nada disto. E inclusive quando, seguindo Freud, consentem em repetir *instinto de morte*, não entendem disto mais do que os jacobinos entendiam da graça suficiente, aqueles que foram tão lindamente crivados pelos dardos de Pascal em *les Provinciales.* Peço a vocês todos que leiam este texto extraordinário de Freud, incrivelmente ambíguo, e inclusive confuso, que o leiam várias vezes – senão, vocês não vão pegar a crítica literária que farei a respeito dele.

Os últimos parágrafos permaneceram literalmente herméticos, e de boca fechada. E até agora, nunca foram elucidados. Só podem ser entendidos caso se veja o que a experiência de Freud quis trazer. Ele quis, a qualquer preço, salvar um dualismo, no momento em que este dualismo estava derretendo-se entre suas mãos, e quando o eu, a libido etc., tudo isso formava uma espécie de vasto todo que nos trazia de volta a uma filosofia da natureza.

Este dualismo nada mais é do que aquilo de que falo quando dou destaque à autonomia do simbólico. Isso, Freud nunca o formulou. Para fazer com que vocês o entendam, preciso de uma crítica e de uma exegese de seu texto. Não posso desde agora considerar como estabelecido justamente o que tem de ser provado neste ano. Mas creio que vou poder demonstrar a vocês que a categoria da ação simbólica tem fundamento.

SR. HYPPOLITE: – *Eu não estava dizendo o contrário. A função simbólica é, para o senhor, se é que entendo bem, uma junção de transcendência, no seguinte sentido – ao mesmo tempo, nós não podemos nem ficar nisto, nem sair disto. Para o que é que ela serve? Não podemos privar-nos disto, e, no entanto, também não podemos instalar-nos nisto.*

Claro. É a presença na ausência e a ausência na presença.

SR. HYPPOLITE: – *Queria entender o que é que havia para ser entendido.*

Se o senhor estiver querendo manter no plano fenomenológico o que me está trazendo aqui, não tenho nenhuma objeção a fazer. Só que acho que não é suficiente.

SR. HYPPOLITE: – *Com certeza. Eu também acho.*

E em suma, ser puramente fenomenológico, isso não nos faz avançar muito.

SR. HYPPOLITE: – *É também o que penso.*

Isto só pode ocultar o progresso que temos de fazer, fornecendo antecipadamente a coloração que deve permanecer. Será que, sim ou não, o uso que faço do registro simbólico deve unicamente levar a situar em algum canto a transcendência do senhor que, afinal, deve existir? Será que se trata disto? Não creio. As alusões que fiz a uma utilização totalmente diferente da noção de máquina talvez estejam aí para indicar isto aos senhores.

SR. HYPPOLITE: – *Minhas perguntas eram apenas perguntas. Eu perguntava ao senhor o que lhe permitia não responder à pergunta de Mannoni, dizendo que não era o caso de responder; ou ao menos que, respondendo, a gente se desencaminharia.*

Disse que não creio que seja neste sentido que se pode dizer que Claude Lévi-Strauss retorna à natureza.

SR. HYPPOLITE: – *...recusa-se a retornar.*

Indiquei também que temos, bem entendido, de levar em conta o lado formal da natureza, no sentido em que eu o qualificava de assimetria pseudossignificativa, porque é disto que o homem se apossa para fabricar seus símbolos fundamentais. O importante é aquilo que confere às formas que estão na natureza valor e função simbólicos, o que faz com que funcionem umas em relação às outras. É o homem quem introduz a noção de assimetria. A assimetria na natureza, não é nem simétrica, nem assimétrica – ela é o que ela é.

Gostaria de falar-lhes, da próxima vez, do seguinte – *o Eu como função e como símbolo*. É aí que funciona a ambiguidade. O eu, função imaginária, só intervêm na vida psíquica como símbolo. Utiliza-se o eu como o Bororo utiliza o papagaio. O Bororo diz [*eu*] *sou um papagaio*, nós dizemos [*eu*] *sou um eu*.[5] Isto tudo não tem a menor importância. O importante é a função que isto tem.

O. MANNONI: – *Depois de Lévi-Strauss, tem-se a impressão de que não se pode mais empregar as noções de cultura e de natureza. Ele as destrói. É a mesma coisa com a ideia de adaptação da qual falamos o tempo todo. Estar adaptado quer dizer apenas estar vivo.*

Tem coisa justa nisto aí. É da mesma ordem do que acabei de evocar quando disse que, num dado momento, Freud quis defender a todo custo um certo dualismo. Devido à evolução rápida da teoria e da técnica analítica, Freud tinha se encontrado em presença de uma queda de tensão análoga àquela que o senhor descobre no espírito de Lévi-Strauss. Porém, no que lhe diz respeito, talvez esta não seja sua última palavra.

1º de dezembro de 1954

IV

Uma Definição Materialista do Fenômeno de Consciência

A vivência e o destino.
"O núcleo de nosso ser."
O eu é um objeto.
Fascinação, rivalidade, reconhecimento.

Indem er alles schaft, was schaftet der Höchste? – Sich.
Was schaft er aber vor er alles schaftet? – Mich.

Este dístico de Daniel von Chepko, teremos de reencontrá-lo daqui a pouco, se, hoje, eu conseguir levar vocês aonde quero.

As leis deste ensino comportam em si próprias um reflexo de seu sentido. Aqui não pretendo conseguir mais do que conduzi-los à leitura das obras de Freud. Não pretendo substituir-me a ela, se vocês a ela não se dedicarem. Fiquem bem cientes de que a forma que tento dar aqui ao ensino freudiano só adquirirá seu sentido e alcance se vocês se referirem aos textos, a fim de confrontar os bosquejos que lhes comunico com as dificuldades que podem apresentar.

Com efeito, estes textos são por vezes difíceis, impregnados de uma problemática trama de questões que se manifesta em contradições. São porém, contradições organizadas, contradições, e não simplesmente antinomias. Acontece que, às vezes, Freud, ao seguir seu rumo, chega a posições que a ele próprio aparecem como contraditórias, e que, em relação a algumas delas, ele retrocede – o que nem por isso quer dizer que pense que não fossem justificadas na época delas. Em suma, este movimento do pensamento de Freud, que não está acabado, que nunca se formulou numa edição definitiva, dogmática, é o que vocês devem aprender por si mesmos a apreender. É para facilitar esta apreensão que tento comunicar-lhes aqui o que eu próprio pude tirar de minha reflexão quando da leitura das obras de Freud, aclarado por uma experiência que, em princípio ao menos, era guiada por elas. Digo *em princípio ao menos*, já que frequentemente coloco aqui em questão que este pensamento tenha sido sempre bem compreendido, e até mesmo, rigorosamente seguido no desenvolvimento da técnica analítica.

Ensino-lhes que Freud descobriu no homem o peso e o eixo de uma subjetividade que ultrapassa a organização individual como soma das experiências individuais, e até mesmo como linha do desenvolvimento individual. Dou-lhes uma definição possível da subjetividade, ao formulá-la como sistema organizado de símbolos que almeja cobrir a totalidade de uma experiência, animá-la, dar-lhe sentido. E o que será que tentamos realizar aqui, senão uma subjetividade? As direções, as aberturas, que são aqui trazidas para vocês, sobre nossa experiência e nossa prática, são feitas para inspirá-los a prolongá-las numa ação concreta.

1

Neste ensino, assim como numa análise, lidamos com resistências.

As resistências têm sempre sua sede, nos ensina a análise, no eu. O que corresponde ao eu é o que por vezes chamo a soma dos preconceitos que comporta todo saber, e que cada um de nós carrega individualmente. Trata-se de algo que inclui o que sabemos ou cremos saber – pois saber é sempre, por algum lado, crer saber.

Por isto, quando uma perspectiva nova lhes é trazida de uma maneira descentrada com relação à experiência de vocês, sempre se opera um movimento pelo qual vocês tentam reencontrar o equilíbrio, o centro habitual do ponto de vista de vocês – sinal daquilo que lhes explico, e que se chama resistência. Seria preciso, ao contrário, que se abrissem às noções surgidas de uma experiência outra e tirassem proveito.

Tomemos um exemplo. Claude Lévi-Strauss nos trazia no outro dia, uma perspectiva que implica a relativação radical da realidade familiar, o que deveria ser, para nós, a oportunidade de reexaminar o que, para nós, pode haver de demasiado fascinante, de demasiado absorvente – a realidade que temos cotidianamente de manejar. Pois bem, qual foi o jeito que um de nossos companheiros de estrada escolheu para manifestar-se sobre este assunto? Afinal, disse ele, ao invés de preocuparmo-nos com o convencionalismo do sistema familiar, lembremos que, na família, não há só os pais, há filhos, há crianças.[12] Do ponto de vista do filho, a realidade da família se restabelece. Aquilo com que nós, analistas, lidamos, é a relação da criança com os pais. Eis o que nos evita perdermo-nos neste relativismo extremamente desnorteante.

Trazer a família de volta à sólida realidade da experiência da criança tinha assim, por certo, todo seu alcance: situar o centro da experiência analítica no fato de cada indivíduo ser uma criança. Mas esta intervenção testemunhava ela própria esta propensão do espírito a centrar nossa experiência analítica na experiência individual, psicológica.

É o que não se deve fazer, e vou ilustrá-lo para vocês com algo que encontramos, logo no dia seguinte, no agrupamento que se chama supervisão.

Um sujeito sonhava precisamente com uma criança, com um neném em seu estádio primitivo de importância, deitado de costas, como uma tartaruguinha revirada, a agitar os quatro membros. Ele sonhava com esta criança, imagem isolada. Imediatamente, por razões certas, eu era levado a dizer à pessoa que me relatava este sonho – *Esta criança é o sujeito, não há dúvida alguma.*

Um outro sonho me é trazido, que confirma esta imaginária como representando o sujeito. A pessoa do sonhador toma banho num mar que tem características muito especiais – diremos, para dar logo as associações, o contexto imaginário e verbal – que se acha composto de tal jeito que é, ao mesmo tempo, o divã do analista, o estofamento do carro do analista e, bem entendido, a mãe.[13] Sobre este mar estão inscritos algarismos que se relacionam de forma manifesta com a data do nascimento e com a idade do sujeito.

Qual é o pano de fundo deste sonho? O sujeito está extremamente preocupado com uma criança que vai nascer, pela qual se sente responsável, e a respeito da qual parece que fantasia uma paternidade imaginária. Esta situação vital se apresenta de maneira tão ambígua que, na verdade, não pode deixar de vir à mente que o sujeito deve ter motivos profundos para fantasiar isto, pois a realidade deixa a coisa bastante turva. É que, com efeito, numa espécie de ansiedade subdelirante a propósito de suas responsabilidades de genitor, o sujeito reproduz uma questão essencial para ele, isto é – será que ele próprio é, sim ou não, um filho legítimo?

Se o sujeito se sai com este sonho é na medida em que o analista já lhe formulou – *É de você que se trata nesta história.* E isto está subjacente ao sonho – *Afinal, não sou filho seu, do senhor, o analista?*

Vocês estão vendo que o que aí está em destaque não é, como sempre se tem tendência a acreditar, a dependência concreta, afetiva da criança com relação a adultos supostos mais ou menos parentais. Se o sujeito se coloca a questão do que ele é como filho[12] não é para saber se ele é mais ou menos dependente, e sim se é reconhecido ou não, tendo ou não o direito de usar seu nome de filho de fulano de tal. É na medida em que as próprias relações onde ele se acha são levadas ao grau do simbolismo, que o sujeito se interroga sobre si mesmo. O problema se coloca, pois, para ele, na segunda potência, no plano da assunção simbólica de seu destino, no registro de sua autobiografia.

Não vou dizer que no diálogo analítico tudo se desenrole sempre neste nível, mas fiquem bem cientes de que é este o nível essencialmente analítico. Numerosíssimas crianças produzem fantasia de ter uma outra família, de ser filho de outras pessoas que não aquelas que tomam conta delas. Diria que é uma fase típica, normal, do desenvolvimento da criança, que gera todo tipo de rebento na experiência, e que não é possível negligenciar nem mesmo fora da experiência analítica.

Então – é aí que quero chegar – o que é a análise das resistências?

Não é como se tende não apenas a formular – e se formula isto, dar-lhes-ei muitos exemplos –, porém, muito mais a praticar, não é intervir junto ao sujeito para que ele se conscientize da maneira pela qual seus apegos, seus preconceitos, o equilíbrio do seu eu, o impedem de enxergar. Não é uma persuasão que vai dar bem depressa na sugestão. Não é reforçar, como se diz, o eu do sujeito ou fazer de sua parte sã um aliado. Não é convencer. É saber, a cada momento da relação analítica, em que nível deve ser trazida a resposta. Esta resposta é possível que, às vezes, ela deva ser trazida ao nível do eu. Mas no caso que estou-lhes dizendo não é nada disto. A questão do sujeito não se refere absolutamente ao que pode resultar de tal desmame, abandono, falta vital de amor ou de afeto, ela concerne sua história visto que ele a desconhece e é isto que ele expressa a despeito de si através de toda sua conduta, na medida em que busca obscuramente reconhecê-la. Sua vida é orientada por uma problemática que não é a de sua vivência, porém, a de seu destino, isto é – o que será que sua história significa?

Uma fala é matriz da parte não reconhecida[4] do sujeito, e eis aí o nível próprio do sintoma analítico – nível descentrado com relação à experiência individual, visto ser aquele do texto histórico que a integra. Fica, a partir de então, patente que o sintoma só cederá com uma intervenção que incida neste nível descentrado. Fracassará toda intervenção que se inspirar numa reconstituição pré-fabricada, forjada a partir de nossa ideia sobre o desenvolvimento normal do indivíduo, e visando à sua normalização – eis o que faltou a ele, eis o que deve aprender a suportar de frustração, por exemplo. Trata-se de saber se o sintoma se resolve num registro ou no outro, não há meio termo.

A coisa é contudo, problemática, na medida em que o diálogo interêuico[14] não deixa de comportar certas repercussões, e talvez, por que não – psicoterapêuticas. Psicoterapia, sempre se fez sem saber muito bem o que se fazia, mas fazendo certamente intervir a função da fala. Esta função da fala, trata-se de saber se, na análise, ela exerce sua ação pela substituição do eu do sujeito pela autoridade do analista ou se ela é subjetiva. A ordem instaurada por Freud prova que a realidade axial do sujeito não está no seu eu. Intervir substituindo-se ao eu do sujeito, como se faz sempre numa certa prática da análise das resistências, é uma sugestão, não é análise.

O sintoma, seja qual for, não se acha propriamente resolvido quando a análise é praticada sem que seja colocado no primeiro plano a questão de saber onde deve incidir a ação do analista, qual é o ponto do sujeito, se posso expressar-me assim, a que ele deve visar.

Caminho passo a passo. Creio ter salientado suficientemente no decurso dos meses, e até mesmo dos anos precedentes, que o inconsciente é este sujeito desconhecido do eu, não reconhecido pelo eu, *der Kern unseres Wesen*, escreve Freud no capítulo da *Traumdeutung* sobre o processo do sonho, do qual lhes roguei que tomassem conhecimento – quando Freud trata do processo primário, ele quer falar de alguma coisa que tem um sentido ontológico e que ele denomina o *núcleo de nosso ser.*

O núcleo de nosso ser não coincide com o eu. Eis o sentido da experiência analítica, e é em torno disto que nossa experiência se organizou e depositou esses estratos de saber que são ensinados atualmente. Mas acreditam vocês que basta que se fique nisto, e que se diga – [*eu*], do sujeito inconsciente não é o *eu*? Não basta. Pois nada, para vocês que pensam espontaneamente, se é que se pode dizer isto, implica a recíproca. E vocês se põem normalmente a pensar que este [*eu*], é o eu verdadeiro. Vocês imaginam que o eu é apenas uma forma incompleta, errônea, deste [*eu*]. Assim, este descentramento essencial para a descoberta freudiana, vocês o efetuaram, mas imediatamente o reduziram. É a mesma diplopia que uma experiência bem conhecida dos oculistas demonstra. Coloquemos duas imagens muito próximas uma da outra e quase se recobrindo – graças a uma determinada vesguice, poderá ocorrer que formem apenas uma, se estiverem bastante próximas. Da mesma maneira, vocês fazem entrar o eu neste [*eu*] descoberto por Freud – vocês restauram a unidade.

Foi o que ocorreu na análise a partir do dia em que, ao dar-se conta de *que* – por uma razão que ficará por elucidar retrospectivamente – a primeira fecundidade da descoberta analítica se esgotava na prática, voltou-se ao que se denomina a análise do eu, pretendendo encontrar aí o exato avesso do que se tratava de demonstrar ao sujeito. Pois, já se estava no puzzle, no plano da demonstração. Pensava-se que, ao se analisar o eu, achava-se o avesso do que era para fazer entender. Operava-se assim uma redução da ordem daquela de que lhes estou falando – duas imagens diferentes numa só.

Com certeza [*eu*] verdadeiro não é o eu. Mas não basta, pois a gente pode sempre vir a acreditar que o eu seja apenas [*eu*] errado, um ponto de vista parcial, cuja simples tomada de consciência bastaria para alargar-lhe a perspectiva, o suficiente para que se descobrisse a realidade que se busca atingir na experiência analítica. O importante é a recíproca que deve ficar-nos sempre presente no espírito – o eu, não é [*eu*], não é um erro, no sentido em que a doutrina clássica faz dele uma verdade parcial. Ele é outra coisa – um objeto particular dentro da experiência de sujeito. Literalmente o eu é um objeto – um objeto que preenche uma certa função que chamamos aqui de função imaginária.

Esta tese é absolutamente essencial para a técnica. Desafio-os a não extrair esta concepção da leitura dos escritos metapsicológicos posteriores a 1920. As pesquisas de Freud em torno da segunda tópica foram realizadas para trazer de volta ao seu lugar um eu que começava a escorregar, outra vez, para sua antiga posição, quando, no entanto, por intermédio de um esforço de acomodação do espírito, se estava recaindo no essencial da ilusão clássica – não estou dizendo do erro, trata-se, propriamente falando, de uma ilusão. Tudo o que Freud escreveu tinha por meta restabelecer a perspectiva exata da excentricidade do sujeito com relação ao eu.

Sustento que aí está o essencial, e que é ao redor disto que tudo deve ordenar-se. E por quê? Vou tornar-me mais claro partindo do bê-á-bá, e inclusive do nível daquilo que se denomina, ou se acredita falsamente ser, a evidência.

2

A evidência de vocês, a evidência da experiência psicológica que é a de vocês, é determinada por uma confusão de conceitos da qual nada sabem. Vivemos no nível dos conceitos bem mais do que acreditamos. Seu modo de reflexão é essencial para a maneira com que o ser de uma certa era cultural se experimenta, e da mesma feita, se concebe.

Ora, o caráter elevado, altamente elaborado, do fenômeno de consciência é admitido como um postulado por todos nós sem exceção, neste ano de 1954, e estou certo de que não há aqui entre nós um só que não esteja, no final das contas, persuadido de que, por mais parcial que seja a apreensão da consciência, portanto, do eu, é aí, no entanto, que nossa existência é dada. Pensamos que, no fato de consciência, a unidade do eu é, senão explorada, pelo menos apreendida.

Ao contrário, o que a experiência analítica põe em destaque, e com o que Freud ficou tão embaraçado quanto um peixe diante de uma maçã, são as ilusões da consciência.

Em seus esboços[15] de 1895, Freud não consegue, e, no entanto é fácil, situar exatamente o fenômeno da consciência em seu esquema já elaborado do aparelho psíquico. Bem mais tarde, na metapsicologia, quando ele tenta explicar as diferentes formas patológicas – sonho, delírio, confusão mental, alucinações – por intermédio de desinvestimentos de sistemas, ele se reencontra sempre diante de um paradoxo quando se trata de fazer funcionar o sistema da consciência, e ele pensa consigo mesmo que aí deve haver leis especiais.

O sistema de consciência não cabe na sua teoria. A concepção psicofísica de Freud dos investimentos dos sistemas intraorgânicos é altamente engenhosa para explicar o que ocorre no indivíduo. Por mais hipotético que seja, o que desde então ganhamos em experiência a respeito da difusão e da repartição do influxo nervoso tende antes a mostrar a validade da construção biológica de Freud. Mas, para a consciência, não funciona.

Vocês me dirão – isto prova que Freud se atrapalhou. Vamos tomar as coisas sob outro ângulo.

O que será que dá à consciência seu caráter aparentemente primordial? O filósofo parece justamente partir de um dado incontestável quando parte da transparência da consciência a si mesma. Se existe consciência de alguma coisa, não é possível, nos dizem eles, que esta consciência, que existe, não apreenda a si mesma como tal. Nada pode ser experimentado sem que, dentro desta experiência, o sujeito possa apreender a si mesmo como numa espécie de reflexão imediata.

A respeito disto os filósofos deram, com certeza, alguns passos desde o passo decisivo de Descartes. A questão foi colocada, que permanece aberta, de saber se [*eu*] é imediatamente apreendido no campo da consciência. Mas já de Descartes, pode-se dizer que ele havia diferenciado a consciência tética e a consciência não tética.

Não irei mais adiante na investigação metafísica do problema da consciência. Vou propor-lhes não uma hipótese de trabalho – sustento que não se trata de uma hipótese –, mas sim uma maneira de acabar com isto, de cortar o nó górdio. Pois, há problemas que é preciso resignar-se a abandonar sem tê-los resolvido.

Trata-se mais uma vez de um espelho.

A imagem no espelho, o que é? Os raios que voltam para o espelho nos fazem situar num espaço imaginário o objeto que se acha além disso – em algum lugar na realidade. O objeto real não é o objeto que vocês veem no espelho. Há, pois, aí um fenômeno de consciência como tal. Em todo caso é o que lhes proponho que admitam, para que eu possa contar-lhes um pequeno apólogo que guiará a reflexão de vocês.

Suponham que todos os homens tenham desaparecido da terra. Digo *os homens*, devido ao valor elevado que vocês conferem à consciência. Já basta para perguntar – *O que será que sobra no espelho?* Mas suponhamos até que todos os seres vivos tenham desaparecido. Sobram então apenas fontes e cachoeiras – e também raios e trovões. A imagem no espelho, a imagem no lago, será que elas ainda existem?

É óbvio que ainda existem. E isto, por uma razão muito simples – no alto grau de civilização ao qual chegamos, que ultrapassa de muito nossas ilusões sobre a consciência, fabricamos aparelhos que podemos, sem audácia alguma, imaginar suficientemente complicados para que eles mesmos revelem os filmes, os guardem em caixinhas e os depositem na geladeira. Tendo desaparecido todo ser vivo, a câmera pode ainda assim registrar a imagem da montanha no lago, ou a do Café de Flore[16] esfarelando-se na solidão total.

Com certeza os filósofos terão todo gênero de objeções astuciosas a me fazer. Rogo-lhes, no entanto, que continuem a prestar atenção no meu apólogo.

Eis que os homens voltam. É um ato arbitrário do Deus de Malebranche – já que é ele que, a todo instante, nos sustenta em nossa existência, ele bem que pôde nos suprimir e nos repôr em circulação alguns séculos mais tarde.

Talvez os homens tenham de reaprender tudo e, em particular, a ler uma imagem. Pouco importa. O que é certo é o seguinte – logo que virem no filme a imagem da montanha, verão também seu reflexo no lago. Verão também os movimentos que ocorreram na montanha e os da imagem. Podemos levar as coisas mais longe. Sendo a máquina mais complicada, uma célula fotoelétrica apontada para a imagem no lago pôde determinar uma explosão – é sempre preciso, para que algo pareça eficaz, que se desencadeie em algum canto uma explosão – e uma outra máquina pôde registrar o eco ou recolher a energia desta explosão.

Pois bem! eis aí, portanto, o que lhes proponho considerar como essencialmente um fenômeno de consciência, que não terá sido percebido por mim[17] algum, que não terá sido refletido por nenhuma experiência êuica – estando ausente nesta época toda e qualquer espécie de mim[17] e de consciência do eu.

Vocês me dirão – *Espera aí, rapaz! O eu está em algum canto, está na câmera.* Não, não há nem sombra de mim na câmera. Mas, no entanto, admitirei de bom grado que [*eu*] está nisto, não na câmera –, está metido nisto.

Explico-lhes que é na medida em que ele está enfiado num jogo de símbolos, num mundo simbólico, que o homem é um sujeito descentrado. Pois bem, é com este mesmo jogo, com este mesmo mundo, que a máquina é construída. As mais complicadas máquinas são feitas apenas com falas.[18]

A palavra[18] é inicialmente este objeto de troca com o qual a gente se reconhece, e porque vocês disseram a senha, a gente não quebra a cara etc. A circulação da palavra começa assim, e ela se infla a ponto de constituir o mundo do símbolo que permite cálculos algébricos. A máquina é a estrutura como desvinculada da atividade do sujeito. O mundo simbólico é o mundo da máquina.

A questão daquilo que, neste mundo, constitui o ser do sujeito, se abre então.

Alguns estão muito preocupados vendo referir-me a Deus. No entanto, é um Deus que apreendemos *ex machina*, a não ser que extraiamos *machina ex Deo.*

A máquina efetua a continuidade, graças a qual os homens, ausentes por um tempo, terão a gravação do que ocorreu no intervalo dos fenômenos de consciência propriamente falando. E aqui, posso dizer *fenômenos de consciência* sem entificar nenhuma alma cósmica, nem nenhuma presença na natureza. Pois, no ponto em que estamos, talvez por nos termos metido suficientemente na fabricação da máquina, não estamos mais confundindo a intersubjetividade simbólica com a subjetividade cósmica. Ao menos, assim espero.

Se lhes forjei este pequeno apólogo não foi para desenvolver uma hipótese, mas para efetuar obra de salubridade. Só para começar a colocar a questão do que é o eu, já é preciso desvincular-se da concepção que chamaremos religiosa da consciência. Implicitamente, o homem moderno pensa que tudo que aconteceu no universo, desde a origem, foi feito para convergir para esta coisa que pensa, criação da vida, ser precioso, único, cume das criaturas, que é ele mesmo, no qual existe este ponto privilegiado que se denomina consciência.

Esta perspectiva conduz a um antropomorfismo tão delirante que é preciso começar a abrir os olhos para se dar conta de que espécie de ilusão se é vítima. É novo na humanidade esta paspalhice do ateísmo científico. Por defenderem-se, dentro da ciência, contra tudo o que possa lembrar um recurso ao Ser supremo, tomados de vertigem, precipitam-se alhures – para fazer a mesma coisa, prosternarem-se. Aí, não há mais nada a entender, tudo está explicado – é preciso que a consciência apareça. O mundo, a história convergem para esta maravilha que é o homem contemporâneo, vocês, eu, que corremos pelas ruas.

O ateísmo puramente sentimental, deveras incoerente, do cientismo, o impele, por contragolpe, a fazer da consciência o cume dos fenômenos. Tenta, tanto quanto possível – assim como de um rei por demais absoluto faz-se um rei constitucional –, fazer passar esta consciência por obra-prima das obras-primas, a razão de tudo, a perfeição. Mas estes epifenômenos não servem para nada. Quando se aborda os fenômenos, sempre se faz como se não se levasse isto em conta.

O próprio cuidado em não levar isto em conta deixa bem marcado que se a gente não lhe destrói o alcance, a gente se torna cretino – não se poderá mais pensar em outra coisa. Não me estenderei sobre as formas contraditórias e pueris das aversões, dos preconceitos, das pretensas inclinações a introduzir forças ou entidades, que se denominam vitalistas etc. Mas, quando em embriologia se fala da intervenção de uma forma formadora no embrião, logo se pensa que a partir do momento em que há um centro organizador, pode haver apenas uma consciência. Consciência, olhos, orelhas – pois deve haver um demoniozinho lá dentro do embrião. Daí não se procurar mais organizar o que é manifesto no fenômeno porque se crê que tudo o que é superior implica consciência. Sabemos, no entanto, que a consciência está ligada a algo de totalmente contingente, tão contingente quanto a superfície de um lago num mundo inabitado – a existência de nossos olhos ou de nossas orelhas.

Claro, há algo de impensável aí, um impasse onde vêm topar formações de todo tipo, que na mente parecem organizar-se de maneira contraditória. Contra elas, o bom senso reagiu por intermédio de um certo número de tabus. São premissas. O behaviorismo diz – *Nós aqui vamos observar as condutas totais, não liguemos para a consciência.* Mas sabe-se suficientemente que esta colocação entre parênteses da consciência não foi assim tão fecunda.

A consciência, essa, não é o monstro que se acredita ser. O fato de excluí-la, de acorrentá-la, não traz deveras nenhum benefício. Além disto, de uns tempos para cá, diz-se que o behaviorismo, sob a apelação do behaviorismo molar, a reintroduziu de mansinho. Porque aprenderam, depois de Freud, a manejar a tal da noção de campo. Para isto, os pequenos progressos que o behaviorismo pôde realizar são devidos ao fato de ter consentido em observar uma série de fenômenos em seu nível próprio – no nível, por exemplo, das condutas tomadas como totais, consideradas num objeto constituído como tal –, sem quebrar a cabeça para saber quais eram seus aparelhos elementares, inferiores ou superiores. O fato é que, contudo, na própria noção de conduta há uma certa castração da realidade humana. Não por ela não levar em conta a noção de consciência – a qual, na realidade, não serve absolutamente para nada nem para ninguém, nem para os que dela se servem, nem para os que dela não se servem – mas por eliminar a relação intersubjetiva, a qual fundamenta não apenas condutas, mas ações e paixões. Isto nada tem a ver com a consciência.

Rogo-lhes que considerem – durante um certo tempo, durante esta introdução – que a consciência, isso, se produz toda vez que é dada – e isto se produz nos lugares mais inesperados e distantes uns dos outros – uma superfície tal que possa produzir o que se denomina *uma imagem*. É uma definição materialista.

Uma imagem, isso quer dizer que os efeitos energéticos que partem de um ponto dado do real – imaginem que elas são da ordem da luz, já que é o que melhor permite criar imagens em nosso espírito – vêm refletir-se em algum ponto de uma superfície, vêm bater no mesmo ponto correspondente do espaço. A superfície de um lago pode também ser substituída pela *area striata* do lobo occipital, pois a *area striata* com suas camadas fibrilares é absolutamente semelhante a um espelho. Assim como vocês não precisam da superfície toda de um espelho – se é que isto quer dizer alguma coisa – para se darem conta do conteúdo de um campo ou de um cômodo, já que vocês obtêm o mesmo resultado manobrando um pedacinho pequenino, assim também qualquer pedacinho da *area striata* tem a mesma serventia e se comporta como um espelho. Coisas de todo tipo no mundo comportam-se como espelhos. Basta que as condições sejam tais para que a um ponto de uma realidade corresponda um efeito num outro ponto, para que uma correspondência biunívoca se estabeleça entre dois pontos do espaço real.

Eu disse *do espaço real* – estou indo depressa demais. Há dois casos – ou bem os efeitos se produzem no espaço real, ou bem se produzem no espaço imaginário. Há pouco pus em destaque o que se passa num ponto do espaço imaginário a fim de precipitar na dúvida as concepções habituais de vocês. Puderam assim dar-se conta de que tudo o que é imaginário, tudo o que é ilusório, propriamente falando, não é nem por isto subjetivo.

Há um ilusório perfeitamente objetivo, objetivável, e não é preciso fazer com que vossas mercês desapareçam para que o compreendam.

3

Nesta perspectiva, como é que fica o eu? O eu é deveras um objeto. O eu, que vocês percebem, segundo se pretende, dentro do campo da consciência clara como sendo a unidade deste, é justamente aquilo diante do qual o imediato da sensação é posto em tensão. Esta unidade não é nada homogênea ao que se passa na superfície deste campo, que é neutro. A consciência como fenômeno físico é justamente o que gera esta tensão.

Toda a dialética que lhes dei a título de exemplo com o nome de *estádio do espelho* está fundamentada sobre a relação entre, de um lado, um certo nível das tendências vivenciadas – digamos, por enquanto, num certo momento da vida – como que desconectadas, discordantes, despedaçadas – e sempre fica alguma coisa –, e por outro lado, uma unidade com a qual ele se confunde e se emparelha. Esta unidade é aquilo em que o sujeito se conhece pela primeira vez como unidade, porém, como unidade alienada, virtual. Ela não participa dos caracteres de inércia do fenômeno de consciência sob sua forma primitiva, pelo contrário, ela tem uma relação vital, ou contravital com o sujeito.

Ao que parece, o homem tem aí uma experiência privilegiada. Talvez haja, afinal, algo desta ordem em outras espécies animais. Este ponto não é crucial para nós. Não forjemos hipóteses. Esta dialética está presente na experiência em todos os níveis da estruturação do eu humano, e isto nos basta.

Para fazê-los apreender direito esta dialética, gostaria de representá-la a vocês por uma imagem, cuja efígie ainda não tiveram o tempo de gastar porque ainda não a dei a vocês – aquela do cego e do paralítico.

A subjetividade no nível do eu é comparável a este casal, introduzido pela imaginária do século XV – e, por certo, não sem razão – de maneira particularmente acentuada. A metade subjetiva de antes da experiência do espelho é o paralítico, que não pode mover-se só, a não ser de maneira descoordenada e desajeitada. O que o domina é a imagem do eu, que é cega e que o carrega. Contrariamente às aparências, e eis todo o problema da dialética, não é, como Platão acredita, o senhor quem cavalga o cavalo, ou seja, o escravo, é o contrário. E o paralítico, a partir do qual se constrói esta perspectiva, só pode identificar-se à sua unidade na fascinação, na imobilidade fundamental pela qual ele vem corresponder ao olhar ao qual está preso, o olhar cego.

Uma outra imagem é a da serpente e do pássaro fascinado pelo olhar. A fascinação é absolutamente essencial para o fenômeno de constituição do eu. É na qualidade de fascinada que a diversidade descoordenada, incoerente, da despedaçagem[2] primitiva adquire sua unidade. A reflexão também é fascinação, bloqueio. Esta função da fascinação, e até mesmo do terror, mostrá-la-ei a vocês do próprio punho de Freud, a propósito justamente da constituição do eu.

Terceira imagem. Se certas máquinas pudessem encarnar aquilo de que se trata nesta dialética, eu lhes proporia o seguinte modelo.

Tomemos uma dessas tartaruguinhas ou raposinhas, tais como, de uns tempos para cá, somos capazes de fabricar e que são o brinquedinho dos sábios de nossa época – os autômatos sempre desempenharam um papel muito grande, e desempenham um papel renovado em nossa época –, uma dessas maquininhas para as quais somos capazes de fornecer, graças a órgãos intermediários de todo tipo, uma homeostase e algo que se assemelha a desejos. Suponhamos que esta máquina seja constituída de tal maneira que esteja inacabada e que vá bloquear-se, só indo estruturar-se definitivamente num mecanismo ao perceber – por qualquer meio que seja, por exemplo, uma célula fotoelétrica com retransmissor – uma outra máquina, em tudo semelhante a ela própria, mas cuja única diferença é já ter perfeito sua unidade no decurso do que se pode denominar uma experiência anterior – uma máquina pode fazer experiências. Assim, o movimento de cada máquina está condicionado à percepção de um certo estádio alcançado por uma outra. É o que corresponde ao elemento de fascinação.

Vocês veem que um círculo pode, da mesma feita, estabelecer-se. Na medida em que a unidade da primeira máquina estiver pendente da unidade da outra, que a outra lhe fornecer o modelo e a própria forma de sua unidade, aquilo para o que se dirigir a primeira dependerá sempre daquilo para o que se dirigir a outra.

Disto não vai resultar nada menos que esta situação de impasse própria à constituição do objeto humano. Esta se acha, com efeito, inteiramente pendente desta dialética de ciúme – simpatia que é expressa, com exatidão, na psicologia tradicional, pela incompatibilidade das consciências. Isto não quer dizer que uma consciência não possa conceber uma outra consciência, mas sim que um eu, inteiramente pendente da unidade de um outro eu, é estritamente incompatível com ele no plano do desejo. Um objeto temido, desejado, é ou ele ou eu quem o terá, tem de ser de um ou de outro. E quando é o outro que o tem é porque ele me pertence.

Esta rivalidade constitutiva do conhecimento em estado puro é, evidentemente, uma etapa virtual. Não há conhecimento em estado puro, pois, a estrita comunidade do eu e do outro no desejo do objeto enceta uma coisa radicalmente outra, ou seja, o reconhecimento.

O reconhecimento supõe com toda evidência um terceiro. Para que a primeira máquina bloqueada na imagem da segunda possa chegar a um acordo, para que não sejam forçadas a se destruir no ponto de convergência do desejo delas – que é em suma o mesmo desejo, já que neste nível elas são apenas um só e mesmo ser –, seria preciso que a maquininha pudesse *informar* à outra, dizer-lhe – *Desejo isto.* Não é possível. Admitindo que haja [*eu*],[19] isto se transforma logo em *desejas isto. Desejo isto* quer dizer – *Tu, outro, que és minha unidade, desejas isto.*

Poder-se-ia pensar que reencontramos aqui esta forma essencial da mensagem humana que faz com que se receba a sua própria mensagem do outro, sob forma invertida. Não acreditem em nada disto. O que estou-lhes contando aqui é puramente mítico. Não há nenhum meio de a primeira máquina dizer o que quer que seja, pois ela está antes da unidade, ela é desejo imediato, pois ela não tem fala, ela não é ninguém. Ela é tão pouco alguém quanto o reflexo da montanha no lago. O paralítico está afônico, ele nada tem a dizer. Para que alguma coisa se estabelecesse, seria preciso haver um terceiro que, por exemplo, entrasse dentro da máquina, da primeira, e pronunciasse – [*eu*]. Mas isto é totalmente impensável neste nível da experiência.

Este terceiro é, no entanto, o que encontramos no inconsciente. Mas, justamente, ele está no inconsciente – lá onde deve estar situado para que o balé de todas as maquininhas se estabeleça, ou seja, acima delas, neste alhures onde Claude Lévi-Strauss lhes disse, no outro dia, que ficava o sistema das trocas, as estruturas elementares. É preciso que, no sistema condicionado pela imagem do eu, o sistema simbólico intervenha para que uma troca possa estabelecer-se, algo que seja, não o conhecimento, porém o reconhecimento.

Vocês estão vendo através disto que o eu não pode, em caso algum, ser outra coisa senão uma função imaginária, mesmo que num certo nível ele determine a estruturação do sujeito. Ele é tão ambíguo quanto pode ser o próprio objeto, do qual ele é, de certa maneira, não apenas uma etapa, mas o correlato idêntico.

O sujeito se coloca como operante, como humano, como [*eu*], a partir do momento em que aparece o sistema simbólico. E este momento não é dedutível de nenhum modelo que seja da ordem de uma estruturação individual. Dizendo isto de outra maneira, para que o sujeito humano aparecesse seria preciso que a máquina, nas informações que ela fornece, se contasse ela mesma como uma unidade entre as outras. E é justamente a única coisa que ela não pode fazer. Para que ela mesma possa contar-se, seria preciso que não fosse mais a máquina que é, pois pode-se fazer tudo, salvo fazer com que uma máquina se adicione ela mesma como elemento num cálculo.

Da próxima vez, apresentarei as coisas a vocês sob um ângulo menos árido. O eu não é apenas uma função. A partir do momento em que o mundo simbólico está fundado, ele próprio pode servir de símbolo, e é com isto que temos de lidar.

É por se querer que o eu seja o sujeito, por se unificar o eu como função e como símbolo, que tivemos hoje de dedicar-nos a despojá-lo de seu *status* simbólico, fascinante, que faz com que acreditemos nele. Da próxima vez, vou-lhe restituir seus *status*, e veremos a íntima relação de tudo isto com nossa prática.

8 de dezembro de 1954

V

Homeostase e Insistência

Idolatria.
Autocontagem do sujeito.
Heterotipia da consciência.
A análise do eu não é
a análise do inconsciente ao avesso.

Se quisesse expressar de forma imajada[20] o que aqui levamos adiante, começaria, por estarem as obras de Freud ao nosso alcance, regozijando-me por não ser forçado, salvo intervenção inesperada da divindade, a ir buscá-las em algum Sinai, ou seja, a deixá-los sozinhos depressa demais. Para dizer a verdade, o que sempre vemos reproduzir-se, no mais denso do texto de Freud, é algo que, sem ser totalmente a adoração do bezerro de ouro, é, no entanto, uma idolatria. O que procuro fazer aqui é arrancá-los disto de vez. Espero que farei o suficiente para que um dia desapareça a propensão de vocês a empregarem formulações por demais imajadas.

Ontem à noite, em sua exposição, nosso caro Leclaire talvez não se tenha prosternado diante do bezerro, mas havia algo disso. Vocês todos o sentiram, a conservação de alguns de seus termos de referência é dessa ordem aí. O precisar imajar[20] tem decerto seu valor na exposição científica, assim como em outros campos – mas talvez nem tanto quanto se pense. E em lugar algum encobre mais armadilhas do que no campo em que estamos, que é o da subjetividade. A dificuldade, quando se fala da subjetividade, consiste em não entificar o sujeito.

Creio que, no intuito de fazer com que sua construção se mantivesse coesa – e é justamente este o intuito que faz com que ele nos tenha apresentado seu modelo como uma pirâmide, sentadinha em seu traseiro, e não em sua ponta –, Leclaire nos fez do sujeito um tipo de ídolo. Não teve outro jeito senão o de representá-lo para nós.

Este reparo vem inserir-se, oportunamente, no processo de nossa presente demonstração, que é centrada na questão – *O que é o sujeito?* – colocada, ao mesmo tempo, a partir da apreensão ingênua e da formulação científica ou filosófica do sujeito.

Retomemos as coisas a partir do ponto em que os deixei da última vez, ou seja, no momento em que o sujeito apreende sua unidade.

1

O corpo despedaçado encontra sua unidade na imagem do outro, que é sua própria imagem antecipada – situação dual em que se esboça uma relação polar, porém não simétrica. Esta dissimetria já nos indica que a teoria do eu na psicanálise não vai de modo algum dar na concepção douta do eu, a qual vai, ao contrário, dar numa certa apreensão ingênua que lhes disse ser a peculiaridade da psicologia, historicamente datável, do homem moderno.

Interrompi-os no momento em que lhes mostrava que este sujeito, em suma, é ninguém.

O sujeito é ninguém. Ele é decomposto, despedaçado. E ele se bloqueia, é aspirado pela imagem, ao mesmo tempo enganadora e realizada do outro, ou, igualmente, por sua própria imagem especular. Lá, ele encontra sua unidade. Apossando-me de uma referência tomada do mais moderno destes exercícios maquinistas que têm tanta importância no desenvolvimento da ciência e do pensamento, eu lhes representava esta etapa do desenvolvimento do sujeito através de um modelo que tem a peculiaridade de não idolificar[2] de maneira nenhuma o sujeito.

No ponto em que os deixei, o sujeito estava em nenhum lugar. Tínhamos nossas duas tartaruguinhas mecânicas, das quais uma estava bloqueada na imagem da outra. Supunhamos, efetivamente, que, por intermédio de uma parte reguladora de seu mecanismo – a célula fotoelétrica por exemplo, mas deixemos isso para lá, não estou aqui para ensinar-lhes cibernética, nem mesmo imaginária –, a primeira máquina era dependente da imagem da segunda, suspensa ao seu funcionamento unitário e, por conseguinte, cativada por seus procedimentos. Daí um círculo, que pode ser vasto, mas cuja ligação essencial é dada por esta relação imaginária a dois.

Mostrei-lhes as consequências deste círculo no que tange ao desejo. Vamo-nos entender – qual poderia ser o desejo de uma máquina, senão o de tornar a haurir nas fontes de energia? Uma máquina pode quase que unicamente alimentar-se, e é justamente o que fazem os bichinhos tão bonzinhos de Grey-Walter. Máquinas que se reproduziriam, isto aí não se construiu, nem se concebeu – o esquema de seu simbólico não foi nem sequer estabelecido. O único objeto de desejo que possamos, portanto, supor por parte de uma máquina é sua fonte de alimentação. Pois bem, se cada uma estiver fixada no ponto para onde vai a outra, haverá necessariamente colisão em algum canto.

É neste ponto que tínhamos chegado.

Suponhamos agora algum aparelho de gravação sonoro para nossas máquinas, e suponhamos que um vozeirão – podemos muito bem pensar que alguém vigia seu funcionamento, o legislador – intervenha para regular o balé que até então era apenas uma ciranda que podia levar a resultados catastróficos. Trata-se de introduzir uma regulação simbólica, cuja subjacência matemática inconsciente das trocas das estruturas elementares fornece a vocês o esquema. A comparação se detém aí, pois não vamos entificar o legislador – seria um ídolo a mais.

DR. LECLAIRE: – *Desculpe, mas gostaria de dar uma resposta. Se tive tendência a idolificar o sujeito é porque penso que é necessário, que não se pode fazer de outra maneira.*

Pois bem, o senhor é um pequeno idólatra. Eu desço do Sinai e arrebento as Tábuas da Lei.

DR. LECLAIRE: – *Deixe-me terminar. Tenho a impressão de que por recusar esta entificação, muito consciente, do sujeito, temos tendência, e o senhor tem tendência, a transferir esta idolificação para um outro ponto. A partir daí, não vai ser mais o sujeito, vai ser o outro, a imagem, o espelho.*

Estou sabendo. O senhor não é o único. Para o senhor, as suas preocupações transcendentalistas o levam a uma certa ideia substancialista do inconsciente. Outros têm uma concepção idealista, no sentido do idealismo crítico, mas eles também pensam que faço voltar aquilo que enxoto. Há mais de um aqui cuja formação de filosofia é, digamos, tradicional, e para quem a apreensão da consciência por si própria é um dos pilares de sua concepção do mundo. Eis aí, com certeza, algo que não se pode tratar à ligeira, e da última vez bem que os adverti de que eu havia enfim resolvido cortar o nó górdio, optando por negligenciar radicalmente um ponto de vista inteiro. Alguém que está aqui, cuja identidade não tenho motivo para revelar, me dizia depois de minha última conferência – *Esta consciência, parece-me que, depois de tê-la maltratado muito para nós, o senhor a faz entrar de volta com esta voz que recoloca ordem e que regula o balé das máquinas.*

No entanto, nossa dedução do sujeito exige que situemos esta voz em algum canto no jogo inter-humano. Dizer que é a voz do legislador seria com certeza uma idolificação, certamente de ordem elevada, porém caracterizada. Não seria antes a voz *Qui se connaît quand elle sonne / N'être plus la voix de personne / Tant que des ondes et des bois?*[21]

É da linguagem que Valéry está falando aqui. E talvez, com efeito, seja em última instância preciso reconhecê-la, esta voz, como sendo *a voz de ninguém.*

Eis porque da última vez tinha enveredado pelo caminho de dizer-lhes que somos levados a exigir que seja a máquina que tome a palavra ordenadora. E indo um pouco mais depressa, como por vezes ocorre no fim de um discurso onde sou forçado ao mesmo tempo a dar o remate e a encetar a retomada, eu dizia o seguinte – suponham que a máquina possa se contar ela mesma. Com efeito, para que funcionem as combinações matemáticas que ordenam as trocas objetais no sentido em que as defini há pouco, é preciso que na combinatória cada uma das máquinas possa ela mesma se contar.

O que será que quero dizer com isto?

2

Onde será que o indivíduo em função subjetiva se conta ele mesmo – senão no inconsciente? Este é um dos fenômenos mais manifestos que a experiência freudiana descobre.

Tomem este jogo curiosíssimo que Freud evoca no fim da *Psicopatologia da vida cotidiana*, e que consiste em solicitar ao sujeito que diga números ao acaso. As associações que lhe vêm em seguida a este respeito fazem brotar significações que apresentam tanta ressonância com sua rememoração, com seu destino, que, do ponto de vista das probabilidades, sua escolha vai bem além de tudo o que se pode esperar do puro acaso.

Se os filósofos me põem de sobreaviso contra a materialização do fenômeno da consciência, que nos faria perder um precioso ponto de arrimo na apreensão da originalidade radical do sujeito – isto, num mundo estruturado à maneira de Kant e até mesmo à maneira de Hegel, pois Hegel não abandonou a função central da consciência, apesar de ele nos permitir libertarmo-nos dela –, quanto a mim, poria de sobreaviso os filósofos contra uma ilusão que não deixa de ter relação com aquela que põe em destaque este teste tão significativo, divertido, e bem da época, que se denomina o Binet e Simon.

Pensa-se detectar a idade mental de um sujeito – na verdade uma idade mental que não é assim tão efêmera – propondo à sua anuência frases absurdas dentre as quais esta – *Tenho três irmãos, Paulo, Ernesto e eu.* Há certamente uma ilusão desta ordem no fato de acreditar que o fato de o próprio sujeito se contar ele mesmo seja uma operação de consciência, uma operação vinculada a uma intuição da consciência transparente a si mesma. Aliás este seu modelo não é unívoco, e nem todos os filósofos o descreveram da mesma maneira.

Não pretendo criticar a maneira como é feito em Descartes, porque aí a dialética é governada por uma meta, a demonstração da existência de Deus, de maneira que, no final das contas, é ao se isolar arbitrariamente o *cogito* que se lhe confere um valor existencial fundamental. Em compensação, não seria difícil mostrar que, do ponto de vista existencialista, a apreensão da consciência por si mesma está, no ponto extremo, desvinculada de qualquer apreensão existencial do eu. O eu só aparece aí como experiência particular, ligada a condições objetiváveis, dentro da inspeção que se acredita ser apenas esta reflexão da consciência sobre si mesma. E o fenômeno da consciência não tem nenhum caráter privilegiado em semelhante apreensão.

Trata-se de livrar nossa noção da consciência de qualquer hipoteca com respeito à apreensão do sujeito por si mesmo. Trata-se de um fenômeno, não diria contingente com relação à nossa dedução do sujeito, mas sim heterotópico, e foi por esta razão que me entretive fornecendo-lhes um modelo no próprio mundo físico. A consciência, esta vocês sempre verão aparecer com uma enorme irregularidade nos fenômenos subjetivos. Na reviravolta de perspectiva que a análise impõe, sua manifestação aparece sempre mais ligada a condições físicas, materiais, do que psíquicas.

Assim, será que o fenômeno do sonho não envolve o registro da consciência? Um sonho é consciente. Este furta-cor imaginário, estas imagens movediças, eis algo que é absolutamente da mesma ordem que este lado ilusório da imagem sobre o qual insistimos a propósito da formação do eu. O sonho se assemelha muito a uma leitura no espelho, procedimento de adivinhação dos mais antigos, e que também pode ser utilizado na técnica da hipnose. Fascinando-se diante de um espelho, e de preferência um espelho tal como sempre foi, desde os primórdios da humanidade até uma época relativamente recente, mais obscuro que claro, espelho de metal polido, o sujeito pode conseguir revelar a si mesmo muitos elementos de suas fixações imaginárias. Então, onde está a consciência? Em que direção buscá-la, situá-la? Em mais de um trecho de sua obra, Freud coloca o problema em termos de tensão psíquica, e procura saber consoante que mecanismos o sistema consciência é investido e desinvestido. Sua especulação – vejam o *Projeto* e a *Metapsicologia* – o conduz a considerar que é uma necessidade do discurso reputar o sistema da consciência por excluído da dinâmica dos sistemas psíquicos. O problema para ele permanece irresoluto, e ele deixa para o porvir o cuidado de trazer uma clareza sobre isto que lhe escapa. É manifesto que ela topa com um impasse.

Ei-nos, pois, confrontados com a necessidade de um polo terceiro, que é justamente o que nosso amigo Leclaire procurava manter ontem à noite em seu esquema triangular.

Precisamos com efeito de um triângulo. Mas há mil maneiras de operar com um triângulo. Não se trata forçosamente de uma figura sólida a repousar numa intuição. Pode igualmente ser um sistema de relações. Em matemática, só se começa deveras a manejar o triângulo a partir do momento em que, por exemplo, nenhum de seus lados tem privilégio.

Ei-nos, pois, em busca do sujeito na medida em que ele mesmo se conta. A questão é de saber onde ele está. Que ele esteja no inconsciente, pelo menos para nós analistas, é aonde penso tê-los trazido no ponto em que estou chegando agora.

Sr. Lefèbvre-Pontalis: – *Uma palavra, já que creio ter-me reconhecido no interlocutor anônimo que lhe tinha feito notar que o senhor talvez só escamoteasse a consciência no início para melhor reencontrá-la no fim. Nunca disse que o* cogito *fosse uma verdade intocável, e que se pudesse definir o sujeito por esta experiência de transparência total de si para consigo mesmo. Nunca disse que a consciência esgotasse toda a subjetividade, o que aliás seria deveras difícil com a fenomenologia e a psicanálise, mas simplesmente que o* cogito *representava uma espécie de modelo da subjetividade, ou seja, tornava muito sensível esta ideia de que é preciso haver alguém para quem a palavra* como *tenha um sentido. E isto, o senhor parecia omiti-lo. Pois quando o senhor havia tomado seu apólogo do desaparecimento dos homens, só esquecera uma coisa, é que era preciso que os homens voltassem para apreender a relação entre o reflexo e a coisa refletida. De outra maneira, se considerarmos o objeto em si mesmo e o filme registrado pela câmara, isso não passa de um objeto. Não é uma testemunha, não é nada. Assim, também no exemplo que o senhor toma dos números ditos ao acaso, para que o sujeito se dê conta de que os números que disse ao acaso não são assim tão ao acaso, é preciso um fenômeno que se pode chamar como quiser, mas que justamente me parece ser esta consciência. Não se trata simplesmente do reflexo daquilo que o outro lhe diz. Não vejo muito bem para que seria tão importante derrubar a consciência se é para, no fim, trazê-la de volta.*

O importante não é derrubar a consciência – não estamos procurando efetuar aqui grandes derrocadas de vidraças. Trata-se da extrema dificuldade que existe na experiência analítica em fornecer do sistema da consciência uma formulação dentro da ordem daquilo que Freud chama a referência energética, para situá-la no interjogo dos diferentes sistemas psíquicos.

O objeto central de nosso estudo este ano é o eu. Este eu tem de ser despojado do privilégio que recebe de uma certa evidência, que procura salientar-lhes, de mil maneiras, que se trata apenas de uma contingência histórica. O lugar que ela ocupou na dedução filosófica é uma das manifestações mais claras disto. A noção do eu tira sua evidência atual de um certo prestígio conferido à consciência como experiência única, individual, irredutível. A intuição do eu guarda, na medida em que está centrada numa experiência de consciência, um caráter cativante, do qual é preciso desprender-se para ter acesso à nossa concepção do sujeito. Procuro afastar vocês de sua atração a fim de permitir-lhes apreender, enfim, onde está, para Freud, a realidade do sujeito. No inconsciente, excluído do sistema do eu, o sujeito fala.

3

A questão é saber se, entre estes dois sistemas, o sistema do eu – do qual Freud, num dado momento, chegou inclusive a dizer que era tudo o que havia de organizado no psiquismo – e o sistema do inconsciente há equivalência. Será que a oposição entre eles é da ordem de um sim e de um não, de uma inversão, de uma pura e simples negação? Sem dúvida nenhuma, o eu nos diz muita coisa pela via da *Verneinung*. Já que estamos nessa por que não levar a coisa até ler, pura e simplesmente, o inconsciente mudando o sinal de tudo o que se relata? Ainda não se chegou até lá, mas chegou-se a algo de análogo.

A introdução por Freud de sua nova tópica foi entendida como a volta do bom velho eu – textos, e dos melhores analistas, testemunham isto, inclusive os *Mecanismos de defesa* de Anna Freud, escritos dez anos depois. Foi uma verdadeira libertação, uma explosão de alegria – *Ah! ei-lo de volta! A gente vai poder de novo ocupar-se dele, não apenas se tem o direito, mas ainda é recomendado.* É assim que a srta. Freud se expressa no início dos *Mecanismos de defesa.* É preciso dizer que para os analistas o fato de ocuparem-se de outra coisa que não do eu, era uma experiência tão estranha que eles a experimentavam como uma proibição de ocuparem-se do eu.

Freud, evidentemente, sempre falou do eu. E esta função sempre o interessou imensamente, como exterior ao sujeito. Será que temos na análise das resistências o equivalente daquilo que se denomina a análise do material? Operar sobre os procedimentos do eu ou explorar o inconsciente, será que é da mesma ordem? Será que os dois sistemas são complementares? Será que são os mesmos fora uma modificação de sinal? Será que o inconsciente e aquilo que lhe contraria a revelação são como o avesso e o direito? Se tal for o caso, então vai ser legítimo falar, como ousou fazê-lo um analista, Sandor Rado, de egologia inconsciente.

Estou-me referindo a seu lindíssimo artigo publicado no *Psychoanalytic Quaterly*, volume VIII, que coloca em primeiro plano, como cavilha, peça essencial desta egologia, o *riddance principle.* É um princípio novo na teoria analítica, e vocês tornarão a encontrá-lo sob mil formas, já que é justamente ele quem guia, hoje em dia, a atividade da maioria dos analistas. *To rid* quer dizer *livrar-se de alguma coisa, to rid of, evitar.* Este novo princípio governaria de alto a baixo todas as manifestações do sujeito. Ele preside ao processo estímulo-resposta mais elementar – a rã afasta o tiquinho de ácido que vocês lhe colocam sobre a pata graças a um reflexo cujo caráter espinhal pode ser facilmente demonstrado ao lhe cortar a cuca – assim como às reações do eu. Inútil dizer que as referências à consciência se acham completamente abandonadas, e é apenas para fins heurísticos que procedi como o fiz. Trata-se aqui de uma posição extremista, particularmente útil, pois explicita com coerência ideias em geral veladas. Ora, se há algo que Freud quer dizer no momento em que introduz sua nova tópica é justamente o contrário. Trata-se, para ele, de lembrar que entre o sujeito do inconsciente e a organização do eu, não há apenas dissimetria absoluta, porém diferença radical.

Leiam Freud, rogo-lhes. Vocês vão ter três semanas. E enquanto estiverem adorando o bezerro de ouro, conservem na mão um livrinho da lei, leiam *Além do princípio do prazer* tendo como chavezinha a introdução que lhes estou fornecendo. Vejam que ou bem não tem sentido algum ou o sentido é exatamente este que estou dizendo.

Há um princípio do qual partimos até agora, diz Freud, de que o aparelho psíquico, como organizado, se situa entre o princípio do prazer e o princípio de realidade. Freud, claro, não é um espírito propenso à idolificação. Jamais acreditou que não houvesse princípio de prazer dentro do princípio de realidade. Pois se seguimos a realidade, é justamente porque o princípio de realidade é um princípio de prazer diferido. Inversamente, se o princípio de prazer existe é consoante alguma realidade – esta realidade é a realidade psíquica.

Se o psiquismo tem sentido, se existe uma realidade que se chama a realidade psíquica ou em outros termos se existem seres vivos, é na medida em que existe uma organização interna que tende, até certo ponto, a opor-se à passagem livre e ilimitada das forças e das descargas energéticas tais como podemos supô-la, de maneira puramente teórica, entrecruzando-se numa realidade inanimada. Existe um recinto fechado em cujo interior um certo equilíbrio é mantido através do efeito de um mecanismo que, hoje em dia, se chama homeostase, o qual amortece, tempera a irrupção das quantidades de energia vindas do mundo exterior.

Esta regulação, vamos denominá-la *função restituidora da organização psíquica*. Com a pata da rã temos dela uma ideia num nível muito elementar. Ocorre não apenas descarga, mas ainda movimento de retração – o que testemunha o funcionamento ainda muito primitivo de um princípio de restituição, de equilibração da máquina.

Freud não dispõe do termo de homeostase, ele emprega o de inércia, e há aí uma ressonância de fechnerismo. Vocês sabem que

Fechner tem duas faces? De um lado, é o psicofísico que afirma que só os princípios físicos podem permitir simbolizar as regulações psíquicas. Mas existe uma outra face de Fechner, que se conhece mal, e que é singular. Ele vai bastante longe no gênero subjetivação universal, e teria certamente feito uma leitura realista do meu pequeno apólogo do outro dia, o que estava muito longe de minhas intenções. Eu não lhes dizia que o reflexo da montanha no lago era um sonho do cosmos, mas vocês poderiam encontrar isso em Fechner.

Descarga e volta à posição de equilíbrio, esta lei de regulação vale para os dois sistemas, enuncia Freud. Mas da mesma feita é levado a perguntar-se – qual é a relação entre os dois sistemas? Será simplesmente que o que é prazer num é desprazer no outro, e inversamente? Se os dois sistemas fossem o inverso um do outro, deveria chegar-se a uma lei geral de equilíbrio e, neste caso, haveria uma análise do eu que seria a análise do inconsciente ao avesso. Eis, retomado de maneira teórica, o problema que eu colocava há pouco.

É aqui que Freud se dá conta de que alguma coisa não coaduna com o princípio do prazer. Ele se dá conta de que o que sai de um dos sistemas – o do inconsciente – é de uma insistência – eis a palavra que eu queria introduzir – particularíssima. Digo *insistência* porque isto expressa bem, de modo familiar, o sentido daquilo que em francês se traduziu por automatismo de repetição, *Wiederholungszwang*. A palavra automatismo ressoa em nós com toda uma ascendência neurológica. Não é assim que se deve entendê-la. Trata-se de compulsão à repetição, é por isto que acredito estar fazendo algo de concreto ao introduzir a noção de insistência.

Este sistema tem algo de incomodativo. É dissimétrico, não cola. Algo escapa aí do sistema das equações e das evidências tomadas emprestadas às formas do pensamento do registro do energético tais como foram instauradas em meados do século XIX.

Ontem à noite, o professor Lagache saiu-se, um pouco rapidamente, com a estátua de Condillac. Nunca os incitaria por demais a que relessem o *Traité des sensations*. Primeiro, porque é uma leitura absolutamente encantadora num inimitável estilo de época. Verão aí que meu estado primitivo de um sujeito que se encontra por todo canto e que é, de certa maneira, sua imagem visual, tem algum antepassado. Em Condillac, o cheiro de rosa parece um ponto de partida perfeitamente sólido, do qual faz sair sem a menor dificuldade aparente, como o coelho da cartola, a edificação psíquica inteira.

Os saltos de seu raciocínio nos deixam consternados, mas tal não se dava com seus contemporâneos – Condillac não era um delirante. A gente poderia perguntar-se por que será que ele não formula o princípio do prazer? Porque, como diria o sr. de la Palice, ele não possui a fórmula, porque ele vem antes da máquina a vapor. Foi preciso o tempo da máquina a vapor, e de sua exploração industrial, e de projetos de administração, e de balanços, para que a gente se perguntasse – o que é que uma máquina rende?

Na obra de Condillac, como na de outros, sai mais do que foi colocado dentro. Eram metafísicos. Apesar do que se pensa – o discurso que lhes endereço não tem no geral a coloração de uma tendência progressista – há, no entanto, emergências na ordem do símbolo. Percebeu-se, num dado momento, que para fazer sair um coelho da cartola, é preciso sempre tê-lo previamente posto ali dentro. É o princípio da energética, e é por isso que a energética também é uma metafísica.

É o princípio da homeostase que obriga Freud a inscrever tudo o que deduz em termos de investimento, de carga, de descarga, de relação energética entre os diferentes sistemas. Ora, ele se dá conta de que há algo que não funciona aí dentro. *Além do princípio do prazer* é isto. Nem mais nem menos.

Ele se consagra primeiro a um ponto muito localizado, o fenômeno bem conhecido da repetição dos sonhos no caso das neuroses traumáticas, que contravém à regra de princípio do prazer, dado que no nível do sonho ela se encarna no princípio da realização imaginária do desejo. Freud se pergunta – *Diabo! Por que há uma exceção neste caso aí?* Mas não é uma única exceção que pode colocar em causa algo de tão fundamental como o princípio do prazer, que é o princípio de regulação que permite inscrever, num sistema coerente de formulações simbólicas, o funcionamento concreto do homem considerado como máquina. Este princípio não é deduzido de sua teoria, está no fundamento de seu pensamento, visto que em sua época se pensa neste registro aí. Assim, se vocês lerem este texto, verão que das diferentes exceções que invoca, nenhuma lhe parece de todo suficiente para colocar em causa este princípio. Mas as exceções, tomadas em conjunto, parecem-lhe convergentes.

O senhor me anunciava, há pouco, que eu acabaria rebentando-me num escolho, e que o sujeito, tornaríamos a encontrá-lo em algum canto em estado de ídolo. Será que a gente está brincando de passa-anel aqui? Em todo caso, Freud brinca. Pois o próprio fenômeno sobre o qual se acha fundada a análise é o seguinte – ao visarmos à rememoração, e quer a encontremos ou não, damos com a reprodução sob a forma da transferência de algo que pertence de maneira manifesta ao outro sistema.

DR. LECLAIRE: – *Gostaria de responder em bloco, porque me sinto um pouquinho de nada visado. Creio que o senhor me reprova sobremaneira por eu ter feito sair o coelho da cartola em que eu o tinha posto. Mas, afinal, não estou tão certo de que tenha sido eu quem o tenha metido aí dentro. Convenho que o fiz sair, mas não fui eu quem o tinha posto ali. É a primeira coisa que queria dizer-lhe, mas não é só isto. A segunda é o seguinte – a respeito do sujeito do inconsciente, o senhor me acusou de idolificação, ora, eu disse que o figurava, apesar de que rigorosamente não devesse ser assim como Jeová, nem figurado, nem nomeado. No entanto, figurei-o sabendo o que fazia. Esta idolificação, tenho a impressão de que o senhor a desloca para os lados do outro.*

Caro Leclaire, parece-me que talvez muitos daqui não o tenham sentido tão acusado quanto o senhor mesmo se sentiu. Claro que reconheço, e até presto homenagem ao fato de o senhor ter feito as coisas como o diz, sabendo o que fazia. O que fez ontem à noite denotava grande mestria, o senhor sabia perfeitamente o que fazia, não o fez de maneira inocente. É seu grande mérito. Isto dito, o que o senhor está propondo atualmente vamos ver se é verdade. O que o senhor acaba de me anunciar como escolho é mais do que evitável – já está evitado.

DR. LECLAIRE: – *Tenho simplesmente a impressão de que este fenômeno de evitação se produz cada vez que se fala do sujeito. Trata-se de uma espécie de reação, cada vez que se fala do sujeito.*

Com evitação, o senhor quer dizer o quê?

DR. LECLAIRE: – Riddance, *o próprio.*

Aí, rogo-lhe, não divaguemos. Não se trata da mesma evitação. Há uma função restituidora, que é a do princípio do prazer. Mas há também uma função repetitiva. Como será que elas se articulam?

O sujeito pode reproduzir indefinidamente uma experiência, da qual vocês descobrem certas qualidades por intermédio da rememoração. Deus sabe que dificuldade vocês têm em apreender no que ela satisfaz o sujeito. Já lhes expliquei isto há alguns anos a propósito do *Homem dos lobos.* O que será que é esta insistência do sujeito em reproduzir? Reproduzir o quê? Será em sua conduta? Será em suas fantasias? Será em seu caráter? Será até mesmo em seu eu? Coisas de todo gênero, registros extremamente diferentes, podem servir como material e como elemento para esta reprodução.

A reprodução na transferência dentro do tratamento é, evidentemente, apenas um caso particular de uma reprodução muito mais difusa com a qual se lida no que se chama análise de caráter, análise da personalidade total, e outras bostas mais.

Freud se pergunta o que significa, do ponto de vista do princípio do prazer, o caráter inesgotável desta reprodução. Será que ela se dá por haver algo de desregulado ou será que ela obedece a um princípio diferente mais fundamental?

Deixo a questão em aberto – qual é a natureza do princípio que regula o que está em causa, isto é, o sujeito? Será que ele é assimilável, redutível, simbolizável? Será que ele é algo? Ou bem será que ele não pode ser nem nomeado, nem apreendido, mas apenas estruturado?

Este será o tema das aulas de nosso próximo trimestre.

15 de dezembro de 1954

VI

Freud, Hegel e a Máquina

O instinto de morte.
Racionalismo de Freud.
Alienação do senhor.
A psicanálise não é um humanismo.
Freud e a energia.

Vocês são uns felizardos. O sr. Hyppolite brindou-os ontem à noite com uma coisa boa. Trata-se de saber agora o que vão fazer com ela.

Alguns talvez ainda tenham um certo rastro mnêmico do ponto em que os deixei no fim de nossa última palestra, isto é a *Wiederholungswang* – que traduziremos melhor por *compulsão à repetição* do que por *automatismo de repetição.* Este *Zwang* foi destacado por Freud de seus primeiríssimos escritos, que foram revelados por último, deste *Projeto para uma psicologia* ao qual faço frequentemente alusão, e do qual será preciso que, nas próximas semanas, façamos aqui a análise e a crítica.

O que Freud desde aquela época definiu como o princípio do prazer é um princípio de constância. Há um outro princípio diante do qual nossos analistas teóricos ficam tão embaraçados quanto um peixe diante de uma maçã, o princípio de Nirvana. É notável ver, da autoria de alguém como Hartmann, os três termos – princípio de constância, princípio de prazer, princípio de Nirvana – absolutamente identificados, como se Freud não se tivesse jamais movido da categoria mental na qual tentava ordenar a construção dos fatos, e como se estivesse sempre falando da mesma coisa. É de se perguntar por que será que, de repente, ele teria denominado princípio de Nirvana o além do princípio do prazer.

No início do *Além*, Freud nos representa os dois sistemas, e nos mostra que, o que é prazer num se traduz em penar no outro, e inversamente. Ora, se houvesse simetria, reciprocidade, acoplamento perfeito dos dois sistemas, se os processos primário e secundário fossem exatamente o inverso um do outro, eles seriam apenas um, e bastaria operar sobre um para operar ao mesmo tempo sobre o outro. Ao operar sobre o eu e a resistência, atingir-se-ia da mesma feita o fundo do problema. Freud escreve justamente *Além do princípio do prazer* para explicar que não dá para se ficar nisto.

Com efeito, a manifestação do processo primário no nível do eu, sob a forma do sintoma, se traduz por um desprazer, um sofrimento, e, no entanto, volta sempre. Este simples fato deve deter-nos. Por que será que o sistema recalcado se manifesta com isto que da última vez chamei de insistência? Se o sistema nervoso é destinado a alcançar uma posição de equilíbrio, por que será que não consegue? Estas coisas, quando a gente as expressa assim, são de uma evidência total.

Mas justamente Freud era um homem que, quando tinha visto alguma coisa uma vez – e ele sabia ver, e antes dos outros – não deixava escapar seu lado incisivo. E é isto que confere o valor prodigioso de sua obra. Claro, logo que ele havia feito uma descoberta, imediatamente sobre ela se exercia um trabalho de roedor que sempre se produz em torno de qualquer espécie de novidade especulativa, e que tende a fazer com que tudo entre na rotina. Vejam a primeira grande noção original que ele introduziu no plano puramente teórico, a libido, e o realce, o caráter irredutível que lhe confere ao dizer – *a libido é sexual.* Para fazer-nos entender bem hoje em dia, seria preciso dizer que o que Freud introduziu é o seguinte – o motor essencial do progresso humano, o motor do patético, do conflituoso, do fecundo, do criador na vida humana, é a luxúria. E logo, ao cabo de dez anos, já havia Jung para explicar que a libido era os interesses psíquicos. Não, a libido é a libido sexual. Quando falo da libido, é da libido sexual.

O que todo mundo reconhece como a virada técnica da análise, e que consiste no fato de centrar na resistência, tinha fundamento e mostrou-se fecundo, mas dava margem a uma confusão teórica – ao operar sobre o eu, acreditava-se estar operando sobre uma das duas metades do aparelho. É neste momento aí que Freud lembra que, como tal, o inconsciente não pode ser alcançado, e que ele faz-se ouvir de uma maneira paradoxal, dolorosa, irredutível ao princípio do prazer. Ele traz assim de volta ao primeiro plano a essência de sua descoberta, que se tende a esquecer.

Vocês leram o *Além do princípio da prazer?* Se algum de vocês nos fizer o favor de dizer o que leu neste texto, passo-lhe a palavra.

1

O. MANNONI: – *Gostaria de pedir um esclarecimento sobre um ponto que me embaraça um pouquinho. Quando se lê Freud, parece que ele mantém dois aspectos da compulsão à repetição. Num, trata-se de recomeçar um esforço malogrado para tentar obter êxito – isto aparece como uma proteção contra o perigo, contra o traumatismo. No outro, parece que se retorna a uma posição mais confortável, porque não se logrou alcançar a posição que, numa perspectiva evolucionista, é posterior. Afinal, não notei que estas duas posições concordassem ou pelo menos não logrei achar a concordância, e estou embaraçado com esta dificuldade.*

Existe, como assinalava Lefèbvre-Pontalis, uma ambiguidade no emprego do termo *Wiederholungswang.* Há dois registros que se mesclam, que se entrelaçam, uma tendência restitutiva e uma tendência repetitiva, e entre as duas, não diria que o pensamento de Freud oscila, porque não há pensamento menos oscilante do que o seu, mas tem-se deveras a sensação de que sua pesquisa dá voltas sobre si mesma. Até parece que, cada vez que ele vai longe demais no outro sentido, ele se detém dizendo – será que não se trata pura e simplesmente da tendência restitutiva? Mas ele constata, a cada vez, que isto não basta, e que, após a manifestação da tendência restitutiva, resta algo que se apresenta no nível da psicologia individual como que gratuito, paradoxal, enigmático, e que é propriamente repetitivo.

Com efeito, segundo a hipótese do princípio do prazer, o conjunto do sistema deve sempre retornar ao seu estado de início, operar de maneira homeostática, como se diz hoje em dia. Como é possível haver algo que, seja qual for a maneira pela qual o tomemos, não cabe no movimento, nem se enquadra no princípio do prazer? Freud tenta a cada vez enquadrar aí os fenômenos que destaca, e a experiência torna a impor-lhe que saia daí. São os fatos mais paradoxais que são os mais instrutivos. E é, no final das contas, o fato maciço da reprodução na transferência que lhe impõe a decisão de admitir como tal a compulsão à repetição.

O. MANNONI: – *Minha questão tendia a esclarecer o seguinte ponto – será que a compulsão à repetição no segundo sentido o obrigava a remanejar a primeira concepção, ou será que elas estão superpostas como distintas? Não vi muito bem se isto o levava a revisar a ideia de que houvesse uma restituição pura e simples ou se, pelo contrário, ele acrescentava, à restituição pura e simples, uma compulsão agora...*

É justamente por isto que ele é levado direto à função do instinto de morte. Lá, ele sai dos limites do delineamento.

SR. HYPPOLITE: – *Por que será que ele o denomina* instinto de morte*? Tem-se a impressão de algo terrivelmente enigmático, tem-se a impressão de que cita fenômenos heterogêneos que, simplesmente, não se enquadram no contexto do delineamento. Que relação existe entre a palavra* instinto de morte *e os fenômenos que estão além do princípio do prazer? Por que denominá-lo* instinto de morte*? Isto, de repente, abre perspectivas das quais algumas parecem bastante estranhas, como o retorno à matéria.*

O. MANNONI: – *Teria sido melhor que o denominasse* anti-instinto.

SR. HYPPOLITE: – *Por tê-lo denominado* instinto de morte, *isto o levou, de repente, a descobrir outros fenômenos, a abrir perspectivas que não estavam implicadas naquilo que o impelia a batizá-lo* instinto de morte.

É exato.

Sr. Hyppolite: – *Eis um prodigioso enigma, o retorno à matéria, é um pouco vago ao meu ver. Tem-se a impressão de se encontrar em presença de uma sequência de enigmas, e o próprio nome que ele lhes dá,* instinto de morte, *constitui ele próprio um salto com relação aos fenômenos que explicou, um salto prodigioso.*

Sr. Bejarano: – *Tenho a mesma dificuldade em apreender este salto aí. Ele parece dizer que os instintos de conservação da vida vão dar na morte, ele diz, em suma, que a morte é requerida pelos instintos de conservação. Transpondo, isso me parece tão especioso quanto dizer que o fogo, ou seja, o calor, é o frio. Não sei por que ele denomina isto* instinto de morte.

Sr. Hyppolite: – *Não haveria aí uma filosofia meio enrolada? Ele acaba dizendo que a libido tende a formar grupos cada vez mais ligados uns aos outros, e orgânicos, enquanto que o instinto de morte tende a trazer de volta aos elementos.*

Isto não dá a sensação de vago. Tem-se a impressão, lendo o texto, de que Freud vai seguindo o que chamo sua ideiazinha. Há algo que o agita. E ele próprio no fim reconhece o caráter extraordinariamente especulativo de toda sua elaboração, ou mais exatamente de sua interrogação circular. Ele volta incessantemente às suas bases iniciais, e perfaz um novo círculo, e de novo reencontra a passagem, e enfim acaba por transpô-la, e ao tê-la transposto, reconhece que com efeito há algo aí que sai inteiramente dos limites do delineamento, e que não pode, de modo algum, fundamentar-se apenas numa referência à experiência. Por fim afirma que se esta articulação lhe pareceu digna de ser comunicada, é que ele está sendo necessariamente levado para o caminho desta problemática.

Sr. Hyppolite: – *Tem-se a impressão, segundo ele, de que os dois instintos, de vida e de morte, são apenas um no inconsciente, porém, o que é grave é quando os componentes se separam. Há algo aí de muito lindo, de estupendo, de misturado, exatamente que nem criança que abraça arranhando a gente – aliás ele diz isto explicitamente. É verdade, naquilo que se chama de amor humano há uma parte de agressividade, sem a qual haveria quase que só impotência, mas que pode levar até a matar o parceiro, e uma parte de libido, que iria dar numa impotência efetiva se não houvesse a parte de agressividade. Se isso funciona junto dá o amor humano. Mas quando isto se descompõe, quando um dos componentes funciona sozinho, aparece então o instinto de morte.*

Isto se acha no nível do que se pode chamar de imediato, e que é dado na experiência psicológica do indivíduo, digamos até, indo muito longe para imajar nosso pensamento, no nível da marionete. Mas o que interessa Freud é saber por que fios a marionete é conduzida. É disto que fala ao falar de instinto de morte ou de instinto de vida.

Eis o que me traz de volta à pergunta que achei que devia fazer-lhes após nossa palestra de ontem à noite. *Será que a psicanálise é um humanismo?* É a mesma questão que coloco quando pergunto se o *autonomous ego* vai no sentido da descoberta freudiana. A questão de saber qual é a parte de autonomia que há no homem sempre existiu e está na preocupação de todos. O que será que Freud nos traz a este respeito? Será que é uma revolução, sim ou não? E da mesma feita se apresenta a terceira pergunta que eu fazia ontem à noite – o que será que há de novo, de Hegel a Freud, se os colocarmos no mesmo registro?

SR. HYPPOLITE: – *Há muito.*

Certamente não lhes responderei hoje mesmo de maneira completa, pois há passos a serem dados, e talvez um longo caminho. Vou apenas tentar situar de início, à minha maneira, o sentido daquilo que há pouco chamava a ideiazinha ou a grande ideia de Freud, quando ei-lo no entanto aí oscilando, às voltas com a questão da função do instinto de morte.

É muito surpreendente que os sábios de laboratório continuem cultivando esta miragem segundo a qual é o indivíduo, o sujeito humano – e por que ele entre todos os outros? –, que é deveras autônomo, e que existe, nele, em algum canto, quer seja na glândula pineal ou em outro canto, um timoneiro, o homenzinho que está dentro do homem, que faz funcionar o aparelho. Pois bem, é a isto que o pensamento analítico todinho, salvo taras exceções, está por ora retornando.

Falam-nos de *ego* autônomo, de parte sadia do eu, de um eu que é preciso reforçar, de um eu que não é suficientemente forte para que nele possamos apoiar-nos para fazer uma análise, de um eu que deve ser o aliado do analista, o aliado do eu do analista etc. Vocês estão vendo estes dois *eus* de braço dado, o eu do analista e o do sujeito, na prática, subordinado ao outro nesta pretensa aliança. Nada na experiência nos dá o menor comecinho disto, já que é exatamente o contrário que ocorre – é no nível do eu que ocorrem todas as resistências. É realmente de se perguntar de onde elas poderiam sair se não fosse deste eu.

Não tenho tempo hoje para extrair de minha papelada alguns textos, mas vou fazê-lo um dia, e citar-lhes-ei parágrafos recentemente publicados onde se ostenta com complacência, com a satisfação do repouso enfim conquistado, a ideia que é muito simples, simples como bom-dia, de que há coisas boas neste sujeitinho boa-praça, de que há uma esfera sem conflito onde a libido está neutralizada, deslibidinizada, onde a própria agressividade está desagressivada.[2] É como Arquimedes – que se lhe dê seu pontinho fora do mundo e ele pode erguê-lo. Mas este pontinho fora do mundo não existe.

É preciso ver bem até onde vai a questão. Ela vai até a seguinte pergunta – será que a psicanálise é um humanismo? – a qual coloca em questão uma das premissas fundamentais do pensamento clássico a partir de uma certa data do pensamento grego. O homem, dizem-nos, é a medida de todas as coisas. Mas onde está sua própria medida? Será que é em si mesmo que ele a tem?

SR. HYPPOLITE: – *O senhor não acha – é quase uma resposta à sua pergunta, sobre a qual fui levado a refletir durante uma parte da noite, mas que bate com o que o senhor está dizendo – que existe em Freud um conflito profundo entre um racionalista – eu entendo por racionalista alguém que pensa que se poderá racionalizar a humanidade, e isto vai para os lados do eu – e um homem totalmente diferente, infinitamente desapegado de curar os homens, ávido de um saber de uma profundidade totalmente diferente, e que, a todo instante, se opõe a este racionalista? No* Futuro de uma ilusão, *Freud se pergunta o que vai ocorrer quando todas as ilusões tiverem ido embora. É aí que o eu, o eu reforçado, humano, que age, intervém. Vemos uma humanidade liberta. Mas há em Freud um personagem mais profundo. Será que a descoberta do instinto de morte não estaria ligada a este personagem profundo, que o racionalista não expressa? Há dois homens em Freud. De vez em quando, vejo o racionalista, e este é o lado do humanista – se nos livrarmos de todas as ilusões, o que é que restará? Outras vezes aparece o puro especulativo, que se descobre lá para os lados do instinto de morte.*

Eis aqui a aventura de Freud como criador. Não acredito absolutamente que para ele haja aí conflito. Só se poderia dizer isto caso nele a aspiração racionalista se achasse encarnada num sonho de racionalização. Ora, por mais longe que tenha podido levar, no *Futuro de uma ilusão* por exemplo, ou no *Mal-estar*, em seu diálogo com o utopismo einsteiniano, do Einstein quando este sai de suas geniais matemáticas, para achar-se de volta ao nível da insipidez...

Sr. Hyppolite: – *Há uma certa grandeza no materialismo de Freud.*

A insipidez tem também sua grandeza. Não creio que Freud esteja neste nível.

Sr. Hyppolite: – *É por isto que gosto dele, porque ele não está neste nível. Há algo de bem mais enigmático.*

No *Mal-estar na civilização*, ele sabe ver onde isso resiste. Por mais longe justamente que se introduzir, não digo o racionalismo, porém a racionalização; isso vai forçosamente pifar em algum canto.

Sr. Hyppolite: – *É o que há de mais profundo em Freud. Mas o racionalista também está nele.*

Seu pensamento merece ser qualificado, no mais alto grau, e da maneira mais firme, de racionalista, no sentido pleno do termo, e de ponta a ponta. Este texto tão difícil de penetrar com o qual estamos às voltas presentifica as exigências mais vivas, mais atuais, de uma razão que não abdica diante de nada, que não diz – *Aqui começa o opaco e o inefável.* Ele vai entrando, e nem que tenha de ficar com cara de quem se perde na escuridão, ele prossegue com a razão. Não creio que haja nele qualquer abdicação, qualquer prosternação final, que ele jamais renuncie a operar com a razão, que ele se retire para a montanha pensando que assim está tudo bem.

Sr. Hyppolite: – *Decerto, ele vai até a luz, mesmo que esta luz, a mais total, tiver de ser antitética. Por* racionalismo, *não quis dizer que ele fosse entregar-se a uma nova religião. Pelo contrário, a* Ausführung *é uma religião contra a religião.*

Sua antítese – chamemos isso assim – é justamente o instinto de morte. É um passo decisivo na apreensão da realidade, uma realidade que ultrapassa de muito o que assim denominamos no princípio de realidade. O instinto de morte não é uma confissão de impotência, não é o ato de estacar diante de um irredutível, de um derradeiro inefável, é um conceito. Trataremos agora de dar alguns passos para ir ter com ele.

2

Partirei, já que estamos nisto, daquilo que o senhor nos propôs ontem à noite a respeito da *Fenomenologia do espírito.* Da maneira como o senhor vê as coisas, é certo que se trata do progresso do saber. Em Hegel, *Bewusstsein* está bem mais perto do saber do que da consciência. Contudo, se a assembleia de ontem não tivesse sido tão bem-comportada, uma das perguntas que eu teria feito teria sido – qual é em Hegel a função do não-saber? Seria preciso que, no semestre que vem, o senhor nos fizesse uma segunda conferência para falar-nos disto. Freud escreveu um certo número de artigos sobre a questão de saber o que se deve, em última análise, esperar da reconquista deste *Zuidersee* psicológico que é o inconsciente. Quando se tiver posto a seco os pôlderes do isso, o que será que isso vai dar do ponto de vista do rendimento humano? Pois bem, esta perspectiva não lhe parecia assim tão exaltadora. Parecia-lhe que se corria o risco de algumas rupturas de diques. Tudo isto está escrito em Freud, e só estou lembrando para mostrar que permanecemos dentro do comentário do pensamento freudiano. Na perspectiva hegeliana, qual é a realização, o fim da história? Creio que, em suma, o progresso todo da fenomenologia do Espírito, é vocês todos – vocês estão aí para isso. O que vocês fazem quer dizer isso aí, até mesmo quando não estão pensando nisto. Sempre os fios da marionete. Será que o sr. Hyppolite vai dar-me sua aprovação se eu disser que o conjunto do progresso desta fenomenologia do Espírito consiste num domínio cada vez mais elaborado?

SR. HYPPOLITE: – *Depende do que o senhor entender por* domínio.

Bem sei. Vou tentar ilustrá-lo, e sem abrandar as arestas. Não quero introduzir sorrateiramente meu termo, mas pelo contrário mostrar em que sentido ele pode chocar.

SR. HYPPOLITE: – *Não me tome como adversário. Não sou hegeliano. Provavelmente seja contra. Não me considere como representando Hegel.*

Isto vai facilitar-nos muito as coisas. Peço-lhe simplesmente que me diga, pois o senhor é contudo mais especialista em Hegel do que eu, se não estou indo longe demais, ou seja, se textos importantes poderiam contradizer-me.

Como frequentemente o fiz notar, não gosto muito de que se diga que se *ultrapassou* Hegel, como se diz *ultrapassar* Descartes. Ultrapassa-se tudo e se fica muito simplesmente no mesmo lugar. Portanto, um domínio cada vez mais elaborado. Vamos ilustrá-lo.

O fim da história é o saber absoluto. Não se sai disto – se a consciência é o saber, o fim da dialética da consciência é o saber absoluto, escrito como tal em Hegel.

SR. HYPPOLITE: – *Sim, mas pode-se interpretar Hegel. Pode-se perguntar se há um momento, no prosseguimento da experiência, que aparece como o saber absoluto, ou bem se o saber absoluto está na apresentação total da experiência. Ou seja – será que estamos sempre e a todo momento no saber absoluto? Ou será que o saber absoluto é um momento?*

Será que há, na Fenomenologia, *uma série de etapas que são anteriores ao saber absoluto e depois uma etapa final à qual chega Napoleão etc., e que se denominaria saber absoluto? Hegel diz um pouco isto, mas podemos entendê-lo de modo totalmente diferente. A interpretação de Heidegger, por exemplo, é tendenciosa, mas ela é possível, felizmente. É por isto que não se ultrapassa Hegel. Seria altamente possível que o saber absoluto fosse, por assim dizer, imanente a cada etapa da* Fenomenologia. *Só que a consciência não logra atingi-lo. Ela faz desta verdade, que seria o saber absoluto, um outro fenômeno natural, que não é o saber absoluto. O saber absoluto não seria, pois, nunca um momento da história, e seria sempre. O saber absoluto seria a experiência como tal, e não um momento da experiência. A consciência, por estar no campo, não vê o campo. Ver o campo, é isso o saber absoluto.*

Contudo, em Hegel o saber absoluto se encarna num discurso.

Sr. Hyppolite: – *Certamente.*

Creio que para Hegel, tudo está sempre aí, a história toda está sempre atualmente presente, na vertical. De outra maneira, seria um conto pueril. E o que acontece com o saber absoluto, que está aí efetivamente desde os primeiros idiotas do Neanderthal, é o fato de o discurso se fechar sobre si mesmo, de ele estar inteiramente de acordo consigo mesmo, de tudo o que possa ser expresso no discurso ser coerente e justificado.

É aí que detenho o senhor. Estamos indo passo a passo, mas é melhor ir devagar e sempre. Isso nos levará ao que buscamos – ao sentido, à originalidade daquilo que Freud introduz com relação a Hegel.

Na perspectiva hegeliana, o discurso acabado – com certeza, a partir do momento em que o discurso tiver chegado ao seu acabamento, não vai mais ser preciso falar, é o que se denomina etapas pós-revolucionárias, deixemos isso de lado –, o discurso acabado, encarnação do saber absoluto, é instrumento de poder, o cetro e a propriedade daqueles que sabem. Nada implica que todos participem dele. Quando os sábios de quem eu falava ontem à noite – é mais do que um mito, é o próprio sentido do progresso do símbolo conseguirem encerrar o discurso humano, eles o possuirão, e àqueles que não o tiverem restar-lhes-á apenas tocar jazz, dançar, divertirem-se, os boas-praças, os bonzinhos, os libidinosos. É o que denomino domínio elaborado.

No saber absoluto permanece uma última divisão, uma última separação ontológica se é que posso expressar-me assim, no homem. Se Hegel ultrapassou um certo individualismo religioso que fundamenta a existência do indivíduo em seu face a face único com Deus, foi ao mostrar que a realidade, se é que se pode dizer isto, de cada ser humano está no ser do outro. No final das contas, há uma alienação recíproca, como o senhor explicou perfeitamente ontem à noite, e insisto nisso, irredutível, sem saída. O que é que existe de mais besta do que o senhor primitivo? É um verdadeiro senhor. Decerto já vivemos o tempo suficiente para percebermos no que é que dá quando isso pega nos homens, esta aspiração ao domínio! Nós vimos durante a guerra o erro político daqueles cuja ideologia consistia em acreditarem-se os senhores, em acreditar que bastava estender a mão para pegar. Os alemães avançam em direção a Toulon para apanhar a frota – verdadeira história de senhores. O domínio está inteirinho do lado do escravo, porque ele elabora seu domínio contra o senhor. Ora, esta alienação recíproca tem de durar até o fim. Imaginem quão pouca coisa será o discurso elaborado junto àqueles que se divertem com jazz no bar da esquina. E até que ponto os senhores aspirarão a ir ter com eles. Enquanto que, inversamente, os outros considerar-se-ão uns miseráveis, umas nulidades, e pensarão – *como o senhor é feliz em seu gozo de senhor!* – quando, no entanto, este vai estar totalmente frustrado, é claro. Creio que é justamente aí, no limite derradeiro, que Hegel nos leva.

Hegel está nos limites da antropologia. Freud saiu dela. Sua descoberta é que o homem não está exatamente no homem. Freud não é um humanista. Vou tentar explicar-lhes o por quê.

3

Falemos de coisas elementares. Freud é um médico, mas ele nasceu mais ou menos um século depois de Hegel, e no intervalo muitas coisas ocorreram, que não deixaram de ter incidências sobre o sentido que se pode dar à palavra médico. Freud não é um médico como Esculápio, Hipócrates ou são Lucas. É um médico mais ou menos como nós todos somos. É um médico que, em suma, não é mais um médico, assim como nós mesmos somos um tipo de médico que não está mais nem um pouco na tradição do que o médico sempre foi para o homem.

É muito engraçado, isso comporta uma incoerência deveras estranha, que se diga – o homem *tem* um corpo. Para nós isso faz sentido, é até provável que isso sempre tenha feito sentido, mas que esteja fazendo mais sentido ainda para nós do que para um outro qualquer, porque, com Hegel e sem sabê-lo – dado que todo mundo é hegeliano sem sabê-lo –, levamos extremamente longe a identificação do homem com seu saber, que é um saber acumulado. É totalmente estranho estar localizado num corpo, e não se pode minimizar esta estranheza, apesar de a gente andar o tempo todo agitando as asas a se gabar de ter reinventado a unidade humana, que esse idiota do Descartes havia recortado. É totalmente inútil fazer grandes declarações sobre a volta à unidade do ser humano, à alma como forma do corpo, por meio de grandes reforços de tomismo e de aristotelismo. A divisão está feita de vez. E é por isto que os médicos de hoje em dia não são os médicos de sempre, salvo aqueles que passam o tempo a afigurar-se que haja temperamentos, constituições e outras coisas do gênero. O médico com relação ao corpo tem a atitude do homem que está desmontando uma máquina. Por mais que se façam declarações de princípio, esta atitude é radical. Foi disto que Freud partiu, e este era seu ideal – trabalhar em anatomia patológica, em fisiologia anatômica, descobrir para que serve este aparelhinho complicado que se acha aí encarnado no sistema nervoso.

Esta perspectiva, que decompõe a unidade do vivente, tem certamente algo de perturbador, de escandaloso, e toda uma orientação de pensamento tenta ir contra isto – penso no gestaltismo e em outras elaborações teóricas de boa vontade, que gostariam de voltar à benevolência da natureza e à harmonia preestabelecida. Claro que nada prova que o corpo seja uma máquina e é altamente provável que não seja o caso. Mas o problema não está aí. O importante é que foi assim que se abordou a questão. Nomeei-o há pouco o *se* em questão é Descartes. Ele não estava sozinho, pois foi preciso muita coisa para que ele pudesse começar a pensar o corpo como máquina. Foi preciso, em particular, que houvesse uma que não só andasse sozinha, mas que pudesse encarnar de uma maneira empolgante algo de totalmente humano.

Por certo que no momento em que isto ocorria ninguém estava se dando conta. Mas agora temos um pouquinho de nada de recuo. O fenômeno ocorre bastante antes de Hegel. Hegel, que só tinha muito pouco a ver com tudo isto, talvez seja o último representante de uma certa antropologia clássica, mas no final das contas, ele se acha com relação a Descartes quase que para trás.

A máquina, de que estou falando, é o relógio. É raro em nossa época que um homem fique suficientemente maravilhado com o que é um relógio. Louis Aragon fala disto no *le Paysan de Paris*[22] em termos tais que só um poeta pode encontrar para saudar uma coisa em seu caráter de milagre, esta coisa, diz ele, que leva adiante uma hipótese humana, estando o homem aí ou não.

Havia, pois, relógios. Não eram ainda muito miraculosos, já que foi preciso esperar muito tempo depois do *Discurso do método* para que houvesse um verdadeiro, um bom, com pêndulo, o de Huyghens – já fiz alusão a isto em um de meus textos. Já havia alguns que funcionavam com pesos, e, no entanto, quer chovesse, quer fizesse sol, encarnavam a medida do tempo. Foi preciso, evidentemente, que tivéssemos percorrido um certo espaço na história para nos darmos conta de como é essencial para nosso *estar-aí*, como se diz, saber o tempo. Por mais que se diga que este tempo talvez não seja verdadeiro, isso vai contudo desenrolando-se aí no relógio, sozinho, como gente grande.

Nunca lhes aconselharia por demais a leitura de um livro de Descartes que se chama *De l'homme*. Vocês podem obtê-lo, este *Homem* por pouco dinheiro, não é uma obra das mais estimadas, custar-lhes-á menos do que o *Discurso do método*, caro aos dentististas. Folheiem-no e confiram que o que Descartes busca no homem é o relógio.

Esta máquina não é o que o zé-povinho pensa. Não é, pura e simplesmente, o contrário do vivente, o simulacro do vivente. Que ela tenha sido feita para encarnar algo que se chama o tempo e que é o mistério dos mistérios, deve pôr-nos na pista. O que será que está em jogo na máquina? Que, na mesma época, um tal de Pascal se tenha aplicado a construir uma máquina, ainda bem modestinha, de fazer somas, nos indica que a máquina está ligada a funções radicalmente humanas. Não é um simples artifício, como poderíamos dizê-lo das cadeiras, das mesas, e dos outros objetos mais ou menos simbólicos em meio aos quais moramos sem nos darmos conta de que são nosso próprio retrato. As máquinas são outra coisa. Isso vai muito mais longe, na direção daquilo que realmente somos, do que as próprias pessoas que as constroem suspeitam.

O próprio Hegel acreditou ser algo como a encarnação do Espírito de seu tempo, e sonhou que Napoleão fosse a *Weltseele*, a alma do mundo, o outro polo, mais feminino, mais carnal, da potência. Pois bem, ambos se distinguiram pelo fato de terem desconhecido completamente a importância deste fenômeno que, no tempo deles, começava a despontar – a máquina a vapor. No entanto, não faltava tanto para Watt chegar, e já havia coisas que funcionavam sozinhas, umas pequenas bombas nas minas.

A máquina encarna a mais radical atividade simbólica no homem, e ela era necessária para que as questões se colocassem – talvez não dê para vocês notarem no meio disto tudo – no nível em que as colocamos para nós.

Há algo de que se fala, em Freud e de que não se fala em Hegel, é a energia. Eis a preocupação maior, a preocupação que domina, e, do ponto de vista especulativo, ela é mais importante do que esta confusão puramente homonímica na qual nos achávamos ontem à noite quando se falava da oposição da consciência no tempo de Hegel e da inconsciência no tempo de Freud – é como falar da contradição entre o Partenon e a hidrelétrica, não tem absolutamente nada a ver uma coisa com outra. Entre Hegel e Freud há o advento de um mundo da máquina.

A energia, fiz-lhes notar isto da última vez, é uma noção que só pode aparecer a partir do momento em que há máquinas. Não que a energia não esteja aí desde sempre. Só que as pessoas que tinham escravos nunca se tinham dado conta de que se podia estabelecer equações entre o preço de sua comida e o que faziam nos *latifundia*. Não se encontra nenhum exemplo de cálculo energético na utilização dos escravos. Nunca se estabeleceu a mais mínima equação com respeito ao rendimento deles. Catão nunca o fez. Foi preciso que se tivesse máquinas para se dar conta de que era preciso alimentá-las. E mais – que era preciso mantê-las. E por quê? Porque elas tendem a se deteriorar. Os escravos também, mas não se pensa nisto, acha-se que é natural que envelheçam e que pifem. E, mais tarde, deram-se conta, coisa na qual nunca se pensara antes, de que os seres vivos se mantêm sozinhos, em outros termos, que representam homeostatos.

A partir daí, vocês começam a ver despontar a biologia moderna, que tem como característica de nunca fazer intervir qualquer noção relativa à vida. O pensamento vitalista é estranho à biologia. O fundador da biologia moderna, morto prematuramente, e cuja estátua ornamenta a antiga faculdade de medicina, Bichat, expressou isto da maneira mais clara. No entanto era um personagem que havia conservado uma vaga crença em Deus, mas extremamente lúcido – ele sabia que se entrara num novo período, e que a vida iria definir-se daí em diante com relação à morte. Isto converge com o que agora estou-lhes explicando, o caráter decisivo da referência à máquina no que se refere à fundação da biologia. Os biólogos creem que se consagram ao estudo da vida. Não se vê por quê. Até prova do contrário, seus conceitos fundamentais procedem de uma origem que nada tem a ver com o fenômeno da vida, o qual permanece, em sua essência, completamente impenetrável. O fenômeno da vida continua escapando-nos, por mais que se faça, e apesar das reafirmações reiteradas de que estamo-nos aproximando cada vez mais dela. Os conceitos biológicos permanecem totalmente inadequados a ela, o que não impede que guardem todo seu valor.

Alguns ficaram espantados diante da aprovação que dei ontem à noite à Françoise,[23] quando a propósito deste terceiro termo que estamos procurando na dialética inter-humana, ela veio com a biologia. Talvez ela não pensasse na biologia exatamente como vou explicá-la a vocês, mas diremos que a verdade saía da boca de alguém que a dizia ingenuamente.

Tomaremos a biologia por antífrase. A biologia freudiana não tem nada a ver com a biologia. Trata-se de uma manipulação de símbolos no intuito de resolver questões energéticas, como manifesta a referência homeostática, a qual permite caracterizar como tal não só o ser vivo, mas também o funcionamento de seus mais importantes aparelhos. É em torno desta questão que gira a discussão inteira de Freud – energeticamente, o que é o psiquismo? É aí que reside a originalidade do que em sua obra se chama o pensamento biológico. Ele não era biólogo, não mais do que qualquer um dentre nós, mas ele realçou a função energética em toda extensão de sua obra.

Se soubermos revelar o sentido deste mito energético, veremos sair o que, desde a origem e sem que se entendesse, estava implicado na metáfora do corpo humano como máquina. Vemos manifestar-se aí um certo para além da referência inter-humana, que é, propriamente, o para além simbólico. Eis o que vamos estudar, e poderemos, então, certamente entender esta espécie de aurora que é a experiência freudiana.

Freud partiu de uma concepção do sistema nervoso segundo a qual este sempre tende a voltar a um ponto de equilíbrio. Foi daí que ele partiu, porque era então uma necessidade que se impunha ao espírito de qualquer médico daquela idade científica que se ocupasse do corpo humano.

Anzieu, vá olhar esta *Enwurf* de que estou falando e faça-nos o relatório dela. Freud tentou edificar nesta base uma teoria do funcionamento do sistema nervoso, mostrando que o cérebro opera como órgão-tampão entre o homem e a realidade, como órgão de homeostasia. E ele vem então topar, ele tropeça, no sonho. Ele se dá conta de que o cérebro é uma máquina de sonhar. E é na máquina de sonhar que ele reencontra o que já estava lá, desde sempre, e que a gente não se tinha dado conta, ou seja, de que é no nível do mais orgânico e do mais simples, do mais imediato e do menos manejável, no nível do mais inconsciente, que o sentido e a fala se revelam e se desenvolvem por inteiro.

Donde a revolução completa de seu pensamento e a passagem para a *Traumdeutung*. Diz-se que ele abandona uma perspectiva fisiologizante por urna perspectiva psicologizante. Não é disto que se trata. Ele descobre o funcionamento do símbolo como tal, a manifestação do símbolo em estado dialético, em estado semântico, nos seus deslocamentos, os trocadilhos, os chistes, gracejos funcionando sozinhos na máquina de sonhar. E ele tem de tomar partido frente a esta descoberta, aceitá-la ou desconhecê-la, como fizeram todos os outros que estavam tão perto dela quanto ele. É uma virada tal que ele absolutamente não soube o que lhe estava acontecendo. Foi preciso que percorresse ainda vinte anos de uma existência já muito avançada no momento desta descoberta, para poder voltar-se para suas premissas, e tentar reencontrar o que isso quer dizer no plano energético. Eis o que lhe impôs a elaboração nova do além do princípio do prazer e do instinto de morte.

É visível, nesta reelaboração, o sentido daquilo de que precisávamos ontem à noite, além da referência do homem ao seu semelhante, para constituir este terceiro termo onde, a partir de Freud, se acha o verdadeiro eixo da realização do ser humano. Este, no ponto em que cheguei hoje, não posso ainda nomeá-lo.

12 de janeiro de 1955

VII

O Circuito

Maurice Merleau-Ponty e a compreensão.
Conservação, entropia, informação.
Princípio de prazer e princípio de realidade.
A aprendizagem do Gribouille.
Reminiscência e repetição.

Vamos interrogar-nos sobre a conferência extraordinária de ontem à noite. Será que vocês se orientaram um pouco nela? A discussão foi notavelmente pouco divergente, e fiquei muito satisfeito com isto. Mas será que vocês veem bem o âmago do problema e a que distância da experiência analítica Merleau-Ponty permanece irredutivelmente?

1

Há um termo sobre o qual poderia ter versado a discussão se tivéssemos tido mais tempo pela frente, isto é, o gestaltismo. Não sei se vocês o notaram na hora, ele brotou num dado momento no discurso de Maurice Merleau-Ponty como aquilo que para ele é deveras a medida, o padrão do encontro com o outro e com a realidade. E, efetivamente, o que está no fundo do seu ensino, é a compreensão. Malgrado o recuo que ele tenta tomar com relação ao que ele chama de a posição liberal tradicional, pois bem, como se lhe fez justamente notar, ele não se afasta muito dela. Porque, no final das contas, seu único passado adiante consiste em constatar que há coisas que são difíceis de compreender, duras de engolir.

Não foi a troco de nada que ele pegou seu termo de referência na experiência política contemporânea. Vocês sabem que a ruptura do diálogo com o comunismo o preocupa imensamente. Para ele trata-se de uma crise histórica que a experiência humana atravessa. Ele constata ao mesmo tempo que a gente não se compreende, e reafirma que é preciso compreender. Tal como enunciava o título de um de seus recentes artigos publicados num jornal semanal – *É preciso compreender o comunismo.*

Título muito paradoxal, já que ele constata precisamente que, de seu ponto de vista, ele não pode compreender.

Foi a mesma coisa ontem à noite. Pode-se lastimar que ele não tenha examinado mais adiante, sem dúvida por este campo não lhe ser suficientemente familiar, se a compreensão tem seu lugar no campo da análise. Em outros termos, será que o campo da análise pode chegar ao homogêneo? Será que tudo nele pode ser compreendido? É a pergunta que Jean Hyppolite fazia – será que o freudismo é um humanismo, sim ou não? A posição de Merleau-Ponty, esta, é essencialmente humanista. E está-se vendo onde isso o leva.

Com efeito, ele se agarra às noções de totalidade, de funcionamento unitário, ele supõe sempre uma dada unidade que seria acessível a uma apreensão, no final das contas, instantânea, teórica, contemplativa, à qual a experiência da *boa forma*, tão ambígua no gestaltismo, fornece uma aparência de apoio. Não é que esta noção não responda a fatos mensuráveis, a uma riqueza experimental. Mas a ambiguidade reside numa teorização onde a física se confunde com a fenomenologia, onde a gota d'água, visto que toma a forma esférica, está no mesmo plano que este algo que faz com que tenhamos sempre tendência a puxar para o circular a forma aproximativa que estamos vendo.

Há aí uma correspondência que certamente cria uma imagem, mas que elide o problema essencial. Existe, com certeza, no fundo da retina, algo que tende a produzir esta boa forma, existe algo no mundo físico que tende a realizar certas formas análogas, mas colocar estes dois fatos em relação não é uma maneira de resolver a experiência em toda a sua riqueza. Em todo caso, se a gente o fizer não se poderá mais manter, como Merleau-Ponty gostaria, o primado da consciência. A consciência, no final das contas, torna-se ela própria mecanismo. E ela desempenha, sem que ele se dê conta disto, a função que promovo aqui como o primeiro tempo da dialética do eu. Só que para Merleau-Ponty tudo está aí na consciência. Uma consciência contemplativa constitui o mundo por intermédio de uma série de sínteses, de trocas, que o situam, a cada instante, numa totalidade renovada, mais envolvente, mas que toma sempre sua origem no sujeito. (*Ao sr. Hyppolite*) O senhor não está de acordo?

SR. HYPPOLITE: – *Estou escutando o movimento que o senhor vai desenvolvendo a partir da* Gestalt. *No final das contas, é uma fenomenologia do imaginário, no sentido em que nós empregamos este termo.*

O. MANNONI: – *Isto pode contudo ultrapassar o plano do imaginário. Vejo o germe do pensamento gestaltista no pensamento de Darwin. Quando ele substitui a variação pela mutação, ele descobre uma natureza que fornece boas formas. Mas a existência de formas que não sejam simplesmente mecânicas coloca então um problema. Parece-me que a* Gestalt *é uma tentativa de resolvê-lo.*

Claro. O que o senhor está dizendo aí é um passo a mais, que não dou, porque não quero ir além do plano no qual Merleau-Ponty se mantém. Mas, de fato, se a gente o seguisse, se se tomasse a palavra *forma* em sua mais larga acepção, voltar-se-ia a um vitalismo, aos mistérios da força criadora.

A ideia de uma evolução vital, a noção segundo a qual a natureza produziria formas sempre superiores, organismos cada vez mais elaborados, cada vez mais integrados, cada vez mais bem-construídos, a crença num progresso imanente ao movimento da vida, tudo isto lhe é estranho, e ele o repudia expressamente. Como Freud em suas escolhas é um sujeito pouco inclinado a partir de posições de princípio, creio que é a sua experiência do homem que o orienta. É uma experiência médica. Ela permitiu-lhe situar o registro de um certo tipo de sofrimento e de doença no homem, de um conflito fundamental.

Explicar o mundo por uma tendência natural a criar formas superiores vai no sentido oposto ao conflito essencial tal como ele o vê atuar no ser humano. Mas este conflito ultrapassa o ser humano. Freud se acha como que projetado no *Além do princípio do prazer*, que é uma categoria incontestavelmente metafísica, ele sai dos limites do campo do humano no sentido orgânico do termo. Será que se trata de uma concepção do mundo? Não, trata-se de uma categoria do pensamento, à qual qualquer experiência do sujeito concreto não pode deixar de se referir.

SR. HYPPOLITE: – *Não contesto absolutamente a crise descrita por Freud. Mas ele opõe ao instinto de morte a libido, e ele a define como a tendência de um organismo a agrupar-se com outros organismos, como se isto fosse um progresso, uma integração. Há, portanto, na obra dele, independentemente deste conflito inegável do qual o senhor fala e que não o torna otimista do ponto de vista humano, uma concepção da libido, aliás maldefinida, que afirma a integração cada vez maior dos organismos. Freud o diz de maneira nítida em seu próprio texto.*

Estou entendendo. Mas note que a tendência à união – o Eros tende a unir – nunca é apreendida a não ser em sua relação à tendência contrária, que leva à divisão, à ruptura, à redispersão, e muito especialmente da matéria inanimada. Estas duas tendências são estritamente inseparáveis. Não há noção que seja menos unitária. Retomemos isto passo a passo.

2

Em que impasse chegamos da última vez? O organismo, já concebido por Freud como uma máquina, tem tendência a retornar ao seu estado de equilíbrio – é o que o princípio do prazer formula. Ora, numa primeira abordagem, esta tendência restitutiva, no texto de Freud, se distingue mal da tendência repetitiva que ele isola, e que é o que ele introduz de original. Perguntamo-nos, pois, o seguinte – o que distingue estas duas tendências?

Os meios são muito curiosos neste texto, porque são de uma dialética circular. Freud retorna perpetuamente a uma noção que parece escapar-lhe sempre. Ela resiste, mas ele não se detém, ele busca a todo custo manter a originalidade da tendência repetitiva. Sem dúvida alguma, algo lhe faltou da ordem das categorias ou das imagens para que ele conseguisse fazer-nos senti-la convenientemente.

Do início ao fim da obra de Freud, o princípio do prazer se explica assim – o sistema nervoso é de certa maneira, diante de uma estimulação trazida a este aparelho vivo, o representante essencial do homeostato, do regulador essencial graças ao qual o ser vivo persiste, ao qual vai corresponder uma tendência a levar a excitação de volta ao mais baixo. *Ao mais baixo*, o que isso quer dizer? Existe aí uma ambiguidade, que embaraça os autores analíticos. Leiam-nos, vocês os verão escorregando pela ladeira que lhes abre a maneira pela qual Freud dialetizou a questão.

Freud ofereceu-lhes aí a oportunidade de mais um mal-entendido, e todos em coro, em seu desvairamento, nele se precipitam.

O mais baixo da tensão pode querer dizer duas coisas, todos os biólogos estarão de acordo, conforme se trate do nível mais baixo sendo dado uma certa definição do equilíbrio do sistema, ou do puro e simples mais baixo, ou seja, no que se refere ao ser vivo, a morte.

Pode-se considerar, efetivamente, que, com a morte, todas as tensões, do ponto de vista do ser vivo, são levadas de volta a zero. Mas pode-se igualmente levar em consideração os processos de decomposição que seguem a morte. Acaba-se então definindo o fim do princípio do prazer pela dissolução concreta do cadáver. Há algo aí do qual não se pode deixar de ver o caráter abusivo.

Posso, no entanto, citar-lhes diversos autores para quem levar a estimulação de volta ao mais baixo não designa nada mais, nada menos que a morte do ser vivo. É supor o problema resolvido, é confundir o princípio do prazer com aquilo que se acredita que Freud nos designou pelo nome de instinto de morte. Digo *aquilo que se acredita* porque quando Freud fala de instinto de morte, ele felizmente designa algo de menos absurdo, menos antibiológico, menos anticientífico.

Há algo que é distinto do princípio do prazer e que tende a levar o animado inteiro de volta ao inanimado – é assim que Freud se expressa. O que será que ele quer dizer com isto? O que será que o força a pensar nisso? Não é a morte dos seres vivos. É a vivência humana, o intercâmbio humano, a intersubjetividade. Há algo no que ele observa do homem que o coage a sair dos limites da vida.

Há sem dúvida um princípio que leva a libido de volta à morte, porém não de uma maneira qualquer. Se a levasse pelos mais curtos caminhos, o problema estaria resolvido. Mas, é só pelos caminhos da vida que ele a leva, aí é que está.

É por detrás desta necessidade do ser vivo de passar pelos caminhos da vida – e isso só pode passar-se por aí – que o princípio que o leva de volta à morte se situa, é deslindado. Ele não pode ir para a morte por qualquer caminho.

Em outros termos, a máquina se mantém, ela desenha uma certa curva, uma certa persistência. E é pela própria via desta subsistência que algo de diferente se manifesta, sustentado por esta existência que está aí e que lhe indica sua passagem.

Há uma articulação essencial que é preciso colocar imediatamente – quando se tira um coelho de uma cartola é que a gente o tinha previamente colocado dentro. Esta formulação tem um nome para os físicos, é o primeiro princípio da termodinâmica, o da conservação da energia – para que haja algo no fim é preciso que tenha havido, pelo menos, o mesmo tanto no começo.

O segundo princípio – vou tentar fazer com que vocês o percebam de maneira imajada – estipula que há na manifestação desta energia modos nobres e outros que não o são. Dito de outra forma, não se pode remar contra a correnteza. Quando se faz um trabalho, uma parte se gasta, por exemplo em calor, há perda. Isto se denomina entropia.

Não há mistério na entropia, é um símbolo, uma coisa que se escreve no quadro-negro, e vocês estariam muito enganados se acreditassem que ela existe. A entropia é um E maiúsculo, absolutamente indispensável ao nosso pensamento. E mesmo se vocês estão pouco se lixando com este E maiúsculo pelo fato de um senhor que se chama Karlus Mayer, médico da marinha, o ter fundado, ele é, atualmente, o princípio de tudo – não se pode deixar de levá-lo em conta quando se organiza uma usina, atômica ou não, ou bem um país. Karlus Mayer começou a pensar intensamente nisto enquanto efetuava sangrias em seus doentes – por vezes os caminhos do pensamento são obscuros, os do Senhor são insondáveis. É de admirar que, por ter parido isto que é certamente uma das grandes emergências do pensamento, ele tenha ficado extremamente apoucado – como se o parto do E maiúsculo tivesse podido inscrever-se no sistema nervoso.

Vocês estariam enganados se acreditassem que, quando tomo posições que comumente se julgam antiorganicistas, é porque – como dizia um dia alguém de quem gosto bastante – o sistema nervoso, esse, me amola. Não são razões sentimentais que me guiam. Creio que o organismo comum é uma estupidez, mas que há um outro que não negligencia absolutamente os fenômenos materiais. É o que me faz dizer a vocês – com toda boa-fé, senão com toda verdade, pois a verdade requereria que se buscasse os rastros desta experiência – que penso que para um infeliz indivíduo ter sido encarregado por não sei o quê, a *santa linguagem* como dizia Valéry, de ser aquele que fez nascer o E grande, isto talvez não ocorra sem dano. Karlus Mayer tem certamente duas partes na sua vida, a que estava antes e a que estava depois, na qual mais nada ocorreu – ele tinha dito o que tinha a dizer.

Pois bem, esta entropia, Freud depara com ela, e isto já no fim do *Homem dos lobos*. Ele bem que sente que isso tem uma certa relação com seu instinto de morte, mas sem poder, nem aí, achar seu assento, e ele continua, durante todo este artigo, sua pequena ronda infernal, que nem Diógenes a procurar um homem com sua lanterna. Faltava-lhe algo. Seria simples demais se eu lhes dissesse – vou dizer-lhes – que bastaria acrescentar um F grande ou um I maiúsculo ao E maiúsculo. Não se trata certamente disto, porque isto não está ainda inteiramente elucidado.

O pensamento moderno está tentando apanhar isso por vias frequentemente ambíguas, até mesmo confusionais, e vocês não podem desconhecer que são contemporâneos ao seu parto. Direi mais – dado que estão aqui assistindo ao meu seminário, vocês estão sendo precipitados para dentro deste parto. Vocês entram nesta dimensão onde o pensamento tenta ordenar-se e encontrar seu símbolo correto, seu F maiúsculo que suceda ao E maiúsculo. No estado atual das coisas, trata-se da quantidade de informação.

Há quem não se admire. Há outros a quem isso parece embasbacar.

A grande aventura das pesquisas em torno da comunicação começou a uma certa distância, pelo menos aparente, daquilo que nos interessa. Melhor dizer – pois como saber onde isso começa? – que ela encontrou um de seus momentos significativos no nível dos engenheiros dos telefones.

Tratava-se para a Bell Telephone Company de fazer economias, ou seja, de fazer passar o maior número possível de comunicações por um único fio. Num país tão vasto quanto os Estados Unidos, é muito importante economizar alguns fios, e fazer passar as asneiras que se veiculam geralmente por esse gênero de aparelho de transmissão pelo menor número de fios possível. Foi a partir daí que se começou a quantificar a comunicação. Portanto, como vocês estão vendo, partiu-se de algo que está muito longe do que aqui denominamos fala. Não se tratava de jeito nenhum de saber se aquilo que as pessoas contavam umas para as outras tinha um sentido. Aliás, o que se diz no telefone, vocês notaram isto por experiência, não tem nunca absolutamente nenhum sentido. Mas comunica-se, reconhece-se a modulação de uma voz humana, e tem-se assim esta aparência de compreensão que resulta do fato de que se reconhece as palavras já conhecidas. Trata-se de saber quais são as condições mais econômicas que permitam transmitir palavras que as pessoas reconheçam. Com o sentido, ninguém se preocupa. Eis o que realça bem este fato que costumo salientar, e que sempre se esquece, isto é, que a linguagem, esta linguagem que é o instrumento da fala, é algo de material.

Deram-se, pois, conta de que estavam longe de precisar de tudo o que se inscreve na pequena folha de um aparelho que foi sendo mais ou menos aperfeiçoado, que no intervalo se tornou eletrônico, mas que, no final das contas é sempre um aparelho de Marey, que oscila e representa a modulação da voz. Para obter o mesmo resultado basta que se tome uma pequena parte, que reduz de muito o conjunto das oscilações – da ordem de 1 para 10. E não só se ouve, mas reconhece-se a voz do prezado bem-amado ou da prezada fulana de tal, que está na linha. O aspecto sentimento, a convicção que atua de indivíduo a indivíduo, passa integralmente.

Começaram então a codificar a quantidade de informação. Isto não significa que se passem coisas fundamentais entre seres humanos. Trata-se do que corre pelos fios, e do que se pode medir. Porém, é assim que começam a perguntar-se se passa ou não passa, a que momento se degrada, a que momento deixa de ser comunicação. É o que em psicologia se denomina, com uma palavra americana, o *jam*. É a primeira vez que aparece na qualidade de conceito fundamental a confusão como tal, esta tendência que existe na comunicação a deixar de ser comunicação, isto é, a não comunicar mais nada. Eis um símbolo novo acrescido.

É preciso que se iniciem neste sistema simbólico, se quiserem abordar ordens inteiras de uma realidade que nos toca mais diretamente. Por não se ter ideia do manejo correto desses E maiúsculos e desses F maiúsculos pode não estar-se abalizado a falar das relações inter-humanas. E é justamente uma objeção que poderíamos ter feito, ontem à noite, a Merleau-Ponty. Num certo ponto do desenvolvimento do sistema simbólico, todo mundo não pode falar com todo mundo. Quando lhe falamos de subjetividade fechada, disse – *Se não se puder falar com os comunistas, o fundo da linguagem se esvanecerá, pois o fundo da linguagem consiste em ser universal.* Claro. Ainda é preciso que se esteja por dentro deste circuito da linguagem, e saber do que se está falando quando se fala da comunicação. E vocês vão ver que isto é essencial a respeito do instinto de morte, que parece o oposto.

Os matemáticos qualificados para manejar estes símbolos situam a informação como o que vai na direção oposta à entropia. Quando as pessoas abordaram a termodinâmica, e se perguntaram como é que sua máquina ia pagar-se, omitiram-se a si mesmas. Encaravam a máquina como o senhor encara o escravo – a máquina está aí a distância, e trabalhando. Só esqueciam uma coisa, é que eram elas que tinham assinado o pedido. Ora, este fato se revela como tendo uma importância considerável no âmbito da energia. Porque a informação, se ela se introduz no circuito da degradação da energia, pode fazer milagres. Se o demônio de Maxwell pode deter os átomos que se agitam lentamente demais, e só guardar aqueles que têm uma tendência um tiquinho frenética, ele fará com que a inclinação geral da energia torne a subir, e tornará a efetuar, com o que se tinha degradado em calor, um trabalho equivalente àquele que se tinha perdido.

Isto tem cara de estar longe de nosso assunto. Vocês vão ver como é que vamos reencontrá-lo. Partamos novamente de nosso princípio do prazer, e mergulhemos outra vez nas ambiguidades.

3

No nível do sistema nervoso quando há estimulação, tudo opera, tudo é posto em jogo, os eferentes, os aferentes, para que o ser vivo reencontre o repouso. É o princípio do prazer segundo Freud.

No plano da intuição há – não é mesmo? – uma certa discordância entre o princípio do prazer assim definido, e o que de pândega este prazer costuma evocar. Fulano dando em cima da fulana dele, até agora era assim que se costumava ver isso. Na obra de Lucrécio, isto era claro, e bastante alegre. E de vez em quando, os analistas, decerto desesperados por terem de utilizar categorias que lhes parecem tão contrárias ao sentimento, nos lembram que existe, efetivamente, um prazer da atividade, um gosto da estimulação. A gente procura divertir-se e fica-se cativado no jogo. Mas afinal, Freud não introduziu a função da libido no comportamento humano? Será que ela, esta libido, não é algo de bastante libidinoso? As pessoas buscam o prazer delas. Então, por que é que isto se traduz teoricamente por um princípio que enuncia o seguinte – o que se busca é, no final das contas, o cessamento do prazer? Decerto que se desconfiava, porque se conhece a curva do prazer. Mas vocês estão vendo que aqui a vertente da teoria vai no sentido estritamente contrário ao da intuição subjetiva – no princípio do prazer, o prazer, por definição, tende ao seu fim. O princípio do prazer é que cesse o prazer.

O que será que fica sendo, nesta perspectiva, o princípio de realidade?

O princípio de realidade é em geral introduzido por este simples reparo que, quando se busca por demais o prazer, acontecem acidentes de todos os tipos – queimam-se os dedos, apanha-se gonorreia, quebra-se a cara. É assim que nos descrevem a gênese daquilo que se chama a aprendizagem humana. E nos dizem que o princípio do prazer se opõe ao princípio de realidade. Na perspectiva que é a nossa isto adquire, evidentemente, um outro sentido. O princípio de realidade consiste em fazer com que o jogo dure, ou seja, que o prazer se renove, que o combate não termine por falta de combatentes. O princípio de realidade consiste em resguardar nossos prazeres, estes prazeres cuja tendência é justamente atingir o cessamento.

Não creiam que os psicanalistas estejam satisfeitos com esta maneira de pensar a respeito do princípio do prazer, que, no entanto, é absolutamente essencial, de ponta a ponta, para a teoria – se não pensarem o princípio do prazer neste registro é inútil introduzi-los a Freud.

A noção segundo a qual existe uma espécie de prazer próprio à atividade, o prazer lúdico, por exemplo, faz desabar as próprias categorias do nosso pensamento. A partir daí, o que poderíamos fazer com a nossa técnica? Seria simplesmente o caso de ensinar às pessoas ginástica, música e o que mais vocês quiserem. Os procedimentos pedagógicos são de um registro absolutamente estranho à experiência analítica. Não estou dizendo que não tenham lá seu valor, e que não se possa fazê-los desempenhar um papel essencial na República – basta reportar-se a Platão.

Pode-se querer fazer o homem entrar num feliz funcionamento natural, fazer com que atinja as etapas do seu desenvolvimento, proporcionar-lhe o livre florescimento daquilo que, de seu organismo, chega no devido tempo à sua maturidade, e proporcionar a cada uma destas etapas seu tempo de jogo, e em seguida seu tempo de adaptação, de estabilização, até que sobrevenha a nova emergência vital. Uma antropologia inteira pode organizar-se em torno disto. Mas será que é esta a que justifica psicanálises, ou seja, mantê-los num divã para que nos contem babaquices? Qual é a relação entre isso e a ginástica, e a música? Será que Platão teria entendido o que era a psicanálise? Não, ele não teria entendido, apesar das aparências, porque existe aí um abismo, uma falha, e é o que estamos por ora procurando com o *Além do princípio do prazer*.

Não digo que os analisados sejam incapazes de aprendizagem. Pode-se ensinar às pessoas a tocar piano – no entanto, é preciso que este exista – e a gente se dá conta, por exemplo, de que tendo aprendido a tocar em pianos de teclas largas, eles sabem tocar em pianos de teclas pequenas, num cravo etc. Mas trata-se apenas de segmentos determinados de comportamento humano, e não, como na análise, do destino do homem, de sua conduta, quando acaba a lição de piano e que ele vai ver a namorada. Aí então sua aprendizagem é mais ou menos a de Gribouille.

Vocês conhecem a história de Gribouille. Ele vai ao enterro, e diz – *Boas-festas!* Leva uma bronca, puxam-lhe o cabelo, ele volta para casa – *Ora essa, não se diz boas-festas num enterro, diz-se Deus tenha sua alma*. Ele sai de novo, encontra um casamento – *Deus tenha sua alma!* E novos acontecimentos vão-lhe acontecer.

Pois bem, a aprendizagem é isto, tal como a análise o demonstra, e é com isto que temos de lidar. Nas primeiras descobertas analíticas – o trauma, a fixação, a reprodução, a transferência. O que na experiência analítica se denomina a intrusão do passado no presente é dessa ordem aí. Trata-se sempre da aprendizagem de alguém que vai fazer melhor da próxima vez. E quando digo que vai fazer melhor da próxima vez é que vai ser preciso que ele faça algo totalmente diferente.

Quando nos dizem, empregando a noção de maneira metafórica, que a análise é uma aprendizagem da liberdade, convenham que isso soa gozado. Puxa vida, em nossa época histórica, como dizia ontem Merleau-Ponty, dever-se-ia desconfiar.

O que será que a análise desvenda – se não é a discordância fundamental, radical, das condutas essenciais para o homem, com relação a tudo o que ele vive? A dimensão descoberta pela análise é o contrário de algo que progrida por adaptação, por aproximação, por aperfeiçoamento. É algo que vai aos saltos, aos pulos. É sempre a aplicação estritamente inadequada de certas relações simbólicas totais, e isso implica diversas tonalidades, por exemplo, a imissão do imaginário no simbólico, ou inversamente.

Existe uma diferença radical entre qualquer investigação do ser humano, mesmo no nível do laboratório, e o que ocorre no nível animal. Para o lado do animal, aparece uma ambiguidade fundamental, na qual a gente se move entre o instinto e a aprendizagem, assim que se tenta, como se faz atualmente, acercar-se dos fatos de um pouco mais perto. No animal, as tais pré-formações do instinto não são absolutamente exclusivas da aprendizagem. Além do mais, nele se encontra continuamente possibilidades de aprendizagem dentro do contexto do instinto. E muito mais, descobre-se que as emergências do instinto não poderiam ocorrer sem um chamado do meio ambiente como se diz, que estimule e provoque a cristalização das formas, dos comportamentos e das condutas.

Existe aí uma convergência, uma cristalização, que dá a impressão, por mais céticos que sejamos, de uma harmonia preestabelecida, suscetível, bem entendido, de tropeços de todo tipo. A noção de aprendizagem é de uma certa maneira indiscernível da maturação do instinto. É neste campo que categorias gestaltistas surgem naturalmente como marcos de orientação. O animal reconhece seu irmão, seu semelhante, seu parceiro sexual. Ele encontra seu lugar no paraíso, no seu meio, ele também o modela, ele próprio se imprime aí. O carapau faz um certo número de buraquinhos, que parecem gratuitos, mas percebe-se bem que é o seu sinete que marca, seu sinete do qual todo seu corpo é o suporte. O animal se encaixa no meio. Na adaptação, e é justamente uma adaptação que tem seu fim, seu termo, seu limite. A aprendizagem animal apresenta assim os caracteres de um aperfeiçoamento organizado e finito. Que diferença com o que nos é descoberto pelas mesmas pesquisas – isto é o que pensam – sobre a aprendizagem no homem! Elas evidenciam o privilégio das tarefas inacabadas, a função do desejo de voltar a elas. Invoca-se o sr. Zeigarnik sem saber direito o que ele diz, que uma tarefa será tanto melhor memorizada se tiver, em determinadas condições, fracassado. Será que vocês não percebem que isto vai no sentido totalmente oposto ao da psicologia animal, e inclusive totalmente oposto ao da noção que podemos fazer-nos da memória como empilhamento de engramas, de impressões, onde o ser se forma? No homem é a má forma que é prevalente. É na medida em que uma tarefa está inacabada que o sujeito volta a ela. É na medida em que um fracasso foi acerbo que o sujeito se lembra melhor dele.

Não nos estamos colocando aqui no nível do ser e do destino – a coisa foi medida nos limites de um laboratório. Mas não basta medir, é preciso também tentar compreender.

Bem sei que o espírito é sempre fecundo em maneiras de compreender. Digo isto frequentemente às pessoas que dou supervisão – cuidem principalmente de não compreender o doente, não há nada como isso que os possa pôr a perder. O doente diz uma coisa que não tem pé nem cabeça, e, ao relatá-la, dizem-me – *Pois bem, entendi que ele queria dizer isso.* Quer dizer que, em nome da inteligência, há mera e simplesmente elisão daquilo que deve deter-nos, e que não é compreensível.

O efeito Zeigarnik, o fracasso acerbo, ou a tarefa inacabada, todo mundo entende isso. Nós nos lembramos de Mozart – ele tomou a xícara de chocolate, e voltou para executar o último acorde. Mas não se entende que não se trata de uma explicação. Ou, caso for uma, quer dizer que não somos animais. Não se é músico que nem o meu cachorrinho que se torna meditabundo quando se põem certos discos. Um músico é sempre músico de sua própria música. E afora as pessoas que compõem elas mesmas sua música, ou seja, que têm lá sua distância com esta música, há pouca gente que volta para executar o último acorde.

Gostaria de fazê-los entender em que nível se coloca o precisar repetir. E mais uma vez, vai ser a uma certa distância que vamos encontrar nossa referência.

4

Kierkegaard, que era, como sabem, um humorista, falou muito bem da diferença do mundo pagão e do mundo da graça, que o cristianismo introduz. Existe algo no homem desta capacidade de reconhecer seu objeto natural, a qual é reconhecida no animal. Existe a captura na forma, apresamento no jogo, a tomada na miragem da vida. É a isto que se refere um pensamento teórico, ou teorial, ou contemplativo, ou platoniano, e não é por acaso que Platão coloca a reminiscência no centro de toda sua teoria do conhecimento. Se o objeto natural, o correspondente harmônico do vivente, é reconhecível, é porque sua figura já se desenha. E para que ela se desenhe, é preciso que ela já tenha estado naquele que vai conjugar-se a ela. É a relação da díade. Toda a teoria do conhecimento em Platão – Jean Hyppolite não vai contradizer-me – é diádica.

Mas por determinadas razões operou-se uma reviravolta. Há, de ora em diante, o pecado como terceiro termo, e não é mais na via da reminiscência, mas na da repetição, que o homem encontra seu caminho. Eis o que põe, justamente, Kierkegaard na pista de nossas intuições freudianas, num livrinho que se denomina *a Repetição.* Aconselho sua leitura às pessoas já um pouco adiantadas. Aqueles que não tiverem muito tempo leiam ao menos a primeira parte.

Kierkegaard quer escapar a problemas que são justamente os de sua acessão a uma ordem nova, e ele depara com a barragem de suas reminiscências, daquilo que ele acredita ser e daquilo que sabe que jamais poderá vir a ser. Ele tenta, então, fazer a experiência da repetição. Ele retorna a Berlim onde, na ocasião de sua última estada, ele teve um infinito prazer, e ele recoloca seus passos dentro de seus passos. Vocês vão ver o que lhe acontece quando procura seu bem na sombra de seu prazer. A experiência fracassa totalmente. Mas depois disto, ele nos leva rumo a nosso problema, isto é, como e por que razão tudo o que diz respeito a um progresso essencial para o ser humano tem de passar pela via de uma repetição obstinada.

Vou chegar agora no modelo em que quero deixar vocês hoje para permitir-lhes entrever o que quer dizer no homem o precisar repetir. Tudo está na intrusão do registro simbólico. Só que vou ilustrá-lo a vocês.

Os modelos são muito importantes. Não é que queiram dizer algo – não querem dizer nada. Mas somos assim – é a nossa fraqueza animal –, precisamos de imagens. E, por falta de imagens, acontece por vezes que certos símbolos não chegam a vir à luz. Em geral, é mais a deficiência simbólica que é grave. A imagem nos vem de uma criação essencialmente simbólica, isto é, de uma máquina, a mais moderna das máquinas, muito mais perigosa para o homem do que a bomba atômica, a máquina de calcular.

Dizem-no a vocês, vocês o ouvem e não acreditam – a máquina de calcular tem uma memória. Vocês se divertem dizendo isto, mas não acreditam. Desenganem-se. A sua memória é confeccionada de tal modo que coloca em causa todas as imagens que nós tínhamos feito da memória até então. O que se tinha encontrado de melhor para imaginar o fenômeno da memória, era o sinete de cera babilônico, um troço com uns pequenos relevos e uns traços que vocês fazem rolar numa placa de cera, o que se denomina engrama. O sinete também é uma máquina, só que não nos damos conta disto.

Para que as máquinas se recordem – no momento de cada pergunta, o que por vezes é necessário – das perguntas que lhe fizeram precedentemente, encontrou-se algo que é mais engenhoso – a primeira experiência da máquina fica circulando nela no estado de mensagem.

Suponham que eu mande um telegrama daqui ao Mans, a encargo do Mans de reenviá-lo a Tours, de lá a Sens, de lá a Fontainebleau, e de lá a Paris, e assim, indefinidamente. Quando chego ao rabo da minha mensagem é preciso que a cabeça ainda não o tenha alcançado. É preciso que a mensagem tenha o tempo de girar. Ela gira depressa, ela não para de girar, fica dando voltas.

É gozado este negócio que volve sobre si mesmo. Lembra o *feedback*, e tem relação com o homeostato. Vocês sabem que é assim que se regula a admissão de vapor numa máquina a vapor. Se o troço esquenta depressa demais, um torniquete registra isto, duas coisas se afastam com a força centrífuga, e a admissão do vapor é regulada. Eis o que governa o andamento homeostático da máquina a vapor: Existe oscilação num ponto de equilíbrio.

Aqui, é mais complicado. Denomina-se isso uma mensagem. É muito ambíguo. O que é uma mensagem dentro de uma máquina? É algo que opera por abertura ou não abertura, que nem uma válvula eletrônica por sim ou não. É algo de articulado, da mesma ordem que as oposições fundamentais do registro simbólico. Num dado momento, este algo que gira tem ou não de entrar no jogo. É algo que está sempre pronto a trazer uma resposta, e a completar-se no próprio ato para responder, isto é, deixar de funcionar como circuito isolado e giratório, e entrar num jogo geral. Eis o que se aproxima exatamente do que podemos conceber como a *Zwang*, a compulsão à repetição.

Assim que se dispõe deste pequeno modelo, a gente se dá conta de que há na própria anatomia do aparelho cerebral coisas que volvem sobre si mesmas. Graças a Riguet, pela indicação de quem leu o trabalho de um neurologista inglês, interessei-me muito por um certo polvo. Parece que seu sistema nervoso é suficientemente reduzido para que tenha um nervo isolado presidindo o que se denomina o jato, ou a propulsão de líquido, graças à qual o polvo tem esse jeito tão bonito de progredir. Pode-se pensar também que o seu aparelho de memória se acha mais ou menos reduzido a esta mensagem circulando entre Paris e Paris, em pequeníssimos pontos do sistema nervoso.

Voltem ao que dizíamos nos anos precedentes sobre estes concursos estupendos que Freud nota na ordem daquilo que ele denomina telepatia. Coisas muito importantes, na ordem da transferência, se efetuam correlativamente em dois pacientes, quer um esteja em análise e o outro apenas tocado, quer os dois estejam em análise. Mostrei-lhes na época que por serem agentes integrados, elos, suportes, anéis num mesmo círculo de discurso, dá-se o fato de os sujeitos verem surgir, ao mesmo tempo, tal ato sintomático, ou revelar-se tal recordação.

No ponto em que chegamos, sugiro-lhes, em perspectiva, que concebam o precisar repetir tal como se manifesta concretamente no sujeito, na análise por exemplo, sob a forma de um comportamento montado no passado e reproduzido no presente de maneira pouco conforme à adaptação vital.

Reencontramos aqui o que já lhes indiquei, isto é, que o inconsciente é o discurso do outro. O discurso do outro não é o discurso do outro abstrato, do outro da díade, do meu correspondente, nem mera e simplesmente o do meu escravo, é o discurso do circuito no qual estou integrado. Sou um dos seus elos. E o discurso do meu pai, por exemplo, na medida em que meu pai cometeu faltas as quais estou absolutamente condenado a reproduzir – é o que se denomina *superego*. Estou condenado a reproduzi-las porque é preciso que eu retome o discurso que ele me legou, não só porque sou o filho dele, mas porque não se para a cadeia do discurso, e porque estou justamente encarregado de transmiti-lo em sua forma aberrante a outrem. Tenho de colocar a outrem o problema de uma situação vital onde existem todas as probabilidades que ele também venha a tropeçar, de forma que este discurso efetua um pequeno circuito no qual se acham presos uma família inteira, um bando inteiro, uma facção inteira, uma nação inteira ou a metade do globo. Forma circular de uma fala, que está justo no limite do sentido e do não sentido, que é problemática.

Eis o que é o precisar repetir tal como o vemos surgir para além do princípio do prazer. Ele vacila para além de todos os mecanismos de equilibração, de harmonização e de concordância no plano biológico. Ele só é introduzido pelo registro da linguagem, pela função do símbolo, pela problemática da pergunta na ordem humana.

Como é que isto é literalmente projetado por Freud num plano que, em aparência, é de ordem biológica? Teremos de voltar a isto nas próximas vezes. A vida só está presa ao simbólico de maneira despedaçada, decomposta. O próprio ser humano se acha, em parte, fora da vida, ele participa do instinto de morte. E só daí que ele pode abordar o registro da vida.

19 de janeiro de 1955

Os Esquemas Freudianos do Aparelho Psíquico

VIII

Introdução ao *Entwurf*

Sobre o nível das reações psicossomáticas.
O real é sem fissura.
A redescoberta do objeto.

O professor Lagache, ontem à noite, almejava mui justamente um empirismo, e de uma maneira, que não deixa de pôr a pulga atrás da orelha. Pois não há empirismo possível sem uma esmerada conceitualização.

A obra de Freud o mostra bem. Só se pode avançar no campo empírico na medida em que a conceitualização for, a cada instante, retomada e enriquecida. Abram o artigo *As pulsões e seus destinos.*[24]

Ouvimos dizer frequentemente que uma ciência deve ser estruturada em conceitos básicos claros e bem-definidos. Na verdade, nenhuma ciência, nem mesmo a mais exata começa com tais definições. O verdadeiro início da atividade científica consiste antes na descrição dos fenômenos, passando então a seu agrupamento, sua classificação e sua correlação. Mesmo na fase de descrição não é possível evitar que se aplique certas ideias abstratas ao material manipulado, ideias provenientes daqui e dali, mas por certo não apenas das novas observações. Tais ideias – que depois se tornarão os conceitos básicos da ciência –são ainda mais indispensáveis à medida que o material se torna mais elaborado. Devem, de início, possuir necessariamente certo grau de indefinição; está fora de questão que haja delimitação nítida de seu conteúdo. Enquanto permanecem nessa condição, chegamos a nos entender a respeito de seu significado por meio de repetidas referências ao material de observação do qual parecem ter provindo, mas ao qual, de fato, foram impostas. Assim, rigorosamente falando, elas são da natureza das convenções – embora tudo dependa de não serem arbitrariamente escolhidas, mas determinadas por terem relações significativas com o material empírico, relações que parecemos sentir antes de podermos reconhecê-las e determiná-las claramente. Só depois de uma investigação mais completa do campo de observação, somos capazes de formular seus conceitos básicos com exatidão progressivamente maior, modificando-os de forma a se tornarem utilizáveis em larga escala e assim inteiramente livres de contradições.

Diz-se que Freud não é um filósofo. Vá lá, mas não conheço texto sobre a elaboração científica que seja mais profundamente filosófico.

Então, talvez tenha chegado o momento de confiná-los em definições. O avanço do conhecimento não tolera, contudo, nenhuma rigidez nas definições. Assim, o exemplo da física ensina de maneira brilhante...[35]

Foi escrito em 1915.

O. MANNONI: – *Depois de Galileu, contudo.*

Mas antes de Einstein. Portanto, remanejamento perpétuo dos conceitos. O que pode fazer rebentar o que se denomina os quadros racionais.

... que mesmo conceitos básicos, *que tenham sido fixados em definições, estão sendo constantemente alterados em seu conteúdo. Um conceito básico convencional desta espécie, que no momento ainda é algo obscuro, mas que não podemos dispensar na psicologia, é o instinto,* ou dito de outra forma: pulsão, de que vamos falar.

Reparem que o *instinto* aqui é invenção da sra. Anne Berman.[25] No texto de Freud só se trata de pulsão.

1

Não creio que tenha sido um erro tamanho o fato de Perrier ter, ontem à noite, no fim de sua exposição, salientado os distúrbios psicossomáticos e as relações ao objeto.

A relação ao objeto tornou-se um pau para toda obra, que permite evitar muitos problemas. Mas o objeto, no sentido técnico que podemos atribuir-lhe enfim no ponto de elaboração em que estamos dos diversos registros nos quais se estabelecem as relações do sujeito, é outra coisa. Para que haja relação ao objeto, é preciso que já haja relação narcísica do eu ao outro. É, aliás, a condição primordial de qualquer objetivação do mundo exterior – tanto da objetivação ingênua, espontânea, como da objetivação científica.

Perrier quis fazer uma distinção entre as funções orgânicas – umas representando o elemento de relação e as outras algo que ele opôs às primeiras como o interior ao exterior – acreditando desta maneira voltar por aí a encontrar um tema constantemente posto em destaque na teoria freudiana da economia psíquica. Creio que havia aí uma intuição justa, mas que ele não soube expressar de maneira adequada. No que tange às reações psicossomáticas dos órgãos, a distinção de que se trata se coloca num plano completamente diferente.

Trata-se de saber quais são os órgãos que entram em jogo na relação narcísica, imaginária, com o outro onde o eu se forma, *bildet*. A estruturação imaginária do eu se efetua em torno da imagem especular do próprio corpo, da imagem do outro. Ora, a relação do olhar e do ser olhado envolve justamente um órgão, o olho, para chamá-lo pelo seu nome. Podem ocorrer aí coisas espantosas. Como abordá-las, quando reina a maior confusão em todos os temas da psicossomática?

(O dr. Perrier chega.)

Caro Perrier, estava dizendo que faltou-lhe uma distinção fundamental, que certamente teria abrigado a sua exposição de certas críticas de Valabrega.

O senhor está procurando uma distinção que dê conta dos órgãos envolvidos no processo propriamente psicossomático, tal como tentou defini-lo. A propósito disto noto que este processo está muito longe de envolver tudo o que o senhor nos disse – se colocarmos um epilético num lugar melhor regulado, pode ser que tenha menos crises, isso não tem nada a ver com a psicossomática. O senhor falou dos órgãos de relação, que estão em relação com o exterior. Quanto aos outros, o senhor pensou que estivessem mais próximos da imensa reserva de excitações de que Freud nos fornece a imagem quando fala das pulsões internas. Pois bem, não creio que isto tenha sido lá uma boa distinção.

O importante é que determinados órgãos estejam envolvidos na relação narcísica, visto que ela estrutura ao mesmo tempo a relação do eu ao outro e a constituição do mundo dos objetos. Por detrás do narcisismo, vocês têm o autoerotismo, isto é, uma massa investida de libido no interior do organismo, do qual direi que as relações internas nos escapam tanto quanto a entropia.

Faço-lhes notar de passagem que nos *Três ensaios sobre a sexualidade*, o trecho sobre a libido foi acrescido tardiamente, por volta dos anos de 1920, se bem me recordo. Achar que a teoria da libido foi elaborada ao mesmo tempo que a das fases instintuais é uma ilusão, que vem vinculada ao fato de os *Três ensaios* terem tido reedições. Freud só elaborou plenamente sua teoria da libido, a que ocupa a parte mediana de sua obra, depois de ter introduzido a função do narcisismo – indiquei-lhes isto suficientemente no ano passado – e ter-se dado conta de que este estava diretamente envolvido na economia libidinal.

Volto à minha comparação com a entropia para fazer-lhes sentir todo o seu alcance. Das equivalências energéticas, que podemos apreender a propósito de um organismo vivo, no final das contas, nunca conhecemos nada, a não ser o metabolismo, isto é, o livro de contas – o que entra e o que sai. Existem as quantidades de energia que o organismo assimila, por todas as vias, e aquilo que, levando tudo em conta – gastos musculares, esforços, dejeções –, sai do mecanismo. As leis da termodinâmica são, bem entendido, respeitadas – há degradação de energia. Mas de tudo o que ocorre no interior não sabemos porra nenhuma. Por uma simples razão – não podemos absolutamente medir a interação disto por aproximações sucessivas, como ocorre no mundo físico, sendo próprio de um organismo que tudo o que ocorre em um de seus pontos repercute em todos os outros.

E a economia libidinal apresenta algo não de equivalente, porém de análogo.

Os investimentos propriamente intraorgânicos, que na análise se denominam autoeróticos, desempenham um papel certamente muito importante nos fenômenos psicossomáticos. A *erotização* de tal ou tal órgão é a metáfora que sobreveio mais frequentemente, devido à impressão que nos dá a ordem de fenômenos de que se trata nos fenômenos psicossomáticos. E a sua distinção entre a neurose e o fenômeno psicossomático está justamente marcada por esta linha divisória constituída pelo narcisismo.

Evidentemente, os mecanismos de defesa existem sempre nas neuroses. Não se deve falar deles de maneira vaga, como se fossem homogêneos aos mecanismos de defesa, estas reações de que se fala numa certa noção econômica da doença. Aqueles de que se trata aqui, e que são enumerados por Anna Freud como constituindo originalmente as defesas do eu, estão sempre ligados à relação narcísica visto que ela se acha estritamente estruturada na relação ao outro, na identificação possível com o outro, na estrita reciprocidade do eu e do outro. Em qualquer relação narcísica, o eu é, com efeito, o outro, e o outro é o eu.

A neurose está sempre enquadrada pela estrutura narcísica. Mas como tal, ela está além, num outro plano.

Este outro plano, não é o plano da relação ao objeto, como o senhor disse, ou como o disse o sr. Pasche, com um abandono altamente lastimável de todo rigor conceitual – digo-o ainda mais por se tratar de alguém que, numa certa época, deixava a esperar mais. Se algo é sugerido pelas reações psicossomáticas como tais, é justamente por elas estarem fora do âmbito das construções neuróticas. Não se trata de uma relação ao objeto. Trata-se de uma relação a algo que está sempre no limite de nossas elaborações conceituais, em que se pensa sempre, de que se fala por vezes, e que propriamente falando não podemos apreender e que, no entanto, está aí, não se esqueçam disto – estou-lhes falando do simbólico, do imaginário, mas há também o real. As relações psicossomáticas estão no nível do real.

DR. PERRIER: – *Foi justamente o que eu quis dizer.*

Mas o senhor não disse. O senhor citou Pasche a propósito da relação ao objeto. Se o senhor colocar as coisas neste plano, vai perder-se nas relações com o objeto materno, primitivo, vai chegar a uma espécie de *pate* clínico. Disto não sai nada. Em compensação, a referência ao termo de real pode no caso manifestar sua fecundidade.

DR. PERRIER: – *Depois de ter citado Pasche, penso ter insistido sobre o fato de que o doente psicossomático tinha uma relação direta com o real, com o mundo, e não com o objeto, e de que a relação terapêutica que instaurava com um médico, por mais indiferenciada que fosse, reintroduzia nele o registro do narcisismo. E é na medida em que este tampão lhe permitia voltar a uma dimensão mais humana que ele sarava do seu ciclo psicossomático.*

Não estou dizendo que o senhor tenha dito coisas tolas. Estou dizendo que, do ponto de vista do rigor do vocabulário, o senhor não teria aberto o flanco às críticas de Valabrega se tivesse empregado o termo de real, ao invés do de objeto.

SR. VALABREGA: – *A referência ao narcisismo é fundamental. O narcisismo, no entanto, conduz a uma relação de objeto, é o próprio corpo.*

Eu só digo isso.

Falei há pouco do voyeurismo-exibicionismo, e de uma pulsão que tem sua fonte num órgão, o olho. Mas seu objeto não é o olho. Da mesma maneira, o que é do registro do sadismo-masoquismo tem também sua fonte num conjunto orgânico, a musculatura, mas tudo indica que seu objeto, ainda que não sem relação com esta estrutura muscular, seja outra coisa. Quando, ao contrário, se trata dos investimentos denominados autoeróticos, não podemos distinguir a fonte e o objeto. Disto nada sabemos, mas parece que o que podemos conceber é que se trata de um investimento sobre o próprio órgão.

Vocês estão vendo a diferença. Estão vendo também tudo o que o autoerotismo conserva de misterioso, de quase impenetrável. Isto não quer dizer que, mais tarde, não daremos alguns passos adiante. Se Perrier fizer o favor, depois do esforço que dispendeu, de não cair imediatamente nesta reação de adormecimento e de repouso, que é o que naturalmente almeja o princípio do prazer, porém de sustentar seu esforço, ele vai preparar-nos para a próxima vez este pequeno capítulo intitulado *As pulsões e seus destinos*.[24]

Lembrem-se do seguinte a respeito da exterioridade e da interioridade – esta distinção não tem nenhum sentido no nível do real. O real é sem fissura. O que lhes ensino, e aí Freud converge com o que podemos chamar de filosofia da ciência, é que este real, para apreendê-lo, não temos outros meios – em todos os planos, e não somente no do conhecimento – a não ser por intermédio do simbólico.

O real é absolutamente sem fissura. Não nos ocultemos o vício de teorias tão momentaneamente simpáticas, e até mesmo fecundas, como a de Von Frisch. O holismo recíproco, a posição correspondente de um *Umwelt* e de um *Innenwelt* é uma petição de princípio no início da investigação biológica. Ela pode ter algum interesse como hipótese, mas nada nos obriga a pensar semelhante coisa. A noção de relações do ser vivo que se refletem com seu meio, a hipótese da adaptação preestabelecida, mesmo se lhes dermos a mais larga acepção, é uma premissa que nada nos indica que seja válida. Se outras pesquisas, às quais podemos fazer todo tipo de crítica, anatomismo, associacionismo etc., são mais fecundas, é porque elas se afastam desta hipótese, porque elas colocam sem o saber o simbolismo no primeiro plano. Elas o projetam no real, elas se imaginam que são os elementos do real que entram em linha de conta. Mas é simplesmente o simbolismo que elas fazem funcionar no real, não a título de projeção, nem de quadro do pensamento, mas sim a título de instrumento de investigação. O real é sem fissura. E neste estado hipotético de autoencerramento que na teoria freudiana supõe-se ser o estado do sujeito logo no início, o que é que pode querer dizer – o sujeito é tudo?

SR. VALABREGA: – *Não é a respeito do real que o problema se coloca, mas sim a respeito da distinção entre os aparelhos de relação com o real e os aparelhos não relacionais.*

A distinção se efetua entre o que está incluído na relação narcísica e o que não está. É na juntura do imaginário e do real que se situa a diferenciação.

2

Quis dar-lhes da última vez um primeiro bosquejo do sentido da pergunta – o que será que se passa para além do princípio do prazer? Meu grande amigo Jean Hyppolite, que não está aqui hoje porque está na Alemanha, disse-me ter relido *Além do princípio do prazer*. Penso que ele é, pelo menos, tão ocupado quanto a maioria de vocês. Então é chegado o momento de pensar em ler. Dentro de 15 dias falaremos dele com o texto nas mãos.

Disse-lhes da última vez que um simbolismo é essencial a todas as manifestações mais fundamentais do campo analítico, e nomeadamente à repetição, e que nos é preciso concebê-la como ligada a um processo circular do intercâmbio da fala. Há um circuito simbólico exterior ao sujeito, e ligado a um certo grupo de suportes, de agentes humanos, no qual o sujeito, o pequeno círculo que se denomina seu destino, se acha indefinidamente incluído.

Estou imajando, fazendo meu pensamento dar uma curva – dá para vocês perceberem que não é bem assim que é preciso entender.

Um certo intercâmbio de relações prossegue, ao mesmo tempo exterior e interior, que é preciso representar-se como um discurso que a gente recita. Com um aparelho de gravação poder-se-ia isolá-lo, recolhê-lo. Em parte considerável, ele escapa ao sujeito, que não possua os tais dos aparelhos de gravação, e continua, volta sempre pronto a entrar na dança do discurso interior.

Naturalmente, o sujeito pode passar a vida inteira sem entender do que se trata. É até o que ocorre mais comumente. A análise é feita para que ele entenda, para que compreenda em que roda do discurso está tomado, e da mesma feita em que outra roda tem de entrar.

Vamos agora voltar para trás e falar do *Entwurf*.

Trata-se de um manuscrito de Freud que ele não publicou, e que foi reencontrado. Data de setembro de 1895, portanto de antes da *Ciência dos sonhos*, do tempo em que Freud levava adiante não sua autoanálise, mas sim, sua análise pura e simplesmente, ou seja, ele estava no caminho de sua descoberta. Aprendemos aí como é que Freud se representava o aparelho psíquico. Este texto é inseparável da história do pensamento de Freud e, aclarado pela pontuação que dele vamos dar, revela a significação das elaborações ulteriores, as da teoria da *Traumdeutung*. Ele nos ensina como é que Freud foi forçado a remanejar suas concepções primitivas. Vocês verão a máquina de sonhar ir dar nesta outra máquina, da qual há pouco eu lhes evocava o esquema a propósito do discurso do outro, e muitas outras mais.

Anzieu nos traz, hoje, uma análise daquilo que é importante frisar neste texto.

Intervenções no decorrer da exposição do sr. Anzieu

Em 1895, a teoria do neurônio não estava em parte alguma. As ideias de Freud sobre a sinapse são absolutamente novas. Ele toma partido pela sinapse como tal, ou seja, pela ruptura de continuidade entre uma célula nervosa e a seguinte.

....

O que nos é dado como sistema vitalista, arco-reflexo, conforme o mais simples esquema estímulo-resposta, parece obedecer unicamente à lei da descarga. Há uma pura e simples inércia geral. O circuito se fecha pela via mais curta. Nisto, Freud liga um sistema-tampão, sistema dentro do sistema, que é a origem do sistema do eu. O princípio de realidade é aqui introduzido com referência ao sistema ψ, voltado para dentro. Mais tarde, os termos entrecruzar-se-ão.

....

O sistema ω já é uma prefiguração do sistema do isso. Explique o que é que necessita sua invenção. Pois, no final das contas, até então, está tudo funcionando muito bem. Nem um pingo de consciência. No entanto, bem que é preciso reintroduzi-la, e Freud o faz através da forma paradoxal de um sistema que tem leis absolutamente excepcionais. O período deve passar por ele com o mínimo de gasto de energia, com uma energia quase nula – ele não pode dizer absolutamente nula.

Defrontamo-nos aqui, pela primeira vez, com esta dificuldade que vai-se reproduzir a cada instante na obra de Freud – do sistema consciência, não se sabe o que fazer. É preciso atribuir-lhe leis absolutamente especiais, e deixá-lo de fora das leis de equivalência energética que presidem às regulações quantitativas. Por que será que ele não pode dispensar-se de fazê-lo intervir? O que será que vai fazer com ele? Para o que será que ele serve?

....

No que tange aos estados de desejo, o que é posto em jogo por Freud é a correspondência entre o objeto que se apresenta e as estruturas já constituídas no eu. Ele salienta o seguinte – ou bem o que se apresenta é o que é esperado, e não é nem um pouco interessante, ou bem não dá muito certo e isso é interessante, pois qualquer espécie de constituição do mundo objetal é sempre um esforço para redes cobrir o objeto, *Wiederzufinden*. Freud distingue duas estruturações da experiência humana absolutamente diferentes – a que, com Kierkegaard denominarei *antiga*, a da reminiscência, que supõe um acordo, uma harmonia entre o homem e o mundo de seus objetos, que faz com que ele os reconheça, porque de certa maneira, ele os conhece desde sempre – e, pelo contrário, a conquista, a estruturação do mundo num esforço de trabalho, por via da repetição. Na medida em que o que se apresenta a ele só coincide parcialmente com aquilo que já lhe proporcionou satisfação, o sujeito se põe em busca, e repete indefinidamente sua procura até reencontrar este objeto.

O objeto se encontra e se estrutura por via de uma repetição – reencontrar o objeto, repetir o objeto. Só que, nunca é o mesmo objeto que o sujeito encontra. Em outras palavras, ele não para de engendrar objetos substitutivos.

Nesta teoria, que parece sustentar-se, encontramos pois o lineamento no nível do materialismo, do processo da função da repetição como estruturando o mundo dos objetos.

É o esboço de algo de fecundo que vai estar no fundamento da psicologia do conflito, e que constitui a passagem entre a experiência libidinal como tal e o mundo do conhecimento humano, o qual é caracterizado pelo fato de escapar, em grande parte, ao campo das forças do desejo. O mundo humano não é de maneira alguma estruturável como um *Umwelt*, encaixado num *Innenwelt* de precisões, ele não é cerrado, porém aberto a uma multidão de objetos neutros extraordinariamente variados, objetos que inclusive não têm mais nada a ver com objetos, em sua função radical de símbolos.

O eu experimenta a realidade dado que não apenas ele a vivencia, mas ainda a neutraliza tanto quanto possível. E isto, na medida em que o sistema de derivação entra em jogo. O senhor não insistiu suficientemente no fato de que é na ligação dos neurônios que Freud situa o processo de derivação que faz com que o influxo energético, disperso e individuado, não passe. E é na medida em que não passa, que uma comparação é possível com as informações que o sistema Q nos fornece no plano periódico, isto é, que a energia está reduzida, talvez não em seu potencial, porém em sua intensidade.

Neste primeiro esboço do eu, há um lineamento daquilo que se revelará como uma condição estrutural da constituição do mundo objetal no homem – a redescoberta do objeto. Mas a referência ao outro, que também é essencial para a estruturação do objeto, está completamente esquivada. Em outros termos, como na estátua de Condillac, a organização objetivada do mundo parece óbvia. E a descoberta do narcisismo adquire para nós todo o seu valor pelo fato de não ser absolutamente percebida por Freud neste momento aí.

No caminho traçado pelos filósofos do século XVIII, e como todo mundo em sua época, Freud reconstrói tudo, memória, julgamento etc., a partir da sensação, detendo-se apenas um momento na própria procura do objeto. Mas ele é levado a retomar o processo primário visto que este envolve o sono e os sonhos. É assim que esta reconstrução mecânica da realidade vai, no entanto, dar no sonho.

Fiquemos nisto por hoje. Será que Valabrega aceita encarregar-se de estabelecer a ligação com a teoria completa dos processos primário e secundário na *Traumdeutung*?

26 de janeiro de 1955

IX

Jogo de Escrituração

Loucura não é sonho.
Quatro esquemas.
Oposição e mediação.
O processo primário.
A entificação da percepção-consciência.

Ontem à noite, depois da exposição de Lang, Lefèbvre-Pontalis endereçava a vocês todos a observação seguinte – quanto ao estádio do espelho, seria preciso disciplinar-se.

Seu reparo tem meu assentimento no sentido de que não se deve fazer dele um uso abusivo. O estádio do espelho não é a palavra mágica. Já está meio antiquado. Tem uns vinte anos, pois saí-me com ele em 1936. Está começando a dar comichão neste precisar renovar, que nem sempre é o melhor, pois para progredir é preciso saber retomar as coisas. O que é chato não é tanto o fato de repeti-lo, porém de mal empregá-lo. E quanto a isto, pode-se dar uma boa nota a Lang.

1

(*O sr. Lefèbvre-Pontalis chega.*)

Ah, eis o insurreto! Garanto que há algo de que talvez o senhor, Lefèbvre-Pontalis, não tenha a menor ideia – a que ponto o diagnóstico de psicose na criança é discutido e discutível. De uma certa maneira, não se sabe se é uma boa coisa empregar a mesma palavra para as psicoses na criança e no adulto. Durante décadas, recusava-se a pensar que pudesse haver na criança verdadeiras psicoses – procurava-se vincular os fenômenos a certas condições orgânicas. A psicose não é estrutural, de jeito nenhum, da mesma maneira na criança e no adulto. Se falamos legitimamente de psicoses na criança, é porque, como analistas, podemos dar um passo além dos outros na concepção da psicose.

Como sobre este ponto ainda não temos doutrina nenhuma, nem sequer em nosso grupo, Lang estava numa situação difícil.

Sobre a psicose do adulto, *a fortiori* sobre a da criança, reina ainda a maior confusão. Mas se o trabalho de Lang me pareceu bem-situado, foi por ele ter tentado fazer algo que é indispensável em matéria de compreensão analítica, especialmente quando se avança nas fronteiras, isto é – tomar distância.

Há dois perigos em tudo o que tange à apreensão de nosso campo clínico.

O primeiro é não ser suficientemente curioso. Ensina-se às crianças que a curiosidade é um defeito feio, e, em geral, é verdade, não somos curiosos, e não é fácil provocar este sentimento de maneira automática.

O segundo é compreender. Compreendemos sempre demais, especialmente na análise. Na maioria das vezes, nos enganamos. Pensa-se poder fazer uma boa terapêutica analítica quando se é bem-dotado, intuitivo, quando se tem o contato, quando se faz funcionar este gênio que cada qual ostenta na relação interpessoal. E a partir do momento em que não se exige de si um extremo rigor conceitual, acha-se sempre um jeito de compreender. Mas fica-se sem bússola, não se sabe nem de onde se parte, nem para onde se está tentando ir.

Será que a psicose da criança pode esclarecer-nos por tabela sobre o que devemos pensar da psicose do adulto? Foi o que Lang tentou fazer, e o fez muito bem. Ele assinalou com muito tino as incoerências, desvios ou hiâncias dos sistemas de Melanie Klein e de Anna Freud, no final das contas em favor de Melanie Klein, pois o sistema de Anna Freud, do ponto de vista analítico, se acha num beco sem saída.

Gostei muito do que ele disse sobre a regressão. Fez notar que era um símbolo, e não um mecanismo que se desenrolaria na realidade. Vocês sabem que não gosto de empregar a torto e a direito o termo de pensamento mágico, mas eis aí, justamente, algo que se parece com um pensamento mágico. Será que alguma vez vemos alguém, um adulto, regredir realmente, voltar ao estado de criancinha, pôr-se a vagir? A regressão não existe. Como o nota Lang, é um sintoma que deve ser interpretado como tal. Existe regressão no plano da significação e não no plano da realidade. Na criança, fica suficientemente demonstrado por este simples reparo – ela não tem muito recuo para regredir.

Eu estava relendo na *Ciência dos sonhos*[27] uma nota a respeito dos processos e mecanismos da psicologia do sonho em que Freud cita Jackson – *Encontrem a natureza do sonho, e terão encontrado tudo o que se pode saber sobre a demência e a loucura.*

Pois bem, está errado. Não tem nada a ver. Ponham isso na cabeça. Isso lida sem dúvida com os mesmos elementos, os mesmos símbolos, e se pode encontrar analogias. Mas esta perspectiva não é a nossa. Tudo está aí – por que será que um sonho não é uma loucura? E inversamente, o que tem de ser definido na loucura é em que seu mecanismo determinante nada tem a ver com o que se passa, cada noite, no sonho.

Não se deve crer que isto deva ser inteiramente creditado a Freud. A edição francesa é incompleta, e não assinala que é uma espécie de premiozinho dado a Ernest Jones, que tinha achado bem fazer esta aproximação. Com certeza ele a julgava apta a vincular a análise àquilo que já era bem-visto na Inglaterra. Devolvamos a Jones o que é de Jones e a Freud o que é de Freud. E partam bem da ideia de que o problema do sonho deixa todos os problemas econômicos da psicose inteiramente abertos.

Por hoje, não lhes posso dizer mais do que isto. É um lineamento lançado ao futuro. Talvez possamos começar a ocuparmo-nos das psicoses já este ano. De todas as maneiras, vai ser preciso que nos ocupemos delas no ano que vem.

2

Retomemos o texto de Freud.

Encarreguei Valabrega da continuação do comentário, mas vou desde já fazer-lhes um esquema no quadro, ao qual poderão referir-se para apreender o movimento do que é aqui explorado. Na realidade, vou-lhes fazer quatro, de estrutura comparável, e cujas diferenças marcam o progresso da elaboração de Freud.

O primeiro se refere àquilo que está esboçado no nível de sua primeira psicologia geral, que permaneceu inédita, referência para ele próprio cheia de bosquejos fecundos. O segundo figura a contribuição da *Ciência dos sonhos*, a teoria do aparelho psíquico que tem como objeto explicar o sonho. Reparem bem – depois de haver dado todos os elementos da interpretação do sonho, restava-lhe ainda situar o sonho como função psíquica. O terceiro se situa no nível da teoria da libido, que é muito posterior. Ela não é nem um pouco contemporânea dos *Três ensaios*, porém correlativa ao advento da função do narcisismo. Enfim, quarto esquema – *Além do princípio do prazer*.

Apesar de referirem-se a funções completamente diferentes, estes esquemas têm algo de semelhante em sua forma. Com efeito, trata-se sempre de um esquema do campo analítico. No início, Freud denomina isso *aparelho psíquico*, mas vocês vão ver os progressos que ele efetua, que são os progressos de sua concepção a respeito do que se pode chamar de ser humano.

É disto que se trata. No fundo das reivindicações de vocês no plano teórico, no fundo, por exemplo, do apelo de Lefèbvre-Pontalis ontem à noite, existe a ideia de que vocês têm diante de si algo de individual, senão de único, que tudo está aí concentrado na forma que têm diante de si, que é isto a unidade do objeto em psicanálise, senão em psicologia, do qual se pensa poder conhecer os limites, e as leis.

Vocês todos acreditam estar sempre no campo psicológico, e que a psique seja uma espécie de duplo e de propriedade deste algo que vocês estão vendo.

É bastante singular que vocês não apreendam que qualquer progresso científico consiste em fazer com que se esvaeça o objeto como tal. Na física, por exemplo, quanto mais se avança, menos se apreende o objeto. O que é da ordem do sensível só interessa ao físico no nível das trocas de energia, dos átomos, das moléculas, que só realizam a aparência sensível de maneira contingente e transitória.

Isso não quer dizer, no entanto, que para nós o ser humano se esvaeça.

O ser e o objeto, como filósofos vocês devem saber que não é de maneira nenhuma a mesma coisa. O ser, do ponto de vista científico, nós não o podemos apreender, bem entendido, já que ele não é de ordem científica. Mas a psicanálise é contudo uma experiência que designa, se é que se pode dizer, o seu ponto de fuga. Ela salienta que o homem não é um objeto, mas um ser que está realizando algo de metafísico. Será este nosso objeto, nosso objeto científico? Decerto que não, mas nosso objeto também não é o indivíduo que aparentemente encarna este ser.

Num sonho, diz Freud, há sempre um ponto absolutamente não apreensível, do âmbito do desconhecido – ele denomina isto umbigo do sonho. Não se costuma salientar estas coisas no seu texto porque, provavelmente, se imagina que se trata de poesia. Não é não. Isso significa que há no fenômeno um ponto que não é apreensível, o ponto de surgimento da relação do sujeito com o simbólico. O que denomino ser é esta palavra derradeira, que não nos é certamente acessível na posição científica, mas cuja direção nos é indicada nos fenômenos de nossa experiência.

O que importa é saber em que ponto temos de nos situar na relação com o que denominamos nosso parceiro. Ora, se algo é evidente, é o fato de haver neste fenômeno único que é a relação inter-humana duas dimensões diferentes, ainda que elas se enlacem continuamente – uma é a do imaginário, a outra a do simbólico. Elas de certa forma se entrecruzam, e nos é sempre preciso saber que função ocupamos, em que dimensão nos situamos com relação ao sujeito, de uma maneira tal que realize quer uma oposição, quer uma mediação. Se a gente acreditar que estas duas dimensões vão dar numa só porque elas se confundem no fenômeno, se está enganado. E se chega a uma espécie de comunicação mágica, a uma analogia universal, em cima do que muitos teorizam sua experiência. No concreto e no particular, é frequentemente muito rico, mas absolutamente inelaborável,[2] e sujeito a todos os erros de técnica.

Tudo isto está muito sumário, mas será, ao mesmo tempo, precisado e imajado, para vocês, no quarto esquema, que corresponderá à última etapa do pensamento de Freud, o *Além do princípio do prazer.*

3

Intervenções no decurso da exposição do sr. Valabrega

O que será que Freud denomina sistema φ? Ele parte do esquema do arcoreflexo em sua forma mais simples, que tantas esperanças forneceu de que se apreenderiam as relações do ser vivo com o meio. Este esquema figura a propriedade essencial do sistema de relações de um ser vivo – ele recebe algo, uma excitação, e responde algo.

A noção de resposta, não se esqueçam, sempre implica que estamos lidando com um ser adaptado. O esquema do arco reflexo saiu das primeiras experiências sobre a rã, por exemplo, na época em que a eletricidade, que, como modelo – vocês vão ver – vai ensinar-nos tanta coisa, começava a aparecer no mundo. Estimula-se eletricamente a rã, ou bem se lhe coloca uma gota de ácido na pata. Ela coça esta pata com a outra – é o que se denomina resposta. Não há apenas a dupla aferente-eferente. Tem-se de supor que a resposta sirva para algo, ou seja, que o ser vivo é um ser adaptado.

Tudo isto é retomado por Freud no início de sua construção. E ele parece já estar colocando aí a noção de um equilíbrio, ou seja, um princípio de inércia. Mas isto não é de maneira alguma legítimo. O estímulo que Valabrega denomina de maneira prematura informação, não passa de um *input*, um *posto-dentro.* Esta abordagem do problema é pré-científica, data de antes da introdução da noção energética como tal, e até mesmo de bem antes da estátua de Condillac. Não há nenhuma consideração de energia neste esquema de base. É só quando Freud faz entrar em linha de conta que aquilo que ocorre no sistema φ tem de ser eficaz no sistema ψ que intervém a noção de um acréscimo de energia. E é só então que ele especifica que o sistema ψ tem a ver com as incitações internas ou seja, as precisões.[10]

Precisões, o que será que é isto? É algo que se refere efetivamente ao organismo, e que se distingue muito bem do desejo. Lang, ontem à noite, deplorava que o desejo fosse sempre confundido com a precisão, e com efeito, não é de jeito nenhum a mesma coisa. O *need* expressa como este sistema, que é um sistema particular no organismo, entra em jogo na homeostase total do organismo. Aí pois intervém necessariamente a noção de constância energética, que já emerge aqui na obra de Freud, transversalmente. Entre ψ que sente algo de dentro do organismo, e φ que produz algo que tem relação com suas precisões, Freud considera que há equivalência energética. Isto se torna completamente enigmático – não sabemos absolutamente o que pode significar a equivalência energética entre a pressão interna, ligada ao equilíbrio do organismo, e aquilo que sai dela. Para que serve isto então? É um *x*, o qual, após ter servido de ponto de partida, é totalmente abandonado.

Freud não pode contentar-se com o *input*, com o que é trazido do mundo exterior, e lhe é preciso improvisar. Ele introduz, então, um aparelho suplementar, ω. Já lhes foi dito da última vez, tudo isso é um jogo de escrituração.

Trata-se de construir tudo a partir de noções energéticas, ou seja, da ideia de que para que se possa tirar um coelho de uma cartola é preciso primeiro colocá-lo lá dentro. Para que algo saia é preciso que algo entre. A partir daí, vamos construir tudo. Trata-se, muito provavelmente, do sistema da percepção. Não o denominemos, prematuramente, consciência. Freud o confunde mais tarde com o sistema da consciência, mas este último, ele precisa introduzi-lo como hipótese suplementar. Por quê? Porque ele precisa não só das estimulações vindas do mundo externo, mas precisa do próprio mundo externo. Ele precisa de um aparelho interno que reflita não apenas as incitações do mundo externo, mas também a estrutura, por assim dizer.

Freud não é gestaltista – não se lhe pode atribuir todos os méritos –, mas ele experimenta justamente as exigências teóricas que engendraram a construção gestaltista. Com efeito, para que o ser vivo não pereça a cada lance, é preciso que ele receba algum reflexo adequado do mundo externo. É para vocês verem que este esquema repousa, de fato, no que mais tarde será isolado sob o termo de homeostase. Isto já está presente aqui na noção de um equilíbrio a conservar e de uma zona-tampão, que mantém as excitações no mesmo nível, que, por conseguinte, tanto serve para não registrar quanto para registrar mal. Registra, mas de maneira filtrada. A noção de homeostase já está, portanto, aí, implicando na entrada e na saída algo que se denomina uma energia.

Só que este esquema se revela insuficiente. Se com efeito o sistema nervoso efetua uma filtragem, trata-se de uma filtragem organizada, progressiva, comportando trilhagens.[11] Ora, nada aqui permite pensar que as trilhagens irão porventura num sentido funcional utilizável. A soma de todas estas trilhagens, os acontecimentos, os incidentes que sobrevieram no desenvolvimento do indivíduo, constituem um modelo que fornece a medida do real. Será isto o imaginário? O imaginário deve estar com efeito aí. Mas, como tal, ele comporta uma intervenção das *Gestalten*, predispondo o sujeito vivo a uma certa relação com uma forma típica que lhe corresponda especialmente, ele supõe um acoplamento biológico do indivíduo com uma imagem de sua própria espécie, com as imagens do que lhe é biologicamente útil num determinado meio ambiente. E disto, não há rastro algum. Há apenas zona de experiência e zona de trilhagem.

Em suma, a memória é concebida aqui como sequência de engramas, como soma de séries de trilhagens, e esta concepção se revela totalmente insuficiente se nela não introduzimos a noção da imagem. Se afirmarmos que uma série de trilhagens, que uma sequência de experiências faz surgir uma imagem num aparelho psíquico concebido como uma mera placa sensível, é óbvio que, assim que uma mesma série for reativada por uma nova excitação, uma pressão, uma precisão, a mesma imagem se reproduzirá. Em outras palavras, toda estimulação tende a produzir uma alucinação. O princípio do funcionamento do aparelho φ é a alucinação. Eis o que *processo primário* quer dizer.

O problema é, então, o da relação da alucinação com a realidade. Freud é levado a restaurar o sistema da consciência e sua autonomia paradoxal do ponto de vista energético. Se o encadeamento das experiências tem efeitos alucinatórios, é preciso um aparelho corretor, um teste da realidade. Este teste da realidade supõe uma comparação da alucinação com algo que seja recebido na experiência e conservado na memória do aparelho psíquico. E a partir de então, por ter querido eliminar completamente o sistema da consciência, Freud é forçado a restabelecê-lo com uma reforçada autonomia.

Não digo que seja ilegítimo. Mas vocês vão ver onde isso o leva. Que rodeios será que ele vai ter de fazer para conceber esta comparação de referência entre o que está dado pela experiência no sistema ψ, sistema-tampão, sistema de homeostase, que modera as incitações, e o registro destas incitações? A que hipóteses suplementares ele é conduzido? É, efetivamente, através das hipóteses suplementares que podemos medir as dificuldades com as quais se defronta. Elas se agrupam em duas rubricas que Valabrega distinguiu – inibição e informação.

O sistema ω é feito de órgãos diferenciados que não registram as energias maciças que provêm do mundo exterior. Pode-se conceber energias tão maciças – mudanças de temperatura, pressões consideráveis etc. – que elas coloquem em causa a subsistência do ser vivo. Se ele não for mais capaz de tamponar, pouco lhe resta a fazer a não ser fugir. Mas está totalmente fora do que é interessante. Aqui, trata-se das relações da psique com as determinações sutis do mundo exterior. Tomemos a energia solar – o aparelho especializado só retém uma parte do fenômeno. Ele escolhe um certo nível de frequência, colocando-se em concordância, nem sequer com a energia como tal – que transformadores seríamos? células fotoelétricas? –, mas com o período. Um olho, quando recebe a luz, retém muito menos energia do que uma folha verde, a qual, com esta mesma luz, faz coisas de todo gênero. Freud é, pois, levado a identificar a qualidade num aparelho especializado, o que implica o apagamento quase que completo de todo acréscimo de energia.

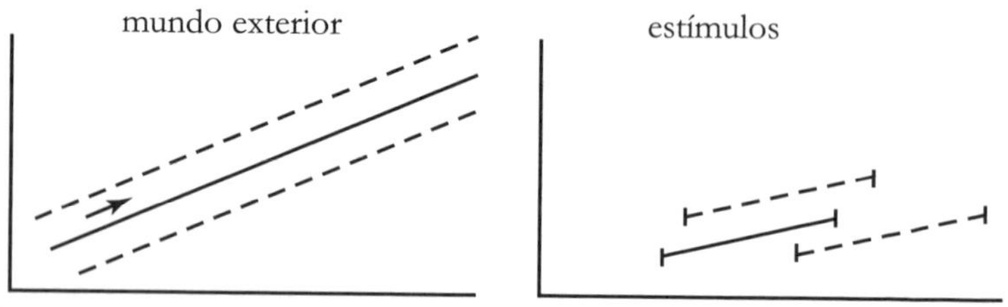

Primeiro esquema do aparelho psíquico na Entwurf

O aparelho psíquico na Traumdeutung

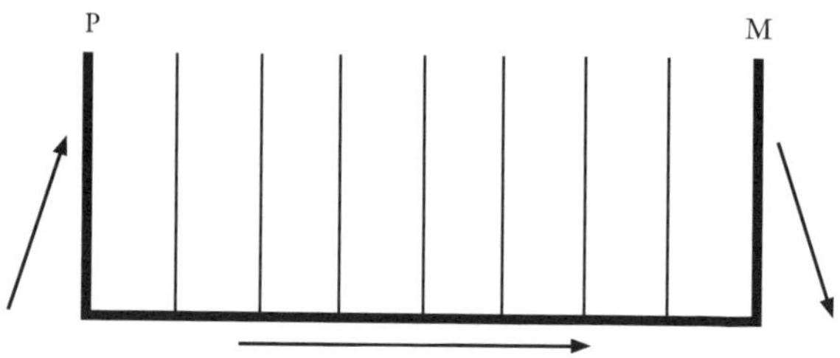

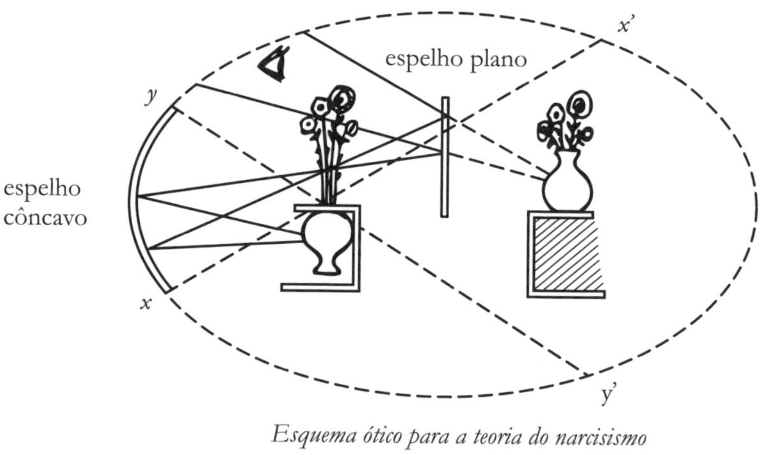

Esquema ótico para a teoria do narcisismo

A função imaginária do eu e o discurso do inconsciente

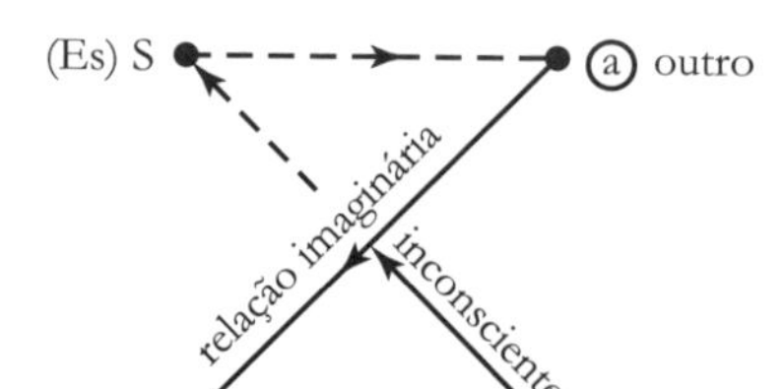

Vocês bem que percebem que a noção de descarga unicamente perceptiva responde, no nível deste aparelho, simplesmente ao fato que é preciso uma simetria. Ele tem de admitir que há também aí uma certa constância de energia, e que o que é trazido deve reencontrar-se em algum canto.

Mas o que é salientado é o seguinte – entre a excitação e a descarga há o mínimo de energia deslocada. E por quê? Porque este sistema deve ser tão independente quanto possível dos deslocamentos de energia. É preciso que destaque, que distinga a sua qualidade pura, isto é, o mundo exterior tomado como simples reflexo.

Para que possa haver comparação, escala comum, entre o interior, lá onde a imagem só tem dependências memoriais, lá onde ela é, por natureza, alucinatória, e o exterior, é preciso que o eu, acentuando no segundo grau a função de regulação deste tampão, iniba ao máximo as passagens de energia neste sistema. O que vem como incitação, já consideravelmente filtrado, deve tornar a sê-lo, para poder ser comparado com as imagens especiais que surgem em função de uma precisão. A questão é saber qual é o nível da pressão da precisão, se ela vai impor-se contra toda evidência ou se a quantidade de energia deslocada poderá ser suficientemente tamponada pelo eu, peneirada, para que a gente se dê conta de que a imagem não está realizada.

Em outros termos, ao pensar consoante a tradição de que a partir do reflexo poder-se-ia, pouco a pouco, deduzir toda a escala – percepção, memória, pensamento, ideias –, Freud é levado a construir uma consciência-percepção entificada num sistema. O que não é completamente absurdo. É verdade que ele existe, este sistema diferenciado, temos noção dele, podemos até situá-lo aproximadamente. Ele distingue duas zonas no aparelho psíquico – uma zona de imaginação, de memória, ou, melhor ainda, de alucinação memorial, relacionada com um sistema perceptual especializado como tal. Lá, a consciência é o reflexo da realidade.

Sr. Valabrega: – *Sim, mas isso só aparece muito mais tarde. Freud não tem ainda uma ideia bem clara da noção do aparelho psíquico que ele vai fornecer mais tarde com o sistema percepção-consciência. Aqui, só há elementos.*

Os elementos são ω.

SR. VALABREGA: – *Isto não está concebido como aquilo que, mais tarde, ele denomina aparelhos psíquicos.*

Creio, pelo contrário, que os aparelhos como tal já estão aí. Por que será que ele os denominaria ψ, φ, ω se não os distinguisse como aparelhos?

SR. VALABREGA: – *Mais adiante, ele vai distinguir dois elementos fundamentais no próprio sistema ψ e é isto que vai dar o aparelho psíquico.*

Mas o que quero justamente mostrar-lhes da próxima vez é que o termo aparelho psíquico é absolutamente insuficiente para designar o que existe na *Traumdeutung*, onde a dimensão temporal começa a emergir.

....

SR. VALABREGA: – *Em se tratando do* ego *e das indicações de realidade, há três casos a distinguir. Primeiro, se o eu estiver num estado de desejo no momento em que aparece a indicação de realidade, haverá descarga de energia na ação específica. Este primeiro caso corresponde simplesmente à satisfação do desejo. Segundo, com a indicação de realidade coincide um aumento do desprazer. O sistema* ψ *reage produzindo uma defesa por intermédio de um investimento lateral.*

Isto quer dizer que a quantidade de energia ao passar por vários filtros neurônicos chega em menor intensidade no nível das sinapses – é o esquema elétrico. Se fizerem passar uma corrente por três ou quatro fios ao invés de um só, vocês precisarão, em cada um dos fios, de resistências menores, proporcionalmente ao número de fios. Enfim, em terceiro lugar, se não ocorrer nem um nem outro dos casos precedentes, o investimento pode desenvolver-se sem estar entravado, conforme a tendência dominante.

4

Julgamento, pensamento etc. são descargas energéticas sob forma inibida. Eis a construção que permanecerá sempre sendo a de Freud quando ele dirá que o pensamento é um ato mantido no nível do mínimo de investimento. Trata-se, de certa maneira, de um ato simulado. Que haja um reflexo do mundo, temos de admiti-lo, visto que a experiência nos obriga a enunciar uma percepção neutra – digo *neutra* do ponto de vista dos investimentos, ou seja, uma percepção que tem investimentos mínimos.

Se a psicologia animal fez progressos foi na medida em que ela colocou em valor no mundo, no *Umwelt* do animal, linhas de forças, configurações que são para ele pontos de chamada pré-formados correspondendo às suas precisões, ou seja, àquilo que também se denomina seu *Innenwelt*, a estrutura ligada à conservação de sua forma.

Não basta, efetivamente, falar de homeostase energética. O que um caranguejo precisa não é o que um coelho precisa, e um não se interessa pelas mesmas coisas que o outro.

Mas explorem só o campo da percepção de um coelho, de um caranguejo ou de uma ave. Proponham a um rato, a uma galinha, algo que seja para eles eminentemente desejável, o alimento, o objeto que satisfaça uma de suas precisões, e ponham sistematicamente em correlação este objeto com uma forma ou uma cor. É uma doideira o número de coisas que uma galinha, e inclusive um caranguejo, é capaz de perceber, quer por intermédio de sentidos homólogos aos nossos – a visão, a audição – quer por intermédio de aparelhos que têm todo o aspecto de aparelhos sensoriais sem que se lhes possa fornecer uma correspondência antropomórfica – no caso dos gafanhotos, por exemplo. Em todo caso vocês se dão conta de que o campo sensorial que está à disposição de tal ou tal animal é extremamente extenso com relação ao que intervém de maneira eletiva como que estruturando seu *Umwelt*. Em outras palavras, não há simplesmente coaptação do *Innenwelt* com o *Umwelt*, estruturação pré-formada do mundo externo em função das precisões. Cada animal tem uma zona de consciência –

dizemos *consciência* visto que há recepção do mundo externo num sistema sensorial – muito mais amplo que o que podemos estruturar como respostas pré-formadas às suas precisões-pivôs.

Num certo sentido, *isto* corresponde bem àquilo que este esquema nos apresenta como camada sensível generalizada. O homem tem, efetivamente, muito mais informações sobre a realidade do que as que adquire pela simples pulsação de sua experiência. Mas falta o que denomino as vias pré-formadas. O homem parte do nada. É preciso que ele aprenda que a madeira queima e que ele não deve jogar-se no vazio.

Não é verdade que ele precise aprender tudo isto. Mas o que será que ele sabe de nascença? É ambíguo. É provável que o aprenda, mas por outras vias que não as do animal. Ele já tem um certo norteamento, um certo conhecimento – no sentido de Claudel, *conascimento*[26] da realidade que não é outra coisa senão estas *Gestalten*, as imagens pré-formadas. Admiti-lo é, não apenas, uma necessidade da teoria freudiana, mas ainda uma exigência da psicologia animal – há um aparelho de registro neutro, que constitui um reflexo do mundo, quer o denominemos como Freud de consciente ou não.

Só que no homem isso se apresenta com este relevo particular que denominamos consciência, na medida em que entra em jogo a função imaginária do eu. É do ponto de vista do outro que o homem enfoca este reflexo. Ele é um outro para ele mesmo. Eis o que nos dá a ilusão da consciência ser transparente a si própria. Nós não estamos aí, no reflexo, estamos na consciência do outro, para perceber o reflexo.

Como vocês estão constatando, o esquema racional do aparelho psíquico que Freud propõe não está elaborado, eis o que hoje há de ingrato em nosso discurso. É a primeira vez que Freud se lança. Tudo é ao mesmo tempo grosseiro, ambíguo e, em certos aspectos, superfetação, e, no entanto, vai ser fecundo.

A noção de equivalência, por exemplo, é bastarda aqui. Há precisões, diz Freud, e estas precisões impelem o ser humano a reações destinadas a satisfazê-las. Ora, esta noção, longe de ser vitalista, longe de ser introduzida à força num esquema pseudomecanicista, é, em realidade, energética. A quantidade de energia neurônica existe de início. A conjunção desta concepção e da experiência do sonho vai produzir uma estupenda evolução do esquema, como vocês vão ver.

Tudo isto lhes parece decerto estéril e arcaico. Mas trata-se para nós de apreender o que neste esquema enceta o futuro, e força a concepção de Freud a evoluir. Não é de maneira nenhuma, como Kris tenta fazer-nos crer, que Freud tenha passado do pensamento mecanista ao pensamento psicológico, oposição grosseira que não quer dizer nada. Ele não abandonou seu esquema ulteriormente, ele o elaborou na teoria do sonho, sem assinalar, nem mesmo sentir as diferenças, e ele deu então um passo decisivo que nos introduz no campo psicanalítico como tal. Não há conversão de Freud ao pensamento organopsicológico. É sempre o mesmo pensamento que continua. Sua metafísica não muda, se é que se pode dizer, mas ele completa seu esquema, fazendo entrar nele uma coisa totalmente diferente, que é a noção de informação.

Sejam capazes de suspender o pensamento de vocês em momentos ingratos, e não se esqueçam de que são os primeiros momentos de um pensamento criador, cujo desenvolvimento leva bem mais além.

2 de fevereiro de 1955

X

Da *Entwurf* à *Traumdeutung*

A entropia ao pé da letra.
Os paradoxos de ômega.
Tudo está sempre aí.
Sonho e sintoma.
A conversa com Fleiss.

Aplicar a uma obra os próprios princípios que ela fornece para sua construção é uma lei fundamental de toda crítica sadia. Tratem, por exemplo, de entender Espinosa segundo os princípios que ele próprio fornece como os mais válidos para a conduta do pensamento, para a reforma do entendimento.

Outro exemplo – Maimônides, personagem que também nos fornece certas chaves para o mundo. Há dentro de sua obra advertências expressas quanto à maneira de conduzir a pesquisa. Aplicá-los à própria obra de Maimônides permite-nos entender o que ele quis dizer.

Logo, trata-se de uma lei de aplicação absolutamente geral que nos impele a ler Freud procurando aplicar à sua própria obra as regras de compreensão e de entendimento que ela explicita.

1

Comecei, há três semanas a introduzi-los à compreensão, dentro do *Além do princípio do prazer*, deste *x* denominado, conforme o caso, *automatismo de repetição, princípio de Nirvana* ou *instinto de morte.* Vocês me ouviram evocar a entropia. Isto não é arbitrário. O próprio Freud indica que aquilo de que está falando deve ser algo desse gênero. Não se trata aqui de tomar Freud ao pé da letra. É, no entanto, de um ridículo do qual analistas, e dos melhores, não se privaram, nomeadamente Bernfeld.

Bernfeld é um analista de qualidade, que soube reencontrar uma recordação de infância de Freud por detrás do véu de anonimato sob o qual este o comunicara como *recordação-encobridora.* Freud o apresentara de maneira camuflada atribuindo-o a um paciente. Mas, o próprio texto, e não concatenações biográficas, mas sim a própria estrutura do texto, permitiu a Bernfeld mostrar que não podia tratar-se de um verdadeiro diálogo com um verdadeiro paciente, que se tratava de uma transposição, e que o exemplo devia ser tomado de empréstimo à vida de Freud, o que ele demonstra cotejando-o com dois ou três sonhos da *Ciência dos sonhos.*[27] Os que assistiram ao meu comentário sobre o *Homem dos ratos* conhecem este trecho.

Bernfeld, pois, uns dez anos depois da publicação do texto essencial que estamos por ora comentando, faz com Feitelberg, no *International Journal of Psycho-analysis* de 1931, o relatório de não sei o quê, que não tem nome em língua nenhuma, e que é uma pesquisa. O título disto é – *The Principle of Entropy and the Death Instinct.* Eles tentaram estudar a pulsação paradoxal da entropia no interior de um ser vivo ou mais exatamente no nível do sistema nervoso do homem, comparando a temperatura cerebral com a temperatura retal. Acreditavam apreender aí o testemunho de variações paradoxais, ou seja, não conformes ao princípio de entropia tal como ele funciona em física num sistema inanimado.

É algo muito curioso de se ler, nem que seja só porque demonstra as aberrações a que conduz tomar ao pé da letra uma metáfora teórica.

Na prática, trata-se para Freud de apreender o comportamento humano. Neste intuito, ele se pergunta se não caberia fazer funcionar uma categoria análoga às que a física emprega. Ele introduz, então, a dimensão da entropia visto que ela se realiza neste ato original de comunicação, que é a situação analítica. É preciso ter em mente estas dimensões todas para entender o que Freud está falando, que não concerne apenas ao ser vivo, o qual pode ser objetivado no plano psíquico, mas também a significação de seu comportamento, justamente por ela entrar em jogo nesta relação particular que é a relação analítica, a qual só pode entender-se como uma comunicação. Eis o contexto que confere seu sentido à comparação do instinto de morte com a entropia. Tomar esta analogia ao pé da letra, traduzi-la nos termos precisos que se costuma empregar na física, é um contrassenso, tão absurdo quanto as operações dos macacos datilógrafos de Borel. Quão frequentemente teremos de denunciar esta operação de macacos datilógrafos nos analistas.

Através destas quatro etapas do pensamento de Freud que lhes citei – marcadas pelo manuscrito inédito do qual estamos, por ora, terminando o comentário, a *Ciência dos sonhos*, a constituição da teoria do narcisismo, e por fim o *Além do princípio do prazer* –, as dificuldades e os impasses se reproduzem numa disposição modificada a cada vez. Esta espécie de dialética negativa que implica a persistência das mesmas antinomias sob formas transformadas, é ela que vamos seguir para fazer surgir a autonomia, a ordem própria daquilo com que Freud se defronta e que se esforça por formalizar.

Esta ordem, vocês não podem deixar de saber o que é depois de um ano e meio de seminário aqui, é a ordem simbólica em suas estruturas próprias, em seu dinamismo, no modo particular pelo qual ela intervém para impor sua coerência, sua economia autônoma ao ser humano e à sua vivência. É através disto que lhes designo a originalidade da descoberta freudiana. Digamos, para imajar,[20] na direção daqueles que não entendem nada, que o que existe de mais elevado no homem e que não está no homem, porém alhures, é a ordem simbólica. A medida que sua síntese vai progredindo, Freud se vê constantemente forçado a restaurar, a restituir este ponto exterior, excêntrico. Agora vamos procurar reencontrar no texto as etapas deste progresso.

2

Designei-lhes, no outro dia, o sistema φ que representa, grosseiramente, o arco reflexo, fundamentado na noção de quantidade e de descarga, com o mínimo de conteúdo. Freud, formado pelas disciplinas neurológicas, anatomofisiológicas e clínicas, não se contenta com o esquema fornecido na época pela fisiologia positivista, isto é, uma arquitetura de reflexos – reflexos superiores, reflexos de reflexos etc., indo até ao reflexo de unidade situado no nível das funções superiores. E seria ainda preciso pôr aí algo que nosso amigo Leclaire, nos seus faustos dias, denominaria sujeito. Espero que um dia ele se livre disto também, pois o sujeito nunca deve ser representado em lugar algum.

Freud tem de fazer outra coisa. Ele faz não uma arquitetura, mas sim um tampão.

Freud aí já tomou a dianteira com relação à teoria neurônica, ele precede Foster e Sherrington de dois anos. Seu lado gênio se deixa ver até no detalhe, a respeito de certas propriedades da condução – ele adivinhou aproximadamente o que atualmente se conhece. Claro que se realizaram progressos experimentais, que confirmaram o funcionamento das sinapses como barreiras de contato, e já é assim que ele se expressa. O importante é que ele interpõe no decurso do ato de descarga um sistema-tampão, um sistema de equilíbrio, de filtragem, de amortecimento, o sistema ψ. Aliás, com o que será que ele o compara? Vocês estão vendo neste esquema, dentro de um arco espinhal, algo que forma uma bola – é um gânglio. Pois bem, o psiquismo para ele é um gânglio, o cérebro é um gânglio diferenciado, do gênero gânglio simpático, ou cadeia nervosa nos insetos.

Da última vez, percebeu-se uma pequena vacilação em meu diálogo com Valabrega, que disse coisas que não eram erradas a respeito do sistema ω. Freud não pode sair desta sem a intervenção deste sistema da consciência como referência a esta realidade da qual, seja lá o que se fizer, nunca se conseguirá tirar um coelho sem antes havê-lo posto aí dentro. Em Freud, ao menos, não se procura fazer vocês acreditarem que basta amontoar bastante coisa para que o que ficar por cima se torne muito mais bonito do que quando se achava por baixo.

Sua experiência obriga Freud a remanejar a estrutura do sujeito humano descentrando-o com relação ao eu, e relegando a consciência a uma posição, com certeza essencial, porém problemática. Eu diria que o caráter não apreensível da consciência, irredutível com relação ao funcionamento do vivente, é na obra de Freud algo tão importante de se apreender quanto o que ele nos trouxe sobre o inconsciente.

Os embaraços que este sistema da consciência produz reaparecem em cada um dos níveis da teorização freudiana. Freud não consegue fornecer um modelo coerente dele, e isto não vem da existência do inconsciente. Enquanto ele consegue dar uma concepção coerente, equilibrada, da maioria das outras partes do aparelho psíquico, ele encontra sempre, no entanto, condições incompatíveis quando se trata da consciência.

Vou dar-lhes um exemplo. Num de seus textos que se chama *Suplementos metapsicológicos à teoria dos sonhos* e que está publicado na coletânea francesa *Metapsicologia*[28], ele explica quase tudo o que ocorre na demência precoce, na paranoia, nos sonhos, em termos de investimento e de desinvestimento – noções cujo alcance em sua teoria vamos ter de considerar. A gente acha que sempre pode dar um jeito para que uma construção teórica funcione, cole. Mas não pode. O aparelho da consciência tem propriedades absolutamente especiais, e a própria coerência de seu sistema, a necessidade de sua dedução, faz com que Freud tropece. Não se compreende, diz ele, que este aparelho, contrariamente aos demais, possa funcionar até mesmo quando está desinvestido. Com o sistema consciente entra-se no paradoxo.

Por que este fracasso? Não é por Freud não saber dar um jeito – ele tinha o tempo todo para ele. Se não conseguiu, há uma razão.

Vemos aparecer aí, pela primeira vez, o paradoxo do sistema da consciência – é preciso que, ao mesmo tempo, ele esteja aí e não esteja aí. Se vocês o fizerem entrar no sistema energético tal como ele está constituído no nível de ψ, ele vai ser apenas uma parte dele, e não poderá desempenhar seu papel de referência à realidade. No entanto, tem de haver alguma energia que passe nele. Mas ele não pode estar diretamente ligado ao acréscimo maciço de energia oriunda do mundo exterior tal como está suposto no primeiro sistema dito de descarga, ou seja, do reflexo elementar estímulo-resposta. Muito pelo contrário, é preciso que esteja completamente separado dele, e que receba apenas fracos investimentos de energia que lhe permitam entrar em funcionamento, de maneira que a circulação se faça sempre de φ à ψ. E é apenas de φ que esta energia mínima chegará em ω o qual poderá graças a ela entrar em vibração.

Por outro lado, o sistema ψ *precisa* de informação, a partir do que ocorre no nível de ω, assim como dizia Valabrega no outro dia de uma maneira que achei um pouco precipitada, mas não errônea em si. Ele só pode pegar esta informação no nível da descarga do sistema perceptivo.

A prova de realidade procede assim no nível do psiquismo. Tomemos o exemplo de uma descarga motora propriamente perceptiva. Ocorrem movimentos no olho devido à acomodação da vista, à fixação num objeto. Com relação à alucinação do desejo, que está, então, formando-se no psiquismo, é isso que teoricamente deveria acarretar o ajuste local – Será que acredito em meus olhos? Será que é isto mesmo que estou olhando? Ora, a descarga motora, a parte propriamente motora no funcionamento dos órgãos perceptivos, esta é, justamente, de todo inconsciente. Temos consciência de estar vendo, e nada nos parece inclusive mais homólogo à transparência da consciência do que este fato de que a gente vê o que está vendo – ver coloca a si mesmo a sua própria transparência. Mas em compensação, não temos a menor consciência, salvo de maneira muito marginal, limítrofe, daquilo que fazemos de eficaz, de ativo, de motor, neste deslinde, nesta apalpação a distância que os olhos efetuam quando eles se exercitam em ver.

Uma sequência de paradoxos começa pois a esboçar-se aqui a propósito do sistema ω. Quis frisá-lo porque é o começo de algo que reencontraremos em todos os níveis.

Depois disso, há o esquema que vocês vão encontrar no capítulo VII da *Traumdeutung*, *Processos do sonho.*

Aqui, um acréscimo. Aqui, algo que vai escalonar-se entre o sistema perceptivo e o sistema motor. Aqui, as diversas camadas que constituem o nível do inconsciente. Em seguida, o pré-consciente, a consciência, da qual vocês já veem a repartição paradoxal – ei-la agora dos dois lados.

O primeiro esquema tentava representar verdadeiramente um aparelho, que em seguida se tentava fazer funcionar. Era um aparelho que estava em algum canto, com os órgãos de percepção, o cérebro e o subcérebro, a funcionar como um gânglio autônomo, a regular a pulsação entre as pulsões internas ao organismo, e as manifestações de procura no exterior. Tratava-se da economia instintual do ser vivo em busca daquilo de que precisa.

Agora já não se trata mais do aparelho. O esquema se refere a algo de muito mais imaterial. Freud o salienta, as coisas de que vai falar, não se deve localizá-las em algum canto. No texto, ele nos diz que há algo com que isso deve assemelhar-se. Lembrem-se daquilo que no ano passado, quando das aulas sobre a transferência, eu lhes indicara a propósito das imagens óticas que não estão em canto algum. Elas são vistas em tal lugar quando se está num outro canto para vê-las. É disto que se trata.

O esquema de Freud mudou de sentido. Ele coloca no quadro-negro a dimensão temporal como tal – isto se acha igualmente salientado no texto. Este esquema, que como vocês estão vendo conserva a mesma ordenação geral, prova, portanto, que Freud já introduz dimensões novas em suas categorias, e em particular uma certa dimensão lógica.

Ainda que isso possa encarnar-se num modelo mecânico, passamos de um modelo mecânico a um modelo lógico.

Antes de evocar o terceiro esquema, quero lembrar a vocês que lhes prometi falar de cibernética. Por que será que ficamos tão admirados com estas máquinas? Talvez isto possa ter algo a ver com as dificuldades que Freud encontrou. Pois a cibernética também procede de um movimento de admiração ao reencontrá-la, esta linguagem humana, funcionando quase sozinha, parecendo passar-nos a perna.

Acredita-se que se tenha resolvido tudo ao dizer que é o homenzinho lá que a colocou aí. É o que Lévi-Strauss nos lembra, sempre cheio de juízo diante das coisas novas, e que sempre parece tender a trazê-las de volta a coisas antigas. Eu costumo apreciar o que escreve o sr. Ruyer, mas não seu livro sobre a cibernética.

Nestas máquinas, a linguagem está certamente aí, toda vibrante. E não é a troco de nada que a reconhecemos numa pequena canção sobre a qual vou-lhes contar o prazer que ela nos dá. Descobri isto no outro dia na sociedade de filosofia.

A sra. Favez-Boutonier acabava de fazer uma excelente comunicação sobre psicanálise. Dissera o que ela esperava que pudesse ser compreendido pela assembleia filosófica que ali estava. Ela foi, decerto, modesta demais em suas pretensões que, no entanto, estavam muito acima daquilo que muita gente conseguira até então entender. Nisto, o sr. Minkowski se levanta, e diz o que o ouço dizer há 30 anos, seja qual for o discurso sobre psicanálise a que tenha de responder. Entre o que a sra. Favez-Boutonier acabava de introduzir e o que ele tinha podido ouvir 30 anos atrás sobre o mesmo assunto, na boca de Dalbiez, havia um mundo. E no entanto, ele respondia exatamente a mesma coisa. Não o estou colocando pessoalmente em causa – é o que de ordinário ocorre numa sociedade científica. Por que será que a expressão paradoxal de *máquina de pensar* surgiu? Eu, que já digo que os homens só pensam, raramente, não vou falar de máquinas de pensar – mas, contudo, o que ocorre numa máquina de pensar é em média infinitamente superior ao que ocorre numa sociedade científica. Quando se lhe dão outros elementos, a máquina de pensar, esta, responde outra coisa.

Do ponto de vista da linguagem, estas maquininhas nos zumbem algo de novo, talvez um eco, digamos uma aproximação. Não se pode resolver a questão dizendo simplesmente que foi o construtor quem a pôs aí. A linguagem veio de fora, estamos de acordo, mas não basta dizer que foi o homenzinho quem a pôs aí. Se há alguém que pode dar seu palpite sobre isto, é um psicanalista, para quem a todo instante é palpável que o negócio não se resolve acreditando que foi o geniozinho que fez tudo.

A grande questão atual das ciências humanas é – o que é a linguagem? Pergunta-se – de onde ela provém? O que foi que ocorreu nas idades geológicas? Como foi que começaram a vagir? Será que eles começaram dando gritos enquanto faziam amor, como certas pessoas pensam? – quando, no entanto, trata-se, antes de tudo, de ver como é que ela funciona atualmente. Está tudo sempre aí. Essa nossa relação com a linguagem é preciso apreendê-la no nível mais concreto, mais cotidiano para nós, o de nossa experiência analítica.

É disto que se trata com o esquema que elabora o sistema introduzindo nele o imaginário como tal. Este pequeno esquema ótico que lhes mostrei no ano passado, vamos reencontrá-lo na terceira etapa, no nível da teoria do narcisismo. Ele coloca o sistema percepção-consciência lá onde tem de estar, ou seja, no âmago da recepção do eu no outro, pois toda a referência imaginária do ser humano está centrada na imagem do semelhante.

Por fim, o último esquema vai permitir-nos dar um sentido ao *Além do princípio do prazer* e entender a que necessidade esta obra responde. Freud a escreveu num momento em que a técnica analítica virava e no qual se podia crer que resistência e significação inconsciente correspondessem uma com a outra que nem o avesso e o direito, que aquilo que funciona segundo o princípio do prazer no sistema dito primário aparecesse como realidade no outro e inversamente. Trata-se mera e simplesmente do estudo clássico do eu, um pouco enriquecido pela noção de que pode abranger diversas coisas em suas sínteses. Freud mantém que não é isso, que o sistema todo das significações não se acha no homenzinho, que sua estrutura não é uma síntese dessas significações, muito pelo contrário.

Dou-lhes este último esquema para indicar-lhes o rumo daquilo que Freud quer introduzir com o *Além do princípio do prazer*. Vou pegar algo que tem a ver com nossos recentes modos de transmissão nas máquinas, um tubo eletrônico. Todos aqueles que manipularam rádio conhecem isso – uma válvula tríodo – quando aquece no cátodo, os eletronzinhos vêm bombardear o ânodo. Se houver algo no intervalo, a corrente elétrica passa, ou não, conforme isso se positive ou se negative. Pode-se realizar uma modulação da passagem da corrente à vontade ou, mais simplesmente, um sistema de tudo ou nada.

Pois bem, a resistência, a função imaginária do eu como tal é isso – é a ela que está submetida a passagem ou a não passagem daquilo que tem de ser transmitido como tal na ação analítica. Este esquema expressa primeiro que se não houvesse interposição, resistência do eu, efeito de atrito, de iluminação, de aquecimento – tudo o que vocês quiserem –, os efeitos da comunicação no nível do inconsciente não seriam apreensíveis. Mas mostra sobretudo que não há nenhuma espécie de relação de negativo a positivo entre o eu e o discurso do inconsciente, este discurso concreto no qual o eu está mergulhado e desempenha sua função de obstáculo, de interposição, de filtro. O inconsciente tem seu dinamismo, seus afluxos, suas próprias vias. Pode ser explorado segundo seu ritmo, sua modulação, sua própria mensagem, de maneira totalmente independente daquilo que o interrompe. No *Além do princípio do prazer* Freud quis situar esta função imaginária do eu.

Hoje só lhes dei uma linha geral do progresso que vamos ter de levar adiante em detalhe. Peço a Valabrega que aborde agora a segunda destas quatro etapas.

3

O sr. Valabrega expõe as principais características do sonho.

Sr. Valabrega: – *Freud nos diz também que a vivacidade da alucinação, sua intensidade, é proporcional à quantidade de investimento da ideia em causa. É a quantidade que condiciona a alucinação. É o contrário da percepção. Na percepção que provém do sistema* φ, *a atenção torna a percepção mais distinta ou menos distinta.*

Ela provém do sistema ω.

Sr. Valabrega: – *Não, do sistema* φ.

É preciso distinguir. As contribuições quantitativas do mundo exterior provêm do sistema φ. O equilíbrio do texto indica que tudo o que é percepção e não excitação ocorre como tal no sistema ω.

SR. VALABREGA: – *Mas isso provém de* φ.

Porque vem do mundo exterior. Isso apenas provém de φ por intermédio de ψ.

SR. VALABREGA: – *Claro. Aliás isto é apenas um parêntese.*

....

Em 1897, Freud ainda não avançou muito em sua própria análise. Anotei algumas considerações sobre os limites da self-análise para que sirvam para Anzieu. Carta 75 – *Só posso analisar-me baseando-me em conhecimentos objetivos, como eu poderia fazê-lo para um estranho... A self-análise é, propriamente falando, impossível. Senão, não haveria doença. Como todavia encontro enigmas nos meus casos a análise tem de deter-se.* Ele define assim os limites de sua própria análise – ele só vai entender o que já tiver deslindado nos casos dele.

Quando ele está descobrindo, genialmente, um novo caminho – trata-se de um testemunho extraordinariamente preciso devido à sua precocidade – ele próprio aponta, no entanto, que sua autoanálise não é um processo intuitivo, um deslinde adivinhatório no interior de si mesmo, que isso nada tem a ver com uma introspecção.

SR. AZIEU: – *Freud sabia, antes de ter o sonho com a Irma, que os sonhos tinham um sentido. E é porque seus pacientes haviam trazido sonhos que tinham um sentido de realização de desejo que ele quis aplicá-lo a si próprio. É este seu critério de verificação.*

É isso.

SR. VALABREGA: – *Não é o sentido do sonho que está em causa, é a teoria da identidade do sonho com o sintoma neurótico.*

Freud, na *Traumdeutung*, insiste sobre o parentesco do sonho com o sintoma neurótico, mas também sobre a diferença entre eles. O processo do sonho é exemplar para entender o sintoma neurótico, mas ele mantém uma diferença econômica absolutamente fundamental entre sintoma e sonho. Em comum eles têm apenas uma gramática. Trata-se de uma metáfora, não tomem isto ao pé da letra. Eles são tão diferentes quanto um poema épico e uma obra sobre termodinâmica. O sonho permite apreender a função simbólica que está em jogo e, a esse título, é capital para entender o sintoma. Mas um sintoma está sempre inserido num estado econômico global do sujeito, enquanto o sonho é um estado localizado no tempo, em condições extremamente particulares. O sonho é apenas uma parte da atividade do sujeito, enquanto o sintoma se esparrama em diversos setores. Os processos são mais análogos do que idênticos.

....

O sr. Valabrega apresenta a análise do sonho da injeção de Irma.

O que, na época, é para Freud a fala que polariza, que organiza toda sua existência, é a conversa com Fliess. Ela continua em filigrana durante toda sua existência como sendo a conversa fundamental. No final das contas, é neste diálogo que se realiza a autoanálise de Freud. É por intermédio disto que Freud é Freud, e que ainda hoje estamos falando nele. O resto todo, o discurso douto, o discurso cotidiano, a fórmula da trimetilamina, o que se sabe, o que não se sabe, a tralha toda, está no nível do eu. Isso tanto pode fazer obstáculo quanto assinalar a passagem daquilo que se está constituindo, ou seja, este vasto discurso endereçado a Fliess que vai constituir, mais tarde, a obra toda de Freud.

A conversa de Freud com Fliess, a fala fundamental, que é então inconsciente, é o elemento dinâmico essencial. Por que será que ela é inconsciente naquele momento? Porque ela ultrapassa infinitamente aquilo que os dois, como indivíduos, podem então apreender conscientemente dela. Afinal, são apenas dois toquinhos de sábio como os outros trocando ideias meio malucas.

A descoberta do inconsciente, tal como ela se mostra, no momento de seu surgimento histórico, com sua dimensão plena, é que o alcance do sentido ultrapassa infinitamente os sinais manipulados pelo indivíduo. Sinais, o homem solta sempre muito mais do que ele pensa. É disto que se trata na descoberta freudiana – de uma nova impressão do homem. O homem, depois de Freud, é isso.

9 de fevereiro de 1955

XI

A Censura não é a Resistência

A mensagem como discurso interrompido,
e que insiste.
O rei da Inglaterra é um babaca.
Freud e Fechner.

A *Traumdeutung* não fornece apenas a teoria do sonho. Nela se encontra a segunda elaboração feita por Freud, do esquema do aparelho psíquico. Com a primeira ele punha um ponto de arremate a seus trabalhos de neurologista. A segunda corresponde ao seu avanço no campo particular das neuroses, e naquilo que vai ser o campo próprio da análise.

Trata-se, pois, do sonho, mas também mais atrás, do sintoma neurótico, cuja estruturação se revela a mesma – ela põe em jogo a estrutura da linguagem em geral, e mais exatamente a relação do homem com a linguagem. Meu comentário vai demonstrar isto a vocês, trazendo-lhes, por esta via, o testemunho de que os termos que nos servem aqui para reentender a obra de Freud estão incluídos nela.

Na elaboração do pensamento de Freud, queremos aplicar o mesmo modo de interpretação que Freud pratica no que ocorre na ordem psíquica. Queremos ver o que se deslinda na construção que se faz diante de nossos olhos, da segunda etapa do aparelho psíquico. Com relação a estes sistemas φ, ψ, ω, dos quais salientamos, Valabrega e eu mesmo, as características e também os impasses, muito bem percebidos por Freud, algo se desloca, se demove.

Incito-os a relerem o sonho de Irma. Já no ano passado, eu lhes fizera ler e explicar certas etapas para ilustrar a transferência. Releiam-no a respeito do que estamos fazendo agora, isto é, tentar entender o que quer dizer *automatismo de repetição*, dar um sentido a esta expressão, e para isto, apreender a que duplicidade das relações do simbólico e do imaginário somos levados.

O esquema da última vez, o da válvula tríodo, faz com que o sonho de Irma lhes apareça sob um aspecto totalmente diferente. Em seu manuscrito, Freud reduz seus temas a quatro elementos, dois conscientes, dois inconscientes. Já indicamos como estes dois elementos inconscientes devem ser entendidos – um é a revelação da fala criadora que se constitui no diálogo com Fliess, o outro é o elemento transversal, iluminado por esta corrente que passa. O que se acha exposto, de maneira quase inconsciente no sonho, é a questão das relações de Freud com uma série de imagens sexuais femininas, que estão todas combinadas com este algo de tensional que se acha em suas relações conjugais. Mas o que ainda é mais estupendo é o caráter essencialmente narcísico de todas estas imagens femininas. São imagens cativantes que estão todas numa certa relação narcísica com Freud. A dor de Irma, quando o médico a percute, é no ombro, e Freud assinala que ele tem um reumatismo no ombro.

Tudo isto é dito sempre de um jeito que nos maravilha e nos permite ver para além daquilo que o próprio Freud era capaz de apreender naquele momento. É que Freud é um observador excepcional, deveras genial. Naquilo que ele nos deu sempre temos para nos orientar mais material – como se diz para ir rápido, – do que aquilo que ele próprio conceitualizou, o que é um caso excepcional na história da literatura científica.

1

O sr. Valabrega enceta o comentário da Psicologia dos processos do sonho, capítulo VII da *Ciência dos sonhos.*[27]

Há duas frasezinhas que, do ponto de vista que estamos desenvolvendo aqui, merecem ser destacadas. No momento em que

Freud recoloca em causa todas as construções feitas nos capítulos precedentes a respeito da elaboração do sonho, que é o arcabouço da *Traumdeutung*, ele diz, de repente, que no que diz respeito aos sonhos, todas as objeções podem ser levantadas, inclusive a de que o sonho talvez seja apenas o sonho de um sonho.

A partir de então, nosso erro teria sido o de tratar como um texto sagrado o que seria apenas uma improvisação arbitrária, edificada às pressas e num momento de embaraço.

Destaquemos esta metáfora quando de sua passagem, porque em Freud as metáforas são preciosas – ele tratou, efetivamente, o sonho como um texto sagrado. Um texto sagrado se interpreta segundo leis muito particulares, e cada um sabe que por vezes estas interpretações surpreendem. É também preciso conceder toda sua importância à palavra *texto*. Estamos aqui deveras próximos daquilo que Valabrega tenta mostrar-lhes – na hora de falar do processo do sonho, Freud vai para a questão do esquecimento.

Pois bem, a degradação, inclusive o esquecimento do texto do sonho, importa tão pouco, nos diz Freud, que mesmo se restar apenas um único elemento, um elemento do qual se duvide, um pedacinho de um pedaço, uma sombra de sombra, podemos continuar concedendo-lhe um sentido. É uma mensagem.

Sua degradação não é devida ao acaso, ela não está ligada a uma espécie de amortecimento, de apagamento, de afogamento da mensagem no barulho de fundo. A mensagem não é esquecida de um jeito qualquer. Devolvamos a esta famosa censura, que se esquece por demais, todo o seu viço, todo o seu novo – uma censura é uma intenção.

A peculiaridade da argumentação de Freud é de inverter o fardo da prova – *Nos elementos que vocês me contrapõem, os esquecimentos e as degradações do sonho, continuo vendo um sentido, e vejo até um sentido a mais. Quando o fenômeno do esquecimento intervém, isso me interessa ainda mais, aí também encontro uma parte da mensagem. Estes fenômenos negativos, eu os acrescento à leitura do sentido, reconheço-lhes a função de mensagem.* Não se trata apenas do fato de Freud descobrir esta dimensão, mas inclusive, devido a um certo preconceito, ele a isola, ele só quer saber dela.

Contrapõe-se a Freud que ele fala de sonhos de desejo, mas que existem os sonhos de angústia, os sonhos de autopunição. Uma das fases de sua resposta é dizer que, claro, existem sonhos de angústia, mas o que funciona, para que haja angústia, nada mais é do que aquilo que provocaria a angústia na vida desperta. Não é tudo o que há no sonho que o interessa, mas unicamente o elemento semântico, a transmissão de um sentido, uma fala articulada, o que ele denomina os pensamentos, *Gedanken*, do sonho.

O que interessa Freud, e em parte alguma isto está mais evidente do que na primeira parte deste sétimo capítulo, é a mensagem como tal, e pode-se dizer mais – é a mensagem como discurso interrompido e que insiste. Eis aí algo que nos mantém pertinho do problema que estamos por ora colocando em causa – o que é o além do princípio do prazer? O que é o automatismo de repetição?

Neste texto, vocês não podem dar ao termo *Gedanken* um sentido psicológico. Freud repete isto em três ou quatro passagens, estas nossas explicações todas – não vamos imaginar que sejam da ordem do já conhecido[29] no psíquico – são fenômenos de uma ordem totalmente distinta da do psicológico.

Eis um exemplo que, por ser extremo, é justamente ainda mais significativo, o da senhora a quem só resta de seu sonho esta palavra – *canal.* Freud nos mostra a propósito disto como é que ele concebe a interpretação dos sonhos.

O que será que pode ser a memória de algo que está tão apagado, uma memória de memória? E, de modo mais geral, quando nos recordamos de um sonho, será que nos recordamos deveras de algo do qual possamos falar como se fosse um pensamento? Já que, afinal, não sabemos se isto não é o próprio tipo de ilusão da memória. Isto não perturba Freud, isto não lhe importa, o que o ocupa não é da ordem dos fenômenos psicológicos. Será que nos recordamos de um sonho como de um evento que existiu e que é situável em algum lugar? É, literalmente, insolúvel. Os filósofos sempre se interessaram por isto – por que será que a vivência do sono não é tão importante, tão autêntica, quanto a da vigília? Se todas as noites ele sonha que ele é uma borboleta, será legítimo dizer que ele sonha em ser uma borboleta? Mas para Freud pouco importa.

Este realismo psicológico, esta busca de uma subjetividade essencial não o detém. Para ele, o importante não é que se sonhe em ser uma borboleta, mas sim o que o sonho quer dizer, o que ele quer dizer para alguém. Quem é este alguém? A questão toda esta aí.

Esta senhora, ele já teve com ela uma conversa, e o sonho é apenas seu prosseguimento. Ela admitiu aparentemente muitas das elaborações de Freud, mas o que ela lhe quer dizer no sonho é demonstrado pelas suas associações. Força, força minha senhora. Por fim ela sai-se com uma historinha humorística anti-inglesa. *Entre o sublime e o ridículo, só há um passo – Sim, o Passo-de-Calais.*[30] Eis pois o que ela quer dizer – *Todas as histórias do senhor são sublimes, um tiquinho ridículas, basta um nadinha, e tudo isto faz rir.*

Não estamos dizendo que seja ou não legítimo, estamos comentando Freud e tentando apreender o que é a função do sonho como função inconsciente. Uma das dimensões do desejo do sonho é fazer passar uma certa fala. Para Freud, evidenciar isto é sempre suficiente para validar o fato de que sua teoria se acha confirmada. Ele não precisa ir até a recordação da infância, nem pensar na regressão. O que foi que tornou necessário, para Freud, a teoria da regressão? É o que o passo seguinte nos demonstrará. Por ora o que auferimos é que Freud só está satisfeito, só encontra seu caminho, só pretende que nos demonstrou o que nos queria demonstrar, quando ele pode mostrar-nos que o desejo maior de um sonho era fazer passar uma mensagem.

SR. VALABREGA: – *Por conseguinte, o esquecimento do sonho é o obstáculo.*

Não é o obstáculo, isso faz parte do texto. A dúvida, por exemplo, é na perspectiva dele quase uma *emphasis*[31] – não há palavra equivalente em francês, seria preciso dizer *soulignage.*[32] A dúvida não o interessa como fenômeno psicológico, e no que tange ao sonho, será que se trata mesmo de um fenômeno psicológico?

É preciso interpretar o fenômeno da dúvida, diz Freud, como uma parte da mensagem. Se o sujeito duvidar, dizem vocês consigo mesmos, é que se trata de resistência, mas não falemos de resistência por ora. A dúvida faz parte da mensagem. Quando o sujeito lhes diz que duvida, vocês devem considerar que ele atrai a atenção de vocês para o fato de isto ser um elemento particularmente significativo do sonho. A dúvida é uma conotação privilegiada neste famoso texto sagrado. De acordo?

2

SR. VALABREGA: – *Sim... No entanto, Freud realça a palavra resistência quando diz – Todo obstáculo à interpretação provém da resistência,* Widerstand, *psíquica.*

Não totalmente. O senhor leu também a notinha? Se o pai do paciente morre no decurso da análise, diz ele, não se vai decerto pensar que ele o fez morrer unicamente para interromper sua análise. Isto é uma resistência. Classificamos tudo o que se opõe à interpretação como uma resistência – é uma questão de definição. Também vamos interpretar isto com relação ao fato de favorecer ou não o progresso do trabalho de interpretação, ou seja, a passagem da mensagem. Convenham que esta generalização do tema da resistência nos permite pensar que ele não a inclui num processo psicológico. A resistência só adquire seu valor com relação ao trabalho. Ela não é, de jeito nenhum, encarada sob o ângulo das propriedades psíquicas do sujeito.

A resistência, é claro que ela existe. Sabemos que existem as fricções imaginárias ou psicológicas, que fazem obstáculo àquilo que Freud chama o escoamento dos pensamentos inconscientes. A notinha é a favor do que lhes digo, que a resistência não é considerada, num plano psíquico, como interna ao sujeito, porém unicamente em relação ao trabalho de interpretação.

SR. VALABREGA: – *Ela, a* Widerstand, *também é a censura.*

Não, justamente, não é a censura.

SR. VALABREGA: – *É, sim senhor.*

Não, não é a censura. A censura não se situa no mesmo nível que a resistência. Ela faz parte do caráter interrompido do discurso.

Sinto que estamos aqui num dissentimento essencial, que há alguma incompreensão de sua parte, e vai ser preciso que eu forneça algo de imajado.

No sentido próprio, a resistência do sujeito está ligada ao registro do eu, é um efeito do eu. Neste capítulo, ela está instituída como um *x* que designa tudo aquilo que detém o trabalho analítico, quer seja psicológico ou não, quer venha da realidade ou do acaso. A censura não tem nada a ver com a resistência, nem no primeiro sentido, nem – mas contudo bem mais – no segundo.

Isto comporta a questão do que denominamos o supereu. Estou-lhes falando do discurso interrompido. Pois bem, uma das formas mais empolgantes do discurso interrompido é a lei na medida em que é incompreendida. Por definição ninguém pode ser tido por ignorante da lei, mas ela é sempre incompreendida, pois ninguém a apreende em seu todo. O primitivo que se acha preso nas leis do parentesco, da aliança, da troca das mulheres, nunca tem, nem mesmo sendo muito sabido, uma visão total daquilo que, neste conjunto da lei, o apreende. O que é censura tem sempre relação com o que, no discurso, se relaciona à lei como incompreendida.

Isto talvez lhes pareça um pouco puxado, vou tentar ilustrá-lo.

Há um livrinho pornográfico que foi escrito por um nome eminente da literatura, atualmente membro da Academia Goncourt, Raymond Queneau. Neste livro, um dos mais encantadores que se possa ler, uma jovem datilógrafa, que vai ser envolvida na revolução irlandesa e em desventuras altamente escabrosas, faz, enquanto está trancada na privada, uma descoberta em todos os pontos semelhante à do pai Karamazov.

Como vocês sabem, seu filho Ivan o conduz pelas avenidas audaciosas por onde envereda o pensamento de um homem culto, e em particular, ele diz, *se Deus não existir... – Se Deus não existir,* diz o pai, *então tudo é permitido.* Noção evidentemente ingênua, pois, nós, analistas, sabemos muito bem que se Deus não existir então absolutamente mais nada é permitido. Os neuróticos nos demonstram isto todos os dias.

A datilógrafa, trancada na privada, faz uma descoberta ainda muito mais impressionante para um súdito de Sua Majestade.

Acaba de ocorrer um acontecimento perturbador na manutenção da ordem em Dublin, isto lhe dá uma dúvida que vai dar na fórmula seguinte – *Se o rei da Inglaterra é um babaca, então tudo é permitido.* E a partir de então, toda a sua aventura – ela é ajudada pelos acontecimentos – mostra que ela não recusa mais nada a si mesma. O título do livro deve ser – *On est toujours trop bon avec les femmes.*

Com efeito, para os súditos de Sua Majestade britânica – esta é a hipótese, não creiam que estou a maldizer de nossos aliados ingleses –, é muito importante que não se diga que o rei da Inglaterra é um babaca. Isto pode expressar-se por exemplo na lei seguinte – todo homem que disser que o rei da Inglaterra é um babaca terá a cabeça decepada. Prestem bem atenção. O que vai resultar disto?

Isto lhes parece gozadíssimo, mas quero que lhes pareça trágico. E quero mostrar-lhes que qualquer lei semelhante, qualquer lei primordial, que comporte como tal a indicação da pena de morte, comporta da mesma feita, pelo seu caráter parcial, a possibilidade fundamental de ser incompreendida. O homem se acha sempre na postura de nunca entender completamente a lei porque nenhum homem pode dominar em seu conjunto a lei do discurso.

Se for proibido dizer que o rei da Inglaterra é um babaca, sob pena de se ter a cabeça decepada, não se dirá isto, e por este simples fato vai-se ser levado a não se poder dizer uma porção de outras coisas – ou seja, tudo o que revela esta realidade flagrante, que o rei da Inglaterra é um babaca.

Tudo o demonstra, o rei da Inglaterra é um babaca. Tivemos exemplos disto. E a um rei da Inglaterra que não era um babaca foi-lhe imediatamente intimado que abdicasse. Ele se distinguia dos outros pelo seguinte – acontecia-lhe cair do cavalo e tinha a pretensão de casar-se com a mulher que amava – isso assinalava evidentemente que não era um babaca, e foi, imediatamente, obrigado a levar alhures suas considerações íntimas. O que quer dizer isto? Será que basta não ser um babaca para se redimir? É um engano – isso também não basta. Não estou dizendo que o rei da Inglaterra teve razão ao submeter-se à abdicação por não ser um babaca. Mas é um parêntese.

Resulta, pois, que tudo o que no discurso é coerente com esta realidade de que o rei da Inglaterra é um babaca fica em suspenso. O sujeito é tomado pela necessidade de dever eliminar, extrair do discurso tudo o que tem relação com o que a lei proíbe dizer. Ora, esta proibição como tal fica totalmente incompreendida. No nível da realidade, ninguém pode entender por que é que se teria a cabeça decepada ao dizer esta verdade, ninguém apreende onde se situa o próprio fato da proibição. A partir de então, não se pode mais supor que alguém que diga o que não deve ser dito e que tem ideia de que tudo é permitido poderá anular, pura e simplesmente, a lei como tal.

Espero fazer-lhes sentir esta mola derradeira, inexplicada, inexplicável, onde a existência da lei se agarra. A coisa dura que encontramos na experiência analítica é que lei, bem que existe. E é justamente o que nunca pode estar completamente acabado no discurso da lei – é este termo derradeiro que explica que haja uma.

Nesta hipótese o que será que se produz? O súdito do rei da Inglaterra tem muitas razões para querer expressar coisas que têm a mais direta relação com o fato de que o rei da Inglaterra é um babaca. Digamos que isso passe nos seus sonhos. E com o que sonha, este súdito? – No momento em que se trata de algo dificilmente expressável, não só pelo fato de que o rei da Inglaterra é um babaca, mas por tudo o que está vinculado a isto, por tudo que faz com que ele não possa ser outra coisa senão um babaca, por toda a estrutura do regime, e mais além, pela conivência universal com a babaquice do reino da Inglaterra. Pois bem, o súdito sonha que tem a cabeça decepada.

Não é preciso colocar-se aqui questões sobre sei-lá que masoquismo primordial, sobre a autopunição, sobre o desejo de castigo. Nesta circunstância, o fato de ele ter a cabeça decepada quer dizer que o rei da Inglaterra é um babaca. A censura é isso. É a lei como incompreendida.

No nível do sonho, trata-se apenas de um probleminha infantil – por que será que se sonha que se tem a cabeça decepada?

Por que será que isto diverte tanto vocês? Mas pensem bem que nenhum dos súditos do reino onde reina a babaquice nunca tem a cabeça muito segura nos ombros. Lá, isso se expressa por um sintoma.

O que lhes estou contando tem cara de um pequeno apólogo, mas eu conheci um sujeito cuja cãibra dos escritores estava ligada ao seguinte, que sua análise revelou – na lei islâmica, na qual fora criado, o ladrão tinha de ter a mão decepada. E isto, ele nunca pôde engolir. Por quê? Porque se acusara seu pai de ser ladrão. Ele passou a infância numa espécie de profunda incerteza com respeito à lei alcorânica. Sua relação inteira com seu meio original, o pilar, os alicerces, a ordem, as coordenadas fundamentais do mundo, estava barrada porque havia algo que ele se recusava a compreender – por que é que alguém que era um ladrão tinha de ter a mão decepada. Por causa disto, aliás, e justamente por não compreendê-lo, ele é quem tinha a mão decepada.

A censura é isso, visto que para Freud, na origem, isso ocorre no nível do sonho. O supereu é isso, na medida em que terroriza efetivamente o sujeito, que constrói nele sintomas eficientes, elaborados, vivenciados, que prosseguem e que se encarregam de representar este ponto onde a lei não é compreendida pelo sujeito, mas é desempenhada por ele. Eles se encarregam de encarná-la como tal, eles lhe fornecem sua figura de mistério.

É coisa totalmente diferente da relação narcísica com o semelhante; é a relação do sujeito com a lei no seu conjunto, visto que nunca pode haver relação com a lei no seu conjunto, já que a lei nunca é assumida completamente.

Censura e supereu têm de ser situados no mesmo registro que a lei. É o discurso concreto, não só na medida em que domina o homem e faz surgir fulgurâncias de todos os tipos – seja lá o que for, tudo o que ocorrer, tudo o que estiver no discurso – mas na medida em que fornece ao homem seu mundo próprio, que denominamos, de maneira mais ou menos exata, cultural. É nesta dimensão que se situa o que é a censura, e vocês veem em que ela se distingue da resistência. A censura não está nem no nível do sujeito nem no do indivíduo, porém no nível do discurso, na medida em que como tal ele constitui sozinho um universo completo e que há, ao mesmo tempo, algo de irredutivelmente discordante em todas as suas partes. Basta um nada, uma coisinha de nada, que vocês se achem trancados na privada, ou que vocês tenham tido um pai acusado injustamente de sei lá que crime, para que, de repente, a lei lhes apareça sob sua forma dilaceradora. É isso a censura, e Freud nunca confunde o que é a *Widerstand* e o que é a censura.

SR. VALABREGA: – *No fim deste parágrafo ele estabelece que o esquecimento do sonho é intencional. É aí que se encontra a teoria psicanalítica do esquecimento. Freud substitui a explicação da formação do sonho através da descarga da tensão, tal como ele ainda se referia no texto da* Entwurf, *pela ideia de que o sono diminui a censura, e que permite, além do mais, contornar a resistência. Há talvez ainda uma confusão entre os dois conceitos, mas...*

Mas aí é verdade, porque trata-se de introduzir a psicologia do sono. Freud, até então, não se ocupou do sono, mas aí, é-lhe preciso evocar sua dimensão original. Há uma relação essencial entre o eu e o sono. No sono, o eu não tem a mesma atitude que no estado de vigília. Quando a teoria da libido for elaborada, Freud suporá que há então retração da libido e reinvolução no eu. É nesta medida que suas resistências podem ser contornadas, atravessadas ou filtradas – estou falando da resistência do eu, da resistência ligada ao eu, que é apenas uma pequena parte da resistência – e que ficam modificadas as condições nas quais se produz o fenômeno que supomos permanente, isto é, o prosseguimento do discurso. O que significam estes dois capítulos – senão que o discurso do sonho é coerente com o discurso da vigília? Freud põe sempre um em referência ao outro – o que será que o sujeito diz em seu sonho, dado o que ele está então dizendo na vigília? É desta relação que se sustenta toda a dialética deste capítulo. As relações, as diferenças, todos os processos nunca dantes vistos, ignorados, que constituem o objeto próprio da *Traumdeutung*, estabelecem-se neste nível.

SR. VALABREGA: – *Por conseguinte, ele liga de maneira dinâmica resistência e disfarce. Ele escreve por exemplo que, sob a pressão da censura – ele emprega também a expressão resistência de censura...*

O que lhe prova que não é igual. Senão ele não precisaria dizer resistência de censura. A censura se acha no mesmo nível que a transferência. Existe uma resistência de censura assim como existe uma resistência de transferência. Trata-se aí da censura e da transferência visto que elas se opõem ao trabalho analítico. Quando duas palavras são equivalentes como a palavra *cor* e a palavra *cor*, não se diz uma *cor de cor*.

3

Intervenções no decurso da exposição do sr. Valabrega

Freud sentiu-se verdadeiramente arrebatado diante da noção avançada por Fechner em sua psicofísica. A psicofísica de Fechner não é, nem um pouco, do âmbito da dimensão psicologizante elementar onde sua vulgarização a inscreve. O rigor de sua posição o impele a supor que, já que há paralelismo entre consciência e domínio mensurável da física, virtualmente ao menos, em abstrato, é preciso estender a possibilidade de fenômenos de consciência muito além dos seres animados. O que mostra a vocês que as ideias, mesmo quando de início elas introduzem-se como hipóteses válidas, arrastam seus autores muito mais longe, longe da rotina. Se Freud a evoca, não é simples termo de estilo, analogia feliz. Freud nunca faz coisas assim. Freud não é Jung. Ele não se diverte procurando as ressonâncias todas. Quando Freud põe alguma coisa no texto dele isso tem sempre uma extrema importância. E que ele assinale a Fliess, em uma carta, a revelação que foi para ele este trecho onde Fechner diz que só se pode conceber o sonho como situado num outro lugar psíquico, deve levar-nos a dar a esta notação seu sentido pleno.

É justamente o que estou-lhes dizendo – o lugar psíquico de que se trata não é psíquico, é, mera e simplesmente, a dimensão simbólica, que é de outra ordem – há na obra de Angelus Silesius um jogo de palavras entre *Ort* e *Wort*, voltaremos a ele. Dizer que o sonho se coloca num outro lugar psíquico é dizer que ele não se inscreve simplesmente no parêntese do sono. Ele se situa e se define num outro lugar, governado por outras leis locais, o lugar da troca simbólica, a qual não se confunde, embora nela se encarne, com a dimensão espaço-temporal na qual podemos situar todos os comportamentos humanos. As leis de estrutura do sonho, como as da linguagem, se inscrevem alhures, num outro lugar, quer o chamemos de psíquico ou não.

SR. VALABREGA: – *Passemos ao esquema da página 442-3,*[33] *cuja particularidade essencial consiste em ser orientado como o aparelho reflexo. Fteud explica que esta orientação provém da exigência de explicar os processos psíquicos segundo o modelo dos processos reflexos.*

Espere um pouco. Como o senhor está lembrado, Freud justifica a introdução desta orientação lançando mão, retroativamente, de seu aparelho reflexo. Afinal, diz ele, é uma propriedade do aparelho reflexo as coisas só irem num sentido único. Mas o que é notável é ele só salientar este fato nesse momento aí. Até então, a propósito destes três aparelhos, φ, ψ e ω, tratava-se de fenômenos de equilíbrio, os quais deviam ser considerados como reversíveis – o equilíbrio, sempre se volta a ele – pela frente ou por trás. Ora, de repente – é preciso saber discernir isto quando ocorre –, Freud introduz a noção de que as coisas ocorrem numa sucessão determinada e irreversível. A palavra *irreversível* não está aí, mas está suficientemente indicada, a meu ver e espero que também para vocês, pela expressão *Zeitlichfolge*, sequência temporal, e *Richtung*. Isto não é tudo. Justo no momento em que introduz a sucessão temporal, ele é levado, por razões de coerência interna, conceptual, a falar-nos exatamente do contrário, isto é, desta coisa paradoxal que se chamará regressão, e que exercerá uma influência tão dominante sobre o desenvolvimento do pensamento psicanalítico.

Estou notando, pois está aparecendo, que é disto que se tratava ontem à noite a propósito da conferência de Schweich – nós, que avançamos em campos ainda desconhecidos como o das psicoses, como será que devemos entender a noção de regressão? Que sentido dar ao fato de um sujeito ter regredido ao estádio oral?

Freud envereda por uma série de antinomias, das quais esta não é das menores – quanto mais o desejo está vinculado à sua raiz biológica, ao ímpeto biológico, mais ele tem tendência a manifestar-se sob forma alucinatória. Convenham que existe aí um paradoxo. Encontramos por exemplo esta fórmula, na continuação do texto, que o sonho nos revela uma espécie de estado primitivo da humanidade. Ou seja, que o homem primitivo, se é que ele teve menos meios do que nós de subsistir, ter-se-ia sustentado sonhando. Aliás, já nos fizeram engolir muitas outras a respeito dos primitivos – diziam-nos que tinham um pensamento pré-lógico. Nestas coisas é preciso precaver-se para não comer gato por lebre.

Em suma, a explicação do sonho pela regressão faz com que Freud enverede por contradições fundamentais em todos os planos, e ele encontra tantas objeções quantas formas dá a esta regressão. É-lhe preciso reencontrar uma espécie de plano perceptivo primitivo, ele fala, pois, de uma regressão tópica, daí a pretensa forma alucinatória que o desejo toma em determinadas condições. Mas o circuito neurônico só pode ir num sentido, a propagação da excitação nunca é retrógrada. A regressão tópica levanta pois bastante dificuldade. A regressão temporal, formal, produz igualmente as maiores antinomias.

Esta leitura nos indica o sentido no qual o pensamento de Freud teve ulteriormente de progredir. A teoria do eu, por exemplo, articulada em 1915 a partir da libido narcísica, resolve os problemas colocados neste esquema pelas diferentes formas da regressão.

Isto será o objeto de nosso próximo seminário dentro de 15 dias. Vocês estão vendo as condições limitadas em que podemos, legitimamente, fazer uso dos termos de resistência, censura e regressão.

16 de fevereiro de 1955

XII

Os Embaraços da Regressão

Quem é o sujeito?
Paradoxos dos esquemas freudianos.
Percepção e alucinação.
Função do ego.

Retomamos, hoje, o fio de nosso comentário da sétima parte da *Ciência dos sonhos*[27] no intuito de integrá-lo à linha geral que estamos levando adiante – entender o que significa o progresso do pensamento de Freud, considerando o que se pode chamar de os primeiros fundamentos do ser humano tal como ele se descobre na relação analítica, e isto a fim de explicar o último estado do pensamento de Freud, que se expressa no *Além do princípio do prazer.*

Na última vez, tínhamos chegado no primeiro parágrafo da *Psicologia dos processos do sonho*, que diz respeito ao esquecimento dos sonhos. Isto me levou, depois de uma divergência que se manifestou a propósito de uma certa correção que eu havia trazido aos reparos de Valabrega, a especificar, num pequeno apólogo, a diferença que há entre censura e resistência, entre censura e resistência de censura. A resistência é tudo o que se opõe, num sentido geral, ao trabalho analítico. A censura, uma qualificação especial desta resistência.

Trata-se para nós de saber onde se situa o sujeito da relação analítica. É preciso precaver-se contra a atitude ingênua – *o sujeito, pois bem, é ele, ora essa!* – como se o paciente fosse algo de unívoco, como se o próprio analista se resumisse a uma determinada soma de características individuais. Quem é o sujeito? Eis a questão que manipulamos aqui em todas as suas manifestações, nas antinomias que revela. Nós a seguimos em todos os pontos em que se reflete, se refrata, estoura. É assim que esperamos fazer sentir o ponto em que se situa exatamente e que não pode ser atacado de frente, já que atacá-lo é atacar-se às próprias raízes da linguagem.

1

Nesta ótica, atentem para uma dessas coisas diante das quais não nos detemos, uma notinha incluída na alvenaria do edifício freudiano.[34]

Um segundo fator – afora de saber por que será que o pré-consciente rejeitou e abafou o desejo que pertence ao inconsciente – *muito mais importante e de maior alcance, e que é igualmente desprezado pelos leigos, é o seguinte. Uma realização do desejo deveria certamente trazer prazer. Mas para quem?* – Vocês veem que esta pergunta *para quem?* não vem de nós, não foi meu aluno Leclaire quem a inventou. – *Para aquele que tem o desejo, naturalmente. Mas como sabemos, a relação do sonhador para com os seus desejos é muito particular. Ele os repudia e os censura, em resumo não lhe agradam. Sua realização não pode, portanto, lhe trazer prazer, porém apenas o oposto. E a experiência mostra que este oposto, que ainda tem de ser explicado, manifesta-se sob a forma de angústia. Então, o sonhador, sua relação para com os desejos de seus sonhos, só pode ser comparado a um composto de duas pessoas que se acham ligadas por uma íntima comunidade.*[35]

Eis aí um pequeno texto que entrego como liminar à meditação de vocês, pois expressa claramente a ideia de um descentramento do sujeito. É uma formulação propedêutica, não é uma solução. Dizer que há uma outra personalidade seria coisificar o problema. Aliás, não se esperou Freud para se formular isso – um senhor chamado Janet, trabalhador não sem mérito, embora eclipsado pela descoberta freudiana, acreditara dar-se conta, efetivamente, de que, em certos casos, se produzia no sujeito um fenômeno de dupla personalidade, tendo se atido a isto porque era psicólogo. Para ele era uma curiosidade psicológica ou um fato de observação psicológica – o que dá na mesma – *historiolae*, dizia Spinoza, historietas.

Freud não nos apresenta as coisas sob forma de historieta, ele coloca o problema em seu ponto essencial – o que é o sentido? Quando ele diz *os pensamentos*, eis o que ele designa, e não outra coisa.

É preciso explicitar – qual é o sentido do comportamento de nosso próximo quando estamos com ele nesta relação absolutamente especial que foi inaugurada por Freud na sua abordagem das neuroses. Será que é preciso procurar a resposta nos traços excepcionais, anormais, patológicos do comportamento do outro? Não é o que Freud faz. Ele procura a resposta fazendo a pergunta lá onde o sujeito pode fazê-la para si mesmo – ele analisa seus próprios sonhos. E é precisamente por falar dele mesmo, que ele faz aparecer que outrem que não ele fala em seus sonhos. É justamente o que ele nos confia nesta nota. Outrem, aparentemente, um segundo personagem, está em relação com o ser do sujeito. Eis a pergunta colocada na obra de Freud, desde o começo até o fim.

Pensem no pequeno *Entwurf* dos primórdios. Vimos que a cada instante, embora se mantenha na linguagem atomística, Freud derrapa para fora dela, pois coloca o problema das relações do sujeito e do objeto, e isto, nuns termos de notável originalidade. Ao que estará vinculada a originalidade deste desenho do aparelho psíquico humano? É que se trata em realidade do sujeito.

Aqui, o que distingue Freud de todos os autores que escreveram sobre o mesmo assunto, e inclusive do grande Fechner ao qual ele se refere sem parar, é a ideia de que o objeto da busca humana nunca é um objeto de reencontros no sentido da reminiscência. O sujeito não reencontra os trilhos pré-formados de sua relação natural com o mundo exterior. O objeto humano se constitui sempre por intermédio de uma primeira perda. Nada de fecundo ocorre para o homem a não ser por intermédio de uma perda do objeto.

Penso que este traço, que assinalamos de passagem, não escapou a vocês, mas talvez tenham acreditado tratar-se apenas de um ponto de detalhe – o sujeito tem sempre de reconstituir o objeto, ele procura reencontrar-lhe a totalidade a partir de sei lá que unidade perdida na origem. Esta simbólica construção teórica – que as primeiras descobertas sobre o sistema nervoso sugerem a Freud na medida em que são aplicáveis à sua experiência clínica – já deixa pressagiar o que temos de chamar de alcance metafísico de sua obra. É o que nos prova que ao recolocarmos sempre a pergunta de Freud – o que é o sujeito? – estamos bem na linha.

O que o sujeito faz tem um sentido, ele fala através de seu comportamento como através de seus sintomas, como através de todas as funções marginais de sua atividade psíquica. A psicologia da época, como vocês sabem, considera como equivalentes o termo de consciência e o de psiquismo, e Freud mostra a cada instante que é justamente isto que é problemático. É o que nos é presentificado neste pequeno esboço do aparelho psíquico com o qual já terminamos mais ou menos de lidar. Não se deve confundir, diz ele ao abordar a elaboração psicológica dos processos do sonho, processo primário e inconsciente. No processo primário, coisas de todo gênero aparecem no nível da consciência. Trata-se de saber por que são estas aí que aparecem. A ideia, o pensamento do sonho, disto temos consciência, claro, já que, aliás, sem isto nada saberíamos daquilo que dele existe. É preciso, por uma necessidade da teoria, que uma certa quantidade de interesse tenha incidido sobre o que é inconsciente. E, no entanto, o que motiva e determina esta quantidade está num alhures do qual não somos conscientes. Também temos de reconstruir este objeto aí.

É o que já vimos aparecer a respeito do sonho da injeção de Irma e do primeiro pequeno esquema que Freud fornece dele na *Entwurf*. Ele nos mostra que, quando se estuda a estrutura e a determinação das associações, o que no sonho aparece mais carregado de quantidade é aquilo em direção ao que converge a maioria das coisas a significar. O que emerge é o ponto de confluência do máximo de interesse psíquico. Mas isto deixa inteiramente na sombra os próprios motivos.

As aparências do sonho de Irma estão duplamente determinadas – há, por um lado, a fala do diálogo levado adiante com Fliess, e, por outro lado, o fundamento sexual. O fundamento sexual é duplo. Ele está implicado nesta fala, já que a noção de que ele existe é que vem aí determinar o sonho – é o sonho de alguém que está procurando o que os sonhos são. Mas também o próprio Freud se encontra numa relação complexa não só com sua doente, mas com toda a série feminina, tão contrastada, que se esboça por detrás dela. O que está no inconsciente só pode ser reconstruído, este é o sentido do lugar para onde Freud nos leva. É do que vamos tratar hoje, com a segunda parte do capítulo VII sobre a regressão.

A coalescência de pelo menos duas séries de motivações é necessária para a produção de qualquer formação sintomática. Uma é sexual, a outra é consoante ao nome que lhe damos aqui, simbólica – é o fator da fala tal como é assumido pelo sujeito. Mas a mesma pergunta se coloca de novo – por quem? por que sujeito?

2

SR. VALABREGA: – *Freud introduz pela primeira vez sua concepção do aparelho psíquico a propósito do estudo da regressão. É pois à* Traumdeutung *que se deverá voltar para reencontrar a primeira explicação da regressão, que adquirira ulteriormente uma importância considerável na teoria. Freud começa lembrando os três caracteres mais importantes que lhe foram fornecidos pelo estudo do sonho. Primeiro, o sonho, na efetivação do desejo, coloca o pensamento no presente. É uma atualização e o desejo ou o pensamento do desejo é, no mais das vezes, objetivado, encenado, vivenciado. Segundo, caráter quase que independente do caráter precedente e não menos importante, a transformação do pensamento do sonho em imagens visuais e em discurso –* Bildet rede.

Rede – quer dizer discurso. O inconsciente é o discurso do outro, não foi eu quem o inventou. *Bildet* quer dizer imaginário.

SR. VALABREGA: – *Terceira noção, que se deve a Fechner, o lugar psíquico do sonho diferente do lugar da representação da vida desperta. Segue a construção do aparelho psíquico. Este aparelho é constituído por diversos sistemas, entre os quais não se é obrigado, diz Freud, a imaginar uma ordem espacial, porém uma ordem de sucessão temporal. Por conseguinte, não se deve crer na espacialidade do esquema. É uma tópica temporal. Eis o primeiro esquema do aparelho. Ele é dotado de uma direção – o processo psíquico vai sempre da extremidade* P, *perceptiva, à* M, *motora. Uma primeira diferenciação intervém logo depois. As excitações perceptivas que chegam no sujeito devem deixar aí um rastro, uma recordação. Ora, o sistema* P, *percepção, não tem memória nenhuma. É preciso, pois, diferenciar um sistema* R *do sistema* P. *Quando houve simultaneidade de percepções, haverá conexão simultânea dos rastros – é o fenômeno da associação. Mas existem outras conexões afora a conexão associativa. Será, pois, necessário admitir vários sistemas* R – R_1, R_2, R_3[36] *etc. Seria vão, diz Freud, tentar fixar-lhes o número e até mesmo querer tentar. Vejam o esquema seguinte.*

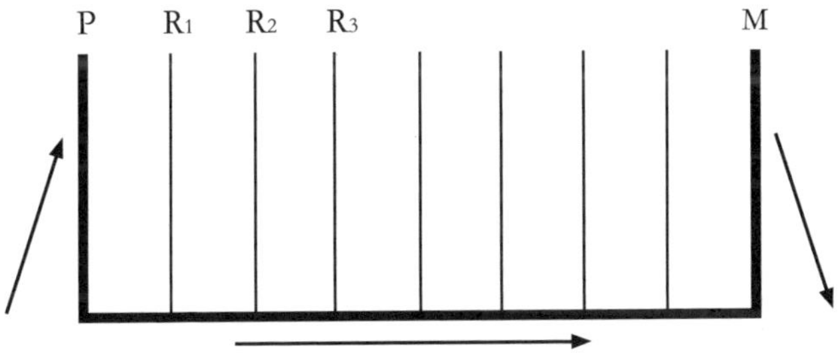

O texto é realmente muito picante – *O primeiro destes sistemas* R *fixará a associação por simultaneidade; nos sistemas mais afastados, esta mesma matéria de excitação vai ser ordenada segundo modos diferentes de encontro, de maneira que, por exemplo, estes sistemas posteriores representem relações de semelhança, ou outras.* Estamos entrando na dialética do mesmo e do outro, do um e do múltiplo. Vocês podem inserir aí o Parmênides todo. E Freud acrescenta – *Seria, evidentemente, ocioso querer indicar com palavras a significação psíquica de semelhante sistema.* Freud se dá conta da vaidade que haveria em tentar recriar todas as categorias da linguagem esquematizando as diferentes maneiras nas quais se organizam os elementos, concebidos atomisticamente, da realidade. O esquema espacial das conexões conceituais seria apenas uma duplicação das exigências do jogo do pensamento, no sentido mais geral. Vê-se que Freud abandona, e que seu esquema não tem mais utilidade, a não ser a de indicar-nos que ali onde houver relação de linguagem, é preciso que haja o substrato de um aparelho neurônico determinado. Freud se dá conta de que lhe é suficiente indicar a necessidade de uma série de sistemas, sem querer especificá-los um a um. A tranquilidade com a qual abandona esta tarefa, à qual veem-se outros, mais ingênuos, consagrarem-se, é, por si só, um ensinamento.

Tomemos a frase seguinte – *Sua característica seria o estreitamento de suas relações com as matérias-primas da recordação, ou seja, se quisermos evocar uma teoria mais profunda, as degradações da resistência no sentido destes elementos. Degradações da resistência* não é a tradução exata. Aí, algo nos detém. O que significa neste nível a noção de resistência? Aonde vai ela situar-se neste esquema?

SR. VALABREGA: – *Como se pode ver no trecho que* o *sr. Lacan acaba de comentar, há uma crítica do associacionismo. Para Freud, a associação é uma conexão entre outras, e é por isto que há vários sistemas.*

É exato. Se ele precisa supor estes andares todos, é que ele passa implicitamente do associacionismo àquilo que nele é irredutível, visto que a categoria da semelhança é a primeira categoria dialética.

SR. VALABREGA: – *As recordações* R_1, R_2 *etc., são por natureza inconscientes. Podem tornar-se conscientes. Mas, no entanto, é preciso notar que elas não possuem nenhuma qualidade sensível comparável às percepções. Elas permanecem distintas destas últimas. Até aqui, não levamos o sonho e a sua psicologia em conta no esquema. A formação do sonho só pode ser explicada por duas instâncias fundamentais – a instância criticante e a instância criticada. A instância criticante proíbe o acesso à consciência e se encontra, desta feita, na mais estreita relação com esta consciência. É ao colocar no seu esquema estas duas instâncias, criticante e criticada, que Freud chega ao esquema seguinte. O pré-consciente deve ser considerado como o último dos sistemas, ele se acha situado na extremidade motora. Posso enganar-me, mas parece-me que se entenderia melhor o esquema se, ao invés de fazê-lo paralelepipédico, o fizesse circular, a fim de poder conseguir juntar* M *com* P, *quando os fenômenos pré-conscientes se tornam conscientes.*

O senhor está pondo aí em destaque o problema que, imagino, todo leitor de boa-fé já se colocou há muito tempo. Freud reconhece aqui que o sistema da percepção-consciência, *Wahrnemung-Bewusstsein*, que reencontramos na última tópica e, em determinados momentos da exposição de Freud, como sendo o núcleo do eu, supõe uma unidade. Digo de passagem, com este último estado do pensamento de Freud, que é comumente aceito, não nos vamos contentar.

O reparo de Valabrega vale por si só, independentemente da tentativa de solução que ele propõe. Freud nos descreve como uma unidade tópica algo que está descomposto nas duas pontas. Deixemos, por enquanto, a questão aberta. Para explicar o próprio funcionamento de seu esquema, Freud nos lembra que os processos de elaboração que vão do inconsciente para o pré-consciente devem normalmente dar na consciência – a própria denominação destes sistemas implica esta orientação em direção à consciência. O que está no inconsciente se acha separado da consciência, mas pode chegar lá através do estádio prévio do pré-consciente. Ora, a necessidade de seu esquema obriga Freud a situar este sistema da consciência justo antes da possibilidade do ato, antes da saída motora, portanto em *M*. Porém todas as premissas que determinavam a fabricação de seu esquema neurológico obrigavam-no a admitir que a percepção se produz bem antes de qualquer espécie de inconsciente, no nível da entrada em contato com o mundo exterior, com o *Umwelt*, ou seja, na outra ponta do esquema. Por conseguinte, a maneira pela qual o esquema está construído tem a singularidade de representar como dissociados, nos dois pontos terminais da circulação orientada da elaboração psíquica, o avesso e o direito de uma mesma função, isto é, a percepção e a consciência. Esta dificuldade não pode, de modo algum, ser atribuída a uma ilusão qualquer a que estaríamos submetidos pela espacialização, ela é interna à própria construção do esquema.

O esquema perceptivo é uma espécie de camada sensível, sensível no sentido de fotossensível. Num outro texto, Freud apresenta este aparelhinho bem conhecido, este quadro de lousa com propriedades especiais de adesividade sobre o qual repousa um papel transparente. O lápis é uma mera ponta que, ao traçar alguns sinais no papel transparente, determina cada vez uma aderência momentânea e local do papel com a lousa por baixo. Por conseguinte, o traçado aparece na superfície, escuro em fundo claro ou claro em fundo escuro, e permanece inscrito nesta superfície enquanto vocês não separarem a folha do fundo, o que provoca o desaparecimento do traçado, o papel tornando-se novamente virgem cada vez que a aderência é retirada. É algo desse gênero que Freud exige de sua primeira camada perceptiva. É preciso supor que o neurônio perceptivo, sendo matéria sensível, pode sempre interceptar alguma percepção. Porém aqui permanece sempre algum rastro na lousa daquilo que foi, num dado momento, escrito, mesmo se não estiver mais visível. Ela conserva aquilo que uma vez foi percebido, enquanto que o que está na superfície torna-se virgem.

Assim é o esquema lógico, e nada nos indica que não tenha fundamento no funcionamento concreto do aparelho psíquico, o que torna necessário que o sistema perceptivo seja dado de saída.

É assim que vamos dar nesta singular dissociação local entre percepção e memória. Do ponto de vista do aparelho nervoso é preciso distinguir o nível da acumulação mnésica do nível da aquisição perceptiva, o que, do ponto de vista da imaginação de uma máquina, é perfeitamente correto. Mas, então, encontramo-nos diante desta segunda dificuldade para a qual Valabrega e eu chamamos a atenção de vocês.

Tudo na experiência indica que o sistema da consciência deve encontrar-se no mais extremo ponto oposto desta sucessão de camadas. Isto nos é necessário admitir para pensar o funcionamento efetivo do aparelho psíquico. Temos mais uma vez a suspeita de que existe aí algo que não está bom, que existe a mesma dificuldade que, no primeiro esquema, se expressava no seguinte – o sistema φ, complemento do circuito estímulo-resposta, e o sistema ψ, se achavam em dois planos diferentes. Quanto ao sistema ψ, que funcionava segundo outros princípios energéticos, ele representava o sistema da percepção e assegurava a função da tomada de consciência.

O sujeito recebia por aí informações qualitativas, que o sistema ψ, regulador dos investimentos no aparelho nervoso, não lhe podia fornecer. O primeiro esquema representava, pois, a percepção e a consciência numa só extremidade do aparelho, unidas entre elas como experimentalmente o são. O segundo esquema multiplica as dificuldades do primeiro ao dissociar o lugar do sistema perceptivo daquele do sistema da consciência.

Sr. Valabrega: – *Seria preciso que se pudesse estabelecer uma conexão qualquer, não sei como.*

O senhor propôs uma solução.

Sr. Valabrega: – *Não, não é uma solução. Numa nota curtíssima onde ele assimila* P *e* C, *Freud fala do desenrolamento linear do esquema. Se quisesse fazer um esquema circular, ele o teria feito. É preciso esperar uma outra tópica para enxergar claro aí. Bem, abandonemos este problema para chegarmos ao inconsciente, sistema situado mais para trás, que não pode ter acesso à consciência a não ser passando pelo pré-consciente. A consciência é um sistema que vem depois do pré-consciente. Reencontra-se aqui este paradoxo de estar o sistema da consciência aberto, ao mesmo tempo, para o lado da percepção, por onde chega a excitação, e para a extremidade motora, da qual o sistema mais próximo é o sistema pré-consciente. No caso do sonho, a excitação interna tende a passar pelo pré-consciente, como retransmissor, para se tornar consciente, mas ela não pode, porque a censura lhe proíbe esta via durante a vigília. Como explicar a alucinação, o sonho alucinatório? Segundo Freud, o único meio de sair-se desta é admitindo que a excitação, ao invés de se transmitir normalmente para a extremidade motora, segue uma via retrógrada. Eis a regressão.*

Vejo que, hoje, a atenção da assistência para coisas no entanto simples está um tanto quanto ondulante. Encontramo-nos diante desta singular contradição – não sei se é preciso chamá-la de dialética – que quanto menos vocês entendem melhor escutam. Pois frequentemente lhes digo coisas assaz difíceis e os vejo suspensos aos meus lábios, e depois fico sabendo que alguns não entenderam.

Por outro lado, quando se lhes diz coisas muito simples, quase que conhecidas demais, vocês ficam menos suspensos. É um reparo que faço de passagem, que tem seu interesse como qualquer observação concreta. Entrego isto à meditação de vocês.

3

É preciso, pois, que eu retome as coisas.

A primeira vez que a noção de regressão intervém, está estritamente ligada a uma particularidade do esquema, cujo paradoxo lhes mostrei há pouco.

Se conseguíssemos fomentar um esquema mais coerente que este, que se acha diante dos olhos de vocês, onde o sistema percepção-consciência não estivesse nesta posição paradoxal com relação ao aparelho e ao funcionamento em sentido único, não precisaríamos nem um pouco da noção de regressão. É, unicamente, por seu esquema ser feito assim que, para explicar a qualidade alucinatória da experiência do sonho, Freud tem de admitir não tanto uma regressão mas antes um sentido regrediente da circulação quantitativa que se expressa pelo processo excitação-descarga. Este sentido é chamado de *regrediente* em oposição ao sentido progrediente do funcionamento normal, desperto, do aparelho psíquico.

Eis aí algo que podemos, no entanto, suspeitar de que haja caducado, já que tudo isto só depende da construção de um esquema que, em si próprio, já se apresenta como paradoxal. Assinalem isto de passagem, que talvez nos permitirá trazer alguma luz sobre a maneira pela qual o termo de regressão foi em seguida empregado, com uma multiplicidade de sentidos que não deixa de apresentar uma certa ambiguidade.

Ele aparece primeiro como regressão tópica – em determinados casos, o que se opera no aparelho nervoso deve caminhar em sentido contrário, ou seja, não em direção à descarga, mas sim em direção à mobilização do sistema de recordações, que constitui o sistema inconsciente. São os aspectos do sonho que têm de ser explicados – que, aliás, só se pode chamar de sensoriais de maneira metafórica –, sua figuração, especialmente visual, seu caráter alucinatório.

A primeira introdução do termo de regressão no sistema freudiano está, pois, essencialmente ligada a uma das mais inexplicáveis particularidades de seu primeiro esquema. Vamos ver se não podemos explicar melhor as coisas, de modo a tornar a regressão totalmente inútil neste nível.

SR. HYPPOLITE: – *Será que não se poderia emitir a hipótese de que a ideia da regressão seja, na obra de Freud, primeira com relação ao esquema? De que haja uma segunda intenção da regressão?*

É este o interesse de nossa maneira de proceder, lembrar-nos que o esquema que estamos estudando agora está em continuidade com um outro – igualmente construído a partir da experiência particular de Freud, a das neuroses, que anima desde o início seu esforço teórico – onde não há rastro da noção de regressão. Lá não se precisa nem um pouco da regressão para explicar o sonho, seu caráter alucinatório, o desejo que o sustenta.

O esquema da *Traumdeutung* só tem esta forma porque o da *Entwurf* tinha aquela que representei várias vezes no quadro. E é na medida em que o esquema tem esta forma que Freud fala de retorno para trás no plano tópico, de corrente nervosa que torna a subir.

Há coisas que vão num sentido regrediente em relação ao esquema. Para poder dar conta disto, dado o jeito pelo qual seu esquema está construído, Freud é forçado a lançar-se em construções suplementares. É-lhe preciso admitir que, por exemplo, o que se produz no sonho é uma suspensão da corrente progrediente, pois se a corrente progrediente passasse sempre na mesma velocidade não poderia ocorrer um movimento inverso. A noção de regressão propõe dificuldades suficientes para se ver que Freud só é forçado a admiti-la porque lhe é preciso explicar como podem ocorrer coisas que vão, efetivamente, no sentido regrediente com relação ao esquema.

Não é de modo algum da regressão que ele parte. Ele é coagido a introduzi-la porque concebe a função da percepção na economia psíquica como algo de primário, não composto, elementar. Para ele, o organismo é, antes de mais nada, impressionável, a impressão é elementar, e é como tal que entra em jogo no que se passa no nível sintomático.

É aí que está o problema todo – será que aquilo que se dá no nível dos fenômenos de consciência pode ser de algum modo assimilado, pura e simplesmente, aos fenômenos elementares da percepção? O que se pode dizer em favor de Freud é que, neste nível ingênuo – não nos esqueçamos de que isto foi construído há cinquenta anos –, ele não elude a dificuldade da existência como tal da consciência.

As construções de Freud perderam muito de seu interesse para nós com o passar do tempo, ou seja, com a difusão do pensamento behaviorista. Quero fazer-lhes notar de passagem que, com relação ao que Freud tenta fazer, o pensamento behaviorista é uma pura e simples escamoteação. Claro, dizem os behavioristas, a consciência coloca problemas. Vamos resolver a questão descrevendo fenômenos sem nunca levar em conta que ela existe como tal. Lá onde ela é evidentemente operante, é apenas uma etapa, não falemos dela. Freud não cisma em eliminar a dificuldade de colocar a consciência como instância especial no conjunto do processo e, no final das contas, ele consegue manejá-la sem entificá-la, sem coisificá-la.

Voltemos ao primeiro esquema de Freud. Ele parte de um sistema nervoso composto de neurônios interconectados, de um aparelho ψ que é constituído, no neuroeixo, pelo conjunto das fibras de associação. Como é que se estabelece a circulação que representa a soma destas experiências? Como é que se efetua a passagem, através da barreira sináptica? Como é que se modifica a trilhagem?[11] Freud, então, só se interessa pela quantidade neurônica que circula nas fibras. A trilhagem depende do nível energético do sistema. Há uma regulação homeostática, com variações que são devidas ao fato de que diversos limiares, diversas regras de homeostase, são possíveis, conforme o sistema esteja em estado de vigília, de sono etc. Pois bem, o que é que ocorre neste sistema? Ocorre o que Freud chama de *alucinação*.

O sistema nervoso recebe excitações que provêm do organismo, da pressão das precisões. Ocorrem então certas experiências. Tal como a concepção ordinária da aprendizagem requer, as primeiras determinam as outras. Cada vez que a mesma pulsão torna a se produzir, os circuitos associados às primeiras experiências, que foram registradas, espertam-se. Os sinais interiores, os neurônios, que acenderam quando o organismo entrou em movimento pela primeira vez sob a pressão da precisão, tornam a acender. Nesta concepção estritamente alucinatória da entrada em jogo das precisões, de onde sai a ideia de processo primário, é normal que o organismo psíquico, pelo fato de ele ter sido, de certa maneira, satisfeito nas primeiras experiências confusas ligadas à sua primeira precisão, alucine sua segunda satisfação.

Isto implica, reparem, uma identificação entre o fenômeno físico, que ocorre no neurônio, e aquilo que é seu avesso epifenomenal, isto é, o que o sujeito percebe. É da ordem do paralelismo psicofísico. É preciso chamar as coisas pelo nome. Se Freud chama isso de *alucinação*, é que ele coloca a percepção autêntica em outro lugar. Esta alucinação é simplesmente, segundo a definição então vigente na ciência, uma falsa percepção, assim como se pode definir na mesma época a percepção como sendo uma alucinação verdadeira.

O retorno de uma precisão acarreta a alucinação de sua satisfação, toda a construção do primeiro esquema repousa em cima disto. No entanto, como é que o ser vivo consegue mesmo assim não cair em armadilhas biologicamente graves? É preciso, necessariamente, que suponhamos um mecanismo de regulação, de adaptação ao real, que permita ao organismo referir a alucinação, que surge espontaneamente do funcionamento primário do sistema ψ, àquilo que ocorre no nível dos aparelhos perceptivos. Algo deve, pois, constituir-se à medida das experiências, algo que diminua o investimento quantitativo no ponto sensível da incidência da precisão. Este algo, Freud o situa no aparelho ψ e denomina isto um *ego*.

Como se efetua a regulação? Freud a explica por intermédio do processo de derivação. O que é quantitativo está sempre sujeito a difundir-se. Há uma via inicialmente traçada, uma via trilhada[11] pela experiência primeira, e que corresponde a uma quantidade neurônica dada. Esta quantidade, o *ego* intervém para fazê-la passar, ao invés de uma, por diversas vias ao mesmo tempo. Desta feita, o nível do que passou pela via trilhada estará suficientemente rebaixado para ser submetido, com sucesso, ao exame comparativo com o que ocorre paralelamente no nível perceptivo.

Vocês veem as hipóteses que isto tudo supõe – é preciso tantas, e muitas delas estão fora de alcance para poderem ser confirmadas. Eis o caráter um pouco decepcionante destas construções. Mas não estamos aqui para julgar da sua qualidade como tal – valem pela elaboração que elas levaram Freud a fazer.

O *ego* é, neste esquema, o aparelho regulador de todas as experiências de comparação entre as alucinações do sistema ψ e aquilo que ocorre de adaptado à realidade no nível do sistema ω. Ele traz de volta o acendimento dos neurônios já trilhados num nível energético extremamente baixo para que as distinções possam ser feitas por intermédio do sistema ω, onde as cargas são muito fracas. Faço-lhes notar que o *ego* não está no nível do aparelho perceptual. Ele está dentro do próprio sistema ψ, ele está no âmago do aparelho psíquico. É nestes mesmos lugares que os processos primários e secundários passam. De fato, o *ego* e o aparelho ψ são a mesma coisa – o *ego* é o *nucleus*, é assim que Freud se expressa, o núcleo deste aparelho.

Eis o que vai contra sua hipótese de agora há pouco. Não é uma ideia pré-formada que impõe, para Freud, a bipartição do sistema do *ego* em percepção e consciência, situadas tão paradoxalmente em seu esquema da *Traumdeutung* – era mais cômodo no primeiro esquema. E por que será que parece necessário que seja assim no segundo esquema? É que o segundo esquema não recobre nem um pouco o primeiro. É um esquema temporal, que tenta figurar a ordem na qual as coisas se produzem. E é notável que Freud encontre esta dificuldade no momento em que ele introduz a dimensão temporal.

Deixo aberta esta questão. Conclua, Valabrega, com o que o senhor possa ter a dizer.

Sr. Valabrega: – *A regressão permanece para Freud um fenômeno inexplicável do ponto de vista tópico. É com isto que se poderia concluir.*

Se quiser. Se, hoje, tivéssemos feito apenas isto, mostrar-lhes que em seu texto Freud permanece tão embaraçado com a regressão quanto um peixe com uma maçã, já não teríamos perdido nosso tempo. Não havia a menor necessidade de fazê-la intervir para explicar o caráter fundamentalmente alucinatório do processo primário, posto que ele já distinguiu, no nível do primeiro esquema, os processos primário e secundário. Ele introduz a regressão a partir do momento em que o que salienta são fatores temporais. Da mesma feita, ele é obrigado a admiti-la também no plano tópico, ou seja, espacial, onde ela sobrevém como que desaprumada. Ela permanece paradoxal e, até certo ponto, antinômica e inexplicável. Eis o que se tratava aqui de colocar em destaque.

Veremos, em seguida, como se deve manejar a noção de regressão quando Freud a utiliza no registro genético a propósito do desenvolvimento do organismo.

2 de março de 1955

XIII

O Sonho da Injeção de Irma

Estamos, pois, ainda meditando sobre o sentido das diversas concepções que Freud forjou acerca do aparelho psíquico. Este trabalho, ao qual ele foi dando prosseguimento no decurso de toda a sua obra, respondia, para ele, a uma exigência de coerência interna. Ele foi o primeiro e, por muito tempo, o único que aí tentou orientar-se, e prosseguiu em seu esforço através das modificações de teoria e técnica, que propunham aqueles que o seguiam, ou seja, a comunidade analítica.

É um fato que a difícil questão da regressão, com a qual confrontávamo-nos da última vez, foi inicialmente engendrada pelas próprias necessidades do esquema. É preciso ler as cartas a Fliess para saber o quanto este trabalho foi para Freud de difícil engendração. E, obter esquemas rigorosos é para ele uma exigência que lhe vai no íntimo. Ora, fazer uma hipótese sobre a quantidade não deixa de ter repercussão sobre a noção de qualidade. E não creio que uma e outra sejam exatamente compatíveis. Freud preferiu uma à outra por determinadas comodidades de formulação, mas é a uma relativa simplificação do primeiro esquema que ele deve as dificuldades do segundo, isto é, esta dissociação da percepção e da consciência que o obriga a introduzir a hipótese de uma regressão para dar conta do caráter figurativo, ou seja, imaginário, daquilo que se produz no sonho.

É evidente que se o termo imaginário tivesse podido ser empregado desde aquela época, teria removido muitas contradições.

Mas este caráter figurativo é concebido aqui como participando do perceptivo e o visual é promovido por Freud como equivalente do perceptual. Fica claro que o esquema, tal como está construído na *Traumdeutung*, conduz necessariamente a propor, desde o nível tópico, uma hipótese como esta – porque o estado de sonho não permite aos processos prosseguirem normalmente até a descarga motora é que o processo do influxo intencional volta para trás e há o aparecimento de seu caráter imajado.[20] As coisas podem ir na direção inversa – eis o sentido do termo de regressão no ponto em que estamos.

Aqui está a primeira formulação um tanto firme desta noção que será admitida mais tarde, de maneira análoga, tanto no plano formal como no plano genético. A ideia da regressão do indivíduo para os primeiros estádios de seu desenvolvimento domina, como vocês sabem, muitas de nossas concepções sobre a neurose, assim como sobre o tratamento. A entrada em jogo desta noção, que agora parece tão familiar, não é, como vocês se deram conta, assim tão óbvia.

Para facilitar-lhes agora a passagem deste esquema do aparelho psíquico para aquele implicado no desenvolvimento ulterior do pensamento de Freud, nomeadamente, para aquele que está centrado na teoria do narcisismo, vou propor-lhes hoje uma pequena experiência.

1

O sonho inicial, o sonho dos sonhos, o sonho decifrado de modo inaugural, é para Freud o da injeção de Irma. Deste sonho ele faz uma análise tão exaustiva quanto possível, a que volta com muita frequência na própria *Traumdeutung*, cada vez que precisa de um ponto de apoio, e, em particular extensamente, quando introduz a noção de condensação.

Pois bem, vamos retomar este sonho com nosso ponto de vista atual. Estamos aqui no nosso direito, com a condição de não querermos fazer Freud dizer, ele que se acha apenas na primeira etapa de seu pensamento, aquilo que está na última, com a condição de não tentarmos fazer concordar estas etapas umas com as outras, como nos der na telha.

Encontra-se, de autoria de Hartmann, esta confissão assaz cândida, segundo a qual as concepções de Freud não concordam, no final das contas, assim tão bem entre si, e que precisam ser sincronizadas. São justamente os efeitos desta sincronização do pensamento de Freud que tornam necessária uma volta aos textos. Na verdade, ela parece-me ter uma lastimável ressonância de um botar nos eixos. Para nós, não se trata de sincronizar as diferentes etapas do pensamento de Freud, nem sequer de pô-las em concordância. Trata-se de ver a que dificuldade única e constante respondia o progresso deste pensamento, constituído pelas contradições de suas diferentes etapas. Trata-se, através da sucessão de antinomias que este pensamento continua nos apresentando, dentro de cada uma destas etapas e entre si, de defrontarmo-nos com o que constitui, propriamente, o objeto de nossa experiência.

Não sou o único, entre as pessoas que desempenham a função de ensinar a análise e formar analistas, a ter tido a ideia de retomar o sonho da injeção de Irma. É, em particular, o caso de um homem que se chama Erikson e que se qualifica a si mesmo como adepto da escola culturalista – que faça bom proveito. Este tal de culturalismo consiste em salientar, na análise, aquilo que, em cada caso, diz respeito ao contexto cultural no qual o sujeito está imerso. Este aspecto não foi certamente desconhecido até agora – que eu saiba nem Freud nem aqueles que podem qualificar-se como especificamente freudianos jamais o negligenciaram. A questão é de saber se se deve conceder a este elemento uma importância prevalente na constituição do sujeito. Deixemos, por hora, de lado a discussão teórica que isto pode levantar, e vejamos no que isto vai dar.

A respeito do sonho da injeção de Irma, isto vai dar em certos reparos que tentarei apontar-lhes à medida em que os for encontrando na reanálise que tentarei efetuar hoje. Ficarão admirados ao ver que este culturalismo converge, de maneira bastante singular, para um psicologismo que consiste em entender o texto analítico inteiro em função das diferentes etapas do desenvolvimento do *ego*.

Veem vocês que não foi o mero desejo de zombar de sua sincronização que me fez nomear Hartmann.

Este sonho da injeção de Irma vai-se, pois, procurar situá-lo como sendo uma etapa do desenvolvimento do *ego* de Freud, *ego* que tem direito a um respeito particular por ser o de um grande criador, num momento eminente de sua capacidade criadora. Na verdade, não se pode dizer que seja um falso ideal. Claro que tem de haver uma psicologia do criador. Porém será que é esta a lição que temos de tirar da experiência freudiana e, mais especificamente, se a formos examinar com uma lupa, daquilo que acontece no sonho da injeção de Irma?

Se este ponto de vista é verdadeiro, temos de abandonar a noção que lhes afirmo ser a essência da descoberta freudiana, o descentramento do sujeito com relação ao *ego*, e voltar à noção de que tudo se centra no desenvolvimento típico do *ego*. Existe aí uma alternativa sem mediação – se isto é verdade, tudo o que digo é falso.

Se bem que, se o que eu disser for falso, torna-se extremamente difícil ler o mais mínimo texto de Freud entendendo alguma coisa. Vamos tirar a prova disto no sonho da injeção de Irma.

Por que será que Freud dá uma tamanha importância a este sonho? À primeira vista pode parecer surpreendente. O que será, pois, que Freud obtém da análise deste sonho? Esta verdade que ele estabelece como primeira – o sonho é sempre realização de um desejo, de um voto.

Vou ler-lhes o conteúdo do sonho, esperando que isto bastará para evocar-lhes a análise que lhe está vinculada.

Um grande hall – muitos convidados que recebemos. Entre eles, Irma, que levo imediatamente para um lado, como se fosse para responder à sua carta e repreendê-la por não haver ainda aceito a "solução". Digo-lhe: "Se você ainda sente dores, é realmente apenas por sua culpa." Ela responde: "Se você soubesse as dores que sinto na garganta, no estômago e na barriga, isso me sufoca." Fico amedrontado e olho para ela. Ela parece pálida e inchada. Penso, afinal, deixei escapar, então, alguma coisa orgânica. Levo-a até a janela e examino-lhe a garganta. Ela se mostra um tanto quanto recalcitrante como as mulheres que usam dentadura postiça. Penso comigo mesmo: no entanto, ela não precisa disso. Então, ela abre bem a boca e descubro, à direita, uma grande mancha branca, e em outro lugar avisto extensas crostas cinza-esbranquiçadas sobre extraordinárias estruturas crespas que evidentemente são modeladas nos cornetos do nariz. Chamo depressa o doutor M., que repete o exame e confirma... O doutor M. tem uma aparência muito diferente da costumeira, ele está muito pálido, claudica e tem o queixo escanhoado. Meu amigo Otto também está agora ao lado dela e o amigo Leopoldo a percute por cima do corpete e diz: "Ela tem uma matidez embaixo à esquerda." Indica também uma região infiltrada da pele, no ombro esquerdo (o que noto, como ele, apesar da roupa)... M. diz: "Não há dúvida, é uma infecção, mas não tem importância; sobrevirá a disenteria e a toxina será eliminada..." Sabemos também diretamente de onde provém a infecção. Meu amigo Otto deu-me, não faz muito tempo, quando ela não estava sentindo-se bem, uma injeção com um preparado de propil, propileno... ácido propiônico... trimetilamina (cuja fórmula vejo diante de mim, em negrito)... Não se fazem injeções desta natureza tão levianamente... Provavelmente a seringa não estava limpa.[35]

2

Irma é uma doente amiga da família de Freud. Este último se acha, pois, em relação a ela nesta situação delicada, sempre a evitar, em que se encontra o analista que trata alguém da roda de seus conhecidos. Estamos muito mais prevenidos do que Freud estava, naquele estádio pré-histórico da análise, acerca das dificuldades, neste caso, de uma contratransferência.

É efetivamente o que ocorre. Freud tem grandes dificuldades com Irma. Como ele nos assinala nas associações do sonho, naquela altura ele ainda continua pensando que, quando o sentido inconsciente do conflito fundamental da neurose é descoberto, basta propô-lo ao sujeito, que o aceita ou não. Se não aceita, a culpa é dele, é um feio, um malvado, um mau paciente. Quando ele é bom paciente, aceita, e tudo corre bem. Não estou forçando nada – há os bons e os maus pacientes.

Freud nos relata esta noção com um humorismo próximo da ironia, um tanto sumária, com a qual estou tratando este assunto. Diz ele que pode bendizer os céus por ter tido semelhante concepção na época, porque isto lhe permitiu viver.

Logo, acha-se ele em grandes dificuldades com Irma, que está certamente melhor, mas que conserva certos sintomas e, em particular, uma propensão a vômitos. Ele acaba de interromper o tratamento, e é seu amigo Otto quem lhe dá notícias de sua antiga paciente.

Otto é aquele que, outrora, salientei ser muito chegado a Freud. Mas não é um amigo íntimo, no sentido em que ele estaria familiarizado com os pensamentos daquele que já é um mestre. É boa-praça, o Otto, trata um pouco da família toda, quando se tem um resfriado, algo que não anda muito bem, e desempenha, neste lar, o papel do solteirão simpático, benfazejo, doador de presentes. O que não deixa de provocar por parte de Freud certa ironia divertida.

O tal do Otto, por quem, pois, ele tem uma estima de bom quilate, ainda que moderada, lhe dá notícias da chamada Irma, e diz-lhe que, em suma ela vai indo bem, mas nem tanto. E através de suas entonações, Freud acredita perceber que o prezado amigo Otto o desaprova um pouco ou, mais exatamente, que este último deve ter participado das chacotas da roda dos conhecidos e, inclusive, da oposição que ele encontrou a propósito deste tratamento[37] imprudentemente empreendido em terreno onde não é plenamente senhor para manobrar como entende.

Freud, com efeito, tem a impressão de haver proposto a boa solução a Irma – *Lösung*. Este vocábulo tem a mesma ambiguidade tanto em alemão como em francês – é tanto a solução que se injeta como a solução de um conflito. Nisto, o sonho da injeção de Irma já adquire seu sentido simbólico.

No início, Freud está muito descontente com seu amigo. É que ele está bem mais descontente ainda consigo mesmo. Chega até a pôr em dúvida o bem-fundado desta solução que ele fornece e, talvez, o próprio princípio de seu tratamento das neuroses.

Neste ano de 1895, ele ainda está neste estádio experimental em que faz suas descobertas principais, entre as quais a análise deste sonho continuará a lhe parecer tão importante que, em 1900, numa carta a Fliess, logo após a publicação do livro em que ele a relata, ele vai-se divertir – mas seus jeitos de divertir-se nunca são assim tão gratuitos – imaginando que talvez um dia se coloque a soleira da porta da casa de campo de Bellevue onde este sonho ocorre – *Aqui, no dia 24 de julho de 1895, pela primeira vez, o enigma do sonho foi desvendado por Sigmund Freud.*

Portanto, ao mesmo tempo que descontente, ele está, nesta época, cheio de confiança. Reparem que é antes da crise de 1897, de que encontramos rastro na carta a Fliess, durante a qual ele havia, por uns tempos, de pensar que toda a teoria do trauma a partir da sedução, central na gênese de sua concepção, tinha de ser rejeitada, e que todo o seu edifício desmoronava. Em 1895, ele está num período criador, aberto tanto à certeza como à dúvida – o que caracteriza todo o progresso da descoberta.

O que é percebido como desaprovação, através da voz de Otto, é o pequeno choque que vai pôr o sonho em movimento.

Assinalo a vocês que, já em 1882, Freud notava numa carta à sua noiva, que não eram tanto as grandes preocupações do dia que apareciam nos sonhos, porém os temas encetados e interrompidos – como quando vocês sentem como se tivessem levado um corte. O corte da fala impressionou Freud precocemente, e deparamos o tempo todo com isto em suas análises da *Psicopatologia da vida cotidiana*. Já lhes falei do esquecimento do nome do autor do afresco de Orvieto. Aí também se tratava de algo que, durante o dia, não saíra completamente.

Aqui, no entanto, está longe de ser o caso. Freud se pôs a trabalhar à noite depois do jantar, e redigiu todo um resumo a propósito do caso de Irma de maneira a recolocar as coisas no lugar e justificar, caso necessário, a condução geral do tratamento.

Daí, faz-se alta a noite. E este sonho.

Vou direto ao resultado. Freud considera como um grande sucesso ter podido explicar este sonho, em todos os detalhes, pelo desejo de se descartar de sua responsabilidade no fracasso do tratamento de Irma. É isto que ele faz no sonho – como artesão do sonho – e, por vias tão diversas que, tal como nota com seu habitual humorismo, isto assemelha-se muito à história da pessoa a quem se repreende por haver devolvido um caldeirão furado, e que responde o seguinte: primeiro, ele o devolveu intato; segundo, o caldeirão já estava furado quando o tomou emprestado; e terceiro, não o tomou emprestado. Cada uma destas explicações, separadamente, seria perfeitamente válida, mas o conjunto não nos pode, de maneira alguma, satisfazer.

É assim que este sonho é concebido, diz-nos Freud. E, claro, aí se encontra a trama de tudo o que aparece no sonho. Mas, no meu entender, a questão é mais esta – como é que Freud, ele que vai mais adiante desenvolver a função do desejo inconsciente, contenta-se aqui, para o primeiro passo de sua demonstração, em apresentar um sonho inteiramente explicado pela satisfação de um desejo que não se pode chamar de outro modo a não ser de pré-consciente, e até mesmo de inteiramente consciente? Freud – não é mesmo? – passou a noite da véspera procurando justificar-se, pondo o preto no branco, tanto sobre aquilo que está indo bem como sobre aquilo que não pode ir bem.

Para estabelecer sua fórmula, segundo a qual um sonho é, em todos os casos, a satisfação de um desejo, Freud não parece, à primeira vista, ter exigido outra coisa a não ser a noção mais geral de desejo, sem preocupar-se em aprofundar o que é este desejo, nem sequer em saber de onde provém – do inconsciente ou do pré-consciente.

Freud, na nota que li da última vez, coloca a questão assim – quem é este desejo inconsciente? Quem é ele, esse que é repelido e causa horror ao sujeito? O que se quer dizer quando se fala de um desejo inconsciente? Para quem será que este desejo existe?

É aí nesse nível que vai esclarecer-se para nós esta imensa satisfação que a solução, que Freud atribui ao sonho, lhe traz. Para atribuir-nos, nós mesmos, seu pleno sentido ao fato de este sonho desempenhar um papel decisivo na exposição de Freud, devemos levar em conta a importância que Freud lhe confere, tanto mais significativa por nos parecer paradoxal. À primeira vista, poder-se-ia dizer que o passo decisivo não foi dado, já que, no final das contas, trata-se apenas de desejo pré-consciente. Porém, se ele considera este sonho como o sonho dos sonhos, o sonho inicial, típico, é que ele tem a impressão de que deu este passo e, no prosseguimento de sua exposição, ele demonstra, até demais, que efetivamente o deu. Se ele tem a impressão de que o deu, é porque o deu.

Não estou refazendo a análise do sonho de Freud depois do próprio Freud. Seria absurdo. Assim como está fora de cogitação analisar os autores falecidos, está fora de cogitação analisar o próprio sonho de Freud melhor do que ele. Quando Freud interrompe as associações, tem lá suas razões. Ele nos diz – *Aqui, não posso dizer-lhes mais do que isto, não quero contar-lhes as histórias de cama e penico* – ou bem – *Aqui não tenho mais vontade de continuar associando.* Não se trata de exegetar[2] ali onde o próprio Freud se interrompe, mas de tomarmos o conjunto do sonho e de sua interpretação. Aqui, estamos numa posição diferente da de Freud.

Há duas operações – ter o sonho e interpretá-lo. Interpretar é uma operação na qual nós intervimos. Mas não se esqueçam de que, na maioria dos casos, intervimos também na primeira. Numa análise não intervimos unicamente na medida em que interpretamos o sonho do sujeito – se é que o interpretamos –, mas como já estamos, a título de analista, na vida do sujeito, já estamos em seu sonho.

Lembrem-se do que eu lhes evocava, na conferência inaugural desta sociedade, a respeito do simbólico, do imaginário e do real. Tratava-se de fazer uso destas categorias sob forma de letras maiúsculas e minúsculas.

iS – imaginar o símbolo, pôr o discurso simbólico em forma figurativa, ou seja o sonho.
sI – simbolizar a imagem, fazer uma interpretação do sonho.

Se bem que para isto seja preciso haver uma reversão, que o símbolo seja simbolizado. No meio, há lugar para entender o que ocorre nesta dupla transformação. É o que vamos tentar fazer – tomar o conjunto deste sonho e a interpretação que dele dá Freud e ver o que isto significa na ordem do simbólico e do imaginário.

Temos a sorte de que este famoso sonho, o qual vocês constatarão de sobra que só o manejamos com o maior respeito, não se ache, já que se trata de um sonho, no tempo. Isso é simplíssimo de se notar e constitui justamente a originalidade do sonho – o sonho não está no tempo.

Há algo de absolutamente surpreendente – nenhum dos autores em questão destaca este fato em sua pureza. O sr. Erikson se aproxima disto, mas infelizmente seu culturalismo não lhe é um instrumento muito eficaz. O tal do culturalismo o impele, pretensamente, a colocar o problema do estudo do conteúdo manifesto do sonho. O conteúdo manifesto do sonho, diz-nos ele, mereceria ser recolocado no primeiro plano. Aí, discussão confusíssima sobre esta oposição do superficial e do profundo, da qual sempre lhes suplico que se livrem. Como diz Gide nos *Moedeiros falsos, não há nada mais profundo do que o superficial*, porque não há profundo algum. Mas esta não é a questão.

Deve-se partir do texto e partir dele, como Freud o faz e aconselha, como de um texto sagrado. O autor, o escriba, é apenas um escrevinhador, e vem em segundo lugar. Os comentários das Escrituras ficaram irremediavelmente perdidos no dia em que se quis fazer a psicologia de Jeremias, de Isaías, inclusive a de Jesus Cristo. Da mesma maneira, quando se trata de nossos pacientes, peço-lhes que prestem mais atenção ao texto do que à psicologia do autor – é a orientação toda do meu ensino.

Vejamos o texto. O sr. Erikson atribui uma grande importância ao fato de, logo de início, Freud dizer – *recebemos.* Assim, ele seria um personagem duplo – ele recebe com sua mulher. Trata-se de uma festinha esperada, de um aniversário em que Irma, a amiga da família, deve vir. Admito, com efeito, que o *recebemos* coloque Freud em sua identidade de chefe de família, mas isto não me parece implicar uma grande duplicidade de sua função social, pois não se vê absolutamente aparecer a prezada *Frau Doktor* sequer um minuto.

Quando Freud entra no diálogo, o campo visual se contrai. Ele segura Irma e começa a repreendê-la, a invectivá-la – *Bem que a culpa é sua, se me ouvisse tudo estaria melhor.* Inversamente, Irma lhe diz – *Você não faz ideia de como me dói aqui e ali, e acolá, a garganta, a barriga, o estômago.* E, em seguida, acrescenta que isto lhe *zusammenschnüren*, que isso a sufoca. Este *zusammenschnüren* parece-me altamente expressivo.

SRA. X: – *Outrora, tinha-se três ou quatro pessoas que puxavam os cordões do corpete para apertá-lo.*

Freud fica, então, bastante impressionado, e começa a manifestar certa preocupação. Ele a puxa para a janela e faz-lhe abrir a boca.

Tudo isso acontece, pois, sobre um fundo de discussão e de resistência – resistência não só ao que Freud propõe, mas também ao exame.

Trata-se aí, na realidade, de resistência do tipo resistência feminina. Os autores passam por cima disto pondo em jogo a psicologia feminina chamada vitoriana. Pois bem entendido está que as mulheres já não nos resistem mais – mulheres que resistem, isso não nos excita mais, e quando se trata de resistência feminina, são sempre estas pobres vitorianas que estão aí concentrando as recriminações sobre elas. É bastante divertido. Consequência do culturalismo que não serve aqui para abrir os olhos do sr. Erikson.

É, no entanto, ao redor desta resistência que giram as associações de Freud. Elas põem em destaque que Irma está longe de ser a única em causa, se bem que só ela apareça no sonho. Entre as pessoas que estão *sich streichen*, há duas em particular que, apesar de serem simétricas, não deixam de ser bastante problemáticas – a mulher do próprio Freud que, naquele momento, como se sabe por outros meios, está grávida, e uma outra doente.

Conhecemos a extrema importância do papel que sua mulher desempenhou na vida de Freud. Tinha por ela um apego, não só familiar, mas conjugal, altamente idealizado. No entanto, segundo indicam certas nuanças, parece que ela não deixou de lhe causar, em determinados planos instintuais, uma certa decepção. Quanto à doente, é, por assim dizer, a doente ideal porque não é uma doente de Freud, porque é bastante bonita, e certamente mais inteligente do que Irma, de quem tende-se um pouco a enegrecer a facilidade de compreensão. Apresenta também o atrativo de não estar clamando pelo auxílio de Freud, o que lhe permite almejar que, algum dia, ela o venha pedir. Mas, para dizer a verdade, ele não tem lá muita esperança. Em suma, é num leque, que vai desde o interesse profissional, o mais puramente orientado até todas as formas de miragem imaginária, que se apresenta aqui a mulher e se situa a relação com Irma.

No próprio sonho, Freud mostra-se tal como é, e seu *ego* se encontra aí exatamente no nível de seu *ego* vigil. Como psicoterapeuta ele se refere de maneira direta aos sintomas de Irma, que se acham, sem dúvida, um pouco modificados em relação ao que são na realidade, mas só de leve. A própria Irma está apenas distorcida. O que ela mostra, poderia mostrá-la igualmente caso se efetuasse um exame detalhado no estado de vigília. Se Freud analisasse seus comportamentos, suas respostas, suas emoções, sua transferência a cada instante no diálogo com Irma, ele veria igualmente que por detrás de Irma se acha sua mulher, que é amiga bastante íntima, assim como a jovem mulher sedutora que está a dois passos e que seria uma paciente bem melhor que Irma.

Estamos aqui no primeiro nível, onde o diálogo permanece submetido às condições da relação real, na medida em que ela mesma se acha inteiramente enviscada nas condições imaginárias que a limitam e trazem dificuldades a Freud.

Isto vai muito longe. Tendo obtido que a paciente abrisse a boca – é justamente disto que se trata na realidade, que ela não abre a boca –, o que ele vê no fundo, estes cornetos nasais recobertos por uma membrana esbranquiçada, é um espetáculo medonho. Para esta boca, há todas as significações de equivalência, todas as condensações que vocês quiserem. Tudo se mescla e se associa nesta imagem, desde a boca até o órgão sexual feminino, passando pelo nariz – Freud, justamente antes ou logo depois, foi operado, por Fliess ou por outro, dos cornetos nasais. Eis aí uma descoberta horrível, a carne que jamais se vê, o fundo das coisas, o avesso da face, do rosto, os secretados[2] por excelência, a carne da qual tudo sai, até mesmo o íntimo do mistério, a carne, dado que é sofredora, informe, que sua própria forma é algo que provoca angústia. Visão de angústia, identificação de angústia, última revelação do *és isto* – *és isto, que é o mais longínquo de ti, isto que é o mais informe.* É diante dessa revelação do tipo *Mené*, *Thequel*, *Pharsin*, que Freud chega ao auge de sua precisão de ver, de saber, até então expressa no diálogo do *ego* com o objeto.

Aqui, Erikson faz um reparo que, devo confessar, é excelente – normalmente um sonho que vai dar nisso deve provocar o despertar. Por que será que Freud não desperta? Porque ele é durão.

Por mim, tudo bem – é um durão. Então, acrescenta Erikson, como seu *ego* se acha tolhido para diante deste espetáculo, este *ego* regride – a sequência toda do relato é para nos dizer isto. Erikson fabrica, então, toda uma teoria dos diferentes estádios do *ego*, da qual dar-lhes-ei conhecimento. São brinquedinhos psicológicos, certamente muito instrutivos, mas que me parecem, na verdade, ir contra o próprio espírito da teoria freudiana. Pois, afinal, se o *ego* for esta sucessão de emergências, de formas, se esta dupla face do bem e do mal, de realizações e de modos de irrealizações lhe constituir o tipo, vê-se mal o que vem fazer aqui o que Freud diz em mil, dois mil lugares de seus escritos, que o eu é a soma das identificações do sujeito, com tudo o que possa comportar de radicalmente contingente. Se me permitirem pô-lo em imagens, o eu é como a superposição dos diferentes mantos tomados emprestado àquilo que chamarei de bricabraque de sua loja de acessórios.

Vocês aí, analistas, será que podem realmente, com toda autenticidade, trazer-me testemunhos destes soberbos desenvolvimentos típicos do *ego* dos sujeitos? Conversa fiada. Contam-nos a maneira pela qual se desenvolve suntuosamente esta grande árvore, o homem, que através de sua existência triunfa em sucessivas provas graças às quais alcança um maravilhoso equilíbrio. Uma vida humana é algo totalmente distinto! Já havia escrito isto outrora em meu discurso sobre a psicogênese.

3

No momento em que Freud evita o despertar, será que se trata mesmo de uma regressão do *ego*? O que vemos é que, a partir deste momento aí, Freud cai fora. Ele chama o professor M. para socorrê-lo porque entregou os pontos. Mas este nem por isto tem algo de melhor a lhe propor.

O doutor M., como Freud o denomina, personalidade predominante do meio – não identifiquei quem fosse –, é um cara perfeitamente estimável na vida prática. Ele certamente nunca prejudicou muito Freud, mas nem sempre compartilha sua opinião, e Freud não é homem que admita isto facilmente.

Acha-se aí também Otto e o companheiro Leopold, que leva a melhor frente ao companheiro Otto. Aos olhos de Freud, isso lhe dá um mérito considerável, e ele compara ambos ao inspetor Bräsig e ao seu amigo Karl. O inspetor Bräsig é um cara astuto mas que sempre se engana, porque omite olhar direito as coisas. O companheiro Karl, que está a seu lado, repara nelas, e ao inspetor só lhe resta segui-lo.

Com este trio de palhaços, vemos estabelecer-se em torno de Irminha um diálogo descosturado, que mais se assemelha ao jogo das frases interrompidas, e até mesmo ao bem conhecido diálogo de surdos.

Tudo isto é extremamente rico e estou apenas resumindo. Aparecem associações que mostram a verdadeira significação do sonho. Freud dá-se conta de que ele se acha aí inocentado de tudo, segundo o raciocínio do balde furado. Os três são tão ridículos que qualquer um pareceria um deus diante de semelhantes máquinas de absurdo. Estes personagens são todos significativos, uma vez que são personagens da identificação na qual a formação do *ego* reside.

O doutor M. corresponde a uma função que foi capital para Freud, a de seu meio-irmão Philippe, do qual eu lhes dizia, num outro contexto, que era o personagem essencial para entender o complexo edipiano de Freud. Se Freud foi introduzido ao Édipo de maneira tão decisiva para a história da humanidade, é evidentemente porque tinha um pai, o qual já tinha, de um primeiro casamento, dois filhos, Emmanuel e Philippe, de idades vizinhas, com uma diferença de uns três anos, mas já tendo, cada um, idade para ser pai do pequeno Freud Sigmund, nascido, ele, de uma mãe que tinha exatamente a mesma idade que o tal do Emmanuel. Este Emmanuel foi para Freud o objeto de horror por excelência. Acreditou-se até que todos os horrores estivessem concentrados nele – engano, pois Philippe levou também sua parte. Foi ele quem mandou para o xadrez a boa velha ama de Freud, à qual se atribui uma importância desmedida, tendo os culturalistas querido anexar Freud, por seu intermédio, ao catolicismo.

Não obstante, os personagens da geração intermediária desempenharam um papel considerável. É uma forma superior que permite concentrar os ataques agressivos contra o pai sem tocar em demasia no pai simbólico, que se acha verdadeiramente num céu, o qual, sem ser o da santidade, não deixa de ter sua extrema importância. O pai simbólico permanece intacto graças a esta divisão das funções.

O doutor M. representa este personagem ideal constituído pela pseudoimagem paterna, o pai imaginário. Otto corresponde a este personagem que desempenhou um papel constante na vida de Freud, o familiar íntimo e chegado que é, ao mesmo tempo, amigo e inimigo, que, de uma hora para outra, de amigo se torna inimigo. E Leopold desempenha o papel do personagem útil para contrapor constantemente ao personagem do amigo-inimigo, o do inimigo querido.

Eis pois uma tríade totalmente diferente da precedente, mas que também está no sonho. A interpretação de Freud serve-nos para entender seu sentido. Mas qual é seu papel no sonho? Ela joga com a fala, a fala decisiva e judicativa, com a lei, com o que atormenta Freud sob a forma – *Será que tenho razão ou que estou equivocado? Onde está a verdade? Qual vai ser o destino do problema? Onde é que estou situado?*

Vimos, na primeira vez, acompanhando o *ego* de Irma, três personagens femininos. Freud nota que há aí uma tal abundância de entrecruzamento que, por fim, as coisas se amarram e chega-se a sabe-se lá que mistério.

Quando analisamos este texto, é preciso levar em conta o texto inteiro, inclusive as notas. Nesta ocasião Freud evoca este ponto das associações onde o sonho vai inscrever-se no desconhecido, o que ele denomina umbigo do sonho.

Chegamos ao que está por detrás do trio místico. Digo *místico* porque agora conhecemos seu sentido. As três mulheres, as três irmãs, os três cofrinhos, Freud de lá para cá, nos demonstrou seu sentido. O último termo é pura e simplesmente a morte.

É justamente disto que se trata. E o vemos até aparecer, na segunda parte, no meio da balbúrdia das falas. A história da membrana diftérica está diretamente ligada à ameaça, extremamente séria, que dois anos antes pesara sobre a vida de uma das filhas de Freud. Ele vivenciou-a como se se tratasse de um castigo devido a uma imperícia terapêutica que cometera ao dar um remédio em demasia, o sulfonal, ignorando que seu emprego continuado não estivesse isento de efeitos nocivos. Acreditou ver aí o preço pago por sua falta profissional.

Na segunda parte, os três personagens jogam entre si este jogo irrisório de ficar passando a bola a propósito destas questões fundamentais para Freud – *Qual é o sentido da neurose? Qual é o sentido do tratamento?*[37] *Qual é o bem-fundado de minha terapêutica das neuroses?* Por detrás disto tudo está Freud que sonha, sendo ao mesmo tempo um Freud que procura a chave do sonho. Eis porque a chave do sonho deve ser a mesma coisa que a chave da neurose e a chave da cura.

Assim como na primeira etapa há um acme, quando emerge a revelação de apocalipse do que ali se achava, há também um ápice na segunda parte. Primeiro de imediato, *unmitelbar*, como na convicção delirante, quando você, de repente, sabe que quem lhe quer mal é aquele ali, eles sabem que o culpado é Otto. Ele deu uma injeção. Procura-se – ... *propil* ... *propileno* ... A isto se associa a história, tão cômica, do suco de abacaxi que Otto dera na véspera, de presente à família. Destapou-se a garrafa, cheirava a caxixi. Disse-se – *vamos dá-la aos criados.* Mas Freud, *mais humano*, diz ele, assinala, gentilmente: – *Não, isso também poderia fazer mal a eles.* Disto resulta, escrito em negrito, para além desta balbúrdia das falas, como o *Mené*, *Thequel* e *Pharsin* da Bíblia, a fórmula da trimetilamina. Vou escrever esta fórmula para vocês.

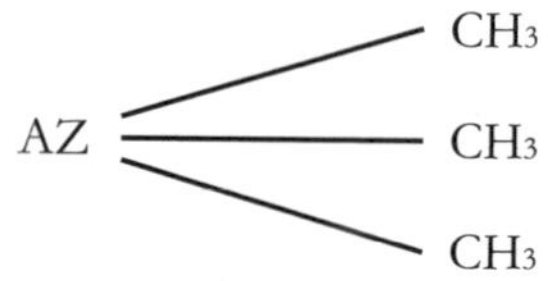

Isto esclarece tudo, *trimetilamina*. O sonho não adquire seu sentido unicamente na pesquisa de Freud sobre o sentido do sonho. Se ele pode continuar a se colocar a questão, é porque ele se pergunta se tudo isto está vinculado com Fliess, em cujas elocubrações a trimetilamina desempenha um papel a propósito dos produtos de decomposição das substâncias sexuais. Com efeito – eu me informei – a trimetilamina é um produto de decomposição do esperma, e é isto que lhe confere o seu odor amoniacal quando o deixam decompor-se em contato com o ar. O sonho, que culminou uma primeira vez, estando o *ego* aí, na imagem horrorífica de que falei, culmina, uma segunda vez, no final, numa fórmula escrita, com seu aspecto *Mené*, *Thequel*, *Pharsin*, na muralha, para além daquilo que não podemos deixar de identificar como sendo a fala, o rumor universal.

Tal qual um oráculo, a fórmula não fornece resposta alguma ao que quer que seja. Mas a própria maneira pela qual ela se enuncia, seu caráter enigmático, hermético, é justamente a resposta à questão do sentido do sonho. Pode-se calcá-la na fórmula islâmica – *Não há outro Deus senão Deus.* Não há outra palavra, outra solução ao problema de vocês, senão a palavra.

Podemos debruçar-nos sobre a estrutura desta palavra, que aqui se apresenta sob uma forma eminentemente simbólica, já que é constituída por sinais sagrados.

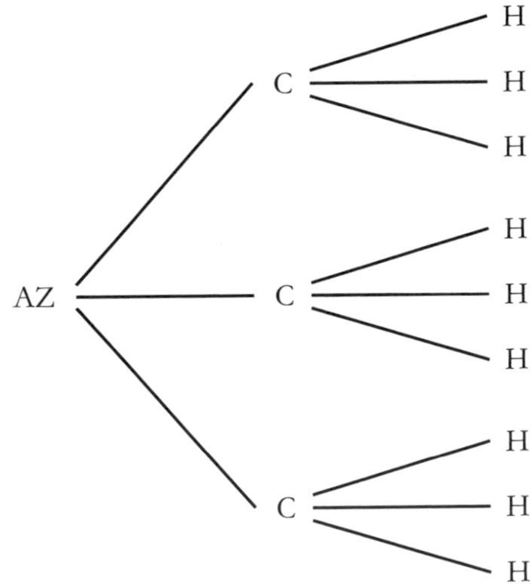

É aí nestes três que sempre encontramos, é aí que está, no sonho, o inconsciente – aquilo que está fora de todos os sujeitos. A estrutura do sonho mostra-nos suficientemente que o inconsciente não é o *ego* do sonhador, que isso não é Freud, o Freud que continua sua conversa com Irma. É um Freud que atravessou este momento de angústia mor em que o seu eu identificava-se ao todo na sua forma mais inconstituída.[2] Ele evadiu-se, no sentido literal, ele apelou, como ele próprio o escreve, para o congresso de todos aqueles que sabem. Esvaiu-se, reabsorvido, abolido por detrás dele. E, por fim, uma outra voz toma a palavra. Podemos ficar brincando com o alfa e o ômega da coisa. Mas, ainda que tivéssemos N ao invés de AZ daria na mesma piadinha – poderíamos chamar de *Nemo* este sujeito fora do sujeito que a estrutura toda do sonho designa.

Este sonho nos ensina, portanto, o seguinte – o que está em jogo na função do sonho se acha para além do *ego*, aquilo que no sujeito é do sujeito e não é do sujeito, isto é, o inconsciente.

A partir daí pouco nos importa que a injeção feita por Otto seja com uma seringa suja. A gente pode divertir-se bastante com esta seringa de uso familiar, que em alemão se acompanha de todo tipo de ressonância fornecido em francês pelo verbo *gicler*.[38]

Conhecemos bem por pequenos indícios de todo tipo, a importância do erotismo uretral na vida de Freud. Um dia em que estiver de boa lua, lhes mostrarei como, até uma idade avançada, Freud manteve neste setor algo que tem nitidamente ressonância com a lembrança de sua urinação no quarto de seus pais – à qual Erikson atribui tanta importância. Ele nos faz notar que havia sem dúvida alguma um peniquinho e que ele não pode ter feito xixi no chão – Freud não especifica se fez no penico materno, em cima do tapete ou do assoalho. Mas isto é secundário.

O importante, e o sonho nos mostra isto, é que os sintomas analíticos se produzem na corrente de uma fala que tenta passar. Ela encontra sempre a dupla resistência daquilo que denominaremos hoje, por ser tarde, o *ego* do sujeito e sua imagem. Enquanto estas duas interposições oferecem uma resistência suficiente, elas se iluminam, se é que posso falar assim, dentro desta corrente, fosforejam, fulgem.

É o que acontece na primeira fase do sonho, durante a qual Freud, no plano da resistência, se acha brincando com sua paciente. Num dado momento, porque ele deve ter ido bastante longe, isso cessa. Não está totalmente enganado, o sr. Erikson, é justamente porque Freud se acha tomado por semelhante paixão de saber que ele vai mais além.

O que confere o verdadeiro valor inconsciente a este sonho, sejam quais forem suas ressonâncias primordiais e infantis, é a busca da palavra, o enfrentamento direto com a realidade secreta do sonho, a busca da significação como tal. E no meio de todos os seus confrades, no meio do consenso da república dos que sabem – pois se ninguém tem razão, todo mundo tem razão, lei paradoxal e ao mesmo tempo tranquilizadora –, é no meio deste caos que se revela a Freud, neste momento original em que nasce sua doutrina, o sentido do sonho que é o seguinte – não há outra palavra-chave do sonho a não ser a própria natureza do simbólico.

À natureza do simbólico quero, também eu, introduzir vocês dizendo-lhes, para que lhes sirva de referência – os símbolos nunca têm senão o valor de símbolos.

Um limiar é transposto. Após a primeira parte, mais carregada, imaginária, entra, no fim do sonho, aquilo que poderíamos denominar *a multidão*. Mas é uma multidão estruturada, como a multidão freudiana. Eis porque eu preferiria introduzir um outro termo, que vou deixar para que meditem com todos os duplos sentidos que comporta – a imisção dos sujeitos.

Os sujeitos entram e se intrometem – este pode ser o primeiro sentido. O outro é o seguinte – um fenômeno inconsciente, que se desenrola num plano simbólico, descentrado, como tal em relação ao *ego*, ocorre sempre entre dois sujeitos. Logo que a fala verdadeira emerge, mediadora, ela faz deles dois sujeitos muito distintos daquilo que eram antes da fala. Isto quer dizer que eles só começam a ser constituídos como sujeitos da fala a partir do momento em que a fala existe, e não há antes não.

9 de março de 1955

XIV

O Sonho da Injeção de Irma (fim)

O imaginário, o real e o simbólico.

O que foi que a conferência do sr. Griaule lhes trouxe ontem à noite? Qual é a relação com nossos objetos usuais? Quem foi que começou a decantar-lhe a moral? Que impressões têm vocês?

Marcel Griaule fez rapidamente alusão à islamização de uma parte importante das populações do Sudão, ao fato de elas continuarem a funcionar num registro simbólico ao mesmo tempo em que pertencem a um estilo de credo religioso nitidamente discordante com este sistema. A exigência delas neste plano manifesta-se de maneira bem precisa, por exemplo, quando pedem que se lhes ensine o árabe, porque o árabe é a língua do Corão. Existe aí uma tradição que vem de muito longe, que está bem viva, e que parece sustentar-se através dos mais diversos tipos de procedimentos. Infelizmente, o que ele disse não deu para encher a barriga.

Não se deve crer que a civilização sudanesa não mereça seu nome. Temos testemunhos suficientes de suas criações assim como de sua metafísica para colocarmos em causa esta escala única com a qual acreditamos poder medir a qualidade das civilizações.

Quem leu o último artigo de Lévi-Strauss? É a isso que ele faz alusão – determinados erros de nossas perspectivas provêm do fato de nos servirmos de uma escala única para medir a qualidade, o caráter excepcional de uma civilização. As condições nas quais esta gente vive podem, de início, parecer bastante árduas, bastante precárias do ponto de vista do bem-estar e da civilização, no entanto, eles parecem encontrar um apoio poderosíssimo na função simbólica, isolada como tal.

Levou-se muito tempo para se poder entrar em comunicação com eles. Existe aí uma analogia com nossa própria posição com relação ao sujeito.

1

Voltemos ao sonho da injeção de Irma.

Gostaria de saber se o que lhes disse ficou bem-entendido. O que foi que eu quis dizer? Quem quer tomar a palavra?

Pois bem, creio ter posto em destaque o caráter dramático da descoberta do sentido do sonho, por Freud, entre 1895 a 1900, ou seja, durante os anos em que elabora sua *Traumdeutung*. Ao lhes falar deste caráter dramático, gostaria de lhes trazer, em apoio a isto, uma passagem de uma carta a Fliess que vem em seguida à famosa carta 137 na qual, meio brincando, meio a sério, mas, no entanto, tremendamente a sério, sugere que se comemorará este sonho com a placa – *Aqui, no dia 24 de julho de 1895, o doutor Sigmund Freud encontrou o mistério do sonho.*

Na carta 138, lê-se – *No que diz respeito aos grandes problemas, nada está ainda decidido. Está tudo flutuante, vago, um inferno intelectual, cinzas superpostas, e nas profundas tenebrosas distingue-se a silhueta de Lúcifer-Amor.* É uma imagem de vagas, de oscilações, como se o mundo inteiro estivesse animado por uma inquietante pulsação imaginária, e, ao mesmo tempo, uma imagem de fogo, onde se avista a silhueta de Lúcifer, que parece encarnar a dimensão angustiante da vivência de Freud. Eis o que ele vivenciou por volta dos seus 40 anos, no momento decisivo em que a função do inconsciente era descoberta.

A experiência da descoberta fundamental consistiu para Freud numa recolocação em causa, vivenciada, dos próprios fundamentos do mundo. Não precisamos ter mais indicações sobre sua autoanálise, dado que mais faz alusão a ela do que a desvenda nas cartas a Fliess. Vive numa atmosfera angustiante com o sentimento de estar fazendo uma descoberta perigosa.

O próprio sentido do sonho da injeção de Irma refere-se à profundidade desta experiência. Este sonho inclui-se nela, é uma etapa dela. Este sonho que Freud tem é integrado, como sonho, no progresso de sua descoberta. É assim que adquire um duplo sentido. Num segundo nível, este sonho não é apenas um objeto que Freud decifra, é uma fala de Freud. Eis o que lhe confere seu valor exemplar – caso contrário, talvez ele fosse menos demonstrativo do que outros sonhos. O valor que Freud lhe confere como sonho inauguralmente decifrado permaneceria bastante enigmático caso não soubéssemos ler no que foi que respondeu particularmente à questão que ele se colocava, e, portanto, ir bem mais além do que aquilo que o próprio Freud, naquele momento, é capaz de analisar em seu escrito.

O que ele avalia, o balanço que faz da significação deste sonho está largamente ultrapassado pelo valor histórico que, de fato, lhe reconhece ao apresentá-lo neste lugar em sua *Traumdeutung*. Isto é essencial para a compreensão deste sonho. E foi o que nos permitiu – eu queria ter confirmação disto através da resposta de vocês, e não sei que interpretação dar ao silêncio de vocês – uma demonstração assaz convincente, acredito, para que não tenha de voltar a ela.

Voltarei, no entanto, mas num outro plano.

Quero salientar com efeito que, ao retomar a interpretação que Freud fornece do sonho, não me limitei apenas a considerar o sonho, mas que considerei o conjunto formado pelo sonho e sua interpretação e isto levando em conta a função particular da interpretação do sonho naquilo que constitui o diálogo de Freud conosco.

Aí está o ponto essencial – não podemos separar da interpretação o fato de Freud nos fornecer este sonho como sendo o primeiro passo na chave do sonho. É a nós que Freud se endereça ao fazer esta interpretação.

O exame atento deste sonho pode esclarecer esta questão tão espinhosa da regressão, na qual nos quedamos no penúltimo seminário.

Servimo-nos dela de maneira cada vez mais rotineira, não sem que deixe de nos parecer que estamos, a todo instante, sobrepondo funções extremamente diferentes. Nem tudo na regressão é necessariamente do mesmo registro, como já o indica este capítulo original a propósito da distinção tópica, certamente cabível, entre a regressão temporal e as regressões formais. No nível da regressão tópica, o caráter alucinatório do sonho levava Freud, segundo o seu esquema, a articulá-la a um processo regressivo, dado que trazia certas exigências psíquicas de volta ao seu modo mais primitivo de expressão, que estaria situado no nível da percepção. O modo de expressão do sonho se acharia, assim, submetido em parte à exigência de passar por elementos figurativos que se aproximariam cada vez mais do nível da percepção. Mas por que será que um processo que habitualmente passa pela linha progressiva deve ir dar nestas balizas divisórias mnésicas que são as das imagens? Estas imagens estão cada vez mais longe do plano qualitativo onde se produz a percepção, cada vez mais despojadas, elas tomam um caráter cada vez mais associativo, elas estão cada vez mais no nó simbólico da semelhança, da identidade e da diferença, para além, portanto, daquilo que pertence propriamente ao nível associacionista.

Será que a análise que fizemos do que há de propriamente figurativo no sonho de Irma nos impõe semelhante interpretação? Será que devemos considerar que aquilo que se dá no nível dos sistemas associativos, R_1 R_2, R_3 etc., volta o mais perto possível da porta de entrada primitiva da percepção? Será isto algo que nos obrigue a adotar este esquema, com o que ele comporta – como Valabrega o fizera notar – de paradoxal? Quando falamos de passagem de processos inconscientes para a consciência somos, com efeito, obrigados a colocar a consciência na saída, enquanto que a percepção da qual, no entanto, ela é solidária estaria situada na entrada.

A fenomenologia do sonho da injeção de Irma nos levou a distinguir duas partes. A primeira vai dar no surgimento da imagem aterradora, angustiante, nesta verdadeira cabeça de Medusa, na revelação deste algo de inominável propriamente falando, o fundo desta garganta, cuja forma complexa, insituável, faz dela tanto o objeto primitivo por excelência, o abismo do órgão feminino, de onde sai toda vida, quanto o vórtice da boca, onde tudo é tragado, como ainda a imagem da morte onde tudo vem-se acabar, já que em relação com a doença de sua filha, que poderia ter sido mortal, a morte da doente que ele perdeu numa época contígua à da doença de sua filha, ele a considerou como sendo não sei que retaliação do destino por sua negligência profissional – *uma Mathilde por outra*, escreve ele. Tá, pois, aparecimento angustiante de uma imagem que resume o que podemos chamar de revelação do real naquilo que tem de menos penetrável, do real sem nenhuma mediação possível, do real derradeiro, do objeto essencial que não é mais um objeto, porém este algo diante do que todas as palavras estacam e todas as categorias fracassam, o objeto de angústia por excelência.

Na primeira fase, vemos, pois, Freud acossando Irma, recriminando-a por não ouvir o que ele quer fazer-lhe compreender. Ele continuava exatamente no estilo das relações da vida vivenciada, no estilo de pesquisa apaixonada, por demais apaixonada, diremos, e justamente um dos sentidos do sonho é dizê-lo formalmente, já que, no fim, é disto que se trata – a seringa estava suja, a paixão do analista, a ambição de vencer, eram aí poderosas demais, a contratransferência era o próprio obstáculo.

No momento em que este sonho alcança o primeiro ápice, o que ocorre? Será que podemos falar de processo de regressão para explicar a profunda desestruturação que se produz, então, na vivência do sonhador? As relações do sujeito mudam completamente. Ele passa a ser algo totalmente diferente, não há mais Freud, não há mais ninguém que possa dizer [*eu*].[1] É o momento que denominei entrada do bufão, já que é mais ou menos este o papel que desempenham os sujeitos para os quais Freud apela. Está no texto – *Appell.* A raiz latina da palavra mostra o sentido jurídico que ela tem no caso – Freud apela para o consenso de seus semelhantes, de seus iguais, de seus confrades, de seus superiores. Ponto decisivo.

Será que podemos, pois, sem mais, falar aqui de regressão, e até mesmo de regressão do *ego*? Aliás, é uma noção muito diferente da de regressão instintual. A noção de regressão do *ego* é introduzida por Freud nas lições classificadas sob o título de *Introdução à psica-*

nálise. Ela coloca o problema de saber se podemos introduzir, sem mais, a noção de etapas típicas do *ego*, com um desenvolvimento, com fases, com um progresso normativo.

A questão não vai ser resolvida hoje, mas vocês conhecem uma obra que sobre este assunto pode ser considerada como fundamental, a de Anna Freud sobre *o Eu e os mecanismos de defesa.*[39] É forçoso reconhecer que, no estado atual das coisas, não podemos, de modo algum, introduzir a noção de um desenvolvimento típico, estilizado, do eu. Seria preciso que um mecanismo de defesa, unicamente por sua natureza, nos indicasse, caso um sintoma se vinculasse a ele, em que etapa figura no desenvolvimento psíquico de um eu. Não há nada aqui que possa ser posto numa tabela – como se fez, talvez em demasia, para o desenvolvimento das relações instintuais. Atualmente, somos totalmente incapazes de fornecer, destes diferentes mecanismos de defesa que Anna Freud nos enumera, um esquema genético que se assemelhe, por menos que seja, àquele que pode ser dado do desenvolvimento das relações instintuais.

É a isto que muitos autores tendem a suprir. Erikson não deixou de fazê-lo. Será que, no entanto, para entender esta guinada do sonho, a passagem de uma fase para outra, precisamos recorrer a isto? Não é de um estado anterior do eu que se trata, porém, literalmente, de uma decomposição espectral da função do eu. Vemos aparecer a série dos *eus.* Pois, o eu é constituído pela série das identificações que representaram para o sujeito um marco essencial em cada momento histórico de sua vida, e de modo dependente das circunstâncias – vocês vão encontrar isto no *Das Ich un das Es*, que vem em seguida ao *Além do princípio do prazer*, ponto pivô que estamos alcançando, depois de termos feito este grande rodeio pelas primeiras etapas do pensamento de Freud.

Esta decomposição espectral é evidentemente uma decomposição imaginária. É para isto que quero tentar agora chamar a atenção de vocês.

2

A etapa do pensamento de Freud que segue a *Traumdeutung* é aquela em que, correlativamente aos *Escritos técnicos*, que estudamos no ano passado, se elabora a teoria do narcisismo com o artigo *Zur Einführung des Narzissmus*, ao qual não pudemos deixar de nos referir.

Se a teoria de Freud, que nos mostra o narcisismo como estruturando todas as relações do homem com o mundo exterior, tiver um sentido, se tivermos de tirar disto as consequências lógicas, há de ser de maneira que converja seguramente com tudo o que nos foi dado sobre a elaboração da apreensão do mundo pelo vivente, no decurso destes últimos anos, na linha do pensamento dito gestaltista.

A estruturação do mundo animal é dominada por um certo número de imagens fundamentais que dão a este mundo suas linhas de força principais. As coisas se dão de maneira totalmente diferente no mundo do homem, cuja estruturação está aparentemente muito neutralizada, extraordinariamente desvinculada – no que diz respeito às suas precisões. Pois bem, a noção freudiana do narcisismo nos fornece uma categoria que nos permite, contudo, entender que existe e em que consiste uma relação entre a estruturação do mundo animal e a do mundo humano.

O que foi que tentei fazer entender com o estádio do espelho? Que aquilo que existe no homem de desvinculado, de despedaçado, de anárquico, estabelece sua relação com suas percepções no plano de uma tensão totalmente original. É a imagem de seu corpo que é o princípio de toda unidade que ele percebe nos objetos. Ora, desta própria imagem, ele só percebe a unidade do lado de fora, e de maneira antecipada. Devido a esta relação dupla que tem consigo mesmo, é sempre ao redor da sombra errante do seu próprio eu que vão-se estruturando todos os objetos de seu mundo. Terão todos um caráter fundamentalmente antropomórfico, podemos até dizer egomórfico. É nesta percepção que é evocada para o homem, a todo instante, sua unidade ideal, que, como tal, nunca é atingida e que a todo instante lhe escapa. O objeto, para ele, nunca é definitivamente o derradeiro objeto, a não ser em certas experiências excepcionais. Mas este se apresenta, então, como um objeto do qual o homem está irremediavelmente separado, e que lhe mostra a figura mesma de sua deiscência dentro do mundo – objeto que por essência o destrói, o angustia, que não pode alcançar, no qual não pode verdadeiramente encontrar sua reconciliação, sua aderência ao mundo, sua complementaridade perfeita no plano do desejo. O desejo tem um caráter radicalmente rasgado. A própria imagem do homem fornece uma mediação, sempre imaginária, sempre problemática que não se acha, pois, nunca completamente efetivada. Ela se mantém através de uma sucessão de experiências instantâneas, e esta experiência, ou bem aliena o homem de si próprio ou bem vai dar numa destruição, numa negação do objeto.

Caso o objeto percebido do lado de fora tenha sua própria unidade, esta coloca o homem, que a vê, em estado de tensão, porque ele percebe a si mesmo como desejo, e desejo insatisfeito. Inversamente, quando ele apreende sua unidade, é, ao contrário, o mundo que, para ele, se decompõe, perde seu sentido, e se apresenta sob um aspecto alienado e discordante. É esta oscilação imaginária que dá, a toda percepção humana, a subjacência dramática na qual é vivida, na medida em que ela interessar realmente um sujeito.

Logo, não temos de buscar numa regressão a razão dos surgimentos imaginários que caracterizam o sonho. É na medida em que um sonho vai tão longe quanto pode ir no âmbito da angústia, e que uma aproximação do real derradeiro é vivenciada, que assistimos a esta decomposição imaginária, que é apenas a revelação dos componentes normais da percepção. Pois, a percepção é uma relação total com um determinado quadro, onde o homem sempre se reconhece em algum canto, e, por vezes, se vê até mesmo em diversos pontos. Se o quadro da relação com o mundo, não se acha desrealizado pelo sujeito, é por comportar elementos que representam imagens diversificadas do seu eu, e que são, igualmente, pontos de arrimo, de estabilização, de inércia. É justamente assim que nas supervisões ensino-lhes a interpretar os sonhos – trata-se de reconhecer onde está o eu do sujeito.

Já encontramos isto na *Traumdeutung*, onde em múltiplas ocasiões Freud reconhece que é ele, Freud, que está representado por fulano ou sicrano. Por exemplo, quando ele analisa o sonho do castelo, da guerra hispano-americana, no capítulo que começamos a estudar, Freud diz – *não estou no sonho lá onde se crê. O personagem que acaba de morrer, este comandante que está comigo, ele é que é eu.* No momento em que algo do real é atingido naquilo que tem de mais abissal, a segunda parte do sonho da injeção de Irma põe em evidência estes compostos fundamentais do mundo perceptivo que constitui a relação narcísica. O objeto está sempre mais ou menos estruturado como a imagem do corpo do sujeito. O reflexo do sujeito, sua imagem especular, sempre se acha em algum canto em todo e qualquer quadro perceptivo, e é ele quem lhe confere uma qualidade, uma inércia especial. Esta imagem se acha disfarçada, por vezes até completamente. Mas no sonho, por se acharem aligeiradas as relações imaginárias, ela se revela facilmente a todo instante, ainda mais quando foi atingido o ponto de angústia onde o sujeito depara com a experiência de seu rasgamento, de seu isolamento com relação ao mundo. A relação humana com o mundo tem algo de profundamente, inicialmente, inauguralmente lesado.

Eis o que se depreende da teoria que Freud nos dá do narcisismo, visto que este quadro introduz um não sei quê de *sem saída* que marca todas as relações, e muito especialmente as relações libidinais do sujeito. A *Verliebheit* é fundamentalmente narcísica. No plano libidinal, o objeto nunca é apreendido senão através do crivo da relação narcísica.

O que ocorre quando vemos o sujeito substituir-se ao sujeito policéfalo? – esta multidão de que eu falava da última vez, uma multidão no sentido freudiano, aquela da qual fala *Massenpsychologie und Ich-Analyse*, constituída pela pluralidade imaginária do sujeito, pelo espalhamento, pelo desabrochamento das diferentes identificações do *ego*. Isto nos aparece, de início, como uma abolição, uma destruição do sujeito como tal. O sujeito transformado nesta imagem policéfala parece ter a ver com o acéfalo. Se há uma imagem que nos poderia representar a noção freudiana do inconsciente é justamente esta de um sujeito acéfalo, de um sujeito que não tem mais *ego*, que é extremo em relação ao *ego*, descentrado em relação ao *ego*, que não é do *ego*. E, no entanto, ele é o sujeito que fala, pois é ele quem faz proferir a todos os personagens que estão no sonho estas falas insensatas – que justamente tomam seu sentido deste seu caráter insensato.

De fato, no momento em que se faz ouvir, na maior das cacofonias, o discurso dos múltiplos *egos*, a objeção que interessa a Freud é sua própria culpa, no caso, em relação à Irma. O objeto é destruído, se é que se pode dizer, e sua culpa, é dela que se trata, é com efeito destruída com ele. Como na história do caldeirão furado, aqui não houve crime, já que, *primeiro*, a vítima – o que o sonho diz de mil maneiras – já estava morta, ou seja, já estava doente de uma doença orgânica que Freud justamente não podia tratar, *segundo*, o homicida, Freud, era inocente de qualquer intenção de cometer o mal e, *terceiro*, o crime, de que se trata, teve um efeito curativo, já que a doença que é a disenteria – há um jogo de palavras entre disenteria e difteria – é justamente o que livrará a doente – o mal todo, os maus humores, irão embora com ela.

Nas associações de Freud, isto evoca um incidente burlesco que lhe foi dado ouvir nos dias que antecederam seu sonho. É um médico, de verbo afiado e oracular, ao mesmo tempo profundamente distraído – os médicos conservam através do tempo esse caráter de personagens de comédia quando se acham nesta função de dar consultas –, é um médico que opina sobre um caso em que se lhe faz notar que o sujeito tem albumima na urina. Ele replica de chofre – *pois muito bem, a albumina se eliminará.*

É nisto com efeito, que o sonho vai dar. A entrada em função do sistema simbólico em seu mais radical, mais absoluto emprego, acaba abolindo tão completamente a ação do indivíduo, que elimina, da mesma feita, sua relação trágica com o mundo. Equivalente paradoxal e absurdo de *Tudo o que é real é racional.*

A consideração estritamente filosófica do mundo pode, com efeito, colocar-nos numa espécie de ataraxia em que qualquer indivíduo se acha justificado em função dos motivos que o fazem agir, e que são concebidos como se o determinassem totalmente. Qualquer ação, por ser artimanha da razão, é igualmente válida. O emprego extremo do caráter radicalmente simbólico de toda verdade faz, pois, com que a relação com a verdade perca sua agudeza. No meio do andamento das coisas, do funcionamento da razão, o sujeito se acha desde o início da jogada não sendo mais do que um peão, impelido para dentro deste sistema, e excluído de toda participação que seja propriamente dramática e, por conseguinte, trágica na realização da verdade.

Eis aí algo de extremo, que se dá no limite do sonho. Este inocentamento total, Freud reconhece aí a animação secreta deste sonho, a meta perseguida por aquilo que ele denomina desejo estruturante. Eis o que nos leva a colocar a questão da juntura do imaginário e do simbólico.

3

Esta função mediadora do simbólico, já lhes deixei entrevê-la na ocasião em que, tentando encontrar uma representação mecanística da relação inter-humana, eu tomara emprestado das experiências mais recentes da cibernética. Supunha eu um certo número destes sujeitos artificiais captados pela imagem de seu semelhante. Para que o sistema não se resumisse numa vasta alucinação concêntrica cada vez mais paralisante, para que pudesse girar, era preciso que interviesse um terceiro regulador, que deveria colocar entre eles a distância de uma certa ordem comandada.

Pois bem, reencontramos a mesma coisa sob um outro ângulo – toda relação imaginária se dá numa espécie de *você ou eu* entre o sujeito e o objeto. Ou seja – *Se for você, não sou. Se for eu, é você que não é.*[40] É aí que o elemento simbólico intervém. No plano imaginário, os objetos nunca se apresentam ao homem a não ser em relações esvaescentes. Ele reconhece aí sua unidade, mas unicamente de fora. E na medida em que ele reconhece sua unidade num objeto, ele se sente desarvorado em relação a este último.

Este desarvoramento, este despedaçamento, esta discordância fundamental, esta não adaptação essencial, esta anarquia, que abrem todas as possibilidades de deslocamento, ou seja, de erro, caracterizam a vida instintual do homem – a própria experiência da análise nos mostra isto. Além do que, se o objeto nunca é apreensível senão como miragem, miragem de uma unidade que nunca pode ser reapreendida no plano imaginário, toda a relação objetal só pode ficar como que paralisada por uma incerteza fundamental. É justamente isto que se reencontra num monte de experiências, as quais, chamá-las de psicopatológicas, não quer dizer nada já que elas estão em contiguidade com múltiplas experiências que são qualificadas de normais.

É aí que intervém a relação simbólica. O poder de nomear os objetos estrutura a própria percepção. O *percipi* do homem só pode manter-se dentro de uma zona de nominação. É pela nominação que o homem faz subsistir os objetos numa certa consistência. Se estivessem apenas numa relação narcísica com o sujeito, os objetos não seriam nunca percebidos senão de maneira instantânea. A palavra, a palavra que nomeia, é o idêntico. Não é à distinção espacial do objeto, sempre pronta a dissolver-se numa identificação ao sujeito, que a palavra responde, mas sim à sua dimensão temporal. O objeto, num instante constituído como uma aparência do sujeito humano, um duplo dele mesmo, apresenta, entretanto, uma certa permanência de aspecto através do tempo, que não é indefinidamente durável, já que todos os objetos são perecíveis. Esta aparência, que perdura um certo tempo, só é estritamente reconhecível por intermédio do nome. O nome é o tempo do objeto. A nominação constitui um pacto, pelo qual dois sujeitos ao mesmo tempo concordam em reconhecer o mesmo objeto. Se o sujeito humano não denominar – como o Gênese diz ter sido feito no Paraíso terrestre – as espécies mais importantes primeiro – se os sujeitos não se entenderem sobre este reconhecimento, não haverá mundo algum, nem mesmo perceptivo, que se possa manter por mais de um instante. A juntura está aí, a surgição[2] da dimensão do simbólico em relação ao imaginário.

No sonho da injeção de Irma, é quando o mundo do sonhador está mergulhado no maior caos imaginário que o discurso entra em jogo, o discurso como tal, independentemente de seu sentido, já que é um discurso insensato. Parece, então, que o sujeito se descompõe e desaparece. Há neste sonho o reconhecimento do caráter fundamentalmente acéfalo do sujeito, passado um certo limite. Este ponto está designado pelo *AZ* da fórmula da trimetilamina. É aí que, neste momento, se acha o [*eu*][1] do sujeito. E não é sem humorismo nem sem hesitação, já que isto é quase um *Witz*, que eu lhes propus ver aí a derradeira palavra do sonho. No ponto em que a hidra perdeu as cabeças, uma voz que não é senão *a voz de ninguém* faz surgir a fórmula da trimetilamina, como a derradeira palavra daquilo de que se trata, a palavra de tudo. E esta palavra não quer dizer nada, senão que é uma palavra.

Isto, que tem um caráter quase delirante, com efeito o é. Digamos que o seria se o sujeito sozinho, Freud sozinho, tentasse ao analisar seu sonho, encontrar aí, da maneira como um oculista poderia proceder, a designação secreta do ponto onde está, com efeito, a solução do mistério do sujeito e do mundo. Mas ele não está sozinho não. Freud, quando nos comunica o segredo deste mistério luciferiano, não está sozinho confrontado com este sonho. Assim como numa análise o sonho se endereça ao analista, Freud neste sonho já está endereçando-se a nós.

Já é para a comunidade dos psicólogos, dos antropólogos, que ele sonha. Quando interpreta este sonho, é a nós que ele se endereça. E é por isto que ver a palavra, na derradeira palavra absurda do sonho não é reduzi-la a um delírio, já que Freud, por intermédio deste sonho, faz com que nós o ouçamos, e nos põe efetivamente no caminho de seu objeto que é a compreensão do sonho. Não é simplesmente para si próprio que acha o *Nemo* ou o alfa e ômega do sujeito acéfalo, que representa seu inconsciente. Pelo contrário, é ele quem fala por intermédio deste sonho, e quem se dá conta de que – sem tê-lo querido, sem tê-lo primeiro reconhecido, e reconhecendo-o unicamente em sua análise do sonho, ou seja, enquanto está falando conosco – ele nos diz algo que ao mesmo tempo é e não é mais ele – *Sou aquele que quer ser perdoado por ter ousado começar a sarar estes doentes, que até agora não se queria compreender e que se proibia a si mesmo de sarar. Sou aquele que quer ser perdoado por isto. Sou aquele que quer não ser culpado por isto, pois se é sempre culpado quando se transgride um limite até então imposto à atividade humana. Quero não ser isto. Em lugar de mim há todos os outros. Sou aí apenas o representante deste vasto, vago movimento que é a busca da verdade onde, eu, me apago. Não sou mais nada. Minha ambição foi maior que eu. A seringa estava suja, sem dúvida. E justamente na medida em que a desejei demais, em que participei desta ação, em que quis ser, eu, o criador, não sou o criador. O criador é alguém maior que eu. É o meu inconsciente, é esta fala que fala em mim, para além de mim.*[17]

Eis o sentido deste sonho.

Esta análise nos permitirá agora ir mais longe e entender como se deve conceber o instinto de morte, a relação do instinto de morte com o símbolo, com esta fala que está no sujeito sem ser a fala do sujeito. Questão que sustentaremos o tempo que for preciso para que ela tome corpo em nossos espíritos, e que, por nossa vez, possamos tentar dar uma esquematização da função do instinto de morte. Começamos a entrever por que é necessário que, para além do princípio do prazer – que Freud introduz como sendo o que regula a medida do eu e instaura a consciência em suas relações com um mundo no qual ele se orienta – que para além, o instinto de morte exista. Uma dimensão existe para além das homeostases do eu, uma outra corrente, uma outra necessidade, que carece distinguir no seu plano. Esta compulsão a voltar de algo, que foi excluído do sujeito, ou que nele nunca entrou, o *Verdrängt*, o recalcado, não podemos fazê-lo entrar no princípio do prazer. Se o eu como tal se orienta e se reconhece, é que existe um para além do *ego*, um inconsciente, um sujeito que fala, desconhecido pelo sujeito. Logo, carece supor um outro princípio.

Por que será que Freud chamou isto de instinto de morte?

É o que tentaremos apreender nos nossos encontros ulteriores.

16 de março de 1955

Para Além do Imaginário, o Simbólico ou do Pequeno ao Grande Outro

XV

Par ou Ímpar? Para Além da Intersubjetividade

Um quod *derradeiro.*
A máquina que joga.
Memória e rememoração.
Introdução à carta roubada.

Lamento que nosso prezado amigo Riguet não esteja aqui hoje, pois vamos tocar em questões sobre as quais ele talvez tivesse podido fornecer-nos algumas luzes. Vamos tornar a roçar pelos dados daquilo que se chama confusamente de cibernética, que não deixa, no entanto, de ser algo que nos interessa no mais alto grau no que diz respeito a este negocinho que já estamos levando adiante há dois seminários, *o que é o sujeito?*, na medida em que é, tecnicamente, no sentido freudiano do termo, o sujeito inconsciente, e daí, essencialmente o sujeito que fala.

Ora, está-nos parecendo, cada vez mais claramente, que o sujeito que fala está para além do *ego.*

1

Partamos novamente do ápice do sonho exemplar da injeção de Irma. A busca do sonho, na medida em que ela prolonga a busca da véspera, chega à hiância a esta boca aberta no fundo da qual

Freud vê esta imagem aterradora e compósita que comparamos com a revelação da cabeça de Medusa.

O exemplo deste sonho não é único. Os que participaram dos meus seminários no ano anterior àquele em que passaram a desenrolar-se aqui podem lembrar-se do caráter singular do sonho do homem dos lobos, do qual poder-se-ia dizer que ele tem, sobre o conjunto da análise deste caso, uma função análoga ao ponto de ápice que discernimos no sonho da injeção de Irma. Com efeito, ele intervém após um longo período de análise do qual o próprio Freud sublinha o caráter muito intelectualizado – termo que não está no texto, mas que corresponde bem ao que Freud quer dizer –, espécie de jogo analítico, que, no entanto, constitui uma busca autêntica por parte do sujeito, mas permanece por muito tempo na superfície e como que inoperante. É uma análise estagnante e que se anuncia interminável, quando aparece enfim o sonho reiterado a propósito de uma ocasião precisa da vida do sujeito e que adquire todo seu valor por ter-se repetido inúmeras vezes a partir de uma certa época da infância.

Que sonho é este? É a aparição, para além de uma janela bruscamente aberta, do espetáculo de uma grande árvore, nos ramos da qual estão empoleirados lobos. No sonho e no desenho que o sujeito dele nos legou e que Freud reproduziu, eles são enigmáticos o suficiente para que possamos legitimamente perguntar-nos se são lobos mesmo, pois têm singulares caudas de raposa, sobre as quais já nos detivemos outrora. Este sonho, como vocês sabem, se revela de uma extrema riqueza e as associações que desencadeia levarão Freud e seu sujeito a nada menos que à descoberta puramente suposta, reconstruída, da cena primitiva.

A cena primitiva é reconstruída a partir dos entrecruzamentos que se operam no prosseguimento da análise, ela não é revivida. Nada surge na memória do sujeito – teremos de interrogar-nos sobre este termo de memória – que possa levar a falar de uma ressurreição da cena, porém tudo impõe a convicção de que ela se deu de fato de tal maneira. Há, pois, a este respeito, entre esta cena e o que o sujeito vê no sonho, uma hiância bem mais significativa do que a distância normal do conteúdo latente ao conteúdo manifesto de um sonho. E, no entanto, nos dois casos, há uma visão fascinante, a qual suspende por um tempo o sujeito numa cativação onde ele se perde.

A visão do sonho aparece a Freud como a inversão da fascinação do olhar. É no olhar destes lobos, tão angustiante no relato que dele fornece o sonhador, que Freud vê o equivalente do olhar fascinado da criança diante da cena que a marcou profundamente no imaginário e desviou toda a sua vida instintual. Há aí como que uma revelação única e decisiva do sujeito, onde se concentra um não sei quê de indizível, onde o sujeito, por um instante, está perdido, estilhaçado. Como no sonho da injeção de Irma o sujeito se descompõe, se esvaece, se dissocia nos seus diversos *eus*. Assim também, depois do sonho do homem dos lobos, assistimos ao primeiro começo da análise, que permite dissociar dentro do sujeito uma personalidade tão singularmente compósita que ela marca a originalidade do estilo do caso. Como vocês sabem, os problemas pendentes desta análise serão tão graves que vão poder degenerar depois na psicose. Como o indiquei a vocês, podemos colocar-nos a questão de saber se a psicose não esteve ligada às próprias manobras da análise.

Nos dois sonhos em questão, encontramo-nos diante de uma espécie de vivência derradeira, diante da apreensão de um real derradeiro. O que existe de mais angustiante na vida de Freud, suas relações com as mulheres, suas relações com a morte, acham-se telescopadas na visão central de seu sonho, e poderiam certamente ser extraídas daí por uma análise associativa. Imagem enigmática a respeito da qual Freud evoca o umbigo do sonho, esta relação abissal ao mais desconhecido que é a marca de uma experiência privilegiada, excepcional, onde o real é apreendido para além de toda mediação, quer seja imaginária, quer simbólica. Em suma, poder-se-ia dizer que tais experiências privilegiadas, e, ao que parece, no sonho especialmente, são caracterizadas pela relação que aí se estabelece com um outro absoluto, quero dizer, com um outro para além de toda intersubjetividade.

É muito especialmente no plano imaginário que este para além da relação intersubjetiva é atingido. Trata-se de um dessemelhante essencial, que não é nem o suplemento nem o complemento do semelhante, que é a própria imagem da deslocação, do rasgamento essencial do sujeito. O sujeito passa para além desta vidraça onde sempre vê, amalgamada, sua própria imagem. É a cessação de qualquer interposição entre o sujeito e o mundo. Tem-se a impressão de que há passagem para uma espécie de a-lógica, e é justamente aí que começa o problema, pois vemos que não estamos aí não. E, no entanto, o *logos* não perde aí todos os seus direitos, já que é aí que começa a significação essencial do sonho, sua significação liberatória, já que é aí que Freud achou a escapatória à sua culpa latente. Da mesma maneira, é para além da experiência aterradora do sonho do homem dos lobos que o sujeito achará a chave de seus problemas.

É igualmente a questão com que nos deparávamos na pequena reunião científica de ontem à noite – até que ponto a relação simbólica, a relação de linguagem, conserva seu valor para além do sujeito, uma vez que ele pode ser caracterizado como centrado num *ego*, por um *ego*, para um *alter ego*?

O conhecimento humano, e da mesma feita a esfera das relações da consciência, é constituído por uma certa relação a esta estrutura que chamamos de *ego*, em torno da qual centra-se a relação imaginária. Esta última ensinou-nos que o *ego* nunca é apenas o sujeito, que ele é essencialmente relação ao outro, que ele toma seu ponto de partida e de apoio no outro. É a partir deste *ego* que todos os objetos são olhados.

Mas é justamente pelo sujeito, por um sujeito primitivamente desafinado, fundamentalmente despedaçado por este *ego*, que todos os objetos são desejados. O sujeito não pode desejar se dissolver-se ele próprio, e sem ver, devido a este mesmo fato, escapar-lhe o objeto, numa série de deslocamentos infinitos – refiro-me aqui ao que chamo, de maneira abreviada, a desordem fundamental da vida instintual do homem. E é da tensão entre o sujeito – que não seria capaz de desejar sem estar fundamentalmente separado do objeto – e o *ego*, donde parte o olhar em direção ao objeto, que a dialética da consciência toma seu ponto de partida.

Tentei forjar diante de vocês o mito de uma consciência sem *ego*, que poderia ser definida como o reflexo da montanha num lago. O *ego* aparece no mundo dos objetos como um objeto, certamente privilegiado. A consciência no homem é por essência tensão polar entre um *ego* alienado do sujeito e uma percepção que fundamentalmente lhe escapa, um puro *percipi*. O sujeito seria estritamente idêntico a esta percepção, se não houvesse este *ego* que o faz, se é que se pode dizer, emergir de sua própria percepção numa relação tensional. Em certas condições, esta relação imaginária atinge ela mesma seu próprio limite e o *ego* se esvaece, se dissipa, se desorganiza, se dissolve. O sujeito é precipitado num enfrentamento com algo que não pode, de modo algum, ser confundido com a experiência cotidiana da percepção, algo a que poderíamos dar o nome de um *id*, e que chamaremos simplesmente, para não fazer confusão, de um *quod*, de o *que será que é?* A questão que vamos colocar hoje é a deste enfrentamento do sujeito para além do *ego* com o *quod* que procura advir na análise.

Será que é ao menos sustentável uma interrogação sobre este *quod* derradeiro, que é o da experiência do sujeito inconsciente como tal, do qual não sabemos mais quem seja? A este respeito, a própria evolução da psicanálise nos coloca num singular embaraço, uma vez que ela considera como dado irredutível estas tendências do sujeito, que, por outro lado, ela nos mostra permeáveis, atravessadas e estruturadas como significantes, jogando, para além do real, no registro do sentido, com a equivalência do significado e do significante em seu aspecto mais material, jogo de palavras, trocadilhos, chistes – o que vai dar no final das contas na abolição das ciências humanas, visto que a última palavra do chiste consiste em demonstrar o supremo domínio do sujeito em relação ao próprio significado, já que ele faz deste último todos os usos possíveis, com os quais brinca, essencialmente para aniquilá-lo.

Há agora uma experiência exemplar sobre a qual gostaria de chamar a atenção de vocês, e que vai ser para nós um primeiro passo na elucidação daquilo sobre o que um *quis* se interroga, o qual não conhecemos, neste para além da relação imaginária onde o outro está ausente e onde aparentemente toda intersubjetividade se dissolve.

2

Vocês sabem que na cibernética se faz muito caso das máquinas de calcular. Chegou-se até a chamá-las de máquinas de pensar, na medida em que seguramente algumas são capazes de resolver problemas de lógica, concebidos, é verdade, de modo suficientemente artificial para embrulhar por um instante o espírito, de maneira que nisto nos orientamos com menos facilidade do que elas.

Não vamos entrar, hoje, nestes arcanos. Não é com vinagre que se apanham as moscas, e, para não inspirar-lhes demasiada aversão por este exercício, vou tentar introduzi-los neste campo de maneira mais divertida. Nunca tivemos desprezo pela física divertida e pelos recreios matemáticos – pode-se tirar muito proveito disto.

Dentre estas máquinas de calcular ou de pensar, elocubraram-se outras, atraentes pela sua singularidade – são máquinas que jogam, inscritas no funcionamento e, o que é singular, nos limites de uma certa estratégia.

Pelo simples fato de uma máquina poder entrar numa estratégia, já estamos no âmago do problema. Pois, afinal, o que é uma estratégia? Como é que uma máquina pode participar disto? Vou tentar hoje fazer-lhes sentir as verdades elementares que são varridas por isto.

Construiu-se, ao que parece, uma máquina que joga o jogo de par ou ímpar. Não garanto nada porque não a vi, mas prometo-lhe que daqui até o fim destes seminários irei vê-la – nosso prezado amigo Riguet disse-me que ele me confrontaria com ela. Carece ter-se a experiência destas coisas, não se pode falar de uma máquina sem ter puxado um pouco por ela, sem ter visto no que dá, sem ter feito descobertas até mesmo sentimentais. O cúmulo é que a máquina da qual lhes falo chega a ganhar. Vocês conhecem o jogo, vocês ainda têm recordações de escala. Têm-se na mão duas ou três bolas de gude, e apresenta-se a mão fechada ao adversário dizendo – *Por ou ímpar?* Tenho, digamos, duas bolas de gude, e se ele disser *ímpar*, ele tem de passar uma bola para mim. E continua-se.

Tratemos de considerar um instante o que isso quer dizer, uma máquina que joga o jogo de par ou ímpar. Não podemos reconstruir tudo por nossa própria conta, porque nesta circunstância isso teria um ar um tanto elacubrado. Vem socorrer-nos um pequeno texto de Edgar Poe, do qual dei-me conta de que os cibernéticos faziam algum caso. Este texto está em *A carta roubada*, novela absolutamente sensacional, que poder-se-ia até considerar como fundamental para um psicanalista.

Os personagens interessados na busca da carta roubada, dos quais terei de falar-lhes novamente daqui a pouco, são dois policiais. Um é o chefe da polícia, ou seja, segundo as convenções literárias, um imbecil. O outro não é nada, é um policial amador, de inteligência fulgurante, chamado Dupin, que perfigura os Sherlock Holmes e outros heróis desses romances com que nutrem-se vocês quando lhes dá na telha. Este aqui expressa-se assim –

Conheci uma criança de oito anos, cuja infalibilidade no jogo do par ou ímpar causava admiração universal. Este jogo é simples, joga-se com bolas de gude. Um dos jogadores tem na mão um certo número destas bolas de gude, e pergunta ao outro: "Par ou não?" Se este adivinhar certo, ganha uma bola; se ele se enganar, perde uma. A criança de quem estou falando ganhava todas as bolas da escola. Ele tinha naturalmente um modo de adivinhar que consistia na mera observação e na apreciação da finura de seus adversários. Suponhamos que seu adversário seja um perfeito babaca e, levantando a mão fechada, lhe pergunte: "Par ou ímpar?" Nosso aluno responde: "Ímpar" e perdeu. Mas na segunda prova ganha, porque ele diz para consigo mesmo: "O palerma tinha posto par da primeira vez, e toda sua esperteza não vai além de fazê-lo pôr ímpar na segunda; direi pois: Ímpar" Diz: "Ímpar", e ganha.

Agora, com um adversário um pouco menos simples, ele teria raciocinado assim: "Este menino vê que, no primeiro caso, eu disse ímpar, e que, no segundo, ele vai propor-se – é a primeira ideia que vai apresentar-se a ele – uma mera variação de par para ímpar como fez o primeiro bestalhão; porém uma segunda reflexão vai dizer a ele ser esta uma mudança simples demais, e finalmente vai decidir-se a pôr par como da primeira vez. Direito portanto: Par." Diz par e ganha. Agora, este modo de raciocínio de nosso aluno, que seus companheiros chamam de sorte – em última análise, o que será?

– É simplesmente, digo, uma identificação do intelecto de nosso raciocinador com o de seu adversário.

– É isto mesmo, diz Dupin; e, quando perguntei a este menininho por que meio efetuava esta perfeita identificação que fazia todo seu sucesso, deu-me a seguinte resposta.

"Quando quero saber até que ponto alguém é circunspecto ou estúpido, até que ponto é bom ou mau, e quais são atualmente seus pensamentos, componho meu rosto conforme o dele, tão exatamente quanto possível, e espero então para saber que pensares ou que sentimentos vão nascer em meu espírito ou em meu coração, como se se emparelhassem e se correspondessem com minha fisionomia."

Esta resposta do aluno deixa muito para trás toda a profundidade sofística atribuída a La Rochefoucauld, a La Bruyère, a Maquiavel e a Campanella.

– E a identificação do intelecto do raciocinador com o de seu adversário depende, se é que o entendo bem, da exatidão com a qual o intelecto do adversário é apreciado.[43]

Estamos aqui diante de um raciocínio que coloca um certo número de problemas.

À primeira vista, trata-se de simples penetração psicológica, de uma espécie de ecomimia. O sujeito adota uma posição em espelho que lhe permite adivinhar o comportamento de seu adversário. No entanto, este próprio método já supõe a dimensão da intersubjetividade, em que o sujeito tem de saber que na sua frente tem um outro sujeito, em princípio homogêneo a ele mesmo. As variações às quais ele pode estar sujeito têm muito menos importância do que as escansões possíveis da posição do outro. Não existe outro apoio para o raciocínio psicológico.

Que escansões são estas? Há um primeiro tempo em que suponho o outro sujeito exatamente na mesma posição que eu, pensando o que penso no mesmo momento em que o penso. Suponhamos que a mim me pareça que seja mais natural que o outro mude de tema, que passe de par a ímpar, por exemplo. No primeiro tempo, acredito que é isto que ele fará. O importante é que pode haver um segundo tempo, manifestando uma subjetividade mais desembaraçada. O sujeito é com efeito capaz de fazer-se outro, e de chegar a pensar que o outro, sendo um outro ele mesmo, pensa como ele, e que lhe é preciso colocar-se como terceiro, sair deste outro que é seu puro reflexo. Como terceiro, dou-me conta de que se este outro aí não jogar o jogo, ele engana o adversário. E a partir daí tomo a dianteira, fiando-me na posição contrária à que me parecia, no primeiro tempo, como sendo a mais natural.

Mas, depois deste segundo tempo, vocês podem supor um terceiro, que torna extremamente difícil o prosseguimento do mesmo raciocínio por analogia. Afinal, alguém superiormente inteligente pode justamente entender que a astúcia consiste, malgrado ele parecer inteligentíssimo, em jogar como um imbecil, isto é, voltar à primeira fórmula. O que isto quer dizer? O seguinte – se o jogo do par ou ímpar for jogado no nível da relação dual, da equivalência do outro ao um, do *alter ego* ao *ego*, logo vocês se darão conta de que não atingiram espécie alguma de segundo grau, já que voltam por oscilação ao primeiro, logo que pensam no terceiro. Isto não exclui que algo na técnica do jogo participe efetivamente da identificação mítica ao adversário. Mas há aí uma bifurcação fundamental.

É possível que algo atue como uma adivinhação, aliás problemática, do sujeito numa certa relação simpática com o adversário. Não está fora de cogitação que ela tenha existido, esta criancinha, que ganhava mais amiúde do que na sua vez – o que é a única definição que se possa dar da palavra *ganhar* no caso. Mas o fundo da questão situa-se num registro totalmente diferente daquele da intersubjetividade imaginária.

Que o sujeito pense o outro semelhante a ele, e que raciocine como pensa que o outro deve raciocinar – primeiro tempo assim, segundo tempo assado – é um ponto de partida fundamental sem o qual nada pode ser pensado, mas, no entanto, absolutamente insuficiente para permitir-nos penetrar, seja lá de que maneira, ali onde pode residir a mola do sucesso. Não considero que a experiência interpsicológica esteja excluída neste caso, ela insere-se, porém, no frágil âmbito da relação imaginária com o outro, e está suspensa à sua própria incerteza. Dentro deste âmbito, a experiência é completamente esvaecente. Ela não é logiciável.[2]

Reportem-se à dialética do jogo dos discos pretos e brancos, colocados nas costas de três personagens que devem adivinhar qual é o seu próprio sinal a partir do que veem nos dois outros. Vocês poderão descobrir algo da mesma ordem.

Vamos tomar o outro caminho, aquele que é logiciável, que pode ser sustentado no discurso. Ele se impõe evidentemente a partir do momento em que o parceiro de vocês é a máquina.

Claro que vocês não têm de se perguntar se a máquina é idiota ou inteligente, se ela vai jogar conforme seu primeiro ou seu segundo movimento. Inversamente, a máquina não tem nenhum meio de se colocar numa posição reflexiva em relação ao seu parceiro humano.

Em que consiste jogar com uma máquina? A fisionomia da máquina, por mais agradável que a possamos supor, não pode, neste caso, ser de auxílio algum. Não há jeito de sair-se desta por intermédio da identificação. Somos, pois, projetados de entrada no caminho da linguagem, da combinatória possível da máquina. Sabe-se que se pode esperar da máquina uma série de ligações, jogando com excessiva rapidez graças a estes sensacionais retransmissores que são as fases eletrônicas e, pelas últimas notícias, graças a esses transistores com os quais nos azucrinam os jornais, num intuito sem dúvida comercial, que, no entanto, não põe em causa a qualidade destes objetos.

Mas antes de nos perguntarmos o que a máquina vai fazer, perguntemo-nos o que quer dizer ganhar e perder no jogo de par ou ímpar.

Num lance só, isto não tem sentido nenhum. Que a resposta de vocês coincida com o que há na mão do parceiro não é mais espantoso do que o contrário. Num lance, isso não tem sentido, a não ser o puramente convencional, de ganhar ou perder. *Par, ímpar,* isso não tem realmente importância nenhuma. Lembrem-se, contudo, de que a melhor tradução do número ímpar é o número dois, o qual regozija-se por ser ímpar,[41] e ele tem toda razão, pois se ele não tivesse por que regozijar-se por ser ímpar, ele tampouco seria par. Logo, basta inverter este jogo num jogo de *quem perde ganha* para que fique igualmente evidenciado que as coisas são equivalentes.

O que é mais surpreendente é perder ou ganhar duas vezes seguidas. Pois, se numa jogada tem-se 50% de probabilidade de cada lado, tem-se apenas 25% de probabilidade de repetir o lance na segunda vez.

+	+
−	−
+	−
−	+

E, no terceiro lance, há só 12,5% de probabilidade de continuarmos ganhando ou perdendo.

Isto, aliás, é puramente teórico, pois a partir daí, rogo-lhes que notem que não estamos absolutamente mais no âmbito do real, porém, no da significação simbólica que definimos por esses *mais-menos* e esses *menos-mais*. Do ponto de vista do real, em cada lance há sempre tantas chances de ganharem quanto de perderem. A própria noção de probabilidades e de chances supõe a introdução de um símbolo no real. É a um símbolo que vocês se endereçam e as chances de vocês se referem a um símbolo só. No real, em cada lance, vocês têm tantas chances de ganhar ou de perder quanto no lance anterior. Não há nenhuma razão para que vocês deixem de ganhar dez vezes seguidas por puro acaso. Isto só começa a tomar sentido quando vocês escrevem um sinal, e enquanto vocês não estiverem aí para escrevê-lo não há ganho nenhum. O pacto do jogo é fundamental para a realidade da experiência levada adiante.

Vejamos agora o que vai ocorrer com a máquina.

O que é divertido é vocês serem levados a fazer os mesmos gestos que fariam com um parceiro. Ao empurrar um botão, vocês lhe fazem uma pergunta sobre um *quod* que está aí na mão de vocês, e do qual trata-se de saber o que é. Isto já lhes indica que este *quod*, talvez, não seja a realidade, porém um símbolo. É sobre um símbolo que vocês fazem uma pergunta a uma máquina cuja estrutura deve ter algum parentesco com a ordem simbólica, e é justamente nisto que ela é uma máquina de jogar, uma máquina estratégica. Mas não entremos no detalhe.

A máquina é construída de tal maneira que ela dá uma resposta. Vocês tinham *mais* na mão. Ela dá como resposta *menos*. Ela perdeu. O fato de ela ter perdido consiste unicamente na dessemelhança do *mais* e do *menos*.

É preciso que vocês avisem à máquina que ela perdeu, inscrevendo um *menos*. Não tenho a menor ideia se é assim que a máquina funciona, mas isso pouco se me dá – ela não pode funcionar de outro jeito, e se funcionar de outro jeito, dá na mesma.

Esta máquina, que deve em princípio me derrotar, como será que esta joça é feita? Será que ela vai jogar ao acaso? Isto não tem nenhuma significação. Pode ocorrer que durante as três primeiras respostas ela diga sempre a mesma coisa, não é esta a questão. É na sucessão de suas respostas que temos os primeiros fundamentos do fenômeno.

Suponhamos que no começo a máquina seja muito tola – que ela seja tola ou inteligente, isto não tem importância nenhuma, já que o suprassumo da inteligência consiste em ser tolo. Admitamos que, para começar, ela responda sempre a mesma coisa. Acontece que eu, que sou inteligente, digo *mais*. Como ela me responde de novo *menos*, isso me põe na trilha. Digo a mim mesmo que a máquina deve ser um pouco inerte – poderia, igualmente, dizer-me o contrário – e de fato suponhamos que ela perca de novo.

É aqui que deve forçosamente intervir na construção de minha máquina o fato de termos jogado vários lances. Aqui começa a entrar em jogo um outro organismo da máquina, que registra que ela perdeu três vezes – não tenho certeza disto, mas posso supô-lo. Aliás, como sou inteligentíssimo, mas, no entanto, nem tão inteligente assim, posso supor que a máquina mude, pura e simplesmente e que eu, no caso me quede algo lerdo. Desta vez a máquina ganha.

1	+	–
2	+	–
3	+	–
4	+	+

Depois de três vezes, tendo perdido, a máquina começa, portanto, a reagir. O que será que vou fazer? Digo a mim mesmo que ela talvez vá perseverar, e daí inverto meu truque. Suponhamos que eu ganhe.

5 – +

Não sou forçado a fazer este raciocínio, mas quero mostrar a vocês os seus limites. Posso dizer a mim mesmo que a máquina, agora que ela ganhou, vai esperar o terceiro lance para modificar-se. Penso, pois, que ela vai jogar *mais* outra vez, e jogo *menos*. Mas suponham que o segundo organismo entre em jogo quando houve três vezes *menos*. Minha máquina, então, joga *menos*, e ganha de novo.

6 – –

Faço-lhes notar que a máquina ganhou duas vezes de maneira bastante próxima. Não é para demonstrar-lhes que, assim, a máquina vai ganhar. Mas, de acordo com a complexidade do mecanismo elaborado e com os organismos sucessivos nos quais um certo número de informações, que são de *mais* e de *menos*, pode estear-se, determinadas transformações, que poderão por sua vez ser coordenadas entre si, acabarão por dar uma modulação temporal análoga ao que se produz no enfrentamento dos dois personagens. Basta supor uma máquina complicada o bastante para ter suficientes organismos superpostos agrupando um número bastante grande de antecedentes – ao invés de agrupar três, ela pode agrupar oito ou dez – e seu alcance ultrapassará meu entendimento. No entanto, ela não pode ultrapassar sua reprodução no papel, quer dizer que também eu posso pô-la à prova, desde que refaça eu mesmo a combinatória toda antes de apalpá-la. Encontro-me, pois, aí numa espécie de rivalidade com ela.

Quero fazer-lhes notar que, nestas condições, não há razão alguma para que quem ganhe seja antes a máquina do que eu, a não ser meu cansaço. Reconstituindo o número de organismos que estão nesta máquina, os conjuntos por ela tomados a cada instante para determinar seu jogo, posso ser posto diante de problemas de tal complexidade matemática que eu careça – apreciem o humorismo – recorrer a uma máquina de calcular.

Mas, por enquanto, não estou jogando par ou ímpar, minha jogada é adivinhar o jogo da máquina. Agora, vou começar a jogar e tentar ver o que vai ocorrer.

Pode supor-se a máquina capaz de realizar um perfil psicológico de seu adversário. Porém, fiz-lhes notar há pouco que este só funciona dentro do âmbito da intersubjetividade. A questão toda resume-se em saber se o outro é suficientemente astuto para saber que eu também sou um outro para ele, e se é capaz de transpor este segundo tempo. Se o suponho idêntico a mim mesmo, suponho-o da mesma feita capaz de pensar de mim o que estou pensando dele, e de pensar que eu vou pensar que ele vai fazer o contrário daquilo que ele pensa que estou pensando. Oscilação simples que sempre volta. Por este único fato, tudo o que é da ordem do perfil psicológico fica estritamente eliminado.

Se, ao contrário, jogo ao acaso o que será que ocorre? Vocês conhecem este capítulo da *Psicopatologia da vida cotidiana*, em que trata de fazer sair um número ao acaso. Eis uma experiência que certamente escapa à bem conhecida metáfora do coelho a respeito do qual sempre recomendam que se recorde que ele foi previamente posto no chapéu. Freud – com a colaboração de seu sujeito, mas é justamente porque o sujeito fala com Freud que isso funciona –, Freud é o primeiro a dar-se conta de que um número tirado do chapéu vai rapidamente fazer aparecer coisas que levarão o sujeito àquela ocasião em que dormiu com a irmãzinha, ou ainda ao ano em que fracassou no vestibular[42] por ter-se masturbado naquela manhã. Se admitirmos estas experiências, é preciso assentar que não existe acaso. Enquanto o sujeito não está pensando nisto, os símbolos continuam acavalando-se, copulando, proliferando, fecundando-se, trepando, rasgando-se. E quando vocês tiram um, podem projetar nele uma fala deste sujeito inconsciente do qual estamos falando.

Em outros termos, mesmo se a palavra de minha vida tivesse de ser procurada em algo de tão longo quanto um canto inteiro da *Eneida*, não é impensável que com o tempo uma máquina chegasse a reconstituí-lo. Ora, qualquer máquina pode reduzir-se a uma série de retransmissores que são simplesmente de *mais* e de *menos.* Tudo na ordem simbólica pode ser representado com o auxílio de semelhante sucessão.

Não se deve confundir a *história* onde o sujeito inconsciente se inscreve com sua *memória* – vocábulo do qual não serei o primeiro a fazer-lhes notar o emprego confuso. Pelo contrário, no ponto em que estamos, convém que operemos uma demarcação muito nítida entre a memória e a *rememoração*, que é da ordem da história.

Chegou-se a falar de memória para distinguir o vivente como tal. Assim, diz-se que uma substância viva, depois de uma determinada experiência, se revela como tendo sofrido uma transformação tal que ela não reagirá mais à mesma experiência da mesma maneira que antes. Isto permanece bastante ambíguo – reagir de maneira diferente, o que quer dizer isto? Dentro de que limites? Não reagir absolutamente mais, será que isto não é um efeito da memória? A experiência mortal, definitivamente registrada, será que é uma memória? Reencontrar o equilíbrio nos limites de uma determinada homeostase, será que é uma memória? Não há, em todo caso, nenhuma razão para identificar esta memória, propriedade definível da substância viva, com a rememoração, agrupamento e sucessão de acontecimentos simbolicamente definidos, puro símbolo a engendrar por sua vez uma sucessão.

O que ocorre na máquina neste nível, para só falar deste, é análogo à rememoração com a qual lidamos na análise. Com efeito, a memória é aqui o resultado de integrações. O primeiro organismo adjutorando a primeira memória é constituído por um organismo que agrupa os resultados por três. Este resultado, memorizado, está a todo instante pronto para intervir. Porém, no instante seguinte, ele pode muito bem não ser absolutamente mais o mesmo. É possível que haja mudado de conteúdo, de sinal, de estrutura. Se um erro introduz-se no decurso da experiência, o que ocorre? Não é o que vem depois que é modificado, porém tudo o que está antes. Temos um efeito de só-depois[44] – *nachträglich*, como Freud o expressa – específico da estrutura de memória simbólica, ou seja, da função de rememoração.

Penso que este pequeno apólogo, com seu caráter problemático, leva vocês ao seguinte – para que haja um sujeito que interroga basta que exista o *quod*, sobre o qual incide a interrogação. Será que sequer temos de preocupar-nos com o que é este sujeito e de saber em relação a que outro ele se situa? É totalmente inútil. O essencial é o *quod* simbólico. Para o sujeito, é como uma imagem em espelhamento, mas de outra ordem – não é por nada que Ulisses fura o olho do ciclope. O sujeito, na medida em que fala, pode encontrar inteiramente sua resposta, seu retorno, seu segredo, seu mistério, no símbolo construído que as máquinas modernas representam para nós, ou seja, algo de ainda bem mais acéfalo do que aquilo que encontramos no sonho da injeção de Irma.

É colocar a questão das relações da significação com o homem vivo.

3

Há pouco estávamos evocando *A carta roubada.* Neste conto não se faz outra coisa senão girar em torno dos problemas da significação, do sentido, da opinião preconcebida, e justamente por ser a opinião preconcebida comum, aí está em jogo a verdade.

Vocês conhecem o tema da história. O chefe da polícia é encarregado de reencontrar uma carta que foi furtada por um grande personagem perfeitamente amoral. O tal personagem sutilizou esta carta da mesa da câmara da rainha. A carta vinha-lhe de um outro personagem, com quem mantinha relações, que tinha razões para esconder. Ela não consegue furtar a carta às vistas tão depressa quanto gostaria, porém o gesto que ela esboça é suficiente para fazer com que o ministro libertino, culpado e herói, veja a importância do papel. Ela age como se nada houvesse, coloca a missiva em evidência. Quanto ao rei, que também está aí, ele é, por definição, destinado a nada notar, desde que não se lhe chame a atenção. É o que permite ao ministro, por intermédio de uma manobra que consiste em sacar de uma carta vagamente análoga, e colocá-la sobre a mesa, apoderar-se nas ventas e nas barbas – já que a barba está aí – dos assistentes, desta carta que vai ser para ele fonte de considerável poder sobre os personagens régios, sem que ninguém possa dizer nada. A rainha se dá perfeitamente conta do que se passa, mas ela está bloqueada pela própria condição do jogo a três.

Trata-se de encontrar esta carta. Há especulação de todo gênero entre as quais se ouve uma ressonância a propósito do jogo de par ou ímpar, que permite entender que o jogo da intersubjetividade é tão essencial que basta que alguém esteja carregado de técnica, de saber, e de rigor, para que fique fascinado pelo real, como o ficam as pessoas inteligentíssimas, no que elas são estritamente imbecis. Revista-se a casa do ministro palmo a palmo, numerando cada decímetro cúbico. Olham-se as coisas ao microscópio, passam-se longas agulhas através das almofadas, todos os métodos científicos são empregados, e não se encontra a carta. A carta, no entanto, só pode estar na casa, pois o ministro deve poder servir-se dela a todo momento e metê-la nas ventas do rei. Ele não a carrega consigo, pois já se mandou assaltá-lo.

Joga-se aí com a ideia altamente sedutora – quanto mais os policiais agirem como policiais, menos encontrarão. Não vai-lhes vir à ideia de que a carta esteja aí nas fuças deles, pendurada por uma fita acima de uma lareira. O ladrão contentou-se em dar-lhe um caráter de gasto, em camuflá-la virando-a ao avesso e pondo-lhe um carimbo diferente. O personagem excessivamente esperto, e que tem razões para malquerer o ministro, não perde a oportunidade de pegar a carta e de substituí-la por uma outra que provocará a queda de seu inimigo.

Mas o essencial não está aí. O que será que dá o aspecto convincente desta história tão pouco convincente? Contudo, é de admirar que os policiais não tenham encontrado a carta no decurso de todas as revistas que deram. Para explicá-lo, Poe alega a intersubjetividade – o cara supersabido vai até o extremo do impensável para o outro, e, como tal, escapará. Mas se lerem o conto em seu valor fundamental, vocês vão dar-se conta de que há uma outra chave, que mantém tudo coeso e arrebata a convicção, enquanto que a história construída ligeiramente de outra forma não nos interessaria nem por um minuto.

Esta chave, vocês aí analistas, parece-me que deveriam reconhecê-la imediatamente – é simplesmente a identidade da fórmula simbólica da situação nas duas etapas mais importantes de seu desenvolvimento. A rainha pensou que a carta estava preservada por estar aí diante de todo mundo. E o ministro também a deixa em evidência, julgando-a assim inexpugnável. Não é por ser um estrategista, é por ser um poeta, que ele ganha, até a intervenção do superpoeta que é o Dupin.

Nenhuma espécie de intersubjetividade é aí decisiva, porque uma vez estreitadas as medidas do real, uma vez por todas definido um perímetro, um volume, não há nada que permita acreditar que no final das contas até mesmo uma carta escape. Se, no entanto, o fato de não encontrá-la arrebata a convicção, é porque o âmbito das significações continua existindo, até mesmo no espírito de pessoas supostas tão tolas quanto os policiais. Se os policiais não a encontram não é só por estar num lugar por demais acessível, mas devido a esta significação de que uma carta de alto apreço, em torno da qual estão acumulados os raios fulminantes do Estado e as recompensas que, em semelhante caso, podem ser concedidas, só pode estar cuidadosamente escondida. O escravo supõe muito naturalmente que o senhor é um senhor, e que, quando ele tem ao seu alcance algo de precioso, ele o agarra. Da mesma maneira, crê-se que, quando se chegou a um certo ponto de compreensão da psicanálise, pode-se agarrar nela e dizer – *Ela está aqui, somos nós que a temos!* Pelo contrário, a significação, como tal, nunca está lá onde se crê que deva estar.

O valor do apólogo é desta ordem aí. É a partir da análise do valor simbólico dos diferentes momentos do drama que se pode descobrir sua coerência, e até mesmo sua motivação psicológica.

Não é um jogo de esperteza, não é um jogo psicológico, é um jogo dialético.

23 de março de 1955

COMPLEMENTO

Seção seguinte: O Seminário joga.

Hoje, as férias estão aproximando-se, o dia está bonito, vamos fazer algo curto.

Da última vez, falei-lhes da intersubjetividade dual e de suas miragens. Ela não é inteiramente miragem, mas olhar para o vizinho e acreditar que ele pensa o que estamos pensando é um erro grosseiro. É daí que se deve partir.

Mostrei-lhes os limites do que podemos fundamentar nesta intersubjetividade dual, valendo-me deste famoso jogo de par ou ímpar que fui, para não inventar, buscar em Poe – e não há razão para deixar de crer que o tenha herdado da boca da criança que vencia neste jogo.

Jogar não é tão difícil. O movimento mais natural consiste simplesmente em trocar de par para ímpar. O cara mais inteligente vai fazer o contrário. Porém, num terceiro tempo, o que existe de mais inteligente é fazer que nem o imbecil ou o assim presumido. Ou seja, tudo perde sua significação. Mostrei-lhes, assim, que para jogar este jogo razoavelmente é preciso tentar anular todos os golpes do adversário.

O passo seguinte – e é a hipótese freudiana – consiste em afirmar que não há acaso no que quer que façamos com a intenção de fazê-lo ao acaso.

Eu lhes construí no quadro o que se chama hoje em dia de uma máquina. Ela desprenderia a fórmula que sempre pode ser depreendida naquilo que o sujeito profere ao acaso e que reflete de certa maneira o automatismo de repetição, visto que está para além do princípio do prazer, para além das ligações, dos motivos racionais, dos sentimentos aos quais podemos ter acesso. No começo da psicanálise, este para além é o inconsciente, uma vez que não podemos atingi-lo, é a transferência, uma vez que ela é verdadeiramente aquilo que modula os sentimentos de amor e de ódio, os quais não são a transferência – a transferência é aquilo graças a que podemos interpretar esta linguagem composta por tudo o que o sujeito nos possa apresentar, linguagem que, fora da psicanálise, fica, em princípio, incompleta e incompreendida. É isso, o para além do princípio do prazer. É o para além da significação. Os dois confundem-se.

O. Mannoni: – *Seu esforço para eliminar a intersubjetividade parece-me, contudo, deixá-la subsistir.*

Faço-lhe notar que não a elimino. Tomo um caso em que ela pode ser subtraída. Claro que ela não é eliminável.

O. Mannoni: – *Talvez ela não esteja subtraída, porque na lei de repetição, à qual obedecemos sem saber, é preciso considerar duas coisas. Uma, é ela não ser desvendada na coisa repetida. Poder-se-ia estudar aritmeticamente os números indefinidamente e não achar a lei de repetição, se levarmos em conta, por exemplo, os ritmos. Se repetimos as palavras, talvez seja porque umas tantas rimam com o pensamento inconsciente.*

Neste caso, nenhum matemático vai poder encontrar a razão das sucessões do número, isso estará fora do campo da máquina.

É muito bom o que o senhor está dizendo.

O. Mannoni: – *E, por outro lado, se a lei for descoberta, produz-se, por este próprio fato, uma desigualdade da maneira seguinte – um dos adversários a descobre, mas o outro não a descobre. Pois, uma lei descoberta deixa de ser uma lei.*

Mas é claro, com toda certeza, meu amigo, da última vez, para simplificar, eu fazia o sujeito jogar com uma máquina.

O. Mannoni: – *Isto introduz a luta dos dois sujeitos.*

Mas é claro, com toda certeza. Mas estamos partindo do elemento. A simples possibilidade de fazer um sujeito jogar com uma máquina já é suficientemente instrutiva. Isto não equivale a dizer que a máquina possa achar a razão de minhas visões. Disse-lhes que nossa fórmula pessoal podia ser tão longa quanto um canto da *Eneida*, mas nada garante que tal canto nos fornecesse as significações todas. Se ao menos encontrássemos rimas, teríamos certeza de estar em presença da *eficácia simbólica.* Este termo, utilizado por Claude Lévi-Strauss, emprego-o aqui a propósito de uma máquina. Será que se pode pensar que a eficácia simbólica é devida ao homem? Todo o nosso discurso aqui coloca isto em questão. Esta questão, aliás, só ficaria resolvida se pudéssemos ter ideia de como a linguagem nasceu – coisa que devemos, por muito tempo, renunciar a saber.

Diante desta eficácia simbólica, trata-se hoje de colocar em evidência uma certa *inércia* simbólica, característica do sujeito, do sujeito inconsciente.

Vou, neste intuito, propor-lhes agora que joguem de maneira ordenada o jogo de par ou ímpar, e vamos registrar os resultados. Eu os elaborarei durante as férias, e veremos se podemos tirar algo disto.

Isto vai depender do seguinte – será que existe ou não uma diferença entre uma lista de números escolhidos de propósito, e uma sequência de números escolhidos ao acaso? É ao matemático aqui presente, o sr. Riguet, que incumberia de explicar-nos o que é uma sequência de números escolhidos ao acaso. Vocês nem imaginam a que ponto isto é difícil. Foi preciso gerações de matemáticos para chegar a bem guardar-se à direita e à esquerda, e para que se tratasse verdadeiramente de números escolhidos ao acaso.

Riguet, o senhor vai ser o anotador desta primeira partida. David, o senhor vai jogar o jogo do par ou ímpar com Mannoni.

O. MANNONI: – *Eu, neste jogo aí, trapaceio.*

Estou-me ralando.

(*Jogo entre o sr. David e o sr. Mannoni.*)

O. MANNONI: – *É muito simples, todas as vezes que eu disse ao acaso, ganhei. Quando eu não tinha mais lei, perdi frequentemente. A lei variou. Num dado momento, tomei a ordem dos versos de Mallarmé, depois, um número de telefone, de carro, depois o que está inscrito no quadro, variando vogais e consoantes.*

Quantos lances o senhor jogou com a primeira lei?

O. MANNONI: – *Foi quando eu realmente ganhei.*

Isto era só para interessá-los na coisa. Trata-se agora de obter de cada um de vocês que escreva a seu gosto – vocês podem fazê-lo à toda, e creio que quanto mais à toda for, melhor será – pensando que estão brincando de par ou ímpar com a máquina. Porém peço-lhes que não procedam como Mannoni procedeu. Façam-no ao acaso. Manifestem a inércia simbólica de vocês.

(*Os participantes jogam e entregam suas folhas a J. Lacan.*)

30 de março de 1955

XVI

A Carta Roubada

A cativante exposição que vocês ouviram, ontem, apresentava-lhes o que poderíamos chamar de jogo da imagem e do símbolo. Que tudo nesta relação não seja expressável em termos genéticos é bem o que se depreende dos trabalhos da sra. Dolto, e é nisto que justamente ela está *una* com nosso ensino.

Quanto à etiologia da esquizofrenia, como terapeutas temos mil maneiras de interessarmo-nos por isto. Concordo haver aí, sem dúvida, uma dimensão médica, a do diagnóstico, a do prognóstico, porém de seu ponto de observação ela projeta luzes vivas e profundas sobre o fenômeno característico de tal etapa de um desenvolvimento individual, e eu nunca estaria louvando em demasia a genialidade e a honestidade de sua experiência. Não podemos fazer nossas categorias intervirem em toda parte, mas elas permitem, no entanto, operar um verdadeiro remanejamento nosográfico, como Perrier o encetou.

O. Mannoni: – *O que me incomoda é o senhor assimilar o desenho, o gráfico, ao imaginário. Ora, parece-me que o desenho já é uma obscura elaboração do imaginário.*

Falei do imaginário, não disse que era o desenho, que já é um símbolo.

O. Mannoni: – *Mas não de todo, é isto que me intriga.*

Com certeza, isso vai intrigá-lo enquanto não tivermos tomado o desenho como objeto, e, todos juntos, começado a colocar-nos a questão de saber o que é. Mas não é este nosso objeto este ano.

O que eu disse da última vez foi no sentido de tornar-lhes palpável a relação do sujeito com a função simbólica. Com respeito a isto iremos hoje ainda mais adiante.

1

O símbolo surge no real a partir de uma aposta. A própria noção de causa, no que ela pode comportar de mediação entre a cadeia, dos símbolos e o real, se estabelece a partir de uma aposta primitiva – será que isso vai ser isso ou não? Não é a troco de nada que a noção de probabilidade chega no centro mesmo da evolução das ciências físicas, como nos mostra a epistemologia justamente em seu desenvolvimento atual, e que a teoria das probabilidades reatualiza uma série de problemas que foi através da história do pensamento, durante séculos, alternativamente posta em evidência e ocultada.

A aposta está no centro de toda e qualquer questão radical que trate do pensamento simbólico. Tudo se resume no *to be or not to be*, na escolha entre o que vai ou não sair, no par primordial do *mais* e do *menos*. Mas, presença assim como ausência conotam ausência ou presença possíveis. Logo que o próprio sujeito chega ao ser, ele o deve a um certo não-ser sobre o qual ele ergue seu ser. E se ele não é, se ele não é algo, é que ele testemunha, evidentemente de alguma ausência, mas ele permanecerá sempre devedor desta ausência, quero dizer que ele terá de dar a prova disto, na falta de dar prova da presença.

É o que confere seu valor a este encadeamento de pequenos *mais* e de pequenos *menos* que enfileiramos no papel em diversas condições experimentais. O exame dos resultados recolhidos tem um valor concreto – mostrar certos desvios da curva dos ganhos e das perdas.

Como vimos da última vez, jogar é ir no encalço de uma regularidade presumida que, num sujeito, se furta, mas que deve traduzir-se nos resultados por um desviozinho de nada na curva das probabilidades. Pois, é justamente o que tende a revelar-se nos fatos, mostrando que pelo simples fato do diálogo, por mais cego que seja, não existe puro jogo de acaso, porém já articulação de uma fala com outra. Esta fala está inclusa no fato de que, mesmo para o sujeito que joga sozinho, seu jogo só tem sentido se ele anunciar previamente o que ele pensa que vai sair. Pode-se jogar sozinho cara ou coroa. Porém, do ponto de vista da fala não se joga sozinho – já existe a articulação de três sinais, comportando um ganho ou um perdido, sobre o qual aparece delineado o próprio sentido do resultado. Em outros termos, não há jogo se não houver questão, não há questão se não houver estrutura. A questão é composta, organizada pela estrutura.

O jogo do símbolo representa e organiza, em si mesmo, independentemente das particularidades de seu suporte humano, este algo que se chama um sujeito. O sujeito humano não fomenta este jogo, ele toma seu lugar e desempenha aí o papel dos pequenos *mais* e dos pequenos *menos*. Ele próprio é um elemento nesta cadeia que, logo que é desenrolada, se organiza segundo leis. Assim, o sujeito está sempre em diversos planos, preso em redes que se entrecruzam.

Qualquer coisa de real sempre pode sair. Porém, uma vez constituída a cadeia simbólica, a partir do momento em que vocês introduzem, sob forma de unidades de sucessão, determinada unidade significativa, não pode mais sair qualquer coisa.

Convenhamos agrupar por três os *mais* e os *menos* que podem apresentar-se, e denominar 1, 2 ou 3 as sequências conforme seu tipo.

(1)	(2)	(3)
+ + +	+ + –	+ – +
– – –	– – +	– + –
	– + +	
	+ – –	

Esta mera transformação faz emergir leis extremamente precisas. Os 1, os 2 e os 3 não podem suceder-se em qualquer ordem. Um 1 jamais poderá suceder a um 3, jamais um 1 apresentar-se-á depois de ter saído um número ímpar, seja qual for, de 2.[45] Porém, após um número par de 2, é possível que saia um 1. Um número indefinido de 2 sempre é possível entre 1 e 3.

A partir daí vocês podem compor outras unidades significativas, que apresentam intervalos entre dois destes grupos.

Passagem de 3 para 2 Passagem de 1 para 2	⟶ β
Passagem de 2 para 2	⟶ γ
Passagem de 1 para 1 Passagem de 1 para 3 Passagem de 3 para 3	⟶ α
Retorno de 2 para 1 Retorno de 2 para 3	⟶ δ

Vocês vão verificar que depois da repetição de um grande número de α, se tínhamos antes um β, só pode sair um δ. Eis uma organização simbólica primitiva que já permite ultrapassar as metáforas que empreguei, no outro dia, ao falar de uma memória interna ao símbolo. De certa forma, a série dos α se recorda que ela não pode expressar outra coisa senão um δ, se um β ocorreu, por mais longe que seja, antes da série dos α.

Vocês veem as possibilidades de demonstração e de teorematização que se depreendem pelo simples uso destas séries simbólicas. Desde a origem, e independentemente de todo vínculo a um liame qualquer de causalidade suposta real, o símbolo já funciona, e gera por si próprio suas necessidades, suas estruturas, suas organizações. É justamente disto que se trata em nossa disciplina na medida em que ela consiste em sondar em seu alicerce qual é o alcance, no mundo do sujeito humano, da ordem simbólica.

O que pode ser imediatamente apreensível nesta perspectiva é o que chamei de imisção dos sujeitos. Vou ilustrá-la a vocês, já que o acaso no-la ofereceu, com a história da *Carta roubada*, na qual pegamos o exemplo do jogo de par ou ímpar.

2

Este exemplo é introduzido pelo porta-voz do sentido do conto, e ele é suposto fornecer uma imagem elementar da relação intersubjetiva, fundamentada no seguinte – o sujeito presume do pensamento do outro em função das supostas capacidades de astúcia, dissimulação, estratégia deste último, que seriam dadas numa relação dual de reflexo. Isto alicerça-se sobre a ideia de que haveria meio de discernir a apreensão do idiota da do homem inteligente.

Salientei o quanto este ponto de vista é frágil, e até mesmo totalmente alheio àquilo de que se trata, pela simples razão de a inteligência consistir, no caso, em se fazer de idiota. No entanto, Poe é um homem estupendamente avisado, e basta que leiam o conjunto do texto para ver o quanto a estrutura simbólica da história ultrapassa, e de longe, o alcance deste raciocínio, por um instante sedutor, porém excessivamente fraco, que só tem aqui a função de um conto do vigário.

Gostaria que aqueles que leram a *Carta roubada*, depois de eu ter começado a falar dela, levantassem a mão – nem mesmo a metade da sala!

Penso que vocês sabem, no entanto, que se trata da história de uma carta roubada, em circunstâncias sensacionais e exemplares, história que um infeliz chefe da polícia vem contar, o qual desempenha o papel, clássico nesse gênero de mitologias, daquele que deveria achar aquilo que há para ser procurado, mas que não pode deixar de entrar pelo cano. Em suma, este chefe de polícia vem pedir ao chamado Dupin para tirá-lo da encrenca. Ele, Dupin, representa o personagem, mais mítico ainda, daquele que entende tudo. Mas a história ultrapassa de muito o registro de comédia ligado às imagens fundamentais que condizem com o gênero da detecção policial.

O augusto personagem, cuja pessoa aparece delineada mais atrás na história, parece não ser outro senão uma pessoa régia. A cena se passa na França durante a monarquia restaurada. A autoridade não se acha certamente nesta época revestida deste caráter sagrado que pode dela afastar as mãos atentatórias dos audaciosos.

Um ministro, ele mesmo homem de alta linhagem, de grande desenvoltura social, e que possui a confiança do casal régio, pois se encontra a falar dos assuntos de Estado na intimidade do rei e da rainha, surpreende o embaraço desta última, que acaba de tentar dissimular ao seu augusto parceiro a presença sobre a mesa de algo que é nada menos do que uma carta, da qual o ministro discerne imediatamente o sobrescrito e o sentido. Trata-se de uma correspondência secreta. Se a carta fica aí, atirada com indiferença sobre a mesa, é justamente para o rei não notar sua presença. É com sua desatenção, senão com sua cegueira, que a rainha joga.

O ministro, que não temos olhos na algibeira, repara naquilo de que se trata, e entrega-se a um joguinho que consiste primeiro em divertir a plateia, em seguida em tirar do bolso uma carta que, por acaso, ele tem e cuja aparência é vagamente a do objeto – já se pode desde então dizer, do objeto do litígio. Após tê-la manuseado, ele a coloca negligentemente sobre a mesa ao lado da primeira carta. Feito isto, aproveitando a desatenção do personagem principal, resta-lhe apenas pegar tranquilamente esta última, e colocá-la no bolso sem que a rainha, que desta cena não perdeu um só detalhe, possa fazer o que quer que seja a não ser resignar-se a ver partir, diante de seus próprios olhos, o documento comprometedor.

Poupo-lhes o resto. A rainha quer a todo custo recuperar este instrumento de pressão, senão de chantagem. Ela põe a polícia na jogada. A polícia por ser feita para nada achar, não acha nada. E é Dupin quem resolve o problema e descobre a carta lá onde ela está, isto é, no apartamento do ministro, no lugar mais evidente, ao alcance da mão, apenas disfarçada. Parece, é claro, que ela não deveria ter escapado às investigações dos policiais, pois se achava compreendida na zona de seu exame microscópico.

Para dela apossar-se, Dupin manda disparar um tiro fora de casa. Enquanto o ministro vai à janela para ver o que está acontecendo, Dupin vai à carta e a substitui rapidamente por outra, que contém os seguintes versos:

... un dessein si funeste,
S'il n'est digne d'Atrée, est digne de Thyeste.[46]

Estes versos são tomados do *Atrée et Thyeste* de Crébillon pai e têm um alcance que vai muito além daquele de ter-nos dado o ensejo de reler por inteiro esta bem-curiosa tragédia.

Este episódio é bastante singular, se lhe acrescentarmos a nota de crueldade com a qual o personagem, aparentemente o mais desapegado, o mais imparcial, o Dupin da fábula, esfrega as mãos e jubila ao pensar no drama que ele não vai deixar de desencadear. Aqui, não é apenas Dupin quem fala conosco, porém o narrador, miragem do autor. Veremos o que esta miragem significa.

O drama vai rebentar no seguinte, o ministro, desafiado a provar seu poderio, porque a partir de então vão-lhe opor resistência, um belo dia sacará da carta. Vão-lhe dizer – *Mostre-a* –, ele dirá – *Ei-la.* E ele vai desabar no derrisório, se não desabar no trágico.

Eis aí descortinado aquilo que nos é narrado.

Há duas grandes cenas – não no sentido em que dizemos cena primitiva –, a cena da carta roubada e a da carta reavida, e ainda cenas acessórias. A cena em que a carta é reavida está desdobrada, já que, ao tê-la descoberto, Dupin não a retoma imediatamente – é-lhe preciso preparar sua cilada, sua pequena cabala e também a carta a substituir. Há também a cena imaginária do fim onde se vê perder-se o personagem enigmático da história, este singular perfil de ambicioso de quem ficamos a nos perguntar qual seria a ambição. Será que é simplesmente um jogador? Ele joga com o desafio. Sua meta – e nisto ele seria um verdadeiro ambicioso – parece ser a de mostrar até onde ele pode ir. Para onde, não lhe importa. A meta da ambição se esvaece com a própria essência de seu exercício.

Quais são os personagens? Poderíamos contá-los nos dedos da mão. Há os personagens reais – o rei, a rainha, o ministro, Dupin, o chefe da polícia e o agente provocador que dá um tirinho na rua. Há também os que não aparecem no palco e fazem os barulhos de bastidor. Eis as *dramati personae*, das quais dá-se em geral o catálogo no início de uma peça de teatro.

Será que não há uma outra maneira de fazer isto?

Os personagens em jogo podem ser definidos de outra maneira. Eles podem ser definidos a partir do sujeito, mais exatamente a partir da relação que a aspiração do sujeito real pela necessidade do encadeamento simbólico determina.

Partamos da primeira cena. Há quatro personagens – o rei, a rainha, o ministro, e o quarto, quem será?

SR. GUÉNINCHAULT: – *A carta.*

Claro, a carta e não aquele que a envia. Apesar de seu nome ser pronunciado lá pelo fim do romance, ele só tem mesmo uma importância fictícia, enquanto que a carta é, com efeito, um personagem. E, inclusive, é a tal ponto um personagem que tudo nos permite identificá-la ao esquema-chave que encontramos, no fim do sonho da injeção de Irma, na fórmula da trimetilamina.

A carta é aqui sinônimo do sujeito inicial, radical. Trata-se do símbolo a deslocar-se em estado puro, no qual não se pode tocar sem se ficar imediatamente preso em seu jogo. Assim, o que o conto da *Carta roubada* significa é que o destino ou a causalidade não é nada que se possa definir em função da existência.

Quando os personagens se apoderam desta carta, pode-se dizer que algo, que sobrepuja e de muito suas particularidades individuais, os pega e os arrasta. Sejam quem for, a cada etapa da transformação simbólica da carta, eles serão unicamente definidos pela sua posição em relação a este sujeito radical, pela sua posição num dos CH_3. Esta posição não é fixa. Na medida em que eles entraram na necessidade, no movimento próprio à carta, cada qual se torna, no decurso das sucessivas cenas, funcionalmente diferente em relação à realidade essencial que ela constitui. Em outros termos, se considerarmos esta história em seu aspecto exemplar, a carta é, para cada um, seu inconsciente. É seu inconsciente com todas as consequências, ou seja, a cada momento do circuito simbólico, cada qual torna-se um outro homem.

É o que vou tentar mostrar-lhes.

3

O que constitui o fundo de todo drama humano, de todo drama de teatro em particular, é o fato de haver liames, nós, pactos estabelecidos. Os seres humanos já estão ligados entre si por compromissos que determinaram o lugar deles, o nome deles, a essência deles. Um outro discurso, outros compromissos, outras falas chegam então. É certo que há pontos em que é preciso ir às vias de fato. Todos os tratados não se constituem simultaneamente. Alguns são contraditórios. Se se faz a guerra, é justamente para saber que tratado será válido. Graças a Deus, a guerra, por muitas vezes, não é feita. Mas os tratados continuam funcionando, o anel circulando entre as pessoas em várias direções ao mesmo tempo, e, por vezes, o objeto de um jogo de passa-anel encontra o de um outro jogo de passa-anel. Há subdivisão, reconversão, substituição. Aquele que se compromete a jogar o passa-anel numa determinada roda deve dissimular que joga também numa outra.

Não é por acaso que vemos aparecer aí personagens régios. Eles se tornam simbólicos do caráter fundamental do compromisso constituído no início. O respeito do pacto que une o homem à mulher tem um valor essencial para a sociedade inteira, e este valor se acha, desde sempre, encarnado ao máximo nas pessoas do casal régio, que joga.[47] Este casal é o símbolo do pacto mais importante, que faz concordar o elemento macho com o elemento fêmea, e ele desempenha tradicionalmente um papel mediador entre tudo o que não conhecemos, o cosmo e a ordem social. Nada será, a mais justo título, considerado como escandaloso e repreensível do que aquilo que lhe causa dano.

É certo que, no estado atual das relações inter-humanas, a tradição fica posta no segundo plano, ou pelo menos velada. Vocês se lembram da fala do rei Farouk, segundo a qual, de ora em diante, só há cinco reis sobre a terra, os quatro reis do baralho e o rei da Inglaterra.

O que é, afinal, uma carta? Como é que uma carta pode ser roubada? Ela pertence a quem? A quem a enviou, ou a quem é destinada? Se disserem que pertence a quem a enviou, no que será que consiste a dádiva de uma carta? Por que é que se manda carta? E se pensarem que ela pertence ao destinatário, como é que, em determinadas circunstâncias, vocês devolvem as cartas ao personagem que com elas os bombardeou durante uma parte da existência de vocês?

Pode-se estar seguro, quando se toma um destes provérbios atribuídos à sabedoria das nações – sabedoria que é assim denominada por antífrase –, de deparar-se com uma estupidez. *Verba volant, scripta manent.* Já pensaram que uma carta é justamente uma fala que voa? Se pode haver uma carta roubada, é porque uma carta é uma folha volante.[48] São os *scripta* que *volant*, enquanto que as falas, infelizmente, permanecem. Elas permanecem até quando ninguém mais se recorda delas. Exatamente como depois de quinhentos mil sinais na série dos *mais* e *menos*, o aparecimento dos α, β, γ, δ permanecerá determinado pelas mesmas leis.

As falas permanecem. O jogo dos símbolos, contra isto vocês nada podem fazer, e é por isso que é preciso tomar muito cuidado com o que dizem. Mas a carta, a letra,[49] essa vai embora. Ela passeia sozinha. Insisti com frequência para fazer o sr. Guiraud entender que podia haver sobre a mesa dois quilos de linguagem. Não é preciso que haja tanto – uma folhinha de papel velino é igualmente uma linguagem que aí está. Ela está aí, e só existe enquanto linguagem, ela é a folha volante. Mas ela é também outra coisa, que tem uma função particular, absolutamente inassimilável a nenhum objeto humano.

Os personagens desempenham, pois, seu papel. Há um personagem que treme, a rainha. Sua função consiste em não poder tremer para além de um certo limite. Se ela tremesse só um bocadinho mais, se o reflexo do lago que ela representa – porque ela é a única que verdadeiramente tem plena consciência da cena – se perturbasse um pouco mais, ela deixaria de ser a rainha, seria completamente ridícula, e nós não poderíamos nem sequer suportar a crueldade terminal de Dupin. Mas ela não pia. Há um personagem que não vê nada, o rei. Há o ministro. Há a carta.

Esta carta, que é uma fala endereçada à rainha por alguém, o duque de S., a quem ela é realmente endereçada? Visto ser uma fala, ela pode ter diversas funções. Tem a função de um certo pacto, de uma certa confidência. Tanto faz tratar-se do amor do duque ou de um complô contra a segurança do Estado ou até de uma banalidade. Ela está aí, dissimulada numa espécie de presença-ausência. Ela está aí, mas não está aí, ela só está aí em seu valor próprio, em relação a tudo o que ela ameaça, a tudo o que ela vibra, a tudo de que ela escarnece, a tudo de que ela põe em perigo ou em suspenso.

Esta carta, que não tem o mesmo sentido em todo lugar, é uma verdade que não convém publicar. Assim que ela passa para o bolso do ministro, ela não é mais o que era antes, seja lá o que for que tenha sido. Ela não é mais uma carta de amor, uma carta de confidência, o anúncio de um acontecimento, ela é uma prova, e, se caso for, uma prova material. Se imaginarmos este pobre rei, picado por alguma tarântula que dele faria um rei de maior graça, um destes reis, não bonacheirões, capazes de deixar passar a coisa e em seguida enviar sua digna esposa diante de altos juízes, como isso se viu em determinados momentos da história da Inglaterra – sempre a Inglaterra –, nós nos damos conta de que a identidade do destinatário de uma carta é tão problemática quanto a questão de saber a quem ela pertence. Em todo caso, a partir do momento em que ela se acha entre as mãos do ministro, ela passa a ser, em si mesma, outra coisa.

O ministro faz, então, um troço bastante singular. Vocês vão-me dizer que é a necessidade das coisas. Mas por que nós, analistas, nos deteríamos nas grosseiras aparências das motivações?

Queria sacar do meu bolso uma carta da época para mostrar a vocês como isso se dobrava e naturalmente esqueci-a em casa. Era uma época em que as cartas eram bem bonitas. Dobrava-se mais ou menos assim – e punha-se o sinete ou o lacre.

O ministro que, em sua esperteza, quer que a carta passe despercebida, redobra-a para o outro lado e amarrota-a. É muito possível, ao redobrá-la, fazer aparecer uma superficiezinha nua e plana sobre a qual pode-se pôr um outro sobrescrito e um outro sinete, negro ao invés de vermelho. No lugar da letra alongada do nobre senhor vem uma letra feminina que endereça a carta ao próprio ministro. E é sob esta forma que a carta jaz no porta-cartas, onde o olho de lince de Dupin não vai deixá-la escapar porque, como nós, ele meditou sobre o que vem a ser uma carta.

Esta transformação não fica suficientemente explicada, para nós analistas, pelo fato de o ministro querer que não a reconheçam. Não é de um jeito qualquer que ele a transformou. A esta carta, que não sabemos o que era, ele faz com que, de certa maneira, ela lhe seja remetida sob sua nova e falsa aparência, especifica-se até por quem – por um personagem feminino de sua linhagem, que tem a letra feminina e miúda – e ele faz com que ela lhe seja remetida com seu próprio sinete.

Eis uma curiosa relação consigo mesmo. Há uma súbita feminização da carta e, ao mesmo tempo, ela entra numa relação narcísica – já que agora ela lhe é endereçada com esta letra feminina requintada e leva seu próprio carimbo. É uma espécie de carta de amor que ele se manda a si mesmo. É muito obscuro, indefinível, não quero forçar nada, e, na verdade, se falo desta transformação, é por ela ser correlativa de algo muito mais importante que diz respeito ao comportamento subjetivo do próprio ministro.

Detenhamo-nos neste drama, vejamos o que o amarra.

Em que o fato de a carta estar em posse do ministro é assim tão doloroso que tudo surge do fato de a rainha precisar com absoluta urgência, recuperá-la?

Como o faz notar um dos interlocutores inteligentes – o narrador, que também é testemunha –, este negócio só tem alcance se a rainha souber que este documento está em posse do ministro. Ela sabe, enquanto que o rei nada sabe.

Suponhamos então, que o ministro se comporte com uma semvergonhice intolerável. Ele sabe que é poderoso, comporta-se como tal. E a rainha – é preciso crer que ela tenha voz ativa nos negócios – intervém em seu favor. Os desejos, que se supõem ao poderoso ministro, são satisfeitos, nomeia-se fulano para tal lugar, se lhe dá tal colega, se lhe permite formar maiorias diante da Câmara monárquica, que só lhe parece por demais constitucional. Mas nada indica que o ministro jamais tenha dito algo, jamais pedido algo à rainha. Pelo contrário, ele tem a carta e cala-se.

Cala-se, quando, no entanto, é portador de uma carta que ameaça o fundamento do pacto. É portador da ameaça de uma desordem profunda, não reconhecida, recalcada, e cala-se. Ele poderia ter uma atitude que qualificaríamos de altamente moral. Ele poderia fazer admoestações à rainha. Claro que ele seria hipócrita, mas ele poderia colocar-se como defensor da honra de seu senhor, como vigilante guardião da ordem. E talvez a intriga amarrada com o duque de S. seja perigosa para a política que ele supõe ser a boa. Mas ele não faz nada disso.

Ele nos é representado como um personagem essencialmente romântico, e não deixa de nos fazer pensar no sr. de Chateaubriand, do qual não teríamos a recordação de um personagem tão nobre, não tivesse sido ele cristão. Pois, se lermos o sentido verdadeiro de suas *Memórias*, será que ele não se declara ligado à monarquia por fé jurada só para poder dizer da maneira mais clara que, afora isso, ele acha que são uns sacanas? De maneira que ele pode fazer figura deste *monstrum horrendum* de que nos falam para justificar a ira final de Dupin. Há uma maneira de defender os princípios, como se vê ao se ler Chateaubriand, que é a melhor maneira de aniquilá-los.

Por que será que nos apresentam o ministro como tal monstro, como um homem sem princípios? Ao se olhar de perto as coisas, isto quer dizer que ele não confere àquilo que detém em seu poder nenhum sentido da ordem de uma compensação ou de uma sanção qualquer. Do conhecimento que tem desta verdade sobre o pacto, ele não faz nada. Não faz nenhuma recriminação à rainha nem a incita a entrar nos eixos colocando-se no plano do confessor ou do diretor de consciência, assim como não vai dizer-lhe *toma lá dá cá*. O poder que a carta pode conferir-lhe, ele o suspende na indeterminação, não lhe dá nenhum sentido simbólico, joga apenas com o seguinte – entre ele e a rainha se estabelece esta miragem, esta fascinação recíproca, que é o que eu lhes anunciava há pouco, ao falar de relação narcísica. Relação dual entre o senhor e o escravo fundamentada na ameaça indeterminada da morte em último termo, mas, neste caso, sobre os temores da rainha.

Estes temores da rainha, se formos olhar de perto, são muito exagerados. Pois, como se assinala no conto, esta carta talvez seja uma arma terrível, bastaria, porém, que fosse posta em jogo para ser aniquilada. E é uma arma de dois gumes. Não se sabe que sequência poderia ser dada à revelação da carta pela justiça retributiva, não apenas de um rei, mas de todo um conselho, de toda a organização envolvida em semelhante escarcéu.

No final das contas, o caráter intolerável da pressão constituída pela carta é devido ao ministro ter, em relação à carta, a mesma atitude que a rainha – ele não fala dela. Não fala porque, assim como a rainha, ele não pode falar dela. E pelo simples fato de não poder falar dela, ele se encontra, no decurso da segunda cena, na mesma posição que a rainha, e ele não vai poder deixar de fazer com que lhe furtem a carta. Isto não é devido à esperteza de Dupin, porém à estrutura das coisas.

A carta roubada tornou-se uma carta escondida. Por que será que os policiais não a encontram? Não a encontram porque não sabem o que é uma carta. Não o sabem porque são a polícia. Todo poder legítimo, assim como toda espécie de poder, repousa sempre sobre o símbolo. E a polícia, assim como todos os outros poderes também repousa sobre o símbolo. Como puderam ver em períodos de agitação, vocês se teriam deixado prender que nem carneirinhos se um cara lhes tivesse dito *Polícia!* e mostrado uma carteira, caso contrário, começariam a quebrar-lhes a cara tão logo ele tivesse posto a mão em vocês. Só que a pequena diferença que existe entre a polícia e o poder é que persuadiram a polícia que sua eficácia repousa na força – isso não é para que se sinta confiante, mas, pelo contrário, para limitá-la em suas funções. E graças ao fato de a polícia crer que é pela força que ela exerce sua função, ela é tão impotente quanto se possa desejar.

Quando se lhe ensina outra coisa, como se tem feito de uns tempos para cá em determinadas zonas do mundo, vê-se no que dá. Obtém-se a adesão universal àquilo que chamaremos simplesmente de doutrina. Pode-se fazer quem quer que seja enquadrar-se numa posição mais ou menos indiferente em relação ao sistema dos símbolos, e obtém-se assim todas as confissões do mundo, faz-se endossar por quem quer que seja qualquer elemento da cadeia simbólica, ao bel-prazer do poder despido do símbolo, ali onde certa meditação pessoal falta.

A polícia, por acreditar na força, e da mesma feita no real, procura a carta. Como eles dizem – *Procuramos por toda parte.* E não acharam, porque se trata de uma carta, e que uma carta está justamente em lugar nenhum.

Não é um joguinho mental. Reflitam – por que será que eles não a encontram? Ela está aí. Eles a viram. Viram o quê? Uma carta. Talvez a tenham até aberto. Mas não a reconhecem. Por quê? Tinham dela uma descrição – *Ela tem um carimbo vermelho e tal sobrescrito.* Ora, ela tem um outro carimbo e não tem tal sobrescrito. Dir-me-ão vocês – *E o texto?* Mas justamente, o texto não lhes foi dado. Pois, das duas uma, ou o texto tem importância ou não tem. Se ele tem importância, e mesmo que ninguém, salvo o rei, possa entendê-la, convém, no entanto, que não fique dando sopa.

Vocês estão vendo bem que só pode haver algo escondido na dimensão da verdade. No real, a própria ideia de um esconderijo é delirante – por mais longe nas entranhas da terra que alguém tenha ido levar algo, isso lá não está escondido, já que se ele foi, vocês também podem lá ir. Só pode estar escondido o que é da ordem da verdade. É a verdade que está escondida, não a carta. Para os policiais, a verdade não tem importância, para eles só existe realidade, e é por esta razão que eles não encontram.

Em compensação, ao lado de seus reparos sobre o jogo de par ou ímpar, Dupin faz considerações linguísticas, matemáticas, religiosas, especula constantemente sobre o símbolo, falando até do não sentido das matemáticas – pelo que apresento minhas desculpas aos matemáticos aqui presentes. Tentem pois, diz ele, dizer um dia diante de um matemático que talvez $x^2 + px$ não seja exatamente igual a q – e ele imediatamente vai desancá-los. Que nada, já que frequentemente entretenho-me com Riguet de minhas suspeitas sobre este assunto, e nada de semelhante jamais me aconteceu. Pelo contrário, nosso amigo me incita a prosseguir nestas especulações. Enfim, é por Dupin ter refletido um pouco sobre o símbolo e a verdade que ele vai ver o que tem para se ver.

Na cena que nos descrevem, Dupin encontra-se diante de uma curiosa exibição. O ministro dá mostra de uma bela indolência – a qual não engana o hábil homem, que sabe que há por baixo disso a extrema vigilância, a audácia terrível do personagem romântico, capaz de tudo, para o qual o termo de sangue-frio, vejam isso no Stendhal, parece ter sido inventado. Ei-lo deitado, entediado, que sonha – *Nada é suficiente, numa época decadente, para ocupar os pensamentos de um grande espírito. O que fazer quando tudo vai por água abaixo?* Eis o tema. Enquanto isto, Dupin, de óculos verdes, olha por todo canto e tenta fazer-nos crer que é seu gênio que lhe permite ver a carta. Mas não é não.

Assim como era a rainha que na verdade indicara a carta ao ministro, assim é o ministro quem entrega seu segredo a Dupin. Será que não há algo como uma ressonância entre a carta de sobrescrito feminino e este Páris enlanguescido? Dupin lê literalmente aquilo que a carta virou na atitude amolecida deste personagem do qual ninguém sabe o que quer, a não ser levar tão longe quanto possível o exercício gratuito de sua atividade de jogador. Aí está ele, desafiando o mundo como desafiou o casal régio com o rapto da carta. O que isto quer dizer? – senão que, por estar em relação à carta na mesma posição em que a rainha estava, numa posição essencialmente feminina, o ministro sucumbe àquilo que ocorreu com ela.

Vocês me dirão que não há, como anteriormente, os três personagens e a carta. A carta está aí, há dois personagens, mas onde está o rei? Pois bem, é evidentemente a polícia. Se o ministro se sente tão tranquilo, é porque a polícia faz parte de sua segurança, assim como o rei fazia parte da segurança da rainha. Proteção ambígua – é a proteção que ele lhe deve no sentido em que o esposo deve auxílio e proteção à esposa, é também a proteção que ela deve à sua cegueira. Mas um nada bastou, uma mudançazinha de equilíbrio, para que no interstício a carta fosse sutilizada. E é o que ocorre com o ministro.

É um erro de sua parte acreditar que pode ficar tranquilo pelo fato de a polícia, que revista seu palacete há meses, não a ter encontrado. Isto não prova nada, tal como para a rainha a presença do rei incapaz de ver a carta não era uma proteção eficaz. Onde está seu erro? Está em ter olvidado que se a polícia não encontrou a carta, não é por esta não poder ser achada, e sim porque a polícia procurava outra coisa. A avestruz acredita estar em segurança porque ela está com a cabeça dentro da terra – ele é uma avestruz aperfeiçoada que acreditaria estar protegida porque uma outra avestruz – *outra-truz*[50] – estaria com a cabeça dentro da areia. E ela se deixa depenar o traseiro por uma terceira que lhe arrebata as plumas e com elas fabrica para si um penacho.

O ministro está na posição que fora a da rainha, a polícia na do rei, deste rei degenerado que só acredita no real, e que não vê nada. A decalagem dos personagens é perfeita. E pelo fato de ele se ter interposto na sequência do discurso e de ter caído na posse desta cartinha de nada, que é suficiente para causar grandes estragos, este esperto entre os espertos, este ambicioso entre os ambiciosos, este intrigante entre os intrigantes, este diletante entre os diletantes, não vê que se lhe vai surrupiar o segredo nas suas ventas.

Basta um nada, suficientemente assinalador da polícia, para desviar por um instante sua atenção. Com efeito, se o incidente da rua atrai sua atenção, é por ele saber-se vigiado pela polícia – *Como é que pode ocorrer algo diante de minha casa quando estou com três tiras em cada esquina?* Não só ele se feminizou com a posse da carta, mas além disto esta última, de cuja relação com o inconsciente lhes falei, lhe faz esquecer o essencial. Vocês conhecem a história do cara encontrado numa ilha deserta para onde ele se retirou para esquecer – *Para esquecer o quê? – Esqueci.* Pois bem, ele também esqueceu que, apesar de estar sob a vigilância da polícia, não se deve, no entanto, acreditar que ninguém vá funcionar melhor.

A etapa seguinte é bastante curiosa. Como é que Dupin se comporta? Notem que há um longo intervalo entre as duas visitas do chefe da polícia. A partir do momento em que ele tem a carta, Dupin também não pia para ninguém. Em suma, ter esta carta – eis justamente aí a significação da verdade que fica passeando – lhes cala o bico. E, com efeito, com quem é que ele poderia ter falado? Ele deve estar bem atrapalhado.

Graças a Deus, como um chefe da polícia sempre volta ao local de seus crimes, lá vem o chefe da polícia e o interroga. O outro lhe conta uma história de consulta gratuita absolutamente sublime. Trata-se de um médico inglês de quem se procura arrebatar a indicação de uma receita – *O que tomar neste caso, doutor? – Tomar uma consulta.* Dupin indica, pois, ao chefe da polícia que honorários não seriam assim tão malvindos. O cara prontifica-se imediatamente e o outro lhe diz – *Pois bem, ela está na minha gaveta.*

Será que isto quer dizer que este Dupin, que até então era um maravilhoso personagem, de uma lucidez quase que demasiada, tornou-se de repente um reles tratante? Não hesito em ver aí o resgate daquilo que se poderia chamar de a *mana* ruim vinculada à carta. E, com efeito, a partir do momento em que ele recebe honorários, ele tira o corpo da jogada. Não é só por ter passado a carta a um outro, mas porque, para todo mundo, seus motivos são claros – ele recebeu grana, ele cai fora. O valor sagrado da retribuição de tipo honorário está indicado de maneira manifesta pelo pano de fundo da historieta médica.

Não quero insistir, mas talvez vocês me façam delicadamente notar que nós também, que estamos o tempo todo servindo de portadores de todas as cartas roubadas do paciente, nós também cobramos mais ou menos caro. Reflitam bem no seguinte – se nós não cobrássemos, entraríamos no drama de Atreu e de Tieste que é o de todos os sujeitos que nos vêm confiar a verdade deles. Eles nos contam umas histórias danadas[51] e por isto não estamos nem um pouco na ordem do sagrado[51] nem na do sacrifício. Todo mundo sabe que o dinheiro não serve simplesmente para comprar objetos, mas que os preços, que em nossa sociedade são calculados o mais exatamente possível, têm como função amortecer algo de infinitamente mais perigoso do que pagar em dinheiro, que consiste em dever algo a alguém.

É disto que se trata. Quem quer que tenha esta carta entra no cone de sombra que necessita o fato de ela ser destinada – a quem? senão a quem isto interessa – ao rei. E ela vai acabar chegando a ele, mas não é bem assim como Dupin conta em sua historiazinha imaginária, na qual o ministro, após algumas afrontas da rainha, é tolo o bastante para deixar explodir a história. Ela realmente chega até o rei, e é sempre um rei que não sabe de nada. Mas o personagem do rei mudou no intervalo. O ministro que, mudado de lugar, se tornara rainha, é ele agora que é o rei. Na terceira etapa, ele tomou o lugar do rei, e ele tem a carta.

Isso, naturalmente, não é mais a carta que passou de Dupin para o chefe da polícia – e daí para o quartinho escuro, pois que não venham dizer-nos que a odisseia da carta está acabada –, é uma nova forma da carta, que Dupin lhe deu, bem mais instrumento do destino do que Poe nos mostra, forma provocante que confere à historiazinha seu lado incisivo e cruel para uso das balconistas. Quando o ministro desdobrar o papel, lerá esses versos que o esbofeteiam.

Um dessein si funeste,
s'il n'est digne d'Atrée, est digne de Tiestes.[46]

E, com efeito, se porventura ele tiver de abrir esta carta, só lhe restará sofrer as consequências de seus próprios atos, comer como Tieste seus próprios filhos. É justamente com isto que temos todos os dias de lidar, cada vez que a linha dos símbolos topa em obstáculo terminal – são nossos atos que vêm ao nosso encontro. Trata-se aqui, de repente, de pagar à vista. Trata-se, como se diz, de *prestar contas* de seus crimes – o que aliás quer dizer que, se souberem prestar contas deles, não serão castigados. Se ele realmente cometer esta loucura de sacar da carta, e sobretudo se não verificar um pouco antes se é ela mesma que aí está, ao ministro, só lhe restará com efeito seguir a palavra de ordem que eu lançara ironicamente em Zurique, em resposta a Leclaire – *Coma teu Dasein!* É a refeição de Tieste por excelência.

Seria realmente preciso que o ministro tivesse levado à loucura o paradoxo do jogador para que chegasse até a sacar da carta. Seria preciso que ele fosse realmente, até o fim, um homem sem princípios, sem nem mesmo este princípio, o derradeiro, este que para a maioria dentre nós permanece, que é simplesmente um resquício de besteira. Se cair na paixão ele achará a rainha generosa, digna de respeito e de amor – é totalmente estúpido, porém isso o salvará. Se cair no ódio puro e simples, ele tentará desferir o golpe de maneira eficaz. Só mesmo se seu *Dasein* estiver totalmente descolado de toda inscrição numa ordem qualquer, até mesmo numa ordem íntima, a de seu escritório, de sua mesa, só mesmo neste caso é que ele terá de beber o cálice até a última gota.

Tudo isto, poderíamos conseguir escrevê-lo com pequenos *alfa*, *beta*, *gama*. Tudo aquilo que pode servir para definir os personagens como reais – qualidades, temperamento, hereditariedade, nobreza – não tem nada a ver com o negócio. A cada instante cada um está definido, e até mesmo em sua atitude sexual, pelo fato de que uma carta sempre chega a seu destino.

26 de abril de 1955

XVII

Perguntas Àquele Que Ensina

O discurso comum.
A realização de desejo.
O desejo de dormir.
O verbo e as tripas.
A questão do realismo.

Hoje, estamos prestes a chegar no alto desta encosta, por vezes um tanto árdua, que escalamos este ano. Estamo-nos aproximando de um cume. Mas nada nos indica que, do alto deste cume, teremos uma vista realmente panorâmica sobre aquilo que percorremos.

Como lhes anunciei da última vez, vou tentar amarrar a função da palavra com a da morte – não diria da morte como tal, porque isto não quer dizer nada, mas da morte na medida em que é contra ela que a vida resiste.

O para além do princípio do prazer está expresso no termo *Wiederholungszwang*. Este termo está impropriamente traduzido em francês por *automatisme de répétition*,[52] e creio estar dando-lhes um melhor equivalente com a noção de *insistência*, de insistência repetitiva, de insistência significativa. Esta função está na própria raiz da linguagem na medida em que esta última traz uma dimensão nova, não ao mundo, diria eu, pois é justamente a dimensão que torna um mundo possível na medida em que um mundo é um universo submetido à linguagem.

Pois bem, qual é a relação desta função com a noção a qual a meditação, também ela insistente, de Freud, o conduz, a saber a função da morte? Porque uma conjunção se efetua no mundo humano entre a fala que domina o destino do homem e a morte que não sabemos como situar no pensamento de Freud – será que ela está no nível do real, do imaginário, ou do simbólico?

Mas, antes de amarrar estes dois termos de maneira a fazer vocês apreenderem uma vez mais, e ainda melhor, espero, qual é a significação da descoberta freudiana e a da nossa experiência naquilo em que ela nos permite assistir ao sujeito na revelação que ele faz de si mesmo a si mesmo, deter-me-ei por um instante.

Pensei cá comigo em algo que, por mais severo que seja, não tem nada de desabusado. Pensei cá comigo que o ensino é algo de bastante problemático e que, a partir do momento em que se é levado a tomar o lugar que estou ocupando atrás desta mesinha, não existe exemplo de caso em que não se seja suficiente, pelo menos em aparência. Em outros termos, como o fez muito bem notar um poeta americano cheio de mérito, nunca se viu um professor estar em falta por ignorância. Sempre se sabe o suficiente para preencher os minutos durante os quais a gente se expõe na posição daquele que sabe. Nunca se viu ninguém ficar desprovido do que dizer a partir do momento em que ele toma a posição de ser aquele que ensina.

Isto me leva a pensar que só é ensino verdadeiro aquele que consegue despertar uma insistência naqueles que escutam, este desejo de saber que só pode surgir quando eles próprios tomaram a medida da ignorância como tal – naquilo em que ela é, como tal, fecunda – e isto também vale para aquele que ensina.

Antes, pois, de trazer as poucas palavras que terão a aparência de ser conclusivas para aqueles que se limitam ao aparelho formal das coisas, mas que, para os outros, constituirão uma abertura a mais – gostaria que todos e cada um de vocês me fizesse uma pergunta que seria definida, assim, como sendo a minha.

Em outras palavras, que cada um me diga, à sua maneira, que ideia ele se faz de aonde quero chegar. Que ele me diga, depois de tudo que contei este ano, como se esboça ou como para ele se fecha –

ou bem como já se conclui, ou bem como ele já está resistindo a ela – a questão tal qual eu a coloco.

É apenas um ponto de mira, e cada um pode permanecer à distância que quiser deste ponto ideal. Parece-me dever ser eu naturalmente, o ponto de convergência das questões que puderem vir-lhes à mente, mas nada os obriga a visá-lo. Toda pergunta que tiverem para me fazer, por mais que seja em aparência parcial, local, até mesmo indefinida, deve, contudo, ter uma certa relação com este ponto de mira.

Da mesma forma, se algo lhes pareceu ter sido esquivado, vocês podem, neste ensejo, manifestá-lo. Será ainda uma maneira de evocar a continuidade que lhes poderá ter aparecido no caminho que lhes fiz percorrer até agora.

Peço-lhes encarecidamente que o façam. É assim – hoje não admitirei que a hora do seminário seja preenchida por outra coisa que não esta experiência precisa.

Vamos proceder apelando para as boas vontades. Esta prova é realmente o mínimo que eu lhes posso pedir – exporem-se diante dos outros. Se vocês não forem capazes de fazê-lo como analistas, do que é que são capazes?

Aqueles que se sentem prontos para formular algo que já está na ponta da língua ou atravessado na garganta que o manifestem imediatamente. Isto vai dar aos outros o tempo de se recuperarem.

1

SRTA. RAMNOUX: – *Eu tinha conseguido, após ter lido o capítulo de Freud, fazer uma ideia do eu como de uma função-defesa que se deveria situar em superfície e não em profundidade, e que se exerceria em duas frentes, tanto contra os traumas que vêm de fora, como contra as impulsões que vêm de dentro. Depois de suas conferências, não consigo mais representá-lo assim para mim. E me pergunto qual será a melhor definição. Penso que seria dizer que se trata de um fragmento de discurso comum. Será que é isso? Mais uma pergunta. Tinha conseguido também entender porque é que Freud denominara aquilo de onde saem os sintomas repetitivos de instinto de morte. Tinha conseguido entendê-lo porque esta repetição apresenta uma espécie de inércia, e que uma inércia é um retorno a um estado inorgânico, portanto ao mais longínquo passado. Assim entendia eu porque é que Freud podia assimilar isto ao instinto de morte. Porém, após ter refletido sobre a última conferência do senhor, vi que estas compulsões saíam de um tipo de desejo infinito, multiforme, sem objeto, um desejo de nada. Entendo isto muito bem, mas, então, o que eu não entendo mais é a morte.*

É verdade que tudo que lhes ensino é feito justamente para colocar em causa a situação do eu na tópica tal como habitualmente se a imagina. Instalar o eu no centro da perspectiva, tal como se faz na orientação atual da análise, é apenas um desses retornos aos quais se acha exposta qualquer colocação em questão da posição do homem. É difícil fazermos uma ideia do que ocorreu cada vez que houve uma revisão do discurso sobre o homem, porque o caráter próprio de cada uma destas revisões é sempre amortecido com o decurso do tempo, atenuado, de maneira que hoje, como sempre, a palavra humanismo é um saco no qual vão apodrecendo devagarinho, amontoados em cima uns dos outros, os cadáveres destes surgimentos sucessivos de um ponto de vista revolucionário sobre o homem. E é o que está ocorrendo agora no nível da psicanálise.

Eis algo que me lembra a leitura, hoje de manhã, no jornal de uma dessas exibições com as quais nos achamos periodicamente confrontados, cada vez que, a respeito de um crime um tanto quanto imotivado, a questão da responsabilidade é evocada. Assiste-se ao medo que deixa o psiquiatra em pânico, ao seu recurso desesperado contra o desgarramento, aterrorizado diante do pensamento de que ele poderia reabrir a porta ao massacre geral se não salientasse responsabilidade do personagem. O dito cujo cometeu evidentemente algo que não se tem o costume de ver, ainda que a possibilidade surja a todo instante – muito simplesmente esmigalhar na beira da estrada e cozer a facadas a pessoa com a qual se está ligado pelos mais ternos laços. O psiquiatra se encontra de repente diante desta abertura, desta hiância, e ele é intimado a tomar partido. Algo ocorreu desta vez, do jeito como as coisas improváveis acontecem, revelando a possibilidade de que tal chance saísse. O psiquiatra, que no caso deveria explicar às pessoas que não basta dizer que o cara é plenamente responsável para se resolver a coisa, furta-se a isto. Ouve-se, então, um discurso espantoso em que o sujeito torce a boca na medida em que vai enunciando suas palavras para dizer ao mesmo tempo que o tal criminoso apresenta todas as perturbações possíveis da emotividade, que ele está sem contato, é abominável, mas que, bem entendido, nem por isto o que ele cometeu deixa de ser da alçada do discurso comum, e que ele deve incorrer no rigor das leis.

Assistimos a algo de semelhante na psicanálise. O retorno ao eu, como centro e comum medida, não está em nada implicado no discurso de Freud. É até mesmo contrário – quanto mais seu discurso avança, quanto mais o seguimos na terceira etapa de sua obra, mais ele nos mostra o eu como uma miragem, uma soma de identificações. É verdade que o eu se situa no ponto de síntese um tanto pobre ao qual o sujeito se acha reduzido quando ele mesmo se apresenta, porém é também outra coisa, ele se acha também alhures, vem de alhures, e justamente do ponto de onde, para além do princípio do prazer, podemo-nos perguntar – o que é apreendido nesta trama simbólica, nesta frase fundamental que insiste para além de tudo o que podemos apreender das motivações do sujeito?

Há evidentemente discurso e, como a senhora diz, discurso comum. Quando lhes falei da *Carta roubada*, disse-lhes, de uma maneira que talvez possa ter sido enigmática, que esta carta, por um tempo, e nos limites do palquinho, da *Schauplatz* como diz Freud, do teatrinho de marionetes que Poe nos mostra, era o inconsciente dos diversos sujeitos que se vão sucedendo como seus possuidores. E a própria carta, a própria letra,[49] esta frase inscrita num pedaço de papel, na medida em que ela for passando. Isto fica completamente evidente, depois da demonstração que fiz da cor que sucessivamente estes sujeitos vão tomando na medida em que o reflexo da carta passa sobre o rosto e estatura deles.

Talvez isto não tenha dado para matar a fome de vocês. Mas não se esqueçam de que o inconsciente de Édipo é justamente este discurso fundamental que faz com que, há muito tempo, desde sempre, a história de Édipo aí esteja escrita, que nós a conheçamos e que Édipo a ignore totalmente, apesar de ele ser, desde o início, joguete dela. Isto remonta a muito antes – lembrem-se que o oráculo apavora seus pais, que ele é exposto, rejeitado. Tudo se desenrola em função do oráculo e pelo fato de ele ser realmente um outro que aquilo que ele realiza como sendo sua história – ele é o filho de Jocasta e de Laio, e ele vai pela vida ignorando isto. Toda a pulsação do drama de seu destino, de ponta a ponta, desde o começo até o fim, é devida a este velamento do discurso, que é a realidade sem que ele o saiba.

Tentarei talvez, quando falarmos novamente da morte, explicar-lhes o fim do drama de Édipo tal qual os grandes trágicos no-la mostram. Seria preciso que lessem antes da próxima conferência *Édipo em Colona*. Verão aí que a última palavra da relação do homem a este discurso que ele não conhece é a morte. É preciso, com efeito, ir até a expressão poética para descobrir até que intensidade pode ser realizada a identificação entre esta preteridade velada e a morte como tal, em seu mais horrendo aspecto. Este desvelar não comporta instante algum além de si e apaga qualquer palavra. Se a tragédia de *Édipo rei* é uma obra exemplar, os analistas devem conhecer também este para além do drama que a tragédia de *Édipo em Colona* realiza.

Como situar o eu em relação ao discurso comum e ao para além do princípio do prazer? Esta é a pergunta que abre sua intervenção e a acho muito sugestiva. No final das contas, há entre o sujeito-indivíduo e o sujeito descentrado, o sujeito para além do sujeito, o sujeito do inconsciente, uma espécie de relação de espelhamento.

O próprio eu é um dos elementos significativos do discurso comum, que é o discurso inconsciente. Como tal, como imagem, ele está preso na cadeia dos símbolos. É um elemento indispensável da inserção da realidade simbólica na realidade do sujeito, ele está ligado a esta hiância primitiva do sujeito. Nisto, em seu sentido original, ele é, na vida psicológica do sujeito humano, a aparição mais próxima, mais íntima, mais acessível da morte.

A relação entre o eu e a morte é extremamente estreita, pois o eu é um ponto de conjunção entre o discurso comum, no qual o sujeito se encontra preso, alienado, e sua realidade psicológica.

A relação imaginária no homem se acha desviada na medida em que é nela que se produz a hiância por onde a morte se presentifica. O mundo do símbolo, cujo próprio fundamento é o fenômeno da insistência repetitiva, é alienante para o sujeito ou, melhor, ele é causa de o sujeito realizar-se sempre alhures e de sua verdade lhe estar sempre velada em alguma parte. O eu está na interseção de um e de outro.

Há no simbolismo fundamental uma inflexão em direção à formação da imagem, em direção a algo que se assemelha ao mundo ou à natureza, e que dá ideia de haver aí algo de arquetípico. Aliás, não é preciso dizer *arque*, é simplesmente *típico*. Porém o que é certo é que não se trata absolutamente deste algo substancializado que a teoria jungiana nos oferece sob a denominação de arquétipo. Estes próprios arquétipos estão sempre simbolizados, presos no que a senhora chamou de discurso comum, fragmento deste discurso. Estou de acordo – é uma belíssima definição e é um termo de que farei uso por estar estreitamente ligado à definição do eu.

Quanto à sua segunda pergunta, creio ter-lhes feito sentir da última vez a diferença que existe entre a insistência e a inércia.

A que corresponde a resistência no tratamento analítico? A uma inércia. Enquanto tal, ela apresenta a propriedade de não ter em si mesma nenhuma espécie de resistência. A resistência, no sentido de *Widerstand*, obstáculo, obstáculo a um esforço, não deve ser procurada em outro lugar a não ser em nós mesmos. Quem aplica a força provoca a resistência. No nível da inércia, não há, em parte alguma, resistência. A dimensão de tudo aquilo que se vincula à transferência é de um registro totalmente diferente – é da ordem de uma insistência.

A senhora também pegou muito bem o que eu quis dizer quando, da última vez, evoquei o desejo, o desejo como é revelado por Freud, no nível do inconsciente, como sendo desejo de nada.

Vocês puderam ouvir, ontem à noite, expor esta ilusão, nada rara entre os leitores de Freud, de reencontrar-se sempre o mesmo significado, e um significado de alcance um tanto curto, como se o desejo do sonho que Freud nos aponta na *Traumdeutung* se resumisse afinal sob a forma da lista, de fato curta, das pulsões.

Não é nada disto. Rogo-lhes que leiam a *Traumdeutung* uma vez por todas e de enfiada para se convencerem do contrário. Apesar de Freud ir seguindo as mil formas empíricas que este desejo pode tomar, não há sequer uma análise que vá dar na formulação de um desejo. O desejo, no final das contas, nunca está aí desvendado. Tudo se passa nos degraus, nas etapas, nos diferentes escalões da revelação deste desejo. Aliás, Freud em algum lugar ri da ilusão daqueles que, após terem lido sua *Traumdeutung*, ficaram acreditando que a realidade do sonho é a sequência dos pensamentos latentes do sonho. O próprio Freud diz que, se fosse só isto, esta realidade não teria nenhum interesse. O que é interessante são as etapas da elaboração do sonho, pois é aí que se revela aquilo que buscamos na interpretação do sonho, este *x*, que, no final das contas, é desejo de nada. Eu desafio vocês a me trazerem nem que seja um só trecho da *Traumdeatung* que conclua – o sujeito deseja isto.

Objeção – *E os sonhos das crianças?* É o único ponto de malentendido na *Traumdeutung*. Voltarei a ele, e lhes mostrarei que este ponto de confusão vem desta propensão, que existe em Freud, a recorrer frequentemente a um ponto de vista genético e que é de sua obra o que mais caducou. A objeção é refutável. Fundamentalmente, quando Freud fala do desejo como mola das formações simbólicas desde o sonho até o chiste, passando por todos os fatos da psicopatologia da vida cotidiana, trata-se sempre daquele momento em que aquilo, que através do símbolo advém à existência, ainda não é, e que, portanto, não pode, de forma alguma, ser nomeado.

Dizendo isto de outra maneira, atrás daquilo que é nomeado, o que existe é inominável. É justamente por ser inominável, com todas as ressonâncias que possam dar a este nome, que isto se aparenta ao inominável por excelência, isto é, à morte.

Releiam a *Traumdeutung*, vocês vão dar-se conta disto a cada passo. Tudo o que de nomeável é revelado está sempre no nível da elaboração do sonho. Esta elaboração é uma simbolização, com suas leis todas, que são as da significação. Falava-lhes disto ontem à noite, ao evocar a partição significativa, a polivalência, a condensação e todos os termos de que Freud se serve. É sempre da ordem da sobredeterminação ou ainda da ordem da motivação significativa.

A partir do momento em que o desejo já entrou aí dentro, em que ele está preso de ponta a ponta na dialética da alienação e só se expressa no desejo de reconhecimento e no reconhecimento do desejo, como atingir o que ainda não era?

Por que é que isto seria a morte? É o que deixo no limite de sua pergunta, o que me prova que a senhora entendeu o que eu disse.

2

Sr. Valabrega: – *A respeito do que o senhor acaba de dizer do sonho. Os dois são verdadeiros, afinal. Creio que por um lado o senhor tem razão em colocar ênfase sobre a elaboração do sonho.*

Freud diz formalmente que isto é a única coisa importante no sonho.

Sr. Valabrega: – *No entanto, não é a única coisa, já que ele também diz que há no sonho a realização do desejo. Creio que o senhor tem razão em colocar o acento sobre a elaboração, porque é na elaboração que se pode achar a significação do sonho. Se não haveria chaves dos sonhos, ideia que Freud refutou suficientemente. Entretanto, a realização do desejo não deve ser negligenciada. Pode-se encontrar um exemplo dela não só nos sonhos das crianças, mas também nos sonhos alucinatórios.*

É a mesma questão. Será que dá para o senhor ficar nisto?

Sr. Valabrega: – *Não, claro, quando o sonho chega na alucinação, não se pode ficar nisto – isso reenvia a toda uma elaboração, e é preciso falar como o senhor o está fazendo. Mas há também a consideração do desejo de dormir, pelo qual há, hoje, um recrudescimento de interesse. É ao mesmo tempo um dos motivos primeiros e um dos motivos derradeiros do sonho. Freud não fala de elaboração secundária, só existe elaboração no sonho que está presente, e sendo contado. Além disto, de maneira terminal, há o desejo de dormir, que é uma das significações terminais do sonho. Por conseguinte, realização do desejo numa ponta e desejo de dormir na outra. Creio que as interpretações mais modernas que estão apenas indicadas na* Traumdeutung *ou em outros textos posteriores, a interpretação do desejo de dormir como desejo narcísico, vão justamente neste sentido. Há duas realidades no sonho, a realização do desejo, que o senhor parece dissolver um bocadinho e a elaboração significante.*

O senhor fala na realização do desejo de dormir. Vou retomar inicialmente o primeiro destes termos.

O que pode querer dizer a expressão realização do desejo? Parece que o senhor não ficou impressionado com o fato de que realização comporta realidade, e que, por conseguinte, só poderia haver aqui realização metafórica, ilusória. Como em qualquer satisfação alucinatória, nós aqui só podemos situar a função do desejo de uma forma muito problemática. O que é o desejo a partir do momento em que ele é mola da alucinação, da ilusão, de uma satisfação que é, portanto, o contrário de uma satisfação? Se dermos ao termo de desejo uma definição funcional, se ele for para nós a tensão posta em jogo por um ciclo de realização comportamental, seja lá qual for, se o inscrevermos num ciclo biológico, o desejo vai dar na satisfação real. Se ele vai dar numa satisfação alucinatória, é que, então, existe aí um outro registro. O desejo se satisfaz alhures e não numa satisfação efetiva. Ele é a fonte, a introdução fundamental da fantasia como tal. Existe aí uma ordem outra que não vai dar em nenhuma objetividade, mas que define por si mesma as questões colocadas pelo registro do imaginário.

Sr. Valabrega: – *E por isto que Freud recorre ao uso do conceito de disfarce, é por isso que, logo depois da primeira proposição,* o sonho é a realização do desejo, *ele recorre ao uso do conceito de desejo como realização disfarçada. Nem por isto deixa de ser uma realização real, porém realizada de maneira disfarçada.*

O termo de disfarce é apenas uma metáfora, que deixa intacta a questão de saber o que é satisfeito numa satisfação simbólica. Há, com efeito, desejos que nunca encontrarão outra satisfação senão através do fato de serem reconhecidos, isto é, confessados. No caso do pássaro que acaba cedendo seu lugar junto à sua parceira em consequência das manobras de um adversário, pode-se ver surgir de repente um cuidadoso alisar de penas, que é uma ectopia do cortejamento. Falar-se-á, no caso, de engate num outro circuito, podendo ir dar num ciclo de resoluções que oferecem a imagem de uma satisfação substitutiva. Será que a satisfação simbólica é da mesma ordem? O problema está todo aí. A noção de disfarce não nos permite, de maneira alguma, apreendê-lo.

Quanto ao outro termo que o senhor abordou ainda agora, o desejo de dormir, é claro que é importantíssimo. Freud o colocou especialmente em conexão com a elaboração secundária, no último capítulo da parte sobre a elaboração do sonho, que diz respeito à intervenção do *ego* como tal no sonho.

Creio que aí há ainda duas coisas que é preciso saber distinguir. O fato de precisar manter o sono por um certo tempo, precisão[10] que é suposta subjacente à duração do sono, a despeito de todas as excitações exteriores e interiores que poderiam vir perturbá-lo. Será que esta precisão aparece no eu, será que ela participa da vigilância que este último exerce com a finalidade de proteger o estado de sono? É, com efeito, uma das emergências da presença do eu no sonho, mas está longe de ser a única. Se o senhor se recorda do capítulo ao qual está-se referindo, é lá que aparece pela primeira vez no pensamento freudiano a noção de fantasia inconsciente. Tudo o que é do registro do eu enquanto instância vigilante se produz no nível da elaboração secundária, porém Freud não pode separá-lo da função fantasiante na qual este eu está integrado.

Existe aí uma série inteira, muito nuançada, de relacionamentos para distinguir fantasia, sonho e devaneio, e conforme uma espécie de relação de espelhamento, num certo momento, trocam-se os papéis. O devaneio, tal como aparece no nível do eu, é satisfação imaginária, ilusória, do desejo, tem uma função bem-localizada, como o disse ainda agora a srta. Ramnoux, na superfície. Qual é a relação entre este devaneio do eu e um outro, situado em outro lugar, na tensão? É a primeira aparição na obra de Freud da noção de fantasia inconsciente. Isto é para vocês verem a complexidade do desejo de manter o sono.

Talvez seja neste nível que se evidencie ao máximo o jogo de esconde-esconde do eu, e que nos cause bastante dificuldade saber onde ele está. Afinal, é unicamente no nível do eu que vemos aparecer a função do devaneio na estruturação do sonho. E é também unicamente a partir do eu que extrapolamos para pensar que existe, em algum lugar, um devaneio sem o eu, que existem fantasias inconscientes. Paradoxalmente, a noção de fantasia inconsciente, de atividade fantasiástica, só é promovida fazendo-se o desvio pelo eu.

3

Sra. C. Audry: – *Minha pergunta é muito vizinha da de Clemence Ramnoux, pois ela também incide sobre o eu. Se o eu é um fragmento de discurso comum, ele o é na análise. Previamente à análise, ele é apenas pura miragem imaginária. Daí, a análise equivale a uma desmistificação deste imaginário prévio. Vamos chegar no seguinte – realizada a desmistificação, encontramo-nos em presença da morte. Resta apenas esperar e contemplar a morte. Minha pergunta pode parecer por demais positiva ou utilitária, mas é assim.*

Por que não? No *Édipo em Colona*, Édipo diz o seguinte – *Será que é agora, que não sou nada, que me torno um homem?* É o fim da psicanálise de Édipo – a psicanálise de Édipo só acaba em Colona, no momento em que ele arranca a própria cara. É este o momento essencial que confere sentido à sua história e, do ponto de vista de Édipo, é um acting-out, e ele o diz – *Decerto, estava colérico.*

Sra. C. Audry: – *Será que é entre* Não sou nada *e* a morte, *que deve passar aquilo que pode substituir-se a um humanismo?*

Exatamente. É este algo, diferente ao fio das épocas, e que torna este termo, *humanismo*, de manejo tão difícil.

4

Sr. Durandin: – *Eu talvez pudesse fazer uma pergunta, mas não é muito legítimo fazê-la, porque não assisti regularmente aos seus seminários.*

Quanto a mim, vou pedir-lhe explicações sobre sua *desverbalização* de ontem à noite.

Sr. Durandin: – *Não é nenhum bicho de sete cabeças, esse meu negócio de desverbalização. Isso se inscreve um pouco nos dados imediatos da consciência. A linguagem não é apenas expressão de algo que já se conhece, é modo de comunicação. Ela é o instrumento consoante o qual o pensamento da criança se forma. Pelo fato de a criança viver em sociedade, sua maneira de dar o recorte do mundo se efetua por intermédio da linguagem, daí o realismo verbal. Acredita-se haver algo lá onde houver uma palavra, e se não houver palavra não se acredita que exista algo, e a gente nem se dá o trabalho de procurar.*

Trate pois de dar corpo ao que o senhor acaba de produzir. O senhor evocava ontem à noite o seguinte tipo de pergunta – *será que dei isto por generosidade ou por covardia?*

Sr. Durandin: – *São perguntas que meu doente me faz frequentemente. Não seria possível responder a ele, pois as duas coisas entre as quais ele hesita são coisas ocas, que não correspondem à realidade. Ele precisa etiquetar o que sente e pensa, e mesmo se fosse menos oco, este precisar colocar as coisas e etiquetá-las é, contudo, algo de congelado, de meio morto. Na maioria dos casos trata-se de pensamentos já prontos. E na medida em que se obriga um sujeito a tomar contato, em que se lhe responde de forma evasiva, para encorajá-lo a continuar...*

O senhor considera que basta retirar-lhe sua roupa comprada pronta para que ele tenha um terno feito sob medida?

Sr. Durandin: – *Não basta. Mas é preciso encorajá-lo a olhar-se nuzinho, a tomar consciência disto. Isto não suprime a importância da fala que virá depois. Talvez a expressão desverbalização não fosse feliz. O que me pareceu importante é nossa linguagem ser o molde no qual se formam nosso pensamento, nossos conceitos, nossa utilização do mundo.*

O que diz parece supor haver duas espécies de pensamento, aquele que o senhor chama de *prontinho* e aquele que não o seria. E que o próprio dos pensamentos que não estão prontinhos é o de não serem exatamente pensamentos, e sim pensamentos desverbalizados. O senhor pegou um exemplo que é sensível em nossa experiência, estas questões que o sujeito se coloca no registro da psicologia de La Rochefoucauld – *será que o bem que faço, eu o faço para minha própria glória ou bem visando um além?*

SR. DURANDIN: – *É justamente este registro aí.*

Mas por que é que o senhor crê haver aí algo que se possa ligar a uma fala oca ou vazia? Não acha que a questão permanece perfeitamente autêntica? O senhor se coloca no registro em que La Rochefoucauld se coloca, e não é a troco de nada que, nesta época, o eu se torna uma questão tão importante. Seja lá o que for que o senhor faça, seja lá qual for a forma de manejar o pensamento, isto é – quer lhe desagrade ou não – sempre de forma falada, a questão conservará todo seu valor. Porque, na medida em que o sujeito se coloca no registro do eu, tudo fica, de fato, dominado pela relação narcísica. Será que não é o que evocamos quando dizemos, por exemplo, que, em qualquer espécie de dom, existe uma dimensão narcísica não eliminável? O senhor acha que abandonando a questão o sujeito vai acabar por achar seu caminho? De que jeito?

SR. DURANDIN: – *Reformulando-a, e tomando consciência dela.*

Mas de que jeito? Quais são as ideias que o senhor tem sobre a maneira como ele pode reformular a questão?

SR. DURANDIN: – *Se ele se coloca a questão em termos de generosidade ou covardia, é provavelmente porque ele leva o conceito a sério, como coisas.*

Ele pode levá-las a sério sem tomá-los como coisas.

SR. DURANDIN: – *Não é lá muito cômodo.*

O que está dizendo é exato. Há uma tendência à coisificação.

Sr. Durandin: – *Neste caso um exercício de linguagem pode ser um exercício de reformulação do pensamento. E a partir de quê? A partir da experiência do fato de que se cai, então, em coisas um tanto misteriosas e inefáveis. Trata-se, afinal, da realidade. Da realidade toma-se consciência ao recortá-la, ao articulá-la. Mas, no entanto, ela já é algo antes de ser nomeada.*

Ela é inominável.

Sr. Durandin: – *O que ocorre nas tripas é inominável, mas acaba por nomear-se.*

Mas tudo o que o senhor sente, inclusive nas tripas, como diz a justíssimo título, não pode tomar nem mesmo sua sequência de reações vago-simpáticas, a não ser em função da cadeia de questões que o senhor tiver introduzido. É nisto aí que o senhor é um homem. Todas as particularidades, todas as esquisitices, o próprio ritmo de suas reações vago-simpáticas depende da maneira pela qual as questões se introduziram em sua história historizada-historizante, desde que sabe falar. Isso vai bem além da formação de adestramento.

Para evocar um tema frequentemente presente em Freud – é em função do caráter significativo sob o qual se apresentará pela primeira vez o fato de ter feito nas calças que poderá fazer com que ocorra que, a seguir, numa idade em que isso já não se faz mais, o senhor recomece. Esta soltura foi interpretada como um signo, quer o senhor tenha ficado com cara de tacho, quer ela tenha ficado ligada a uma emoção erótica – releia *O homem dos lobos*. Ela tomou um valor na frase, um valor histórico, um valor de símbolo, que vai ou não continuar tendo. Mas, em todo caso, é a partir do valor que a reação de suas tripas tomou da primeira vez, que uma diferenciação vai dar-se no nível das tripas e do tubo digestivo, e que para sempre a cadeia dos efeitos e das causas vai ser outra. Se não for isto que a psicanálise nos ensina, ela não nos ensina absolutamente nada.

No final das contas, o pensamento contido no termo de desverbalização é o seguinte – todas as falas do sujeito só estabelecem falsos problemas. Será que podemos sequer imaginar que esta ideia possa trazer a solução daquilo que jaz na questão que o sujeito se coloca? Será que não seria o caso, pelo contrário, de fazê-lo entender até onde esta dialética do amor-próprio, em ocorrência, fez até então parte de seu discurso? Que é de maneira autêntica que ele está colocando sua questão, porquanto o seu eu desempenha este papel aí nas suas relações humanas, e isto devido à sua história, a qual é preciso fazê-lo restituir completa?

Na posição do obsessivo, por exemplo, tudo o que é da ordem do dom se acha tomado nesta rede narcísica da qual ele não pode sair. Será que não seria preciso esgotar, até seu derradeiro término, a dialética do narcisismo para ele achar a saída disto? Será que é preciso fazê-lo bater em retirada de tal maneira que ele nunca mais articule uma palavra ou, pelo contrário, seria antes preciso levar o discurso até seu derradeiro término de maneira a arrastar junto a história toda? A história fundamental do obsessivo é ele estar inteiramente alienado num mestre, num senhor, cuja morte espera, sem saber que ele já está morto, de maneira que ele não pode dar um passo. Não seria levando-o a perceber do que é que ele é realmente o prisioneiro e o escravo, do senhor morto, do mestre morto, que o senhor poderia esperar a solução? Não é impelindo-o a abandonar seu discurso, porém incitando-o a prossegui-lo no mais alto grau de seu rigor dialético, que o senhor poderá fazê-lo entender como é que ele fica sempre, de antemão, frustrado de tudo. Mais ele outorga a si mesmo coisas, mais é ao outro, a este morto, que ele as outorga e ele se acha eternamente privado de qualquer gozo da coisa. Se ele não entender este passo, não há chance alguma de o senhor poder jamais sair desta algum dia.

O senhor diz a ele que é um fino recorte. E daí? Acredita que esta filosofia tenha em si mesma um valor catártico? Certamente não. Seja qual for o seu desprezo pela questão, não poderá deixar de ocorrer o fato de o senhor vê-la reproduzir-se eternamente. Não há razão alguma para o sujeito chegar a não ter mais o eu dele, a não ser numa posição extrema tal como a de Édipo no final de sua existência.

Nunca ninguém estudou os derradeiros momentos de um obsessivo. Valeria a pena. Talvez haja neste momento aí uma revelação. Se o senhor quiser obter uma revelação um pouco mais precoce, certamente não vai ser por intermédio do abandono da fala.

5

SR. LEFÈBVRE-PONTALIS: – *Sinto um certo mal-estar. Fala-se muito aqui do simbólico e do imaginário, porém não se tem falado muito do real. E as últimas perguntas mostram que se perdeu um pouco o real. O que Colette Audry dizia é digno de reparo – ainda bem que Édipo não soube cedo demais o que só soube no fim, pois foi preciso que mesmo assim ele preenchesse sua vida. Que bom, ver que um monte de coisas que se considerava de início como sendo real está numa rede, num sistema com múltiplas entradas, no qual eu*[1] *figura um lugar. Onde será que esta realidade se situa senão num movimento entre todas estas dimensões? Dizendo ainda de outra maneira, bem que é preciso que o reconhecimento do desejo passe por um certo número de mediações, de avatares, de formações imaginárias, de ignorâncias ou de desconhecimentos de ordem simbólica. É isto, afinal, o que o senhor chamaria de realidade?*

Sem dúvida alguma. É o que todo mundo chama de realidade.

SR. LEFÈBVRE-PONTALIS: – *Existe, contudo, na realidade, não como coisa, porém como categoria, como norma, algo mais do que existe nas outras ordens. A realidade não é o conjunto do símbolo.*

Vou-lhe fazer uma pergunta. O senhor já se deu conta de como é raro um amor naufragar nas qualidades ou nos defeitos reais da pessoa amada?

SR. LEFÈBVRE-PONTALIS: – *Não tenho certeza de poder responder não. Não tenho certeza de que seja uma ilusão retrospectiva.*

Disse que era raro. E, efetivamente, quando se chega a este ponto mais parece ser da ordem dos pretextos. Acredita-se que esta realidade tenha sido tocada.

SR. LEFÈBVRE-PONTALIS: – *Mas isto vai muito longe. Isso equivale a dizer que não existe nunca concepção verdadeira, que nunca se vai senão de corretivos em corretivos, de miragens em miragens.*

Creio, com efeito, que é o que ocorre no registro da intersubjetividade na qual toda a nossa experiência se situa. Será que em um momento qualquer tomamos num real tão simples quanto estes limites das capacidades individuais, que se tem em vista atingir nas psicologias?

O que, aliás, já não é fácil de atingir, pois o âmbito da medida consegue muito dificilmente nortear-se na ordem das qualidades individuais, a partir do momento em que são colocadas num nível um tanto elevado, e que se procura achar um certo número de constâncias – é o que se chama de constituições, de temperamentos, através do que tenta-se qualificar as diferenças individuais como tais. Apesar de tudo, não lhes vou dizer que a psicologia espontânea esteja impugnada por impotência fundamental, já que cada um, na medida em que é psicólogo, dá notas aos seus contemporâneos, e que a experiência prova que ele é perfeitamente capaz disto. Bem que se chega a alguma coisa ao se interrogar uma coletividade acerca de um determinado indivíduo, e ao se pedir a cada um que lhe dê uma nota para tais e tais qualidades ou defeitos supostos.

Não estou, pois, impugnando caducidade fundamental à aproximação do real na intersubjetividade. Mas, enfim, o drama humano como tal fica fora do campo destas apreciações. O drama de cada um, aquilo com que cada um tem de lidar e que produz determinados efeitos, patológicos em certos casos ou simplesmente alienantes, é de uma ordem totalmente diferente destas apreciações do real, que têm lá sua utilidade.

Não estou, pois, colocando em questão a existência do real. Há limitações reais de todos os tipos. É perfeitamente verdade que eu não posso carregar esta mesa com uma só mão, há um monte de coisas mensuráveis.

SR. LEFÈBVRE-PONTALIS: – O *senhor só vê o real em seu aspecto de adversidade, como o que resiste, o que é incômodo.*

Esta mesa, não me incomoda não poder erguê-la, ela me força a fazer um rodeio, é evidente, mas não me incomodo de fazer um rodeio – não creio que seja este o sentido do que lhes ensino quando distingo o simbólico, o imaginário e o real.

A parte essencial da experiência humana, aquela que é propriamente falando experiência do sujeito, aquela que faz com que o sujeito exista, situa-se no nível em que o símbolo surge. Para empregar um termo que tem ressonâncias na formação do pensamento científico, ressonâncias baconianas, as tábuas de presença – nunca se pensa nisto – supõem que surja uma dimensão totalmente diferente da do real. O que vocês conotam como presença, vocês o colocam sobre o pano de fundo de sua inexistência possível. A ideia que estou adiantando aqui, apresento-a a vocês de forma sensível, já que estou respondendo a alguém que me está colocando a questão do realismo, e que nada tem de um idealista. Está totalmente fora de cogitação dizer que o real não existia antes. Mas dele nada surge que seja eficaz no campo do sujeito. O sujeito, na medida em que existe, em que se mantém na existência, em que coloca a questão de sua existência, o sujeito com quem vocês dialogam na análise e que saram pela arte da fala, sua realidade essencial fica na junção da realidade e do aparecimento das tábuas de presença. Isto não quer dizer que seja ele quem cria todas elas. O que me mato em lhes dizer é que, justamente, elas já estão feitas. O jogo já está jogado, os dados já foram lançados. Já foram lançados com a seguinte ressalva, podemos retomá-los em mão, e lançá-los mais ainda. Há muito tempo que a partida está encetada. Tudo o que saliento a vocês já faz parte de uma história sobre a qual pode-se pronunciar todos os oráculos possíveis e imagináveis. É por isto que os áugures não podem-se olhar sem rir. Não é porque eles dizem – *Você é um farsante.* Se Tirésias se achar em presença de um outro Tirésias, ele vai rir. Mas justamente ele não pode achar-se em presença de um outro, porque ele é cego, e não é sem razão. Será que vocês não sentem que há algo de irrisório e risível no fato de os dados já estarem lançados?

Sr. Lefèbvre-Pontalis: – *Isso não responde à minha pergunta.*

Nós a retomaremos. Mas o que é surpreendente é até que ponto uma vacilação – apenas aparente, já que pelo contrário isso deixa as coisas numa notável estabilidade, em outro lugar que não ali onde vocês têm o hábito de procurá-la –, uma certa vacilação nas relações ordinárias entre o símbolo e o real pode lançá-los num certo desatino. Em suma, se tivesse de caracterizá-los – não é de vocês pessoalmente que estou falando, porém das pessoas da época de vocês –, diria que o que me surpreende é o número de coisas nas quais creem.

Encontrei, para uso de vocês, um edito de 1277, curiosíssimo. Nestas épocas de trevas e de fé, era forçoso reprimir as pessoas que, nos bancos da escola, na Sorbonne e em outros lugares, blasfemavam abertamente durante a missa o nome de Jesus e de Maria. Vocês não fazem mais isso – isto não lhes passaria mais pela ideia, de blasfemar os nomes de Jesus e de Maria. Quanto a mim conheci pessoas altamente surrealistas que antes se teriam feito enforcar do que publicar um poema blasfematório contra a Virgem, porque pensavam que apesar de tudo poderia acontecer-lhes alguma coisa.

Os castigos mais severos eram editados contra aqueles que jogavam dados em cima do altar durante o santo sacrifício. Estas coisas me parecem sugerir a existência de uma dimensão de eficácia que singularmente faz falta em nossa época.

Não é por nada que lhes falo de dados e lhes faço jogar o jogo do par ou ímpar. Sem dúvida alguma há um certo escândalo em meter um jogo de dados em cima da mesa do altar, e ainda mais durante o santo sacrifício. Porém, creio que o fato de isto ser possível nos restitui a ideia de uma capacidade muito mais obliterada do que se crê no meio ambiente do qual participamos. É o que meramente se chama de uma possibilidade crítica.

12 de maio de 1955

XVIII

O Desejo, a Vida e a Morte

A libido.
Desejo, desejo sexual, instinto.
Resistência da análise.
O para além de Édipo.
A vida só pensa em morrer.

Vamos levar, hoje, um pouco mais adiante a questão das relações entre a noção freudiana de instinto de morte e o que chamei de insistência significativa.

As perguntas que vocês me colocaram da última vez não me pareceram mal-orientadas – elas incidem sobre pontos muito sensíveis. O prosseguimento de nosso caminho vai responder a um certo número delas, e tentarei não me esquecer de fazer com que vocês o constatem quando ocorrer.

Estamos chegando a uma encruzilhada radical da posição freudiana. É um ponto em que quase qualquer coisa pode ser dita. Mas esta qualquer coisa não é uma coisa qualquer, visto que, o que quer que se diga, será sempre rigoroso para quem souber ouvi-lo.

Com efeito, o ponto em que estamos chegando não é outro senão o do desejo e o que dele se pode formular a partir de nossa experiência – uma antropologia? uma cosmologia? não há palavra para isto.

Ainda que aí seja o centro daquilo que Freud nos convida a entender no fenômeno da doença mental, é algo que em si só é tão subversivo que só se pensa em dele se afastar.

1

Para falar do desejo, uma noção se impôs em primeiro plano, a libido. Será que esta noção, o que ela implica, é adequada para o nível onde se estabelece a ação de vocês, isto é, o da fala?

A libido permite falar do desejo em termos que comportam uma objetivação relativa. É, por assim dizer, uma unidade de medida quantitativa. Quantidade que vocês não sabem medir, que não sabem o que é, mas que sempre supõem como estando aí. Esta noção quantitativa permite a vocês unificar as variações dos efeitos qualitativos e dar coerência à sua sucessão.

Efeitos qualitativos, vamos entender direito o que isso quer dizer. Há estados, há mudanças de estado. Para explicar sua sucessão e suas transformações recorremos, mais ou menos implicitamente, à noção de um limiar e, da mesma feita, à de um nível e de uma constância. Vocês supõem uma unidade quantitativa, indiferenciada, e capaz de entrar em relações de equivalência. Se ela não puder descarregar-se, encontrar sua expansão normal, espraiar-se, ocorrerão ultrapassamentos a partir dos quais outros estados manifestar-se-ão. Falar-se-á, então, das transformações, regressões, fixações, sublimações da libido, termo único, concebido quantitativamente.

A noção de libido foi sendo pouco a pouco extraída da experiência freudiana e, no início, ela não comporta este emprego elaborado. Mas, logo que ela aparece, isto é, nos *Três ensaios*, ela já tem por função unificar as diferentes estruturas das fases da sexualidade. Reparem bem que, se esta obra é de 1905, a parte que se refere à libido data de 1915, ou seja, aproximadamente da época em que a teoria das fases se complica de modo extremo com a introdução dos investimentos narcísicos.

Portanto, a noção de libido é uma forma de unificação do campo dos efeitos psicanalíticos. Gostaria, agora, de lhes fazer notar que seu emprego se situa na linha tradicional de qualquer teoria como tal, que tenha tendência a ir dar num mundo, *terminus ad quem* da física clássica, ou num campo unitário, ideal da física einsteiniana. Nós não estamos no ponto de poder transpor nosso pobre campinho para o campo da física universal, mas a libido é solidária do mesmo ideal.

Não é a troco de nada que este campo unitário é chamado de *teórico* – é o sujeito ideal e único de uma *theoria*, intuição, até mesmo contemplação, cujo conhecimento exaustivo nos permitiria, ao que se supõe, engendrar tanto todo seu passado como todo seu futuro. É evidente que não existe nisto aí nenhum lugar para aquilo que seria uma realização nova, um *Wirken*, uma ação propriamente falando.

Nada se acha mais afastado da experiência freudiana.

A experiência freudiana parte de uma noção diametralmente contrária à perspectiva teórica. Ela começa por estabelecer um mundo do desejo. Ela o estabelece antes de toda e qualquer espécie de experiência, antes de qualquer consideração sobre o mundo das aparências e o mundo das essências. O desejo é instituído no interior do mundo freudiano onde nossa experiência se desenrola, ele o constitui, e isto não pode ser apagado em instante algum do mais mínimo manejo de nossa experiência.

O mundo freudiano não é um mundo das coisas, não é um mundo do ser, é um mundo do desejo como tal.

Tende-se a fazer desta famosa relação de objeto, com a qual por ora nos deleitamos, um modelo, *pattern* da adaptação do sujeito a seus objetos normais. Ora, este termo, na medida em que nos pudermos servir dele na experiência analítica, só pode adquirir sentido a partir das noções de evolução da libido, de estádio pré-genital, de estádio genital. Será que podemos dizer que é da libido que depende a estrutura, a maturidade, o aprimoramento do objeto? No estádio genital, supõe-se que a libido faça surgir no mundo um objeto novo, uma outra estruturação, um outro tipo de existência do objeto, que efetiva sua plenitude, sua maturidade. E isto nada tem a ver com o que é tradicional na teoria das relações do homem com o mundo – a oposição do ser à aparência.

Na perspectiva clássica, teórica, há entre sujeito e objeto coaptação, conascimento, conascimento[26] – jogo de palavras que conserva todo seu valor, pois a teoria do conhecimento está no âmago de qualquer elaboração da relação do homem com seu mundo. O sujeito tem de adequar-se com a coisa numa relação de ser com ser – relação de um ser subjetivo, porém bem real, de um ser que sabe que ele é, com um ser que se sabe que é.

É num registro de relações totalmente diferente que o campo da experiência freudiana se estabelece. O desejo é uma relação de ser com falta. Esta falta é falta de ser, propriamente falando. Não é falta disto ou daquilo, porém falta de ser através do que o ser existe.

Esta falta acha-se para além de tudo aquilo que possa apresentá-la. Ela nunca é apresentada senão como um reflexo num véu. A libido – porém, não mais em seu emprego teórico de quantidade quantitativa – fica sendo o nome daquilo que anima o conflito fundamental que se acha no âmago da ação humana.

Cremos necessariamente que, no centro, as coisas estejam mesmo aí, sólidas, estabelecidas, à espera de serem reconhecidas, e que o conflito esteja à margem. Mas o que a experiência freudiana nos ensina, senão que o que ocorre no campo chamado da consciência, isto é, no plano do reconhecimento dos objetos, também é enganador com relação àquilo que o ser busca? Na medida em que a libido cria os diferentes estádios do objeto, os objetos nunca são *bem isso* – salvo a partir do momento em que seria *isso mesmo,* graças a uma maturação genital da libido, cuja experiência, em análise, conserva um caráter que, é preciso reconhecer, é inefável, já que a partir do momento em que se quer articulá-lo, cai-se em contradições de todo tipo, inclusive no impasse do narcisismo.

O desejo, função central em toda experiência humana, é desejo de nada que possa ser nomeado. É, ao mesmo tempo, este desejo que se acha na origem de qualquer espécie de animação. Se o ser fosse apenas o que é, não haveria nem sequer lugar para se falar dele. O ser se põe a existir em função mesmo desta falta. É em função desta falta, na experiência de desejo, que o ser chega a um sentimento de si em relação ao ser. É do encalço deste para além, que não é nada, que ele volta ao sentimento de um ser consciente de si, que é apenas seu próprio reflexo no mundo das coisas. Pois, ele é o companheiro dos seres que estão aí diante dele, e que, com efeito, não sabem que são.

O ser consciente de si, transparente a si mesmo, que a teoria clássica põe no centro da experiência humana, aparece, nesta perspectiva, como uma maneira de situar no mundo dos objetos este ser de desejo que não poderia ser visto como tal, a não ser na sua falta. Nesta falta de ser, ele se dá conta de que o ser lhe falta, e que o ser está aí, em todas as coisas que não sabem que são. E ele se imagina como um objeto a mais, pois não vê outra diferença. Ele diz – *Eu, sou aquele que sabe que sou.* Infelizmente, mesmo que ele saiba que é, não sabe absolutamente nada daquilo que é. Eis o que falta em qualquer ser.

Em suma, há uma confusão entre o poder de ereção de uma aflição fundamental através do que o ser se eleva como presença sobre fundo de ausência e aquilo que chamamos comumente de poder da consciência, tomada de consciência, o que é apenas uma forma neutra e abstrata, e até mesmo abstrativada, do conjunto das miragens possíveis.

As relações entre os seres humanos se estabelecem realmente para aquém do campo da consciência. É o desejo que efetua a estruturação primitiva do mundo humano, o desejo como inconsciente. Quanto a isto é preciso considerar o tamanho do passo de Freud.

Revolução coperniciana, no final das contas, é uma metáfora grosseira, como vocês estão vendo. Claro que Copérnico fez uma revolução, mas no mundo das coisas que são determinadas e determináveis. Eu diria que o passo de Freud constitui uma revolução no sentido contrário, porque a estrutura do mundo antes de Copérnico era justamente assim por haver nela previamente muito do homem. E a bem da verdade, nunca a decantaram completamente, ainda que o fizessem bastante bem.

O passo de Freud não se explica pela mera experiência, já caduca, do fato de ter de tratar fulano ou sicrano. Ele é realmente correlativo de uma revolução que se estabelece no conjunto do campo daquilo que o homem pode pensar de si próprio ou de sua experiência, no conjunto do campo da filosofia – já que temos de chamá-lo pelo seu nome.

Esta revolução faz entrar o homem no mundo como criador. Porém este corre o risco de ver-se completamente desapossado de sua criação por esta mera astúcia, sempre posta de lado na teoria clássica e que consiste em dizer – Deus não é enganador.

Isto é tão essencial que, a este respeito, Einstein ficara no mesmo ponto que Descartes. O Senhor, dizia ele, é certamente um espertinho, mas ele não é desonesto. Era essencial para sua organização do mundo que Deus não fosse enganador. Ora, sobre isso, justamente, nada sabemos.

O ponto decisivo da experiência freudiana poderia resumir-se no seguinte – lembremo-nos que a consciência não é universal. A experiência moderna despertou de uma longa fascinação pela propriedade da consciência, e considera a existência do homem na estrutura que lhe é própria, que é a estrutura do desejo. Eis o único ponto a partir do qual se pode explicar que haja homens. Não homens enquanto rebanho, porém homens que falam, com esta fala que introduz no mundo algo que pesa tanto quanto o real todo.

Há uma ambiguidade fundamental no uso que fazemos do termo de desejo. Ora, nós o objetivamos – e temos mesmo de fazê-lo nem que seja só para falar dele – ora, pelo contrário, nós o situamos como sendo primitivo em relação a qualquer objetivação.

Na realidade, em nossa experiência, o desejo sexual não tem nada de objetivado. Não é uma abstração, nem tampouco um *x* depurado, como ficou sendo a noção de força em física. Não há dúvida de que ele nos serve, e que é bem cômodo, para descrever um determinado ciclo biológico, ou mais exatamente um certo número de ciclos mais ou menos ligados a aparelhos biológicos. Porém temos é de lidar com um sujeito que está aí, realmente desejante, e o desejo de que se trata é anterior a qualquer espécie de conceitualização – toda e qualquer conceitualização sai dele. A prova de que a análise nos conduz justamente a tomar as coisas desta forma é que a maior parte daquilo sobre o qual o sujeito crê ter a certeza refletida é para nós apenas a disposição superficial, racionalizada, secundariamente justificada, daquilo que seu desejo fomenta, que dá a curvatura essencial ao seu mundo e à sua ação.

Se estivéssemos operando no mundo da ciência, se bastasse mudar as condições objetivas para obter efeitos diferentes, se o desejo sexual seguisse ciclos objetivados, só nos restaria abandonar a análise. Como é que o desejo sexual assim definido poderia ser influenciado por uma experiência de fala, a não ser entrando no pensamento mágico?

Que a libido seja determinante no comportamento humano, não foi Freud quem descobriu isto. Aristóteles já fornecia sobre a histérica uma teoria fundamentada no fato de o útero ser um bichinho que vivia dentro do corpo da mulher, e que mexia forte paca quando não lhe davam de comer. Se ele tomou este exemplo, evidentemente é que não quis tomar outro muito mais evidente, o órgão sexual masculino que não precisa de teórico de espécie alguma para chamar a atenção com seus pinotes.

Só que Aristóteles nunca pensou que se podia dar um jeito nas coisas proferindo discursos ao bichinho que está na barriga da mulher. Ou seja, para falar que nem um cançonetista que em sua obscenidade era de vez em quando possuído por uma espécie de furor sagrado que confinava com o profetismo – *isso não custa nada, também não fala, e além do mais não ouve nada.* Isso não ouve a voz da razão. Se uma experiência de fala tem efeitos neste caso, é por estarmos alhures de onde Aristóteles estava.

Claro, o desejo de que se trata na análise não deixa de ter alguma relação com este desejo aí.

Mesmo assim por que é que somos instigados a encarnar neste desejo aí, o desejo no nível em que ele se situa na experiência freudiana?

2

O senhor me diz, caro senhor Valabrega, que há uma certa satisfação de desejo no sonho. Suponho que está pensando nos sonhos das crianças, assim como em qualquer espécie de satisfação alucinatória de desejo.

Mas Freud nos diz o quê? Está bem, na criança não há elaboração de desejo, durante o dia ela tem vontade de ter cerejas e, de noite, sonha com cerejas. Só que, nem por isto Freud deixa de salientar que, até mesmo nesta etapa infantil, o desejo do sonho, como o do sintoma, é um desejo sexual. Disto ele nunca vai abrir mão.

Vejam o *Homem dos lobos*. Com Jung, a libido se afoga nos interesses da alma, a grande sonhadora, o centro do mundo, a encarnação etérea do sujeito. Freud se opõe totalmente a isto, num momento, no entanto, extraordinariamente escabroso, em que ele tem a tentação de submeter-se à redução jungiana, pois se dá conta, então, de que a perspectiva do passado do sujeito talvez seja apenas fantasiástica. Eis aberta a porta para passar-se da noção do desejo orientado, cativado por miragens, à noção da miragem universal. Não é a mesma coisa.

Que Freud preserve o termo de desejo sexual cada vez que se tratar do desejo, isto toma seu pleno significado nos casos em que fica patente que se trata de outra coisa, de alucinação das precisões[10] por exemplo. A coisa parece bem natural – por que é que as precisões não seriam alucinadas? Acredita-se nisto tanto mais facilmente que existe uma espécie de miragem no segundo grau, chamada miragem da miragem. Já que temos a experiência da miragem, é bem natural que ela esteja aí. Mas a partir do momento em que se for pensar, é preciso admirar-se da existência das miragens e não apenas do que elas nos mostram.

A gente não costuma deter-se suficientemente na alucinação do sonho da criança ou do esfomeado. Não reparamos num pequeno detalhe, é que quando a criança desejou cerejas durante o dia, ela não sonha apenas com cerejas. Para citar a pequena Anna Freud, já que é dela que se trata, em sua linguagem infantil em que faltam certas consoantes, ela sonha também com pudim, com bolo, assim como o personagem que está morrendo de inanição não sonha com a códea de pão e o copo d'água que lhe proporcionariam a satisfação, ele sonha com refeições pantagruélicas.

O. Mannoni: – *Não é o mesmo sonho, o das cerejas e o do bolo.*

O desejo de que se trata, mesmo aquele que se diz não ser elaborado, já está para além da coaptação da precisão. Até mesmo o mais simples dos desejos é muito problemático.

O. Mannoni: – *O desejo não é o mesmo, já que ela conta o sonho.*

Já sei que o senhor ouve admiravelmente o que digo. Claro, aqui só se trata disso, porém isto não é evidente para todos, e procuro levar a evidência lá onde ela pode atingir o maior número de pessoas possível. Deixe-me ficar no nível em que estou-me mantendo.

No final das contas, neste nível existencial, só podemos falar adequadamente da libido de uma maneira mítica – é a *genirix, hominum divumque voluptas.* É disto que se trata em Freud. O que está aqui de volta era outrora expresso ao nível dos deuses, e é preciso algumas precauções antes de fazer disto um signo algébrico. Signos algébricos são extremamente úteis, porém, desde que se lhes restituam as dimensões que lhes são próprias. É o que tento fazer quando lhes falo de máquinas.

Em que momento Freud nos fala de um para além do princípio do prazer? No momento em que os analistas enveredaram no caminho daquilo que Freud lhes ensinou, e acreditam saber. Freud diz a eles que o desejo é o desejo sexual, e eles acreditam. Eis justamente o engano deles – porque não entendem o que isto quer dizer.

Por que o desejo é, na maioria das vezes, algo diferente daquilo que parece ser? Por que ele é aquilo que Freud chama de desejo sexual? A razão disto permanece velada, tão velada quanto é para aquele que sofre o desejo sexual, o para além que ele busca por trás de uma experiência submetida, na natureza inteira, a todos os engodos.

Se há algo que, não só na experiência vivida, mas também na experiência experimental, manifesta a eficácia do engodo no comportamento animal, é justamente a experiência sexual. Nada é mais fácil do que enganar um animal quanto às conotações que fazem de um objeto qualquer, aquilo ao que ele vai dirigir-se como se fosse em direção a seu parceiro. As *Gestalten* cativantes, os mecanismos de desencadeamento inatos inscrevem-se no registro do cortejamento e do acasalamento.

Quando Freud sustenta que o desejo sexual está no âmago do desejo humano, todos aqueles que o seguem acreditam, acreditam tão forte que eles se convencem de que é de uma total simplicidade, e de que resta apenas fazer a ciência disto, a ciência do desejo sexual, força constante. Basta pôr de lado os obstáculos, e isso deve funcionar sozinho. Basta dizer ao paciente – o senhor não se dá conta, mas o objeto está aí. Eis o que se apresenta, numa primeira abordagem, como sendo a interpretação.

Só que não funciona. Nesta hora – é a virada – diz-se que o sujeito resiste. Por que é que se diz isto? Porque Freud também o disse. Mas também não se entendeu melhor o que quer dizer *resistir* do que se entendeu *desejo sexual*. Pensa-se que é preciso empurrar. E é aí que o analista sucumbe ele próprio ao engodo. Mostrei-lhes o que significava a insistência no que tange ao sujeito que sofre. Pois bem, o analista se coloca no mesmo nível, ele insiste à maneira dele, de um jeito evidentemente bem mais besta, já que este é consciente.

Na perspectiva que acabo de abrir-lhes, são vocês que provocam a resistência. A resistência, no sentido em que vocês entendem, a saber uma resistência que resiste, só resiste porque vocês a pressionam. Não há resistência por parte do sujeito. Trata-se de libertar a insistência que existe no sintoma. O que, neste caso, o próprio Freud chama de *inércia* não é uma resistência – como qualquer espécie de inércia, é uma espécie de ponto ideal. Vocês é que a supõem, para poderem entender o que está acontecendo. Vocês não estão enganados, caso não se esqueçam de que a hipótese é de vocês. Isso quer simplesmente dizer que há um processo, e que para entendê-lo, vocês imaginam um ponto zero. A resistência só começa a partir do momento em que deste ponto zero vocês tentam, com efeito, fazer o sujeito ir mais adiante.

Em outros termos, a resistência é o estado atual de uma interpretação do sujeito. É a maneira pela qual, naquele dado momento, o sujeito interpreta o ponto em que ele está. Esta resistência é um ponto ideal abstrato. Vocês é que chamam isso de resistência. Isso quer simplesmente dizer que ele não pode ir adiante mais depressa, e quanto a isso, vocês não podem dizer nada. O sujeito está no ponto em que está. Trata-se de saber se ele vai mais adiante ou não. Está claro que ele não tende, de maneira nenhuma, a ir mais adiante, mas por menos que ele fale, por menor que for o valor daquilo que ele disser, o que diz é a interpretação dele no momento, e a continuação do que diz é o conjunto das suas interpretações sucessivas. A resistência é, propriamente falando, uma abstração que vocês colocam aí dentro para se orientarem. Vocês introduzem a ideia de um ponto morto, que chamam de resistência, e de uma força, que faz com que isso vá adiante. Até aí está perfeitamente correto. Mas se daí forem chegar à ideia de que a resistência deve ser *liquidada*, como se escreve a toda hora, cairão no absurdo puro e simples. Depois de terem criado uma abstração, vocês dizem – *é preciso fazer desaparecer esta abstração, é preciso que não haja inércia.*

Existe apenas uma resistência, é a resistência do analista. O analista resiste quando não entende com o que ele tem de lidar. Não entende com o que ele tem de lidar quando crê que interpretar é mostrar ao sujeito que, o que ele deseja, é tal objeto sexual. Engana-se. O que ele imagina aqui como sendo objetivo é apenas pura e simples abstração. Ele é que está em estado de inércia e de resistência.

Trata-se, pelo contrário, de ensinar o sujeito a nomear, a articular, a fazer passar para a existência, este desejo que está, literalmente, para aquém da existência, e por isto insiste. Se o desejo não ousa dizer seu nome, é porque, este nome, o sujeito ainda não o fez surgir.

Que o sujeito chegue a reconhecer e a nomear seu desejo, eis aí a ação eficaz da análise. Mas não se trata de reconhecer algo que estaria aí, já dado, pronto para ser coaptado. Ao nomeá-lo, o sujeito cria, faz surgir uma nova presença no mundo. Ele introduz a presença como tal e, da mesma feita, cava a ausência como tal. É apenas neste nível que a ação da interpretação é concebível.

Já que, como num balanceio, é sempre entre o texto de Freud e a experiência que nos situamos, voltem ao texto, para verem que o *Além* situa realmente o desejo para além de qualquer ciclo instintual que possa ser definido por suas condições.

3

Para dar corpo ao que estou tentando articular diante de vocês, disse-lhes que tinha um exemplo, que peguei porque me caiu entre as mãos – o exemplo de Édipo quando ele se realizou, o para além de Édipo.

Que Édipo seja o herói patronímico do complexo de Édipo não é um acaso. Poderia ter-se escolhido um outro, já que todos os heróis da mitologia grega têm alguma relação com este mito, eles o encarnam sob outros ângulos, mostram outros aspectos. Não é sem razão que Freud foi guiado em direção a este aí.

Édipo, em sua própria vida, é todo inteiro este mito. Ele próprio não é nada senão a passagem do mito à existência. Que ele tenha ou não existido, pouco se nos dá, já que, de forma mais ou menos refletida, ele existe em cada um de nós, está em toda parte e existe bem mais do que se houvesse realmente existido.

Pode-se dizer que uma coisa existe ou não existe *realmente*. Fiquei todavia surpreso ao ver um de nossos colegas, a propósito da cura padrão,[37] opor o termo de *realidade psíquica* ao de *realidade verdadeira*. Contudo, penso ter posto vocês num estado de sugestão suficiente para que este termo lhes pareça uma contradição *in adjecto*.

Que uma coisa exista *realmente* ou não, pouco importa. Ela pode perfeitamente existir no sentido pleno do termo mesmo que não exista realmente. Toda existência tem, por definição, algo de tão improvável que, com efeito, a gente fica perpetuamente se interrogando sobre sua realidade.

Édipo, portanto, existe, e ele realizou plenamente seu destino. Ele o realizou até este término, que acaba não sendo mais que algo de idêntico a uma fulminação, a um rasgamento, a uma laceração por si próprio – em que ele não é mais, absolutamente mais nada. E é neste momento aí que ele diz esta frase que eu lhes evocava da última vez – *Será que é no momento em que não sou nada que me torno um homem?*

É uma frase que arranquei de seu contexto, e é preciso que eu a recoloque nele para evitar que vocês tirem daí alguma ilusão, a saber, por exemplo, que o termo homem teria, neste caso, uma qualquer significação. Ele não tem estritamente nenhuma, na medida mesmo em que Édipo atingiu a plena realização da fala dos oráculos, que já designavam seu destino antes mesmo de ele ter nascido. Foi antes de seu nascimento que disseram a seus pais as coisas que faziam ele ter de ser precipitado em direção a seu destino, isto é, exposto pendurado por um pé, logo que tivesse nascido. É a partir deste ato inicial que ele realiza seu destino. Tudo está, pois, desde então escrito, e realiza-se até o fim, inclusive até que Édipo, através de seu ato, o assumisse. *Eu,* diz ele, *não tenho nada com isto. O povo de Tebas, em sua exaltação, me deu esta mulher como recompensa por eu tê-lo livrado da Esfinge e, este fulano, eu não sabia quem era, eu lhe quebrei a cara, ele estava velho – o que é que eu posso fazer? bati nele um pouco forte, diga-se de passagem que eu era forçudo.*

Ele aceita seu destino no momento em que se mutila, mas ele já o aceitara no momento em que aceitou ser rei. É na qualidade de rei que ele atrai para a cidade todas as maldições, e que há uma ordem dos deuses, uma lei das retribuições e dos castigos. É absolutamente natural que tudo recaia sobre Édipo já que ele é o nó central da fala. Trata-se de saber se ele vai aceitá-lo ou não. Ele pensa, contudo, que é inocente, porém ele o aceita até o fim já que se dilacera. E ele pede que o deixem sentar-se em Colona, no recinto sagrado das Eumênides. Ele assim realiza a fala até o fim.

Enquanto isto, em Tebas, continuam os falatórios. Diz-se, então, ao povo de Tebas – *Esperem aí! Vocês passaram um pouco das medidas. Que Édipo se castigasse, estava muito bem. Só que vocês o acharam nojento e o enxotaram. Ora, a vida futura de Tebas depende justamente desta fala encarnada que vocês não souberam reconhecer quando, no entanto, ela estava aí, com seus efeitos de dilaceramento, de anulação do homem. Vocês o exilaram. Que Tebas se cuide se vocês não o trouxerem de volta, se não for dentro dos limites do território, pelo menos justo ao lado, para que ele não lhes escape. Se a fala, que é o destino dele, se mandar, ela também levará junto o destino de vocês. Atenas arrecadará a soma de existência verdadeira que ele encarna, e ela munir-se-á contra vocês de todas as superioridades, e conhecerá todos os triunfos.*

Correm em seu encalço. Ao saber que vai receber visita, embaixadores de todo tipo, sábios, políticos, fanáticos, o filho, Édipo diz então – *Será que é no momento em que não sou nada é que me torno um homem?*

É aí que começa o para além do princípio do prazer. Quando a fala realizou-se completamente, quando a vida de Édipo passou inteiramente para dentro de seu destino, o que é que resta de Édipo? É o que *Édipo em Colona* nos mostra – o drama essencial do destino, a absoluta ausência de caridade, de fraternidade, do que quer que seja que se refira aos chamados sentimentos humanos.

O tema de *Édipo em Colona* se resume a quê? O coro diz – *Mais vale, no final das contas, nunca ter nascido, e se se nasce, morrer o mais depressa possível.* E Édipo chama sobre a posteridade e sobre a cidade pela qual ele foi ofertado em holocausto a mais radical das maldições – leiam as maldições endereçadas a Polinices, seu filho.

Além do mais, há a negação da fala, que se faz dentro do recinto à beira do qual o drama todo se desenrola, lugar onde não é permitido falar, ponto central onde o silêncio é imprescindível, pois aí residem as deusas vingativas, as que não perdoam e que tornam a apanhar o ser humano em cada esquina. Fazem Édipo sair um pouco daí cada vez que se trata de tirar dele duas ou três palavras, pois se ele as proferir neste lugar, o negócio vai ficar preto.

O sagrado tem sempre suas razões de ser. Por que é que há sempre um lugar onde é preciso que as falas parem? Talvez para que elas subsistam neste recinto.

O que ocorre então? A morte de Édipo. Ela se dá em condições extremamente particulares. Aquele que, de longe, acompanhou com o olhar os dois homens, que vão em direção ao centro do lugar sagrado, se volta, e acaba não vendo senão um dos dois homens a velar a face com o braço numa atitude de horror sagrado. Tem-se a impressão de que é algo que não é muito bonito de olhar, uma espécie de volatização da presença daquele que proferiu suas derradeiras palavras. Creio que o *Édipo em Colona* faz aqui uma alusão a não sei o quê que era mostrado nos mistérios, que estão, o tempo todo, por detrás disto aqui. Todavia, para nós, se eu quisesse uma imagem, iria ainda buscá-la em Edgar Poe.

Edgar Poe ficou sempre beirando o tema das relações da vida e da morte e de maneira que não deixa de ter alcance. Em ressonância com esta liquefação de Édipo, colocarei a *História do senhor Valdemar*.

Trata-se de uma experiência sobre a manutenção do sujeito dentro da fala, por intermédio daquilo que, então, se denomina o magnetismo, forma de teorização da hipnose – hipnotiza-se alguém *in articulo mortis* para ver no que vai dar. Pega-se um homem no término de sua vida, ele tem apenas um pedacinho de nada de pulmão, e fora disto está tudo morrendo. Foi-lhe explicado que se ele quisesse ser um herói da humanidade, bastava que acenasse ao hipnotizador. Se se pegasse a coisa nas horas que precediam a exalação de seu último suspiro, poder-se-ia ver. É uma linda imaginação de poeta, que vai bem mais longe do que nossas tímidas imaginações médicas, se bem que façamos todos os esforços neste sentido.

O sujeito, com efeito, falece, e permanece, durante alguns meses, num estado de agregação, suficiente para que seja ainda aceitável – um cadáver em cima de uma cama que, de vez em quando, fala para dizer *estou morto*.

Esta situação, com o auxílio de artifícios de todo tipo e de safanões para se tranquilizarem, dura até o momento em que se procede ao despertar graças a passes contrários àqueles que adormecem, e obtêm-se alguns gritos do infeliz – *mexam-se, ou bem vocês me readormecem ou bem vocês se apressem, isto é medonho.*

Há seis meses que ele disse já estar morto, mas quando o despertam, o sr. Valdemar não é senão uma liquefação nojenta, uma coisa que não tem nome em língua nenhuma, a aparição nua, pura e simples, brutal, desta figura impossível de se olhar de frente, que está por detrás de todas as imaginações do destino humano, que está para além de qualquer qualificação, e para a qual a palavra carniça é absolutamente insuficiente, a recaída total desta espécie de empolamento que é a vida – a bolha se esboroa e se dissolve no líquido purulento inanimado.

É disto que se trata no caso de Édipo. Édipo, tudo o denota, desde o início da tragédia, não é mais do que o refugo da terra, rebotalho, resíduo, coisa esvaziada de qualquer aparência especiosa.

Édipo em Colona, cujo ser se acha todo inteiro na fala formulada por seu destino, presentifica a conjunção da morte e da vida. Ele vive uma vida que é morte, que é a morte que está aí exatamente embaixo da vida. É também aí que nos leva o longo texto no qual Freud nos diz – *Não creiam que a vida seja uma deusa exaltante que surja para ir dar na mais linda das formas, nem que haja na vida a mais mínima força de aprimoramento e de progresso. A vida é um empolamento, um bolor, ela não se caracteriza por nada a não ser* – como outros que não Freud também o escreveram – *por sua aptidão à morte.*

A vida é isto – um rodeio, um rodeio obstinado, em si mesmo transitório e caduco, e desprovido de significação. Por que é que, neste ponto de suas manifestações que se chama homem, algo se produz, que insiste através desta vida, e que se chama sentido? Nós o chamamos de *humano*, mas será assim tão certo? Será que é tão humano assim, este sentido? Um sentido é uma ordem, isto é, um surgimento. Um sentido é uma ordem que surge. Uma vida insiste para entrar nele, mas talvez ele expresse algo de totalmente para além desta vida, já que quando vamos à raiz desta vida, e por detrás do drama da passagem para a existência, não achamos nada senão a vida conjugada com a morte. É aí que a dialética freudiana nos leva.

A teoria freudiana pode, até certo ponto, parecer explicar tudo, inclusive o que se refere à morte, no âmbito de uma economia libidinal fechada, regulada pelo princípio do prazer e a volta ao equilíbrio, que comporta relações de objeto definidas. A coalescência da libido com atividades que lhe são aparentemente contrárias, a agressividade por exemplo, fica por conta da identificação imaginária. Ao invés de partir a cabeça do outro, que se acha diante dele, o sujeito se identifica, e volta contra si próprio, esta doce agressividade, concebida como uma relação libidinal de objeto, e fundamentada naquilo que se chama de instintos do eu, isto é, as precisões de ordem e de harmonia. Tem-se de comer – quando o guarda-comidas está vazio, papa-se o semelhante. A aventura libidinal se acha aí objetivada na ordem do vivente, e supõe-se que os comportamentos dos sujeitos, a interagressividade deles, estão condicionados e são explicáveis por um desejo fundamentalmente adequado ao seu objeto.

A significação de *Além do princípio do prazer* é que isso não basta. O masoquismo não é um sadismo invertido, o fenômeno da agressividade não se explica simplesmente no plano da identificação imaginária. O que Freud nos ensina com o masoquismo primordial é que a derradeira palavra da vida, quando ela foi desapossada de sua fala, só pode ser a maldição derradeira que se expressa no fim de *Édipo em Colona*. A vida não quer sarar. A reação terapêutica negativa lhe é fundamentalmente própria. Sarar, aliás, o que é? Realização do sujeito por uma fala que vem de alhures e que atravessa.

A vida, da qual somos cativos, vida essencialmente alienada, existente, vida no outro, está, como tal, conjugada à morte, ela sempre retorna à morte, e só é puxada para dentro de circuitos cada vez maiores e com maiores rodeios, por aquilo que Freud chama de elementos do mundo externo.

A vida só pensa em descansar o mais possível enquanto espera a morte. É o que come o tempo do nenê no início de sua existência, setores horários que apenas lhe deixam abrir um olhinho de vez em quando. É preciso puxá-la para fora daí para que ele alcance este ritmo pelo qual nos pomos em concordância com o mundo. Se é no nível do desejo de sono, Valabrega, do qual o senhor falava no outro dia, que o desejo sem nome pode aparecer, é por tratar-se de um estado intermediário – esta modorra é o estado vital mais natural. A vida só pensa em morrer – *Morrer, dormir, sonhar talvez*, como disse um certo senhor, justamente no momento em que se tratava disso – *to be or not to be.*

4

Este *to be or not to be* é uma história completamente verbal. Um cômico primoroso tentara mostrar-nos como é que Shakespeare achara isso, enquanto coçava a cabeça – *to be or not...*, e ele recomeçava – *to be or not... to be.* Se é engraçado, é porque neste momento a dimensão toda da linguagem aparece delineada. O sonho e o chiste se colocam no mesmo nível de surgimento.

Tomem esta frase, que não é evidentemente muito divertida – *Mais valeria não ter nascido.* É bastante surpreendente saber que no maior dramaturgo da Antiguidade, isto aparecia delineado numa cerimônia religiosa. Vocês imaginem se se dissesse isso na missa! Os cômicos encarregaram-se de fazer troça disto. *Mais valeria não ter nascido – Infelizmente,* responde o outro, *isto ocorre apenas uma vez em cem mil.*

Por que é que isto é espirituoso?

Primeiro, porque brinca com as palavras, elemento técnico indispensável. *Mais valeria não ter nascido.* Claro! Isto significa que há aí uma unidade impensável, da qual não há absolutamente nada a dizer antes de ela passar à existência, a partir do que, com efeito, isso pode insistir, mas poder-se-ia conceber que não insistisse, e que tudo voltasse ao repouso e ao silêncio universal, como diz Pascal, dos astros. É verdade, sim, pode ser no momento em que se está dizendo, *mais valeria não ter nascido.* O que é ridículo é dizê-lo e entrar na ordem do cálculo das probabilidades. O espirituoso só é espirituoso por estar suficientemente próximo à nossa existência para anulá-la pelo riso. É nesta zona que os fenômenos do sonho, da psicopatologia da vida cotidiana, do chiste se colocam.

É muito importante vocês lerem *Os chistes e sua relação com o inconsciente.* Fica-se estupefato diante do rigor de Freud, porém ele não fornece exatamente a última palavra, que tudo o que pertence propriamente ao espirituoso permanece no nível vacilante onde a fala se encontra.

Tomem a mais idiota das histórias, aquela do homem que numa padaria, pretende que não tem nada com que pagar – ele estendeu a mão e pediu um doce, ele devolve o doce e pede um copo de licor, ele o toma, pedem-lhe que pague o copo de licor e ele diz – *Dei um doce no lugar. – Mas este doce, o senhor também não tinha pago. – Mas não o comi.* Há troca. Mas como pôde a troca começar?

Foi preciso que num dado momento algo entrasse na roda da troca. Era preciso, portanto, que a troca já estivesse estabelecida.

Isto equivale a dizer que, no final das contas, se está sempre pagando o copinho com um doce que não se pagou.

As histórias de casamenteiros, que são absolutamente sublimes, são engraçadas também por esta razão. *Aquela que o senhor me apresentou tem uma mãe insuportável. – Escute, não é com a mãe que o senhor vai-se casar, é com a filha. – Mas acontece que ela não é excessivamente bonita, e nem mais tão jovem. – Ela lhe será tanto mais fiel. – Mas ela não tem muito dinheiro. – O senhor quer que ela tenha todas as qualidades.* E assim por diante. Aquele que conjunta, o casamenteiro, conjunta num plano totalmente diferente do da realidade, já que o plano do engajamento, do amor, não tem nada a ver com a realidade. Por definição, o casamenteiro, pago para enganar, não pode nunca deparar com realidades grotescas.

É sempre na juntura da fala, no nível de sua aparição, de sua emergência, de sua surgição,[2] que se produz a manifestação do desejo. O desejo surge no momento em que se encarna numa palavra, surge com o simbolismo.

Claro que o simbolismo se reencontra com um certo número destes signos naturais, destes lugares, pelos quais o ser humano é cativado. Existe até um despontar do simbolismo na captura instintual do animal pelo animal. Porém, o que constitui o simbolismo não é isso, é o *Merken* simbolizante, que faz existir o que não existe. Marcar os seis lados de um dado, fazer rolar o dado – deste dado que rola, surge o desejo. Não estou dizendo desejo *humano*, pois, no final das contas, o homem que joga com o dado é cativo do desejo assim posto em jogo. Ele não sabe a origem de seu desejo, a rolar com o símbolo escrito nas seis faces.

Por que será que só o homem joga com o dado? Por que será que os planetas não falam?

Questões que deixo, por hoje, em aberto.

19 de maio de 1955

XIX

Introdução do Grande Outro

Por que os planetas não falam.
A paranoia pós-analítica.
O esquema em Z.
Para além do muro da linguagem
Remembramento imaginário
e reconhecimento simbólico.
Para que se formam analistas.

Da última vez, deixei vocês numa questão talvez um tanto estranha, mas que decorria diretamente do que eu lhes dizia – por que será que os planetas não falam?

1

Nós não somos nem um pouco iguais a planetas, isto é, a todo instante, palpável, o que não nos impede de esquecê-la. No que diz respeito aos homens, temos sempre tendência a raciocinar como se se tratasse de luas, calculando-lhes as massas, a gravitação.

Não se trata de ilusão que nos seja particular a nós sábios – é em especial altamente tentadora para os políticos.

Estou pensando numa obra esquecida que não era assim tão ilisível, porque provavelmente não era de autoria de quem a havia assinado – chamava-se *Mein Kampf*. Pois bem, nesta obra do denominado Hitler, que perdeu muito de sua atualidade, falava-se das relações entre os homens como de relações entre luas. E temos sempre tendência a fazer uma psicologia e uma psicanálise de luas, quando, no entanto, basta reportar-se imediatamente à experiência para ver a diferença.

Por exemplo, estou raramente contente. Da última vez, eu não estava nada contente, porque tentara decerto voar alto demais – este bater de asas talvez não fosse o que eu lhes teria dito, se tudo tivesse sido muito bem-preparado. No entanto, algumas pessoas complacentes, as que me acompanham na saída, me disseram que todo mundo estava contente. Posição muito exagerada, imagino. Pouco importa, disseram-me isto. O que, aliás, na hora, não me convenceu. Ora bolas, pensei cá comigo – o principal é que vocês estejam contentes. É nisto que sou diferente de um planeta.

Não é simplesmente por eu pensar isto cá comigo, mas por ser verdade – o essencial é que vocês estejam contentes. E digo mais – vindo-me confirmações de que vocês estavam contentes, pois bem, Deus meu, eu também ficava contente. Contudo, com uma pequena margem. Não de todo *contente-contente.* Tinha havido um espaço entre os dois. Até me dar conta de que o essencial é o outro estar contente, ficara eu com meu não contentamento.

Então, em que momento é que sou realmente eu?[53] No momento em que não estou contente ou no momento em que estou contente porque os outros estão contentes? Esta relação da satisfação do sujeito com a satisfação do outro – entendam bem, em sua forma mais radical – sempre está em causa quando se trata do homem.

Quisera eu que o fato de se tratar, neste caso, dos meus semelhantes não enganasse vocês. Tomei este exemplo porque havia jurado a mim mesmo tomar o primeiro exemplo que viesse após a questão em que os deixara da última vez. Mas espero, hoje, fazer-lhes ver que estariam enganados se acreditassem tratar-se aí do mesmo outro que este outro, de que por vezes lhes falo, este outro que é o eu, ou mais exatamente sua imagem. Existe aqui uma diferença radical entre minha não satisfação e a satisfação suposta do outro. Não há imagem de identidade, de reflexividade, porém, relação de alteridade fundamental.

Há dois outros que se devem distinguir, pelo menos dois – um outro com *A* maiúsculo e um outro com *a* minúsculo, que é o eu. O Outro, é dele que se trata na função da fala.[54]

O que lhes estou dizendo merece ser demonstrado. Como de costume, só posso fazê-lo no nível de nossa experiência. Àqueles que desejariam adestrar-se em alguns exerciciozinhos mentais destinados a flexibilizar-lhes as articulações, nunca seria demasiado recomendar, seja lá para o que for, a leitura do *Parmênides*, onde a questão de um como de outro foi atacada da maneira mais vigorosa e continuada. É sem dúvida por esta razão que se trata de uma das obras mais incompreendidas. Quando, no entanto, bastam as capacidades médias – o que não quer dizer pouco – de um decifrador de palavras cruzadas. Não se esqueçam de que, num texto, eu lhes aconselhei, da maneira mais formal, que fizessem palavras cruzadas. A única coisa que é essencial é que no desenvolvimento das nove hipóteses vocês mantenham a atenção até o fim. Trata-se apenas disto – prestar atenção. É a coisa mais difícil de obter de um leitor médio, devido às condições nas quais se pratica esse esporte que é a leitura. Aquele, dentre meus alunos, que pudesse consagrar-se a um comentário psicanalítico do *Parmênides* faria obra útil e permitiria à comunidade orientar-se em inúmeros problemas.

Voltemos aos nossos planetas. Por que será que eles não falam? Quem é que quer articular alguma coisa?

Há, no entanto, muita coisa a dizer. O curioso não é vocês não dizerem coisa alguma, é não manifestarem perceber que existe um montão. Se vocês, ao menos, ousassem pensá-lo. Não é muito importante saber qual é a razão derradeira. Mas o que é certo é que, se se tentar enumerá-las – eu não tinha ideia preconcebida sobre a maneira como isso podia ser exposto quando lhes pedi que o fizessem –, as razões que nos aparecem estão estruturadas como aquelas cujo funcionamento já encontramos em diversas oportunidades na obra de Freud, isto é, as que ele evoca no sonho da injeção de Irma a propósito do caldeirão furado. Os planetas não falam – primeiro, porque não têm nada a dizer – segundo, porque não têm tempo para isto – terceiro, porque se os fez calar.

As três coisas são verdadeiras e poderiam permitir-nos desenvolver relacionamentos importantes no que diz respeito ao que se chama de planeta, ou seja, o que tomei como termo de referência para mostrar o que não somos.

Fiz a pergunta a um eminente filósofo, um destes que vieram aqui este ano nos dar uma conferência. Ele se ocupou muito de história das ciências e formulou sobre o newtonismo as mais pertinentes e as mais profundas considerações que possa haver. Sempre se fica decepcionado ao se endereçar às pessoas que, segundo consta, são especialistas, mas vocês vão ver que, na realidade, não fiquei decepcionado. A pergunta não lhe pareceu levantar muita dificuldade. Ele me respondeu – *Porque não têm boca.*

De início, fiquei um pouco decepcionado. Quando se fica decepcionado, a gente sempre está enganado. Nunca se deve ficar decepcionado com as respostas que se recebe, pois se a gente ficar é uma maravilha, isso prova que se tratava de uma verdadeira resposta, ou seja, justo aquilo que precisamente não se esperava.

Este ponto tem muita importância para a questão do outro. Temos por demais tendência a ficar hipnotizados pelo chamado sistema das luas e a modelar nossa ideia da resposta sobre aquilo que imaginamos quando falamos de estímulo-resposta. Se obtivermos a resposta que estávamos esperando, será que é realmente uma resposta? Eis ainda um novo problema, e não vou meter-me por enquanto nesta brincadeirinha.

No final das contas, a resposta do filósofo não me decepcionou. Ninguém é forçado a entrar no labirinto da questão por nenhuma das três razões que enunciei, ainda que vamos voltar a encontrá-las, porque são as verdadeiras. Entra-se igualmente por qualquer resposta, e a que me foi dada é extremamente aclaradora, na condição de se saber ouvi-la. E estava em muito boas condições para ouvi-la, já que sou psiquiatra.

Não tenho boca, ouvimos isto no início de nossa carreira, nos primeiros serviços de psiquiatria em que chegamos que nem uns desarvorados. No meio deste mundo miraculoso, encontramos velhíssimas senhoras, velhíssimas solteironas, cuja primeira declaração junto a nós é – *Não tenho boca.* Elas nos informam que tampouco têm estômago, e que, ademais, não morrerão nunca. Em suma, elas têm uma relação muito grande com o mundo das luas. A única diferença é que, para estas velhas senhoras, vítimas da síndrome chamada de Cotard, ou delírio de negação, no final das contas, é verdade. Aquilo a que elas se identificaram é uma imagem à qual falta toda e qualquer hiância, toda e qualquer aspiração, todo vazio do desejo, isto é, o que constitui propriamente a propriedade do orifício bucal. Na medida em que se opera a identificação do ser à sua pura e simples imagem, não há tampouco lugar para a mudança, ou seja, para a morte. É justamente disto que se trata na temática delas – elas, ao mesmo tempo, estão mortas e não podem mais morrer, elas são imortais – como o desejo. Na medida em que aqui o sujeito se identifica simbolicamente com o imaginário, realiza, de certa maneira, o desejo.

Que ocorra também o fato de as estrelas não terem boca e serem imortais, isto é, de outra ordem – não se pode dizer que seja verdade, é real. Está fora de cogitação as estrelas terem boca. E, para nós, ao menos, o termo imortal tornou-se, com o tempo, puramente metafórico. É incontestavelmente real que estrela não tem boca, mas ninguém nem sonharia com isto, no sentido próprio do verbo *sonhar*,[58] se não houvesse seres providos de um aparelho de proferir o simbólico, isto é, os homens, para fazer com que se repare nisto.

As estrelas são reais, integralmente reais, não há nelas, em princípio, absolutamente nada que seja da ordem de uma alteridade para com elas próprias, são pura e simplesmente o que são. Que a gente as encontre sempre no mesmo lugar, eis uma das razões que faz com que elas não falem.

Notaram que oscilo, de vez em quando, entre os planetas e as estrelas. Não é a troco de nada. Porque o *sempre no mesmo lugar*, não foram os planetas que inicialmente nos mostraram isto, porém as estrelas. O movimento perfeitamente regular do dia sideral é certamente o que forneceu, pela primeira vez, aos homens a oportunidade de experimentar a estabilidade do mundo cambiante que os rodeia e de começar a estabelecer a dialética do simbólico e do real, onde o simbólico jorra aparentemente do real, o que naturalmente não tem mais fundamento do que pensar que as estrelas ditas fixas giram realmente em torno da terra. Assim como não se deve crer que os símbolos tenham efetivamente vindo do real. Mas, nem por isto, causa menor impressão ver a que ponto foram cativantes estas formas singulares, cujo agrupamento, no entanto, nada vem fundamentar. Por que será que os humanos viram a Ursa Maior como tal? Por que será que as Plêiades são tão evidentes? Por que Orion é visto assim? Não seria capaz de dizer-lhes, pô. Não creio que se tenha jamais agrupado de outra maneira estes pontos luminosos – estou perguntando isto a vocês. Este fato não deixou de desempenhar seu papel nas auroras da humanidade, que, aliás, distinguimos mal. Estes signos perpetuaram-se com tenacidade até os dias de hoje, o que fornece um exemplo bastante singular da maneira pela qual o simbólico agarra. As famosas propriedades da forma não parecem totalmente convincentes para explicar a maneira pela qual agrupamos as constelações.

Isto dito, teria sido baldado esforço, já que não há nada de fundamentado nesta aparente estabilidade das estrelas que reencontramos sempre no mesmo lugar. Fizemos evidentemente um progresso essencial quando nos demos conta de que havia coisas que, em compensação, estavam realmente no mesmo lugar, coisas que tinham sido vistas de início sob forma de planetas errantes, e nos demos conta de que não era só em função de nossa própria rotação, mas que realmente uma parte dos astros que povoa o céu se desloca e se encontra de novo sempre no mesmo lugar.

Esta realidade é uma primeira razão para que os planetas não falem muito. Seria, no entanto, um engano crer que sejam tão mudos assim. São tão pouco mudos que, durante muito tempo, foram confundidos com os símbolos naturais. Nós os fizemos falar, e seria um grande engano se a gente não se colocasse a questão de saber como é que isso se mantém. Durante muito tempo, e até uma época bem avançada, ficou-lhes o resíduo de uma espécie de existência subjetiva. Copérnico que, no entanto, fizera dar um passo decisivo no deslinde da perfeita regularidade do movimento dos astros, ainda estava a pensar que um corpo da Terra que estivesse sobre a Lua não deixaria de fazer os maiores esforços possíveis para voltar para casa, ou seja, para a Terra, e que, inversamente, um corpo lunar não teria sossego enquanto não voasse de volta à sua terra materna. É para vocês verem como persistiram, por muito tempo, estas noções, e que é difícil deixar de fazer seres a partir de realidades.

Enfim, veio Newton. Havia já um momento que isso se estava preparando – não há melhor exemplo do que a história das ciências para mostrar o quanto o discurso humano é universal. Newton acabou dando a fórmula definitiva em torno da qual todo mundo, há um século, ardia. Fazê-las calar. Newton conseguiu isto definitivamente. O silêncio eterno dos espaços infinitos com que Pascal se apavorava é algo que se conseguiu depois de Newton – as estrelas não falam, os planetas estão mudos, isto porque se os faz calar, o que é realmente a única razão verdadeira, pois afinal nunca se sabe o que pode acontecer com uma realidade.

Por que os planetas não falam? É verdadeiramente uma questão. Nunca se sabe o que pode acontecer com uma realidade até o momento em que se a reduziu definitivamente a inscrever-se numa linguagem. Só se fica definitivamente seguro que os planetas não falam a partir do momento em que se lhes arrolhou o bico, ou seja, a partir do momento em que a teoria newtoniana forneceu a teoria do campo unificado sob uma forma que foi, desde então, completada, mas que já era perfeitamente satisfatória para todos os espíritos humanos. A teoria do campo unificado está resumida na lei de gravitação, que consiste essencialmente no seguinte – há uma fórmula que mantém tudo isto junto, numa linguagem ultrassimples que comporta três letras.

Os espíritos da época opuseram todas as objeções – esta gravitação é impensável, nunca se viu uma coisa dessas, uma ação a distância, através do vácuo, qualquer tipo de ação é, por definição, uma ação gradativa por aproximações sucessivas. Se vocês soubessem até que ponto o movimento newtoniano, quando se vai olhar de perto, é um negócio que não dá para sacar! Vocês veriam que, operar com noções contraditórias, não é privilégio da psicanálise. O movimento newtoniano utiliza o tempo, mas ninguém liga para o tempo da física, porque não se trata de nada que se refira a realidades – trata-se da linguagem justa e não se pode considerar o campo unificado a não ser como uma linguagem benfeita, como uma sintaxe.

Quanto a isto estamos sossegados – tudo o que entrar no campo unificado nunca mais falará, por tratar-se de realidades completamente reduzidas à linguagem. Penso que vocês estão vendo aqui a oposição que existe entre fala e linguagem.

Não creiam que nossa postura com respeito a todas as realidades tenha chegado a este ponto de redução definitiva, que, no entanto, é bastante satisfatório – se os planetas e outras coisas do gênero falassem, daria uma estranha discussão, e o pavor de Pascal talvez se transformasse em terror pânico.

De fato, cada vez que temos de lidar com um resíduo de ação, de ação verdadeira, autêntica, com este algo de novo que surge de um sujeito – e não é preciso para isto que seja um sujeito animado – nós nos achamos diante de algo com que só mesmo nosso inconsciente não se apavora. Pois, atualmente, no ponto em que os avanços da física prosseguem, seria um engano imaginar que a jogada já está feita, e que já se arrolhou o bico ao átomo, ao elétron. De jeito nenhum. E evidentemente não estamos aqui para ir no encalço dos devaneios, aos quais as pessoas não deixam de abandonar-se, os devaneios de liberdade.

Não é disto que se trata. É evidente que é para os lados da linguagem que se produz um negócio esquisito. É a isto que se resume o princípio de Heisenberg. Quando se pode especificar um dos pontos do sistema, não se pode formular os outros. Quando se fala do lugar dos elétrons, quando se lhes diz de permanecerem aí, de ficarem sempre no mesmo lugar, não se sabe absolutamente mais onde foi parar aquilo que habitualmente chamamos de sua velocidade. Inversamente, se lhes dissermos – *está bem, de acordo, pois que então se desloquem o tempo todo da mesma maneira* –, não se sabe mais, de modo algum, onde estão. Não estou dizendo que vamos ficar sempre nesta posição eminentemente debochadora. Mas, até nova ordem, podemos dizer que os elementos não respondem ali onde os interrogamos. Mais exatamente, se os interrogarmos em algum lugar, fica impossível apreendê-los no conjunto.

A questão de saber se eles falam não fica resolvida pelo simples fato de eles não responderem. Não se está sossegado – algo pode, um dia, nos surpreender. Não descambemos no misticismo – não lhes vou dizer que os átomos e os elétrons falam. Mas por que não? Tudo se passa *como se*. Em todo caso, a coisa ficaria demonstrada a partir do momento em que eles começassem a nos mentir. Se os átomos nos mentissem, se tentassem bancar o espertinho para cima de nós, ficaríamos, a justo título, convencidos. Fica palpável do que se trata – dos outros como tais, e não simplesmente na medida em que refletem nossas categorias *a priori* e as formas mais ou menos transcendentais de nossa intuição.

São coisas em que preferimos não pensar – se um dia eles começassem a nos ludibriar, vejam só onde iríamos parar, estaríamos fodidos. Não se saberia mais às quantas se está, é o caso de dizê-lo, e é justamente nisto que pensava o tempo todo Einstein, sem deixar de maravilhar-se. Lembrava ele, o tempo todo, que o Todo-Poderoso é um espertinho, mas que certamente não é desonesto. Aliás, é a única coisa que permite, porque se trata aí do Todo-Poderoso não físico, de fazer ciência, ou seja, no final das contas, de reduzi-lo ao silêncio, o Todo-Poderoso.

2

Em se tratando desta ciência humana por excelência, que se chama psicanálise, será que nossa meta é chegar ao campo unificado e transformar os homens em luas? Será que os fazemos falar tanto só para os calar?

Aliás, a mais correta interpretação do fim da história evocada por Hegel é o momento em que os homens terão apenas de encerrá-la. Será que isto é retornar a uma vida animal? Será que homens, que chegaram ao ponto de não mais precisar da linguagem, são animais? Grave problema que não me parece resolvido em sentido algum. Seja lá como for, a questão de saber qual é o fim de nossa prática está no âmago da técnica analítica. A este respeito, envereda-se por erros escandalosos.

Li, pela primeira vez, um artigo muito simpático sobre aquilo que se chama de cura-padrão.[37] *Necessidade de manter intactas as capacidades de observação do eu*, vejo isto escrito em negrito. Fala-se de um espelho, que é o analista – nada mal, mas o autor quisera vivo o espelho dele. Um espelho vivo, eu me pergunto o que é isto. Coitado, se ele está falando de espelho vivo, é que ele sente que há algo que claudica nesta história. Onde está o essencial da análise? Será que a análise consiste na realização imaginária do sujeito? Confunde-se o eu e o sujeito, e faz-se do eu uma realidade, algo que é, como se diz, *integrativo*, ou seja, que mantém o planeta unido.

Se este planeta não fala, não é só por ser real, mas também por não ter tempo no sentido literal – ele não tem esta dimensão. Por quê? Porque é redondo. A integração é isto – o corpo circular pode fazer tudo o que quiser que permanece sempre igual a si mesmo. O que nos propõem como meta da análise é arredondar este eu, dar-lhe a forma esférica na qual ele terá definitivamente integrado todos os seus estados disjuntos, fragmentários, seus membros esparsos, suas etapas pré-genitais, suas pulsões parciais, o pandemônio de seus inúmeros e despedaçados *egos*. Corrida para o *ego* triunfante – quantos *egos* houver, tantos objetos haverá.

Nem todo mundo põe a mesma coisa sob o termo de relação de objeto, mas ao tomar as coisas pelo lado da relação de objeto e das pulsões parciais, ao invés de situar isso em seu devido lugar, no plano do imaginário, o autor de quem lhes estou falando, e que, numa certa época, parecia dar melhores passos, não chega a nada menos do que a esta perversão que consiste em situar o progresso inteiro da análise na relação imaginária do sujeito com seu mais primitivo diverso. Graças a Deus, a experiência nunca é levada até seu derradeiro término, não se faz o que se diz fazer, fica-se muito aquém de suas metas. Graças a Deus, os tratamentos falham,[37] e é por isso que o sujeito se salva.

Na linha pela qual envereda o autor, a quem me referia ainda agora, pode-se demonstrar com o maior rigor que sua maneira de conceber o tratamento da neurose obsessiva não teria outro resultado senão o de paranoizar[2] o sujeito. O que lhe parece o abismo, que se está perpetuamente beirando no tratamento da neurose obsessiva, é o aparecimento da psicose. Ou seja, para o autor a quem me refiro, o neurótico obsessivo é na realidade um louco.

Vamos pôr os pontos nos is – que louco é este? É um louco que se mantém à distância de sua loucura, isto é, da maior perturbação imaginária que possa haver. É um louco paranoico. Dizer que a loucura seja a maior perturbação imaginária, como tal, não define todas as formas de loucura – estou-me referindo ao delírio e à paranoia. Segundo o autor, que estou lendo, tudo que o obsessivo conta não tem nada a ver com sua vivência. É por intermédio do conformismo verbal, da linguagem social, que se sustenta seu equilíbrio precário, que, no entanto, é bem sólido, pois o que é que existe de mais difícil de derribar do que um obsessivo? E se o obsessivo resiste e se agarra, pois, com tanta força, segundo o diz o autor de quem estou falando, seria devido à psicose, à desintegração imaginária do eu, estar aí por detrás. Infelizmente para sua demonstração, o autor não pode mostrar-nos um obsessivo que ele tivesse realmente tornado louco. Não tem possibilidade nenhuma de fazê-lo – há sólidas razões para isto. Mas ao querer preservar o sujeito de suas loucuras, pretensamente ameaçadoras, ele conseguiria fazê-lo cair não muito longe daí.

A questão da paranoia pós-analítica está bem longe de ser mítica. Não é preciso que um tratamento[37] tenha sido levado muito longe para produzir uma paranoia perfeitamente consistente. Quanto a mim, eu vi isto no serviço em que nos encontramos. É neste serviço que melhor se pode vê-lo, porque se é levado a fazê-los passar sorrateiramente para os serviços abertos, mas dali voltam eles frequentemente e integram-se num serviço fechado. Acontece. Para isto não é preciso ter um bom psicanalista, basta crer muito firmemente na psicanálise. Vi paranoias, que se pode qualificar de pós-analíticas, e que podemos dizer que sejam espontâneas. Num meio adequado, em que reina uma preocupação muito intensa com os fatos psicológicos, um sujeito, na condição que tenha, no entanto, certa propensão para isto, pode chegar a envolver-se em problemas que são sem dúvida alguma fictícios, mas aos quais dá consistência, e isto numa linguagem preparadinha – a da psicanálise, que está dando sopa por aí. Um delírio crônico demora em geral muito tempo para se constituir, é preciso que o sujeito faça um bruto esforço – em geral, ele leva nisto o terço de sua vida. Devo dizer que a literatura analítica constitui, de uma certa maneira, um delírio *ready-made*, e não é raro ver sujeitos trajados com isto, de confecção. O estilo, se é que posso falar assim, representado por essas pessoas tão apegadas, de bico calado, ao mistério inefável da experiência analítica, é uma forma atenuada disso, porém seu assento é homogêneo ao que acabo de denominar paranoia.

3

Gostaria de propor-lhes hoje um pequeno esquema para ilustrar os problemas levantados pelo eu e o outro, pela linguagem e a fala.

Este esquema não seria um esquema se apresentasse uma solução. Não é nem sequer um modelo. É apenas uma maneira de fixar as ideias, que uma enfermidade de nosso espírito discursivo reclama.

Não voltei a evocar o que distingue o imaginário do simbólico, porque penso que vocês já estão suficientemente familiarizados com a coisa.

Com respeito ao eu, o que sabemos? Será que o eu é real, será que é uma lua ou bem uma construção imaginária? Estamos partindo da ideia, com que, tal um bordão, há muito tempo, os venho atazanando, de que não há meio de apreender o que quer que seja da dialética analítica se não assentarmos que o eu é uma construção imaginária. O fato de ele ser imaginário, isto não retira nada a este pobre eu – diria até que é o que ele tem de bom. Se ele não fosse imaginário, não seríamos homens, seríamos luas. O que não quer dizer que basta que tenhamos este eu imaginário para sermos homens. Podemos ser ainda esta coisa intermediária que se chama louco. Louco é justamente aquele que adere a este imaginário, pura e simplesmente.

Trata-se do seguinte:

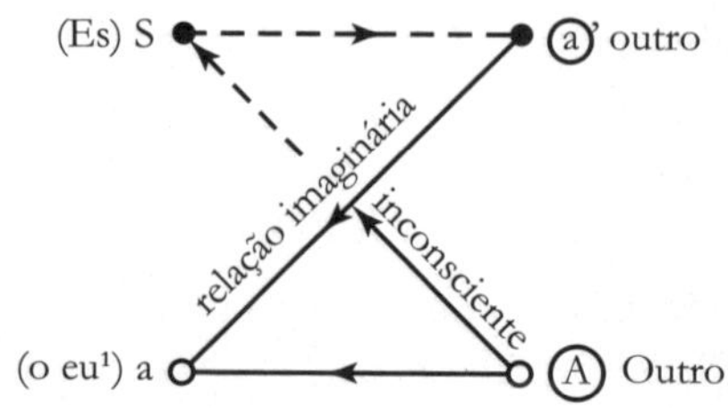

S é a letra *S*, mas é também o sujeito, o sujeito analítico, ou seja, não é o sujeito em sua totalidade. Passam o tempo a encher-nos o saco dizendo que o tomam em sua totalidade. Por que seria ele total? Disto, nada sabemos. Já encontraram, vocês, seres totais? Talvez seja um ideal. Eu nunca vi nenhum. Eu não sou total, não. Nem vocês. Se se fosse total, estaria cada um no seu canto, total, não estaríamos aqui juntos, tentando organizar-nos, como se diz. É o sujeito, não em sua totalidade, porém em sua abertura. Como de costume, ele não sabe o que diz. Se ele soubesse o que diz não estaria aí. Ele estaria ali, embaixo, à direita.

Claro que não é aí que ele se vê – isto nunca ocorre – nem mesmo no fim da análise. Ele se vê em *a*, e é por isto que ele tem um eu. Pode acreditar que este eu seja ele, está todo mundo nesta, e não há meio de sair.

O que a análise nos ensina, por outro lado, é que o eu é uma forma absolutamente fundamental para a constituição dos objetos. Em particular, é sob a forma do outro especular que ele vê aquele que, por razões que são estruturais, chamamos de seu semelhante. Esta forma do outro tem a mais estreita relação com o seu eu, ela lhe pode ser superposta, e nós a escrevemos *a'*.

Existem, pois, o plano do espelho e o mundo simétrico dos *ego*-ais[55] e dos outros homogêneos. Carece distinguir, deste aí, um outro plano, que vamos chamar de muro da linguagem.

É a partir da ordem definida pelo muro da linguagem que o imaginário toma sua falsa realidade, que é, contudo, uma realidade verificada. O eu, tal como o entendemos, o outro, o semelhante, estes imaginários todos, são objetos. É verdade que eles não são homogêneos às luas – e, a cada instante, corremos o risco de esquecer isto. Porém são, efetivamente, objetos por serem assim denominados num sistema organizado que é o do muro da linguagem.

Quando o sujeito fala com seus semelhantes, fala na linguagem comum, que considera os *eus* imaginários como coisas não unicamente *ex-sistentes*, porém reais. Por não poder saber o que se acha no campo em que o diálogo concreto se dá, ele lida com um certo número de personagens, *a'*, *a"*. Na medida em que o sujeito os põe em relação com sua própria imagem, aqueles com quem fala são também aqueles com quem se identifica.

Isto dito, não se deve omitir o pressuposto de base, que é o nosso, dos analistas – acreditamos que haja outros sujeitos que não nós, que haja relações autenticamente intersubjetivas. Não teríamos razão alguma de pensá-lo se não tivéssemos o testemunho daquilo que caracteriza a intersubjetividade, isto é, que o sujeito pode mentir-nos. É a prova decisiva. Não digo que seja o único fundamento da realidade do outro sujeito, é a prova. Em outros termos, nós nos endereçamos de fato aos A_1, A_2, que é aquilo que não conhecemos, verdadeiros Outros, verdadeiros sujeitos.

Eles estão do outro lado do muro da linguagem, lá onde, em princípio, jamais os alcanço. São a eles que, fundamentalmente, viso cada vez que pronuncio uma fala verdadeira, mas sempre alcanço *a'*, *a"*, por reflexão. Viso sempre aos sujeitos verdadeiros, e tenho de me contentar com as sombras. O sujeito está separado dos Outros, os verdadeiros, pelo muro da linguagem.

Se a fala se fundamenta na existência do Outro, o verdadeiro, a linguagem é feita para remetermos de volta ao outro objetivado, ao outro com o qual podemos fazer tudo o que quisermos, inclusive pensar que é um objeto, ou seja, que ele não sabe o que diz. Quando fazemos uso da linguagem, nossa relação com o outro funciona o tempo todo nesta ambiguidade. Em outros termos, a linguagem serve tanto para nos fundamentar no Outro como para nos impedir radicalmente de entendê-lo. E é justamente disto que se trata na experiência analítica.

O sujeito não sabe o que diz, e pelas mais válidas razões, porque não sabe o que é. Mas ele se vê. Ele se vê do outro lado, de maneira imperfeita como vocês sabem, devido ao caráter fundamentalmente inacabado da *Urbild* especular, que é, não apenas imaginária, mas também ilusória. É neste fato que se fundamenta a inflexão pervertida que, de uns tempos para cá, vem tomando a técnica analítica. Nesta perspectiva, gostar-se-ia que o sujeito agregasse a si todas as formas mais ou menos despedaçadas, despedaçadoras, daquilo em que ele se desconhece. Gostar-se-ia que ele juntasse tudo o que, efetivamente, viveu no estádio pré-genital, seus membros esparsos, suas pulsões parciais, a sucessão dos objetos parciais – pensem no *São Jorge* do Carpaccio enfiando o dragão e, em derredor, cabecinhas decapitadas, braços etc. Gostar-se-ia de dar o ensejo a este eu de recobrar forças, de se realizar, de se integrar – o queridinho. Se este fim continuar sendo buscado, de maneira direta, se a gente se regular pelo imaginário e pelo pré-genital, vai-se necessariamente dar neste tipo de análise em que a consumição dos objetos parciais se faz por intermédio da imagem do outro. Sem saber por que, os autores que enveredam por este caminho chegam todos à mesma conclusão – o eu só pode ir juntar-se a si mesmo e recompor-se por intermédio do semelhante que o sujeito tem diante de si –, ou atrás, o resultado é o mesmo.

O sujeito reconcentra o seu próprio eu imaginário essencialmente na forma do eu do analista. Aliás, este eu não permanece simplesmente imaginário, pois a intervenção falada do analista é expressamente concebida como um encontro do eu com o eu, como uma projeção pelo analista de objetos específicos. A análise, nesta perspectiva, sempre é representada e planificada no plano da objetividade. Trata-se, como têm escrito, de fazer o sujeito passar de uma realidade psíquica a uma realidade verdadeira, ou seja, a uma lua recomposta no imaginário, e muito exatamente, como tampouco se tem dissimulado, conforme o modelo do eu do analista. São suficientemente coerentes para darem-se conta de que não se trata de doutrinar, nem de representar o que se deve fazer no mundo. É justamente no plano do imaginário que operam. Eis porque a nada darão mais apreço do que àquilo que situam para além do que é considerado como ilusão, e não como muro, da linguagem – a vivência inefável.

Entre os exemplos clínicos trazidos, há um que é bonitinho, o da paciente aterrorizada com a ideia de o analista saber o que ela tem dentro da mala. Ela, ao mesmo tempo, sabe e não sabe. Tudo o que ela pode dizer é negligenciado pelo analista diante desta preocupação imaginária. E, de repente, apreende-se que aí está a única coisa importante – ela teme que o analista tire tudo o que ela tem na barriga, ou seja, o conteúdo da mala, que simboliza seu objeto parcial.

A noção de assunção imaginária dos objetos parciais, por intermédio da figura do analista, leva a uma espécie de *Comulgatorio*, para empregar o título que Baltasar Gracián deu a um Tratado da santa eucaristia, leva a uma consumição imaginária do analista. Estranha comunhão – na montra do açougue, a cabeça com a salsinha no nariz, ou ainda o pedaço talhado na maminha[56] e como dizia Apollinaire em *les Mamelles de Tirésias, Coma os pés do teu analista ao mesmo molho*,[57] esta é a teoria fundamental da análise.

Será que não há uma outra concepção da análise, que permita concluir que ela é algo diferente da reconstituição de uma parcelarização fundamental imaginária do sujeito?

Esta parcelarização existe efetivamente. É uma das dimensões que permite ao analista operar por identificação ao dar ao sujeito o seu próprio eu. Poupo-lhes os detalhes, mas certamente o analista pode, por intermédio de determinada interpretação das resistências, através de determinada redução da experiência total da análise aos seus elementos unicamente imaginários, chegar a projetar no paciente as diferentes características do seu eu de analista – e só Deus sabe como elas podem diferir, e de um jeito que se reencontra no fim das análises. O que Freud nos ensinou é muito exatamente o oposto.

Se se formam analistas é para que haja sujeitos tais que neles o eu esteja ausente. É o ideal da análise, que, é claro, permanece virtual. Não existe nunca sujeito sem um eu, sujeito plenamente realizado, porém é justamente o que sempre se deve visar a obter do sujeito em análise.

A análise deve visar à passagem de uma fala verdadeira, que junte o sujeito a um outro sujeito do outro lado do muro da linguagem. É a relação derradeira de um sujeito a um Outro verdadeiro, ao Outro que dá resposta que não se espera, que define o ponto terminal da análise.

Durante toda a duração da análise, mas unicamente com a condição de o eu do analista aceitar não estar aí, unicamente com a condição de o analista não ser um espelho vivo, porém espelho vazio, o que se passa, passa-se entre o eu do sujeito – é sempre o eu do sujeito quem fala, aparentemente – e os outros. O progresso todo da análise consiste no deslocamento progressivo desta relação, que o sujeito, a todo momento, pode apreender, para além do muro da linguagem, como sendo a transferência, que é dele e onde ele não se reconhece. Não se trata de reduzir esta relação, como se tem escrito, trata-se de o sujeito assumi-la em seu lugar. A análise consiste em fazê-lo tomar consciência de suas relações não para com o eu do analista, mas para com todos estes Outros, que são seus verdadeiros fiadores, que respondem por ele, e que ele não reconheceu. Trata-se de o sujeito descobrir progressivamente a que Outro ele verdadeiramente se endereça, apesar de não sabê-lo, e de ele assumir progressivamente as relações de transferência no lugar onde está, e onde, de início, não sabia que estava.

Há dois sentidos a dar à frase de Freud – *Wo Es war, soll Ich werden*. Este *Es*, tomem-no como sendo a letra *S*. Ele está aí, ele está sempre aí. É o sujeito. Ele se conhece ou não se conhece. Isto nem sequer é o mais importante – ele está ou não está com a palavra. No fim da análise, é ele quem deve estar com a palavra, e entrar em relação com os verdadeiros Outros. Ali onde o *S* estava, lá tem de estar o *Ich*.

É ali que o sujeito reintegra autenticamente seus membros disjuntos, e reconhece, reagrega sua experiência.

Pode haver, no decurso de uma análise, algo que se forme como um objeto. Mas este objeto, longe de ser aquilo de que se trata, é apenas uma forma fundamentalmente alienada dele. É o eu imaginário que lhe fornece seu centro e seu grupo, e ele é perfeitamente identificável a uma forma de alienação, parente da paranoia. Que o sujeito acabe acreditando no eu é, como tal, uma loucura. Graças a Deus, é raro que a análise tenha êxito nisto, mas empurra-se neste sentido aí, disto temos mil provas.

Vai ser nosso programa para o ano que vem – o que quer dizer paranoia? O que quer dizer esquizofrenia? A paranoia, no que difere da esquizofrenia, está sempre em relação com a alienação imaginária do eu.

25 de maio de 1955

XX

A Análise Objetivada

Crítica de Fairbairn.
Por que, na análise, se fala?
Economia imaginária e registro simbólico.
O número irracional.

O esquema que lhes dei, da última vez, supõe que a fala se propague como a luz, em linha reta. É para vocês verem que ele é apenas metafórico, analógico.

O que interfere com o muro da linguagem é a relação especular, pela qual o que pertence ao eu é sempre percebido, apropriado, por intermédio de um outro, o qual guarda sempre para o sujeito as propriedades da *Urbild*, da imagem fundamental do eu. Daí os desconhecimentos graças a que se estabelecem tanto os mal-entendidos quanto a comunicação comum, a qual repousa nos tais mal-entendidos.

Este esquema tem mais de uma propriedade, como lhes mostrei ao ensinar-lhes a transformá-lo. Indiquei-lhes também que a atitude do analista podia ser bastante diferente e, na análise, levar a consequências diversas e, inclusive, apostas.

No ponto em que chegamos, ou bem estamos imprensados na parede ou bem estamos na encruzilhada – o que será que vai ocorrer na análise casa se estabeleça que a matriz é a relação com a fala ou, pelo contrário, caso se objetive a situação analítica? Com uma intensidade diversa, conforme os autores e os clínicos, qualquer objetivação faz da análise um processo de remodelagem do eu, tendo por modelo o eu do analista.

Esta crítica adquire todo seu alcance quando se conhece o caráter fundamentalmente especular, alienado, do eu. Um eu, seja de que espécie for, presentificado como tal, presentifica uma função imaginária, até mesmo o eu do analista – um eu é sempre um eu, por mais aperfeiçoado que seja.

Não é, sem fundamento, seguramente, que a análise enveredou por estes caminhos. Freud, com efeito, reintegrou o eu. Mas será que foi para tornar a centrar a análise no objeto e nas relações de objeto?

O que está hoje na ordem do dia é a relação de objeto. Disse-lhes que ela estava no âmago de todas as ambiguidades que tornam tão difícil atualmente voltar a apreender a significação das últimas partes da obra de Freud e voltar a situar as novas investigações técnicas dentro da significação, frequentemente esquecida, da análise.

O que lhes ensino aqui são noções fundamentais, alfabéticas, é mais uma rosa dos ventos, uma tábua de orientação, do que uma cartografia completa dos problemas atuais da análise. Isto supõe que, munidos da tal da tábua de orientação, vocês procurem passear por seus próprios meios pelo mapa, e que submetam meu ensino à prova de uma leitura extensa da obra de Freud.

Ouve-se fulano ou sicrano dizer que lhes proponho aqui uma teoria que não coincide com o que se pode ler em tal ou qual texto de Freud. Eu poderia facilmente responder que, na verdade, antes de se chegar a um texto, é preciso entender o conjunto. O *ego* aparece em diversos lugares da obra de Freud. Aquele que não estudou o *ego* na *Introdução ao narcisismo* – não pode acompanhar o que Freud diz a este respeito no *Das Ich und das Es*, que refere o *ego* ao sistema percepção-consciência.

Até mesmo dentro da elaboração tópica do *Das Ich und das Es*, vocês não podem atribuir o alcance apropriado a uma definição como esta que faz equivaler o *ego* ao sistema percepção-consciência, se vocês a isolarem. Esta equação não pode ser tomada como uma definição. Isolada, ela é uma mera convenção ou uma tautologia.

Se fosse para se ater a um esquema que pode ter mil interpretações – estou falando deste famoso esquema do ovo, que desempenhou em toda a análise um papel tão hipnótico, e no qual se vê o *ego* como uma espécie de lentilha, de ponto germinativo, parte diferenciada, organizada da massa do isso, por onde a relação com a realidade é efetuada –, na verdade, não era preciso o imenso rodeio da obra de Freud. Aliás, o importante neste esquema é a dependência da organização do *ego* com relação a algo que, do ponto de vista da organização, lhe é completamente heterogêneo.

O perigo de todo esquema, e sobretudo de todo esquema que coisifica por demais, é a mente precipitar-se nele imediatamente e só ver as imagens mais sumárias.

1

Da última vez, eu escolhera uma referência bem próxima. Hoje, tomei um inglês, ou melhor, um escocês, cujo nome é Fairbairn, o qual tentou, não sem rigor, reformular toda a teoria analítica em termos de relação de objeto.

Eis uma leitura que não lhes é inacessível – seu artigo, *Endopsychic Structores considered in terms of objecta relationships*, foi publicado no *International Journal of Psychoanalysis*, volume XXV, e retomado em seu livro *Psychoanalytic Studies of the Personality.*

Trata-se de descrever a estrutura endopsíquica em termos de relação de objeto. Isto tem mais interesse do que se fosse apenas a teoria particular de um autor. Vocês reconhecerão os traços familiares da maneira pela qual relatamos atualmente os casos, pela qual evocamos as incidências e forças da realidade psíquica, pela qual resumimos um tratamento. O esquema que ele elabora, sua imaginária, não deixa de ter relação com o que manejamos sob a denominação de economia imaginária. Assim como verão da mesma feita os grandes riscos que a análise corre ao se manter ao nível de uma tal conceitualização.

Seria preciso ler o artigo todo, ir seguindo o progresso – façam este trabalho cada um por sua própria conta. Minha exposição orientará a pesquisa de vocês, e incitá-los-á, assim espero, a controlar o que lhes digo.

Eis o esquema ao qual chega o autor, calcado nos papéis desempenhados num sonho que relata. Os que aqui acabam de ouvir uma conferência, que aliás vai ser retomada hoje à noite, sobre o psicodrama, verão, de imediato, o parentesco de uma coisa com outra, o que testemunha de uma degradação da teoria da análise. Do psicodrama não se pode falar sem tomar partido – esta prática não tem nada em comum com a prática analítica.

Existe, segundo o autor, certas heterogeneidades, certas dissimetrias singulares na teoria freudiana. Diz ele que é preciso refazer tudo. *Eu,* diz o sr. Fairbairn, *não entendo nada nisto aí* – ao invés de falar de uma libido, que não sabemos por que lado abordar, e que a gente acaba identificando com as pulsões, o que é objetivamente uma maneira de objetivá-la, por que não falar simplesmente de objeto? O conceito da libido como energia, do qual Freud partiu, deu efetivamente cancha a confusões de todo tipo já que a identificaram com as capacidades de amar.

Segundo Freud, diz Fairbairn em sua linguagem e em sua língua, a libido é *pleasure-seeking*, ela busca o prazer. Nós modificamos tudo isto e nos demos conta de que a libido é *object-seeking*. Freud tinha aliás alguma ideia disto – não foi ele quem escreveu que o amor está à procura de seu objeto? É estupendo – o autor destas linhas, assim como muita gente, não se deu conta de que Freud fala do amor no momento em que ele ainda está acreditando que se trata de criticar a teoria da libido como – vocês estão percebendo a relação com o que adiantei na última sessão? – algo que coloca, pelo menos, o problema de sua adaptação aos objetos. Enfim, esta noção da libido *object-seeking* prevalece em tudo o que vai seguir.

Uma das molas, uma das chaves da doutrina que estou desenvolvendo aqui, é a distinção do real, do imaginário e do simbólico. Tento acostumá-los, adestrá-los a isto. Esta concepção permite que vocês se deem conta da confusão secreta que se dissimula sob esta noção de objeto. Esta noção de objeto alicerça-se, com efeito, na pura e simples confusão destes três termos.

Já que há objetos, estes estão sempre representados aí pela maneira como o sujeito os traz – eis aí o que vocês tomam ao pé da letra. E quando vocês os apreendem objetivamente, como se diz, ou seja à revelia do sujeito, vocês se representam estes objetos como se fossem homogêneos àqueles que o sujeito lhes traz. Só Deus sabe como é que vão orientar-se no meio disto tudo.

Fairbairn distingue o *ego* central e o *ego* libidinal. O *ego* central corresponde aproximadamente ao *ego* tal como sempre se imaginou a partir do momento em que a unidade orgânica individual entificou-se no plano psíquico na noção de sua unidade, ou seja, em que se tomou a síntese psíquica do indivíduo como sendo um dado ligado ao funcionamento de aparelhos. Trata-se aqui de um objeto psíquico, como tal, fechado à qualquer dialética, o *ego* empírico da concepção clássica, o objeto da psicologia. Uma parte deste *central ego* emerge na consciência e no pré-consciente – vejam vocês a que valor funcional fracote ficam, desde então, reduzidas as primeiras referências à consciência e ao pré-consciente. E, bem entendido, a outra parte deste *ego* é inconsciente – o que nunca se negou, nem mesmo na mais ultrapassada das psicologias.

Esta parte inconsciente não nos leva de modo algum a uma dimensão subjetiva, a qual teria de ser referida a significações recalcadas. Trata-se de um outro *ego* organizado, o *ego* libidinal, orientado para os objetos. Este último, devido à extrema dificuldade de suas relações com os tais objetos, sofreu uma dissociação, uma esquize, que faz com que sua organização, que é incontestavelmente a de um *ego*, tenha sido repelida para um funcionamento autônomo, que, desde então, não se vincula mais ao funcionamento do *ego* central.

Vocês reconhecem aí uma concepção que se forma facilmente no espírito, no ensejo de uma primeira apreensão da doutrina analítica. Trata-se de uma doutrina vulgarizada. E eis aí como atualmente uma parte dos analistas acaba concebendo o processo de recalque.

A situação, porém, está longe de ser tão simples, pois, de uns tempos para cá, descobriram para nós no inconsciente a existência de algo diferente, que não é libidinal e que é a agressividade, a qual provocou um grande remanejamento da teoria analítica. Freud não confundira a agressividade interna com o supereu. Em Fairbairn, temos de lidar com uma noção sumamente picante, pois o autor não parece ter encontrado na língua inglesa um termo que lhe parecesse significar adequadamente a função perturbadora, e inclusive demoníaca, do supereu, e forjou um – o *internal sabotor*.

Se há recalque deste sabotador é por ter havido, na origem do desenvolvimento do indivíduo, dois objetos singularmente incomodadores. Estes dois objetos problemáticos têm a curiosa propriedade de terem sido, de início, um só e mesmo objeto. Não vou surpreendê-los se lhes disser que, efetivamente, trata-se única e exclusivamente da mãe. Tudo se reduz assim à frustração ou à não frustração original.

Não estou exagerando nada. Rogo a cada um de vocês que se reporte a este artigo exemplar, porque traz à luz o que está subjacente em muitas posições medianas mais nuançadas.

A estrutura essencial é a esquize primitiva entre as duas faces, boa e má, do objeto primeiro, ou seja, da mãe como nutridora. O resto todo será apenas elaboração, equívoco, homonímia. O complexo de Édipo vem apenas superpor-se a esta estruturação primitiva, conferindo-lhe motivos – no sentido ornamental do termo. Mais tarde, o pai e a mãe repartem entre si, de um modo que pode ser nuançado, os papéis fundamentais que estão inscritos na divisão primitiva do objeto, por um lado *exciting*, a excitar o desejo, a libido estando aqui confundida com o desejo objetivado em seu condicionamento – por outro, *rejecting*.

Não quero levá-los demasiado longe, porém, está claro que *exciting* e *rejecting* não pertencem ao mesmo nível. Com efeito, *rejecting* implica uma subjetivação do objeto. No plano meramente objetivo, um objeto ou bem é frustrante ou bem não o é. A noção de rejeição, esta, introduz secretamente a relação intersubjetiva, o não reconhecimento. É para vocês verem a confusão na qual se está perpetuamente sujeito a sucumbir, inclusive em elaborações tais como esta.

Mas não estou aqui para corrigir Fairbairn. Tento desvendar-lhes as intenções e os resultados do trabalho dele. Ele reduz o recalque a uma tendência à repulsão, e diferencia o *ego* libidinal e o *internal sabotor* pelas melhores razões – é que os dois objetos primitivos, que na realidade fazem apenas um, são de difícil manejo.

É seguramente um fato que o objeto está longe de ser unívoco e que provoca no sujeito a aflição da rejeição, assim como a incitação libidinal sempre a renascer, graças a que esta aflição é reativada. Que haja internalização do mau objeto, não se pode contestar. Como se faz notar, se há algo que urge internalizar, seja qual for o incômodo que disto possa resultar, é antes este mau objeto para dominá-lo do que o bom que convém deixar fora, onde possa exercer sua influência befazeja. É na esteira da internalização do mau objeto que vai-se produzir o processo pelo qual o *ego* libidinal, considerado como perigoso demais, por reativar de maneira aguda demais o drama que foi dar na internalização primitiva, vai ser, ele também, secundariamente rejeitado pelo *ego* central.

Isto é, objeto de uma dupla repulsão suplementar, manifestada desta vez sob forma de uma agressão oriunda da instância ela mesma recalcada – o *internal sabotor*, em estreita relação com os maus objetos primitivos.

Eis o esquema ao qual chegamos, e que, como vocês podem ver, não deixa de lembrar diversos fenômenos que constatamos clinicamente no comportamento dos sujeitos neuróticos.

Este esquema é ilustrado com um sonho. O sujeito sonha que ele é objeto de uma agressão por parte de um personagem que ocorre ser uma atriz – a função da atriz tem uma relação particular com sua história. O prosseguimento do sonho permite precisar, por um lado, as relações do personagem agressor com a mãe do sujeito, e, por outro lado, o desdobramento do personagem agredido na primeira parte do sonho em dois outros personagens, respectivamente masculino e feminino, os quais se modificam à maneira dos chamalotes de cores que tornam ambíguo o aspecto de um dado objeto. Por uma espécie de pulsação, vê-se o personagem agredido passar de uma forma feminina a uma forma masculina, na qual o autor não tem dificuldade em reconhecer seu *exciting object* recalcado bem longe atrás dos dois outros, elemento inerte que se encontra assim no fundo do psiquismo inconsciente, e que as associações do sujeito permitem identificar como sendo seu marido, com quem ela tem relações certamente difíceis.

Deste esquema, o que deduzir quanto à ação do analista? O indivíduo vive num mundo perfeitamente definido e estável, com objetos que lhe estão destinados. Trata-se, pois, de fazê-lo reencontrar o caminho de um relacionamento normal com estes objetos, que estão aí, esperando por ele.

A dificuldade está vinculada à existência oculta destes objetos, que se denominam, a partir de então, objetos internos, os quais entram e paralisam o sujeito. Na origem, eram de natureza cooptativa, tinham, se é que se pode dizer isto, uma realidade de pleno direito. Se passaram para esta função, foi devido à impotência momentânea do sujeito, foi porque o sujeito não soube defrontar com o encontro primitivo de um objeto, o qual não se mostrou à altura de sua tarefa. Não estou forçando nada, isto é dito no texto.

A mãe, dizem-nos, não cumpriu sua função natural. Supõe-se, com efeito, que, em sua função natural, a mãe não seja, em caso algum, um objeto rejeitador – no estado de natureza a mãe só pode ser boa, e é devido às condições particulares em que vivemos que semelhante acidente pode ocorrer. O sujeito separa-se de uma parte de si próprio, abandona o manto de José, em vez de sofrer as incitações ambivalentes. O drama surge desta ambiguidade – o objeto é ao mesmo tempo bom e ruim.

Este esquema não tem só defeitos. Pode-se mostrar, em particular, que qualquer noção válida do *ego* deve efetivamente pô-lo em correlação com os objetos. Dizer, porém, que os objetos são internalizados, eis aí um passe de mágica. A questão toda reside em saber o que é isto, um objeto internalizado. Tentamos resolvê-la quando falamos aqui de imaginário, com todas as suas implicações. Em particular, a função que o imaginário desempenha na ordem biológica está justamente muito longe de ser idêntica à do real.

Em Fairbairn, nenhuma crítica desta ordem. O objeto é um objeto. Ele se acha preso na massa. A posição escolhida para objetivá-lo, isto é, o começo da vida do sujeito, presta-se à confusão entre o imaginário e o real: com efeito, o valor imaginário da mãe não é menor do que o valor de seu personagem real. Porém, por mais prevalentes que estes dois registros sejam, não há razão para confundi-los, como se faz aqui.

O ego libidinal tem de ser reintegrado, ou seja, tem de encontrar os objetos que lhe estão destinados e que participam de uma dupla natureza, real e imaginária. Por um lado, são imaginários, visto que são objetos de desejo – se existe algo que a análise tem, desde sempre, posto no primeiro plano é justamente a fecundidade da libido no que tange à criação de objetos que respondam às etapas de seu desenvolvimento. Por outro lado, estes objetos são objetos reais – está claro que não podemos dá-los ao indivíduo, isto não está ao nosso alcance. Trata-se de permitir-lhe que manifeste, com relação ao objeto *exciting*, ou seja, provocador, a reação imaginária, a libido cujo recalque constitui o nó de sua neurose.

Se nos ativermos a semelhante esquema, só existe, efetivamente, um caminho. Para saber qual é o caminho que o analista deve tomar, carece saber onde ele se acha neste esquema.

Ora, reparem bem no seguinte – quando o autor deduz do sonho a diferenciação desta multiplicidade de *ego*, assim como ele se expressa, não vê seu *central ego* em canto algum, ele o supõe tratar-se do *ego*, no qual a cena toda ocorre, e que observa. Se passarmos agora do esquema do indivíduo ao da situação analítica, só podemos situar o analista num único lugar – justamente no lugar do *ego*, que observa. Esta segunda interpretação tem o mérito de justificar a primeira. Pois, até agora, nesta teoria, o *ego*, na medida em que observa, não tem nenhum dos caracteres ativos do *ego*. Em compensação, se existe alguém que observa é justamente o analista, e é sua função que ele projeta neste *central ego*, que ele supõe em seu sujeito.

O analista que observa é também aquele que tem de intervir na revelação da função do objeto recalcado, correlativo do *ego* libidinal. O sujeito manifesta as imagens de seu desejo, e o analista está aí para permitir que reencontre imagens apropriadas, com as quais ele possa afinar. Ora, se a diferença entre a realidade psíquica e a realidade verdadeira, como nos dizem, é justamente o fato de a realidade psíquica se achar submetida à identificação, que é a relação às imagens, não há nenhuma outra medida da normalidade das imagens senão aquela que o mundo imaginário do analista fornece.

Assim, qualquer teorização da análise, que se organize em torno da relação de objeto, consiste, no final das contas, em preconizar a recomposição do mundo imaginário do sujeito conforme a norma do eu do analista. A introjeção originária do *rejecting object*, que envenenou a função *exciting* do tal do objeto, fica corrigida pela introjeção de um eu correto, o do analista.

2

Por que será que, na análise, se fala? Nesta concepção, é de certa maneira para divertir a plateia. Para o analista, trata-se de espreitar, no limiar do campo da fala, aquilo que cativa o sujeito, que o detém, que o faz encabritar-se, que o inibe, que lhe dá medo. Trata-se de objetivar o sujeito a fim de retificá-lo num plano imaginário, que só pode ser o da relação dual, ou seja, segundo o molde do analista na falta de outro sistema de referência.

Freud jamais contentou-se com semelhante esquema. Se fosse por este caminho que quisera conceitualizar a análise, não teria de jeito nenhum precisado de um *Além do princípio do prazer.*

A economia imaginária não nos é fornecida no limiar de nossa experiência, não se trata de uma vivência inefável, não se trata de procurar uma melhor economia das miragens. A economia imaginária só tem sentido, só podemos influir nela, na medida em que se inscreve numa ordem simbólica que impõe uma relação ternária. Apesar de o esquema de Fairbairn estar calcado no sonho que o ilustra, o fato dominante é que o sujeito conta este sonho. É a experiência nos prova que este sonho não ocorre num momento qualquer, nem de uma maneira qualquer, nem na intenção de ninguém. O sonho tem todo o valor de uma declaração direta do sujeito. É no próprio fato de comunicá-lo a vocês, que ele próprio se julga ter tal atitude, inibida, difícil, em determinados casos ou, pelo contrário, facilitada em outros, feminina ou masculina etc., é aí que reside a alavanca da análise. Que ela possa dizer isto na fala, não é vão. É porque sua experiência se acha, desde o início, organizada na ordem simbólica. A ordem legal, na qual se acha introduzido quase que desde a origem, confere sua significação às relações imaginárias, em função daquilo que denomino discurso inconsciente do sujeito. Com isto tudo o sujeito quer dizer alguma coisa, e isto numa linguagem que virtualmente se oferece para converter-se numa fala, ou seja, para ser comunicada. A elucidação falada é a mola do progresso. As imagens tomarão sentido num discurso mais vasto, no qual a história toda do sujeito está integrada. O sujeito se acha, como tal, historizado de ponta a ponta. É aqui que a análise se efetua – na fronteira do simbólico e do imaginário.

O sujeito não tem uma relação dual com um objeto que está na sua frente, é em relação a um outro sujeito que suas relações com este objeto tomam sentido e, da mesma feita, valor. Inversamente, se ele mantém relações com este objeto, é porque um outro sujeito que não ele tem também relações com este objeto e porque ambos podem nomeá-lo numa ordem diferente da do real. A partir do momento em que pode ser nomeado, sua presença pode ser evocada como sendo uma dimensão original, distinta da realidade. A nominação é evocação da presença e conservação da presença na ausência.

Em suma, o esquema que coloca a relação de objeto no âmago da teorização da análise elude a mola da experiência analítica, isto é, o fato de o sujeito falar de si mesmo.

A mola dinâmica da análise é ele falar de si mesmo. Os rasgões que aparecem, graças aos quais vocês podem ir para além daquilo que ele lhes fala, não constituem um extra do discurso, produzem-se no texto do discurso. É na medida em que algo de irracional aparece no discurso que vocês podem fazer intervir as imagens em seu valor simbólico.

É a primeira vez que lhes concedo que haja algo de irracional. Tranquilizem-se, dou a este termo seu sentido aritmético. Há números que se denominam irracionais, e o primeiro que lhes vem à mente, seja qual for o pouco de familiaridade que tenham com a coisa, é $\sqrt{2}$, o que nos traz de volta ao *Mènon*, ao pórtico pelo qual entramos por este ano adentro.

Não há medida comum entre a diagonal do quadrado e seu lado. Levou-se muito tempo para admitir isso. Por mínima que seja a que escolherem, não a encontrarão. É isso que se denomina irracional.

A geometria de Euclides é fundamentada justamente nisto – pode-se servir, de maneira equivalente, de duas realidades simbolizadas que não têm medida comum. E é justamente por não terem medida comum que a gente pode servir-se delas de maneira equivalente. É o que Sócrates faz em seu diálogo com o escravo – *Você tem um quadrado, você quer construir um quadrado duas vezes maior, o que será que você precisa fazer?* O escravo responde que vai construir um comprimento duas vezes maior. É preciso que ele compreenda que, se construir um comprimento duas vezes maior, terá um quadrado quatro vezes maior. E não há nenhum meio de construir um quadrado duas vezes maior.

Mas não são nem quadrados, nem quadrículas que se manipulam. São linhas que se traçam, ou seja, que se introduzem na realidade. Eis o negócio que Sócrates não diz ao escravo. Acredita-se que o escravo saiba tudo, e que tenha apenas de reconhecê-lo. Porém, desde que se tenha feito o trabalho para ele. O trabalho é haver traçado esta linha, e servir-se dela de maneira equivalente àquela que é suposta dada na origem, suposta real. Introduziram-se números inteiros quando, no entanto, se tratava simplesmente de maior e de menor, de quadrículas reais. Em outros termos, as imagens dão um aspecto de evidência ao que é essencialmente manipulação simbólica. Se se chega à solução do problema, ou seja, ao quadrado que é duas vezes maior que o primeiro quadrado, é por se ter começado destruindo o primeiro quadrado como tal, ao lhe tirar um triângulo e por se ter recomposto com ele um segundo quadrado. Isto supõe um mundaréu de assunções simbólicas que estão ocultas por detrás da falsa evidência à qual se faz aderir o escravo.

Nada é menos evidente do que um espaço que contenha em si mesmo suas próprias intuições. Foi preciso que uma multidão de agrimensores, exercícios práticos, precedessem as pessoas que discorrem com tanta sabedoria na ágora de Atenas para que o escravo deixasse de ser o que podia ser, quando vivia à beira do grande rio em estado selvagem e natural, num espaço de ondas e meandros de areia, numa praia perpetuamente movediça, pseudopódica. Foi preciso, durante muito tempo, que se aprendesse a dobrar certas coisas sobre outras, a fazer com que determinadas marcas de traços coincidissem, para que se começasse a conceber um espaço estruturado, homogeneamente nas três dimensões. Estas três dimensões, são vocês que as trazem com seu mundo simbólico.

O incomensurável do número irracional introduz, vivificadas, todas estas primeiras estruturações imaginárias, inertes, reduzidas a operações como as que vemos ainda subsistir nos primeiros livros de Euclides. Lembrem-se com que cuidados levantam o triângulo isósceles, verificam que não se moveu, aplicam-no sobre si mesmo. É por aí que vocês entram na geometria, e eis o rastro de seu cordão umbilical. Com efeito, nada é mais essencial à edificação euclidiana do que o fato de rebaterem sobre ele mesmo algo que, no final das contas é apenas um rastro – nem mesmo um rastro, não é nada. E é por isso que, no momento em que a pegam, têm tanto medo de fazê-la realizar operações num espaço que ela não está preparada para enfrentar. É aí, na verdade, que se vê a que ponto é a ordem simbólica que introduz a realidade toda daquilo que se trata.

Da mesma maneira, as imagens de nosso sujeito estão basteadas no texto de sua história, estão presas na ordem simbólica, em que o sujeito humano é introduzido num momento tão coalescente quanto possam imaginar com a relação original, a qual somos forçados a admitir como sendo uma espécie de resíduo do real. Logo que existe no ser humano este ritmo de oposição, escondido pelo primeiro vagido e por seu cessamento, algo revela-se, que é operatório na ordem simbólica.

Todos aqueles que observaram a criança viram que o mesmo golpe, a mesma pancada, o mesmo tapa, não é recebido da mesma maneira se é punitivo ou acidental. Tão precoce quanto possível, inclusive antes da fixação da imagem própria do sujeito, na primeira imagem estruturante do eu, está constituída a relação simbólica, que introduz a dimensão do sujeito no mundo, capaz de criar uma realidade outra que aquilo que se apresenta como realidade bruta, como encontro de duas massas, como choque de duas bolas. É tão precoce quanto vocês possam conceber que a experiência imaginária se inscreve num registro da ordem simbólica. Tudo o que ocorre na ordem da relação de objeto está estruturado em função da história particular do sujeito, e eis porque a análise é possível, assim como a transferência.

3

Resta-me dizer-lhes qual deva ser a função do eu na análise corretamente centrada no intercâmbio da fala. É o que farei da próxima vez.

Se a sessão de hoje pareceu-lhes por demais árida, tomarei uma referência literária, cujas conotações se impõem. O eu como objeto simbolizado é apenas um entre os outros no mundo dos objetos, porém, por outro lado, possui sua evidência própria, e pelas melhores razões possíveis. Existe uma relação muito estreita entre nós mesmos e o que denominamos o nosso eu. Em suas inserções reais não o vemos nem um pouco sob forma de imagem.

Se há algo que nos mostra da maneira mais problemática o caráter de miragem do eu, é justamente a realidade do sósia, e sobretudo, a possibilidade da ilusão do sósia. Em suma, a identidade imaginária de dois objetos reais põe a função do eu à prova, e é o que vai-me fazer abrir o próximo seminário com algumas reflexões literárias sobre o personagem de Sósia.

Este último não nasceu ao mesmo tempo que a lenda de Anfitrião, porém depois. Foi Plauto quem o introduziu como uma espécie de duplo cômico do Sósia por excelência do mais magnífico dos cornudos, Anfitrião. Esta lenda foi-se enriquecendo com o decorrer do tempo e deu seu último florão com Molière – aliás, seu último não, pois houve um alemão no século XVIII, no gênero místico, evocado como uma espécie de Virgem Maria, e mais tarde o maravilhoso Giraudoux, no qual as ressonâncias patéticas vão bem além da simples virtuosidade literária. Releiam isto tudo para a próxima vez.

Já que estudamos hoje um esqueminha mecânico do mais feliz efeito, é natural que, para ilustrar a teorização da análise no registro simbólico, me refira a um modelo dramático. Tentarei mostrar-lhes no *Anfitrião* de Molière o que vou denominar, para pastichar o título de um livro recente, *as aventuras* – e inclusive as desventuras – *da psicanálise.*

1º de junho de 1955

XXI

Sósia

O marido, a mulher e o deus.
A mulher, objeto de troca.
Eu, que te boto para fora.
Desdobramentos do obsessivo.

Quem leu *Anfitrião*?

Vai-se tratar, hoje, do eu. Esta questão do eu, nós a estamos abordando, este ano, por um lado diferente daquele pelo qual a havíamos tomado no ano passado. No ano passado, nós a havíamos evocado a propósito do fenômeno da transferência. Este ano, estamos tentando entendê-la com relação à ordem simbólica.

O homem vive no meio de um mundo de linguagem, no qual ocorre este fenômeno que se chama a fala. Consideramos que a análise se dá neste meio aí. Se a gente não situar bem este meio aí com relação aos outros, que também existem, o meio real, o meio das miragens imaginárias, a gente faz com que a análise decline quer em direção às intervenções que incidem sobre o real – armadilha na qual só se cai raramente –, quer, pelo contrário, realçando o imaginário de maneira, a nosso ver, indevida. Isto nos leva, hoje, ao fio da meada, à peça de Molière, *Anfitrião*.

1

Foi a *Anfitrião*, que aludi perante nosso visitante, Moreno, quando lhe disse que seguramente nossa mulher devia enganar-nos, de vez em quando, com Deus. Eis uma dessas fórmulas lapidares de que se pode servir no decurso de uma contenda. Ela merece ser, nem que seja um pouco, comentada.

Vocês certamente vislumbram que a função do pai só é assim tão decisiva na teoria analítica toda porque ela está em diversos planos. Já pudemos ver, a partir de *O homem dos lobos*, o que distingue o pai simbólico, que denomino *o nome do pai*, e o pai imaginário, rival do pai real, visto o coitado achar-se provido, como todo mundo, de características pesadonas de todo o gênero. Pois bem, esta distinção merece ser retomada no plano do casal.

Na verdade, certos espíritos de valor, espíritos firmes – encontram-se assim alguns a pontuar a história – já se preocuparam com as relações do casamento e do amor. Estas coisas são em geral tratadas de maneira travessa, picante, cínica. A respeito disto, existe toda uma boa e velha tradição francesa, e ademais talvez até seja esta a melhor maneira de tocar no assunto, no que tange à sua utilização prática na existência. Mas viu-se um pensador dos mais sérios, Proudhon, deter-se um dia no casamento e no amor, e não tratá-los levianamente.

Aconselho muito a vocês a leitura de Proudhon – era um espírito firme, em quem se reencontra esta inflexão assegurada, própria dos pais da Igreja. Ele refletira, com um pouquinho de nada de distância, sobre a condição humana e tentara acercar-se desta coisa tão mais tenaz e ao mesmo tempo tão mais frágil do que se pensa, isto é, da fidelidade. Ele acabava por chegar à pergunta seguinte – o que será que pode motivar a fidelidade, afora a palavra dada? Mas a palavra dada é frequentemente dada com leviandade. E se não fosse dada assim, é provável que seria muito mais raramente dada, o que deteria sensivelmente o andamento das coisas, bom e digno, da sociedade humana.

Como já notamos, isto não impede que ela seja dada e que produza todos os seus frutos. Quando é rompida, não só todo mundo se alarma, se indigna, mas isso acarreta consequências, quer queiramos quer não. Eis justamente uma das coisas que nos ensina a análise, a exploração deste inconsciente onde a palavra continua propagando suas ondas e seus destinos. De que maneira justificar esta palavra tão imprudentemente empenhada e, propriamente falando, assim como todos os espíritos sérios nunca duvidaram, insustentável?

Tentemos sobrepujar a ilusão romântica, de que é o amor perfeito, o valor ideal que cada um dos parceiros adquire para o outro, que sustenta o engajamento humano. Proudhon, cujo pensamento todo vai de encontro às ilusões românticas, tenta fornecer, num estilo que à primeira vista pode passar por místico, um estatuto à fidelidade no casamento. Encontra a solução em algo que só pode ser reconhecido como sendo um pacto simbólico.

Coloquemo-nos na perspectiva da mulher. O amor que a mulher dá a seu esposo não visa ao indivíduo, nem mesmo idealizado – eis o perigo daquilo que se denomina a vida em comum, a idealização, não dá para sustentar – visa, porém, a um ser para além. O amor sagrado propriamente falando, aquele que constitui o laço matrimonial, vai da mulher àquilo que Proudhon denomina *todos os homens*. Assim como, através da mulher, são *todas as mulheres* que a fidelidade do esposo visa.

Isto pode parecer paradoxal. Porém, *todos os* não significa, em Proudhon, *alle*, não se trata de uma quantidade, trata-se de uma função universal. Trata-se do homem universal, da mulher universal, do símbolo, da encarnação do parceiro do casal humano.

O pacto da palavra vai, pois, bem além da relação individual e de suas vicissitudes imaginárias – não é preciso ir procurar muito longe na experiência para apreender isto. Há, porém, conflito entre este pacto simbólico e as relações imaginárias que proliferam espontaneamente no interior de qualquer relação libidinal, ainda mais quando intervém aquilo que é da ordem da *Verliebtheit*. Pode-se dizer que este conflito alicerça a grande maioria dos conflitos em meio aos quais vai-se prosseguindo a vicissitude do destino burguês, já que ela se constitui na perspectiva humanista de uma realização do eu, e, por conseguinte, na alienação própria ao eu.

Para dar-se conta de que este conflito existe, basta observar. Porém, para entender sua razão, é preciso ir mais longe. Nossa referência, vamos tomá-la nos dados antropológicos postos em evidência por Lévi-Strauss.

Vocês sabem que as estruturas *elementares* são naturalmente as mais complicadas, e que aquelas, por assim dizer, complexas, em meio às quais vivemos, se apresentam em sua aparência como as mais simples. Acreditamos ser livres em nossa escolha conjugal, *qualquer um pode casar-se com qualquer outro*, trata-se de uma profunda ilusão, ainda que isto esteja inscrito nas leis. Na prática, a escolha é dirigida por elementos preferenciais que, por estarem velados, não deixam de ser essenciais. O interesse das estruturas ditas elementares é mostrar-nos a estrutura destes elementos preferenciais em todas as suas complicações.

Ora, Lévi-Strauss demonstra que, na estrutura da aliança, a mulher, que define a ordem cultural, em oposição à ordem natural, é o objeto da troca, da mesma maneira que a palavra, que é efetivamente o objeto de troca original. Sejam quais forem os bens, as qualidades e os *status* que se transmitirem pela via matrilinear, sejam quais forem as autoridades que uma ordem dita matriarcal possa revestir, a ordem simbólica, em seu funcionamento inicial, é androcêntrica. É um fato.

É um fato que, bem entendido, não deixou de receber corretivos de todo tipo no decurso da história, mas que nem por *isto* deixa de ser fundamental, e que nos permite entender em particular a posição dissimétrica da mulher nos laços amorosos, e muito especialmente em sua mais eminente forma socializada, isto é, o laço conjugal.

Se estas coisas fossem vistas no nível que lhes é próprio, e com algum rigor, muitos fantasmas seriam, da mesma feita, dissipados.

A noção moderna do casamento como sendo um pacto de consentimento mútuo é seguramente uma novidade, introduzida na perspectiva de uma religião de salvação, que confere uma prevalência à alma individual. Ela recobre e mascara a estrutura inicial, o caráter primitivamente sagrado do casamento. Esta instituição existe atualmente sob uma forma condensada, da qual certos traços são tão sólidos e tenazes que as revoluções sociais estão longe de poder fazer-lhe desaparecer a prevalência e a significação. Mas, ao mesmo tempo, determinados traços da instituição na história foram apagados.

No decurso da história, sempre houve, no que diz respeito a esta ordem, dois contratos de natureza muito diferente. Entre os romanos, por exemplo, o casamento das pessoas que têm um nome, um nome mesmo, o dos patrícios, dos nobres – os *innobiles*, são exatamente os que não têm nome –, tem um caráter altamente simbólico, que lhe é assegurado por intermédio de cerimônias de natureza especial – não quero entrar na descrição pormenorizada da *confarreatio*. Para a plebe existe também um tipo de casamento, que é apenas fundado no contrato mútuo, e constitui o que tecnicamente a sociedade romana denomina concubinato. Ora, é justamente esta instituição do concubinato que, a partir de uma certa flutuação da sociedade, se generaliza, e vê-se, até mesmo nos últimos períodos da história romana, o concubinato estabelecer-se nas altas esferas, no intuito de manter a independência dos *status* sociais dos parceiros, e em especial, os *status* de seus bens. Ou seja, é a partir do momento em que a mulher se emancipa, em que ela tem, como tal, direito de possuir, em que ela se torna um indivíduo na sociedade, que há abrasão da significação do casamento.

Fundamentalmente, a mulher é introduzida no pacto simbólico do casamento como sendo objeto de troca entre – não vou dizer: os homens, se bem que sejam os homens que constituem efetivamente os suportes – entre as linhagens, linhagens fundamentalmente androcêntricas. Entender as diversas estruturas elementares é entender como circulam, através dessas linhagens, estes objetos de troca que são as mulheres. A experiência mostra que isto só pode dar-se numa perspectiva androcêntrica e patriarcal, até mesmo quando a estrutura é tomada secundariamente em determinadas ascendências matrilineares.

Que a mulher seja desta forma introduzida numa ordem de trocas em que ela é objeto, é isto mesmo que confere o caráter fundamentalmente conflitual, eu diria sem saída, de sua posição – a ordem simbólica, literalmente, a submete, a transcende.

O *todos os homens* proudhoniano é aqui o homem universal, que, ao mesmo tempo, é o homem mais concreto e o homem mais transcendente, e eis aí o beco sem saída para onde a mulher é empurrada pela sua função particular na ordem simbólica. Existe para ela algo de insuperável, de inaceitável, digamos, no fato de ser posta em posição de objeto numa ordem simbólica, à qual ela está, por outro lado, inteiramente submetida, assim como o homem. É justamente por ela se achar numa relação de segundo grau com relação a esta ordem simbólica que o deus se encarna no homem ou o homem no deus, salvo conflito, e bem entendido, há sempre conflito.

Em outros termos, na forma primitiva do casamento, se não for a um deus, a algo de transcendente que a mulher for dada, e se der, a relação fundamental sofrerá todas as formas de degradação imaginária, e é o que ocorre, pois não temos, e há já muito tempo, o estofo para encarnar deuses. Nos períodos ainda duros, havia o senhor. E era o grande período da reivindicação das mulheres – *A mulher não é um objeto de posse. – Como é que pode o adultério ser punido de maneira tão dissimétrica? – Será que somos escravas?*

Depois de alguns progressos, chegou-se ao estádio do rival, relação do tipo imaginário. Não se deve crer que nossa sociedade, por intermédio da emancipação das tais das mulheres, tenha o privilégio disto. A rivalidade, a mais direta, entre os homens e as mulheres é eterna, e estabeleceu-se, no estilo que lhe é próprio, com as relações conjugais. Só mesmo uns poucos psicanalistas alemães para imaginar que a luta sexual é uma característica de nossa época. Quando vocês tiverem lido Tito-Lívio vão ficar sabendo do barulho que provocou em Roma um tremendo processo por envenenamento, do qual depreendia-se que em todas as famílias patrícias era corriqueiro as mulheres envenenarem os maridos, e eles caíam aos montes. A revolta feminina não é coisa que date de ontem.

Do senhor ao escravo e ao rival, há apenas um passo dialético – as relações do senhor com o escravo são essencialmente reversíveis, e bem depressa o senhor vê estabelecer-se sua dependência com relação ao seu escravo. Hoje, encontramo-nos diante de uma nova nuança graças à introdução das noções psicanalíticas – o marido tornou-se o filho, e, de uns tempos para cá, ensina-se às mulheres a tratá-lo bem. Eis, por esta via, rematado o circuito, voltamos para o estado de natureza. Eis aí a concepção que certas pessoas têm da intervenção própria à psicanálise naquilo que se denominam relações humanas, e que, ao se propagar por intermédio dos *mass media*, vai ensinando a cada um como comportar-se para que reine a paz em casa – que a mulher desempenhe o papel de mãe, e o homem, o de filho.

Dito isto, o sentido profundo do mito de Anfitrião, tão polivalente, tão enigmático que dele se pode fazer mil interpretações, é o seguinte – para que a situação seja sustentável, é preciso que a posição seja triangular. Para que o casal se mantenha no plano humano, é preciso que aí esteja um deus. É ao homem universal, ao homem velado, do qual todo ideal é apenas substituto idolátrico, que se dirige o amor, este famoso amor genital do qual fazemos festas e chacotas.

Releiam o que Balint escreve a respeito disto – vocês vão ver que quando os autores são um pouco rigorosos, experimentais, chegam à conclusão de que este famoso amor não é nada. O amor genital revela-se absolutamente inassimilável a uma unidade que seria o fruto de uma maturação instintual. Com efeito, na medida em que o amor genital é concebido como dual, em que toda noção de terceiro, de fala, de deus, está ausente, ele é fabricado em dois pedaços. Primo, o ato genital, que, como cada um sabe, não dura muito tempo – é bom, mas não dura – e isto não estabelece absolutamente coisa alguma. Secundo, a ternura, da qual reconhece-se que as origens sejam pré-genitais. Eis a conclusão à qual os mais honestos espíritos chegam, quando se quedam na relação dual para estabelecer a norma das relações humanas.

Recordei-lhes algumas verdades primeiras. Vamos, agora, ver do que se trata em Plauto e em Molière.

2

É um fato que foi Plauto quem introduziu Sósia – os mitos gregos não são êuicos.[14] Mas os *eus* existem, e há um lugar em que os *eus* têm a palavra da maneira mais natural, é na comédia. E é um poeta cômico – o que não quer dizer engraçado, penso que alguns de vocês já refletiram sobre este ponto – quem introduz esta novidade essencial, inseparável daí em diante do mito de Anfitrião, Sósia.

Sósia é o eu. E o mito lhes mostra como se comporta, no dia a dia, este euzinho boa-praça, bonzinho, que nem vocês e eu, e que parte ele toma no banquete dos deuses – uma parte bastante singular, já que ele se acha sempre um pouco excisado de seu próprio gozo. O lado irresistivelmente cômico que se acha no fundo disso tudo nunca cessou de alimentar o teatro – no final das contas, trata-se sempre de mim,[17] de ti, e do outro.

Pois bem, como é que o tal do eu se comporta? Na primeira vez em que o eu surge no nível deste drama, ele se encontra a si mesmo diante da porta sob a forma daquilo que ficou sendo para a eternidade Sósia, o outro eu.

Vou ler-lhes uns pequenos trechos porque é preciso ter isso no ouvido. Na primeira vez em que o eu aparece ele encontra o eu. E eu, quem?[59] Eu, que te boto para fora. É disto que se trata, e é nisto que a comédia de Anfitrião é deveras exemplar. Basta apanhar umas amostras, aqui e acolá, estudar o próprio estilo e a linguagem, para dar-se conta de que aqueles que introduziram este personagem fundamental sabiam do que se tratava.

Em Plauto, onde pela primeira vez entra em cena este personagem, a coisa se dá sob forma de um diálogo na noite, cujo caráter empolgante e simbólico, numa acepção do termo que é preciso pôr entre aspas, vocês poderão apreciar no texto.

Estes personagens representam conforme a tradição do aparte, tão frequentemente maldesempenhada no jogo dos atores – dois personagens, que se acham juntos no palco, proferem falas que valem, cada uma, pelo seu caráter de eco ou de quiproquó, o que é a mesma coisa, caráter que este assume a partir das falas que o outro emite independentemente. O aparte é essencial para a comédia clássica. Ele se acha aí no grau extremo.

Não pude deixar de pensar nisto no outro dia ao assistir ao teatro chinês, onde aquilo que é levado ao extremo se acha no gesto.

Essa gente fala chinês e nem por isto vocês deixam de ficar empolgados com tudo o que eles mostram. Durante mais de 15 minutos – tem-se a impressão de que isso dura horas –, dois personagens se deslocam no mesmo palco dando-nos realmente a impressão de estarem em dois espaços diferentes. Com uma destreza acrobática, eles passam literalmente um através do outro. Estes seres se atingem a cada instante por intermédio de um gesto que não poderia deixar de acertar o adversário, e que, no entanto, o evita, porque ele já está em outro lugar. Esta demonstração realmente sensacional sugere-lhes o caráter *miraginário* do espaço, mas restitui-lhes igualmente esta característica do plano simbólico – nunca há encontro que seja um choque.

É justamente algo deste gênero que ocorre no drama, e especialmente na primeira vez em que Sósia intervém na cena clássica.

Sósia chega e encontra com Sósia.

– *Quem vem lá?*

– *Eu.*

– *Eu, quem?*

– *Eu. Coragem, Sósia*, diz ele para consigo mesmo, pois este, claro, é o verdadeiro, não está sossegado.

– *Qual é tua sina? Diga-me.*

– *De ser homem e de falar.* Eis aí alguém que não havia ido aos seminários, mas que traz a marca da fábrica.

– *És amo ou criado?*[60]

– *Como me apraz.* Isso é tirado diretamente de Plauto, e é uma belíssima definição do eu. A posição fundamental do eu frente à sua imagem é efetivamente esta inversibilidade imediata da posição de amo e de criado.

– *Para onde se dirigem teus passos?*

– *Para onde tenho intuito de ir...*

E a coisa continua –

– *Ah, isto me desagrada.*

– *Pois muito me encanta*, diz o imbecil, que naturalmente está prevendo que vai levar um tabefe e já está fazendo farol.

Assinalo-lhes, de passagem, que este termo confirma o que eu lhes disse a respeito do termo *fides*, que é equivalente ao termo *palavra dada*. Mercúrio compromete-se a não tornar a lhe meter o braço e Sósia lhe diz – *Tuae fidei credo, acredito em tua palavra.* Vocês acharão também no texto latino o *innobilis* de agora há pouco, o homem sem nome.

Estudemos, segundo uma tradição que é a da prática que estamos criticando, os personagens do drama, como se cada qual fosse a encarnação de um personagem interior.

Na peça de Molière, Sósia aparece em primeiríssimo plano, diria até mesmo que só se trata dele, é ele quem abre a cena, logo após o diálogo de Mercúrio, que está preparando a noite de Júpiter. Ele vai chegando, o Sosiazinho boa-praça, com a vitória de seu amo. Pousa a lanterna, diz – *Eis Alcmena*, e começa a narrar-lhe as proezas de Anfitrião. É o tipo do homem que imagina que o objeto de seu desejo, a paz de seu gozo, depende de seus méritos. É o homem do supereu, aquele, que quer eternamente elevar-se à dignidade dos ideais do pai, do amo, do senhor,[60] e que fica imaginando que alcançará, desse jeito, o objeto de seu desejo.

Porém jamais Sósia conseguirá fazer-se ouvir por Alcmena, porque a sina do eu, por sua própria natureza, é de encontrar sempre diante de si seu reflexo, que o despoja de tudo o que quer alcançar. Essa espécie de sombra, que é, ao mesmo tempo, rival, amo, senhor[60] por vezes escravo, separa-o essencialmente daquilo de que se trata, isto é, do reconhecimento do desejo.

A respeito disto, o texto latino tem fórmulas empolgantes durante este diálogo impagável em que Mercúrio, a tapas, coage Sósia a abandonar sua identidade, a renunciar ao próprio nome. E, assim como Galileu diz *E, no entanto, a terra gira!*, Sósia volta incessantemente a isto – *No entanto, sou Sósia*, e ele diz esta fala maravilhosa – Por Pólux, *tu me alienabis nunquam, nunca me farás outro, qui noster sum, que sou nosso.*[61] O texto latino indica perfeitamente a alienação do eu e o apoio que ele encontra no *nós*, no fato de pertencer à ordem na qual seu amo é um grande general.

Chega Anfitrião, o amo real, aquele que responde por Sósia, seu fiador, aquele que vai restabelecer a ordem. O que é notável é justamente que Anfitrião vai ser tão logrado, tão burlado, quanto o próprio Sósia. Ele não entende nada do que lhe conta Sósia, isto é, que ele encontrou um outro eu.

– A que paciência é preciso que exorte a mim mesmo!
Mas enfim, não entraste em casa?
– Pois, entrar. Ora, de que jeito?
– Como assim?
– Com um cacete de que as costas.

....

– E quem foi?
– Eu.
– Tu, bateres-te?
– Não o eu daqui
Mas o eu lá de casa que espanca
...recebi testemunhos disto.
Aquele diabo daquele eu surrou-me como se deve.

....

– Eu, já lhe disse
– Quem eu?
– Este eu que me moeu com pancadas.

E, então, Anfitrião moe com pancadas o infeliz Sósia. Em outros termos, ele lhe analisa sua transferência negativa. Ele lhe ensina o que um eu tem de ser. É preciso que reintegre no seu eu suas propriedades de eu.

Cenas picantes e inenarráveis. Eu poderia multiplicar as citações que mostram sempre a mesma contradição no sujeito entre o plano simbólico e o plano real. É que Sósia acabou, efetivamente, duvidando que era este eu, quando Mercúrio lhe contou algo particularíssimo – o que ele fez no momento em que ninguém o via. Sósia, espantado diante do que Mercúrio lhe revela sobre seu próprio comportamento, começa a ceder um bocado.

– E de mim, começo francamente a duvidar...

Isto também é altamente notável no texto latino.

– Assim como reconheço minha própria imagem, que vi frequentemente no espelho, in speculum.

E enumera as características simbólicas, históricas de sua identidade, como em Molière. Mas a contradição estoura, que também está no plano imaginário – *Equidem certo idem qui semper fuit, sou por certo* o *mesmo que sempre foi.* E aí, apelo aos elementos imaginários de familiaridade com os deuses. Por certo já vi esta casa, é de fato a mesma – recorre à certeza intuitiva, suscetível, no entanto, de discordar. O já-visto, o já-reconhecido, o já-experimentado[29] entram muitas vezes em conflito com as certezas que se depreendem da rememoração e da história. Alguns veem nos fenômenos da despersonalização sinais premonitórios de desintegração, quando, no entanto, não é absolutamente necessário ser predisposto à psicose para ter experimentado mil vezes sensações semelhantes, cuja mola se acha na relação do simbólico com o imaginário.

No momento em que Sósia afirma seu desarvoramento, seu desapossamento, Anfitrião lhe faz uma psicoterapia de apoio. Não vamos dizer que Anfitrião esteja na posição do psicanalista. Vamos contentar-nos em dizer que ele pode estar sendo simbólico disto, dado que em relação a seu objeto – se é que o objeto de seu amor, sua princesa longínqua, é a psicanálise –, o psicanalista se acha nesta posição, digamos para sermos bem-educados, exilada, que é a de Anfitrião diante de sua própria porta. Mas a vítima desta cornudagem espiritual é o paciente.

3

Cada um acredita – e Deus sabe que disto tive testemunhos – ter atingido o mais fundo da experiência analítica por ter tido algumas fantasias de *Verliebtheit*, de enamoração, pela pessoa que lhe abre a porta quando chega no seu analista – não é um testemunho raro de se ouvir, ainda que eu esteja aqui referindo-me a casos muito particulares. Em seu encontro com esta pretensa experiência analítica, o sujeito vai ser fundamentalmente desapossado e burlado.

No diálogo comum, no mundo da linguagem estabelecida, no mundo do mal-entendido comumente recebido, o sujeito não sabe o que diz – a cada instante, o simples fato de falarmos prova que não o sabemos. O próprio fundamento da análise é, efetivamente, que dizemos mil vezes mais do que seria necessário para que nos cortassem a cabeça. O que dizemos, não o sabemos, porém o endereçamos a alguém – alguém que é miraginário e provido de um eu. Devido à propagação da fala em linha reta, de que lhes falava da última vez, temos a ilusão de que esta fala vem dali onde situamos o nosso próprio eu, separado o justo título, no esquema que deixei em suspenso da última vez, de todos os outros *eus*.

Como o Júpiter de Giraudoux faz notar, no momento em que tenta saber por Mercúrio o que são os homens – *O homem é esse personagem que fica o tempo todo perguntando a si mesmo se ele existe.* Ele tem toda razão, e só comete um engano, é o de responder sim. O privilégio do seu eu, com relação a todos os outros, é de ser o único de que o homem esteja seguro que exista quando ele se interroga – e Deus está de prova de quanto ele se interroga. Fundamentalmente, ele está aí sozinho. E é por ser deste eu que a fala é recebida, que o sujeito cultiva a doce ilusão de que este eu está numa posição única.

Se o analista acreditar que deva responder daqui, *a'*, ele ratifica a função do eu, que é justamente aquela por intermédio da qual o sujeito se acha desapossado de si mesmo. *Diz-lhe – Entra de volta no teu eu*, ou melhor – *Faz nele entrar de volta tudo que dele deixas escapar. Estes miúdos que estavas enumerando quando te achavas em presença do outro Sósia, reintegra-os agora, come-os. Reconstitui-te na plenitude destas pulsões que desconheces.*

Mas não é disto que se trata. Trata-se do sujeito aprender o que diz, aprender o que fala daqui, *S*, e para isto, trata-se de dar-se conta do caráter fundamentalmente imaginário daquilo que se diz a partir daqui quando é evocado o Outro absoluto transcendente, que há na linguagem cada vez que uma fala tenta ser emitida.

Tomemos o caso concreto do obsessivo. A incidência mortal do eu acha-se nele levada ao máximo. Não existe, por detrás da obsessão, como determinados teóricos dizem para vocês, o perigo da loucura, o símbolo desenfreado. O sujeito obsessivo não é o sujeito esquizoide que, de certa maneira, fala diretamente no nível de suas pulsões. É o eu, dado que ele mesmo carrega seu desapossamento, é a morte imaginária. Se o obsessivo se mortifica é porque, mais do que um outro neurótico, apega-se ao seu eu, o qual carrega em si o desapossamento e a morte imaginária.

E por quê? O fato é evidente – o obsessivo é sempre um outro. Seja o que for que ele contar para vocês, sejam quais forem os sentimentos que ele lhes trouxer é sempre os de um outro que não ele mesmo. Esta objetalização de si mesmo não é devida a uma tendência ou a um dom introspectivo. É na medida em que evita seu próprio desejo que todo desejo pelo qual, enveredar, nem que seja aparentemente, ele o apresentará como sendo o desejo deste outro ele mesmo que é o seu eu.

Será que não se vai no mesmo sentido que ele quando se pensa em reforçar o seu eu? em permitir-lhe suas diversas pulsões, e sua oralidade, e sua analidade, e seu estádio oral tardio, e seu estádio anal primário? em lhe ensinar a reconhecer o que quer, e que já se sabe desde o início, a destruição do outro? E como é que não seria a destruição do outro, já que se trata de sua própria destruição, o que é exatamente a mesma coisa?

Antes de lhe permitir reconhecer a agressividade fundamental que ele dispersa e refrata sobre o mundo, e que estrutura todas as suas relações objetais, é preciso fazer-lhe entender qual é a função desta relação mortal que cultiva consigo mesmo, e que faz com que, logo que um sentimento é seu, comece por anulá-lo. Se o obsessivo lhes disser que não faz questão de logo ou de alguém, podem pensar que ele tem muito apego por isso. Ali onde se expressa com a maior frieza, é ali que seus interesses estão empenhados ao máximo.

Fazer com que o obsessivo se reconheça a si mesmo na imagem decomposta que ele nos apresenta de si mesmo sob a forma mais ou menos espraiada, degradada, afrouxada, de suas pulsões agressivas, é sem dúvida essencial, mas não é nesta relação dual consigo mesmo que se acha a chave do tratamento. A interpretação de sua relação mortal consigo mesmo só pode ter alcance se vocês lhe fizerem entender a função dela.

Não é nem para si mesmo, nem realmente, que ele está morto. Para quem ele está morto? Para aquele que é seu senhor. E em relação a quê? Em relação ao objeto de seu gozo. Ele apaga seu gozo para não despertar a cólera de seu senhor. Mas, por outro lado, se está morto, ou se se apresenta como tal, não está mais ali, é um outro que não ele que tem um senhor e, inversamente, ele próprio tem um outro senhor. Por conseguinte, ele está sempre alhures. Como desejante, ele se desdobra indefinidamente numa série de personagens, de quem os Fairbairn fazem, maravilhados, a descoberta. Dentro da psicologia do sujeito há, repara Fairbairn, muito mais do que os três personagens de quem Freud nos fala, *id*, *superego*, *e ego*, há sempre ao menos dois outros que aparecem pelos cantos. Mas pode-se encontrar ainda outros, como num espelho de aço – se vocês forem olhar atentamente, não há apenas uma imagem, porém uma segunda, que se desdobra, e se o aço do espelho for bastante espesso, haverá uma dezena, uma vintena, uma infinidade. Da mesma maneira, na medida em que o sujeito se anula, se mortifica diante de seu senhor, ele ainda é um outro, já que ele está sempre aí, um outro com um outro senhor e um outro escravo etc. O objeto de seu desejo, como mostrei em meu comentário de *O homem dos ratos*, assim como a partir de minha experiência vizinha de *Poesia e verdade*, sofre igualmente um desdobramento automático. Aquilo do qual o obsessivo faz questão é sempre outro, pois se ele o reconhecesse deveras estaria sarado.

A análise não progride, como nos afirmam, através de uma espécie de auto-observação do sujeito, fundamentada no famoso *splitting*, o desdobramento do *ego* que seria fundamental na situação analítica. A observação é uma observação de observação, e assim por diante, o que apenas faz com que se perpetue a relação fundamentalmente ambígua do eu. A análise progride através da fala do sujeito na medida em que ela vai para além da relação dual, e não encontra, então, mais nada, a não ser o Outro absoluto, que o sujeito não sabe reconhecer. É progressivamente que ele deve reintegrar em si esta fala, ou seja, falar enfim com o Outro absoluto dali onde ele se acha, dali onde o seu eu deve realizar-se, reintegrando a decomposição paranoide de suas pulsões das quais não basta dizer que nelas ele não se reconhece – fundamentalmente, na sua qualidade de eu, ele as desconhece.

Em outros termos, o que Sósia tem de aprender, não é que ele nunca encontrou seu sósia – é absolutamente verdadeiro que o encontrou. Ele tem de aprender que ele é Anfitrião, o homem cheio de glória que não entende nada de nada, nada daquilo que se deseja, que acredita que basta ser um general vitorioso para fazer amor com sua mulher. Este homem, fundamentalmente alienado, que nunca encontra o objeto de seus desejos, tem de dar-se conta de por que ele tem fundamentalmente apego por este eu, e de que maneira este eu constitui sua alienação fundamental. Ele tem de dar-se conta desta congeminação profunda, que também é uma das perspectivas essenciais de Anfitrião, e em dois planos – o destes sósias que se miram um no outro, o dos deuses. De um duplo amor, Alcmena engendra um duplo fruto. Alcmena está muito mais presente em Plauto – com o passar do tempo adquirimos um pudor que nos impede de ir longe nas coisas.

Através desta demonstração dramática, quando não psicodramática, em que consiste, ao menos para nós, o mito de Anfitrião, quis tornar-lhes sensível hoje o quanto os problemas vivos que nos colocamos inscrevem-se no registro de um pensamento tradicional. Mas isto não me impede de aconselhá-los a ir procurar os testemunhos da ilusão psicologista que denuncio a vocês nos próprios escritos dos autores que a sustentam. Vocês têm um exemplo lindíssimo disto neste Fairbairn de quem lhes falava no outro dia.

4

Não se trata de um obsessivo, porém de uma mulher que tem uma anomalia genital real – ela tem uma vaginazinha de nada, e que se respeitou, ela é virgem, e a esta vaginazinha de nada não corresponde nenhum útero. A coisa parece ser praticamente certa, ainda que, por uma singular timidez, nunca se tenha esclarecido completamente a coisa. Pelo menos no nível do caráter sexual secundário, a anomalia é flagrante segundo o parecer de certos especialistas, que chegaram até a dizer que se tratava de pseudo-hermafroditismo, e que na verdade ela seria um homem. Assim é o sujeito de quem nosso Fairbairn começa a análise.

A espécie de elevação com a qual todo o prosseguimento do caso vai sendo desenvolvido, merece ser salientada. Narra-nos ele, com uma perfeita tranquilidade, que este sujeito, personalidade de evidente qualidade, ficou sabendo que algo não andava direito, que sua situação era bastante especial no que diz respeito à realidade dos sexos. Ela ficou sabendo disto ainda mais facilmente por haver na família seis ou sete mulheres no mesmo caso. Então, entende-se do assunto, sabe-se que as mulheres são, neste ponto, estranhamente escangalhadas. Pensa lá consigo mesma que é especial, e regozija-se com isto – *assim*, pensa lá consigo mesma, *muitas preocupações não hão de ser minhas.* E ela, corajosamente, vai ser professora primária.

Ela vai então, devagarinho, se dando conta de que, longe de estar descarregada das servidões da natureza pelo fato de todo gozo provir-lhe de uma ação puramente espiritual, estranhas coisas ocorrem – nunca está bom, nunca está suficientemente bem. Ela é tiranizada, de maneira medonha, por seus escrúpulos. E quando ela se acha bem-esbodegada no decurso do segundo trimestre ela tem uma crise de depressão.

O analista pensa antes de tudo em lhe reintegrar suas pulsões, ou seja, em fazer com que se dê conta de seu complexo fálico – e bem-acabado, é verdade. Descobre-se que há uma relação entre o fato de que ela *affects* determinados homens, que a aproximação de certos homens mexe com ela e as crises de depressão. O analista deduz disto que ela gostaria de causar-lhes dano, e durante meses ele lhe ensina a reintegrar esta pulsão agressiva. Durante este tempo todo pensa ele lá consigo mesmo – *Puta que o pariu*[62] *como ela aceita bem isso!* O que ele espera é que ela tenha sentimentos de culpa. Pois bem, de tanto insistir, ele consegue.

No fim do fim, o progresso da análise está registrado na data em que a observação é relatada nos termos seguintes – ela atingiu enfim seu sentimento de culpa, ou seja, atualmente a situação é a seguinte, ela não pode chegar perto de um homem sem que isso desencadeie crises de remorso as quais, desta vez, têm um corpo.

Em outros termos, conforme o esquema do outro dia, o analista lhe forneceu – primeiro, um eu, ensinou-lhe o que ela queria deveras, isto é, demolir os homens – segundo, ele lhe forneceu um supereu, isto é, que tudo isto é muito maldoso, e que, além do mais, é absolutamente proibido aproximar-se desses homens. É o que o autor denomina estádio paranoide da análise. Acredito, com efeito, de bom grado que assim seja – ele consegue ensinar-lhe muito bem onde estão suas pulsões, e agora ela as vê dando sopa por todo canto.

Será este o caminho perfeitamente correto? Será que aquilo de que se trata nestas crises de depressão deva ser situado nesta relação dual? Será que o que existe entre ela e os homens é uma relação real, libidinal, com tudo o que comporta no esquema da regressão?

O autor, no entanto, tem a coisa ao alcance da mão. As virtudes depressivas das imagens dos homens estão ligadas ao fato de que os homens são ela mesma. É sua própria imagem, dado que ela lhe é arrebatada, que exerce sobre ela esta ação decomponente, desconcertante no sentido original da palavra. Quando ela se aproxima destes homens, é de sua própria imagem, de sua imagem narcísica, do seu eu, que ela se aproxima. Eis o fundamento de sua posição depressiva. E a situação será para ela certamente mais difícil do que para outrem, por ela se achar justamente numa posição ambígua, e que cabe na teratologia. Mas qualquer espécie de identificação narcísica, é, como tal, ambígua.

Não há melhor ilustração da função do *Penisneid* – é na medida em que nela existe identificação com o homem imaginário, que o pênis adquire valor simbólico, e que vai haver problema. Seria um perfeito engano, diz o autor, acreditar que o *Penisneid* seja absolutamente natural nas mulheres. Quem foi que disse a ele que era natural? É simbólico, bem entendido. É na medida em que a mulher se acha numa ordem simbólica de perspectiva androcêntrica que o pênis adquire este valor. Aliás, não é o pênis, porém o falo, ou seja, algo cujo emprego simbólico é possível porque se vê, porque está erigido. Do que não se vê, do que está escondido, não há emprego simbólico possível.

Nesta mulher, a função do *Penisneid* desempenha plenamente seu papel, já que ela não sabe quem é, se é homem ou mulher, e que ela se acha inteiramente metida nesta questão da sua significação simbólica. E esta anomalia real se acha duplicada por outra coisa que talvez não deixe de ter relação com esta aparição teratológica, isto é, na família o lado masculino está apagado. É o pai de sua mãe que desempenha o papel de personagem superior, e é em relação a ele que o triângulo se estabelece de maneira típica, e que se coloca a questão de sua falicização ou não.

Tudo isto se acha completamente esquivado na teoria e na condução do tratamento, em nome do seguinte – o que se trata é de fazer o sujeito reconhecer suas pulsões, e muito especialmente, porque em verdade são as únicas que se encontram, as pulsões que se denominam, em nossa linguagem elegante, *pré-genitais*. Esta sólida investigação do pré-genital gera uma fase que o terapeuta é levado a qualificar de paranoide. Não é de se admirar. Tomar o imaginário por real é o que caracteriza a paranoia, e por desconhecer o registro imaginário levamos o sujeito a reconhecer suas pulsões parciais no real.

No caso, as relações do sujeito com os homens, até então narcísicas, o que já não era assim tão simples, tornam-se interagressivas, o que as complica sobremaneira. O fato de passar por uma culpa, a qual se teve uma dificuldade imensa em fazer surgir, não nos deixa ter bons presságios quanto aos rodeios suplementares que serão necessários para que o sujeito retome um caminho mais pacificador.

Vocês não precisam procurar muito longe para achar a sanção prática de um erro teórico. Eis uma observação que, com respeito a *isto*, é exemplar. Uma das molas secretas dos fracassos dos tratamentos de obsessivos é a ideia que, por detrás da neurose obsessiva, há uma psicose latente. Não é de admirar que se chegue então a dissociações larvadas, e que se substitua a neurose obsessiva por depressões periódicas, e até mesmo por uma orientação mental hipocondríaca.

Talvez não seja o que se possa obter de melhor.

Por mais panorâmico que seja o que estamos dizendo, deve-lhes ser palpável que isto tem as mais precisas incidências, não só na compreensão dos casos, mas também na técnica.

8 de junho de 1955

Final

XXII

Onde Está a Fala? Onde Está a Linguagem?

O apólogo do marciano.
O apólogo dos três prisioneiros.

A conferência anunciada para quarta-feira que vem, às 10h30, não será seguida de seminário. Nós nos outorgaremos, na semana seguinte, uma última sessão para o caso de a conferência lhes colocar questões que gostariam de ver-me desenvolver. A dita conferência vai, com efeito, ocorrer diante de um público mais amplo, e não poderei expressar-me lá nos termos em que me expresso aqui, os quais supõem conhecido nosso trabalho anterior.

Por hoje, gostaria de que conversássemos um pouco para que me dê conta do ponto em que estão. Assim como já o fizemos uma vez, gostaria que o maior número possível de pessoas dentre vocês me colocasse as questões que, para vocês, permanecem abertas. Penso que não faltam, já que aqui o que procuramos é antes abrir estas questões do que fechá-las. Enfim, qual é a questão que lhes foi aberta pelo seminário deste ano?

Srta. X: – *Não tenho certeza da maneira pela qual o simbólico e o imaginário se situam para o senhor.*

Qual a ideia que a senhora tem sobre isto depois de ter ouvido uma parte do seminário?

Srta. X: – *Tenho na ideia que o imaginário está mais vinculado com o sujeito, com sua maneira de receber, enquanto que a ordem simbólica é mais impessoal.*

Isso é verdade e não é.

1

Agora sou eu que vou fazer uma pergunta. No ponto em que chegamos, qual é a função econômica que dou à linguagem e à fala? Qual é a relação entre elas? Qual a diferença? É uma questão muito simples, mas que mesmo assim merece ser respondida.

Dr. Granoff: – *A linguagem seria o friso do imaginário, e a fala, a fala plena, o marco simbólico, seria a ilhota a partir da qual a mensagem toda pode ser reconstruída, ou melhor, decifrada.*

O. Mannoni: – *Quanto a mim, para ser sucinto, diria que a linguagem é geometral, que a fala é a perspectiva, e o ponto de perspectiva é sempre um outro. A linguagem é uma realidade, é geometral, ou seja, não se acha posta em perspectiva, e não pertence a ninguém, enquanto que a fala é uma perspectiva nesse geometral, cujo centro de perspectiva, cujo ponto de fuga, é sempre um eu. Na linguagem não há eu nenhum.*

O senhor tem certeza disso?

O. Mannoni: – *A linguagem é um universo. A fala é um corte neste universo, corte vinculado exatamente à situação do sujeito falante. A linguagem talvez tenha um sentido, porém só a fala tem uma significação. Entende-se o sentido do latim, porém o latim não é uma fala.*

Quando se entende latim, entende-se a maneira pela qual os diferentes elementos lexicológicos e gramaticais se organizam, a maneira pela qual as significações remetem umas às outras, a utilização dos empregos. E por que será que o senhor diz que dentro disto aí, o sistema dos *eus* não existe? Pelo contrário, ele está perfeitamente incluído aí.

O. MANNONI: – *Estou pensando numa piada sobre o vestibular*[42] *que já é meio velha, na qual um falso candidato é tomado por um candidato. O examinador lhe mostra uma prova* – Mas foi o senhor quem escreveu isto. Está intitulado *Carta a Sêneca. E o cara diz* – Ora, meu senhor, eu lá tenho cara de quem escreve para Sêneca? *Ele toma as coisas no plano da fala. Talvez pudesse, a rigor, traduzir a versão, mas, no entanto, diz* – Não é eu, não é minha fala. *Evidentemente, trata-se de uma situação burlesca. Isso me parece, no entanto, ter este sentido. Quando leio uma carta da qual não sei nem quem a remeteu, nem a quem, posso entendê-la, estou no mundo da linguagem.*

Quando lhe mostram uma carta a Sêneca, é naturalmente o senhor quem a escreveu. O exemplo que traz vai totalmente no sentido contrário daquele que o senhor está indicando. Se ocupamos imediatamente nosso lugar no jogo das diversas intersubjetividades, é que aí, seja onde for, estamos no nosso lugar. O mundo da linguagem é possível, dado que nele estamos em nosso lugar, seja onde for.

O. MANNONI: – *Quando houver uma fala.*

Justamente, a questão toda está aí, será que isso basta para produzir uma fala? O que fundamenta a experiência analítica é o fato de que toda e qualquer maneira de introduzir-se na linguagem não é igualmente eficiente, não é igualmente este corpo do ser, *corpse of hing*, que faz com que a psicanálise possa existir, que faz com que todo e qualquer pedaço da linguagem, que se tomou emprestado não tenha o mesmo valor para o sujeito.

DR. GRANOFF: – *A linguagem é de pessoa à pessoa, e a fala de alguém para outrem. Porque a fala é constituinte e a linguagem é constituída.*

DR. PERRIER: – *Atualmente, trata-se de introduzir o problema econômico da linguagem na fala. E é aí que proponho o seguinte – não sei se estou enganado – que não haverá mais problema econômico na medida em que a situação significante do sujeito estiver plenamente formulada em todas as suas dimensões, e em particular em suas dimensões triangulares, por intermédio da fala. Se a linguagem se tornar fala plena, como tridimensional, o fator econômico não se colocará mais no plano das quantidades versadas numa análise, quantidades de* affects *ou de instintos, e voltará a ser outra vez simplesmente o substrato, o motor daquilo que vai inserir-se da maneira mais natural na situação, na medida em que se tomou consciência dela em todas as suas dimensões.*

Destaco uma palavra que o senhor acaba de pronunciar de diversas formas – *dimensão.*

Dr. Leclaire: – *A resposta que me ocorreu é a seguinte. Trata-se de uma fórmula – a linguagem tem função de comunicação, até mesmo de transmissão, e a fala tem função de fundação, até mesmo de revelação.*

Sr. Arensburg: – *Então, seria por intermédio da fala que a linguagem poderia desempenhar seu papel econômico. É isto que o senhor quer dizer?*

Dr. Perrier: – *Não, estou falando da reinserção da economia na ordem simbólica por intermédio da fala.*

A palavra-chave da cibernética é a palavra *mensagem.* A linguagem é feita para isso, mas não é um código, ela é essencialmente ambígua, os semantemas são sempre polissemantemas, os significantes têm sempre diversas significações, por vezes extremamente disjuntas. A frase tem um sentido único, quero dizer que não pode ser lexicalizada – faz-se dicionário das palavras, dos empregos das palavras ou das locuções, não se faz dicionário das frases. Assim, determinadas ambiguidades ligadas ao elemento semântico resolvem-se no contexto, através do uso e da emissão da frase. A teoria da comunicação, visto que procura formalizar este tema e isolar certas unidades, refere-se mais a códigos, os quais, em princípio, evitam as ambiguidades – não é possível confundir um sinal do código com outro, a não ser por engano. Encontramo-nos, pois, diante da linguagem, diante de uma primeira categoria cuja função com relação à mensagem não é simples. Agora, esta introdução deixa ainda velada a questão da mensagem. Na opinião de vocês, assim bem espontaneamente, bem inocentemente, o que será que é uma mensagem?

Sr. Marchant: – *A transmissão de uma informação.*

O que será que é uma informação?

SR. MARCHANT: – *Uma indicação qualquer.*

SRA. AUDRY: – *É algo que parte de alguém e que é endereçado a outrem.*

SR. MARCHANT: – *Isso é uma comunicação e não uma mensagem.*

SRA. AUDRY: – *Creio que isto é o essencial da mensagem é um anúncio transmitido.*

SR. MARCHANT: – *A mensagem e a comunicação não são a mesma coisa.*

SRA. AUDRY: – *No sentido próprio, a mensagem é algo que é transmitido a alguém para que fique sabendo de alguma coisa.*

SR. MARCHANT: – *A mensagem é unidirecional. A comunicação não é unidirecional, há ida e volta.*

SRA. AUDRY: – *Eu disse que a mensagem era efetuada de alguém para outrem.*

SR. MARCHANT: – *A mensagem é mandada de alguém para outrem. A comunicação é o que se estabelece após a mensagem ter sido intercambiada.*

DR. GRANOFF: – *A mensagem é um programa que se põe numa máquina universal, e ao cabo de um certo tempo ela devolve o que pode.*

Não está, mal o que ele está dizendo.

SR. LEFORT: – *É a ampliação do mundo simbólico.*

SR. MARCHANT: – *Não, é o estreitamento do mundo simbólico. Tendo a linguagem por fundo, a fala vai escolher.*

A sra. Colette Audry introduz, a propósito da mensagem, a necessidade dos sujeitos.

SRA. AUDRY: – *Uma mensagem não é apenas direta. Pode ser transportada por um mensageiro que nada tem a ver com isto. O mensageiro pode não saber o que a mensagem contém.*

SR. MARCHANT: – *Pode também ser transmitida de máquina à máquina.*

Sra. Audry: – *Mas, em todo caso, o que existe é um ponto de partida e um ponto de chegada.*

Por vezes, o mensageiro se confunde com a mensagem. Se ele tiver algo escrito no couro cabeludo, não pode nem sequer lê-la no espelho, é preciso tosqueá-lo para ter a mensagem. Neste caso, será que temos a imagem da mensagem em si mesma? Será que um mensageiro, que tem uma mensagem escrita debaixo do cabelo, é por si só uma mensagem?

Sr. Marchant: – *Eu, pretendo que sim.*

Sra. Audry: – *É evidentemente uma mensagem.*

O. Mannoni: – *Não é preciso que seja recebida.*

Sr. Marchant: – *As mensagens são em geral enviadas e recebidas. Mas entre os dois, é uma mensagem.*

Sra. Audry: – *Uma garrafa ao mar é uma mensagem. Está endereçada, não é necessário que chegue, está, no entanto, endereçada.*

Sr. Marchant: – *É uma significação em movimento.*

Não é uma significação, mas sim um signo em movimento. Resta a saber, agora, o que é um signo.

Sr. Marchant: – *É algo que se troca.*

Dr. Leclaire: – *A mensagem é a fala objetiva.*

De maneira nenhuma!

2

Vou-lhes dar um apólogo para tentar colocar alguns pontos de referência.

O chamado Wells era um espírito que é tido por bastante primário. Era, pelo contrário, um engenhoso, que sabia muito bem o que fazia, o que recusava e o que escolhia no sistema do pensamento e das condutas.

Não me recordo mais exatamente em qual de suas obras ele supõe dois ou três sábios que chegaram no planeta Marte. Lá, eles se encontram em presença de seres que têm modos de comunicação bem peculiares, e ficam atônitos em compreender as mensagens que lhes são moduladas. Ficam maravilhados, e depois disso, consultam-se entre si. Um diz – *Ele me disse que estava levando adiante pesquisas sobre a física eletrônica.* O outro diz – *É, ele me disse que se ocupava daquilo que constitui a essência dos corpos sólidos.* E o terceiro diz – *Ele me disse que se ocupava do metro na poesia e da função da rima.*

É o que ocorre cada vez que nos metemos a proferir um discurso íntimo ou público. Esta historieta ilustra a linguagem ou a fala?

Sra. Audry: – *Os dois.*

Dr. Granoff: – *Não há, pelo que sei, um grande número de máquinas universais. Suponhamos que se faça passar um programa numa delas. É preciso ter em vista não apenas a máquina, mas também os operadores. Faz-se com que um programa passe, é uma mensagem. Na saída diz-se* – a máquina está biruta, *ou bem* – ela não está biruta. *No sentido seguinte, a partir do momento em que a máquina restitui uma comunicação, a partir do momento em que isto for aceitável para alguém – e é inaceitável quando não compreendido pelo operador –, caso ele a ache conforme, caso ele a compreenda, caso a aceite como válida, caso considere a máquina como tendo funcionado bem, a mensagem tornou-se uma comunicação.*

Sr. Marchant: – *Mas neste caso aqui os três compreenderam, mas compreenderam de maneira diferente.*

O. Mannoni: – *De maneira diferente, não. Se um matemático desenrolar equações no quadro, uma pessoa pode dizer que se trata de magnetismo, e uma outra, outra coisa. Estas equações são verdadeiras para as duas.*

Mas não é nada disso.

Sr. Riguet: – *Eu, penso que se trata da linguagem, simplesmente.*

Dr. Leclaire: – *Tenho a impressão de que a discussão se acha encaminhada de uma certa maneira, em função de sua reflexão sobre a cibernética.*

Isto me dá o ensejo de ver um pouco em que ponto vocês estão.

Dr. Leclaire: – *Se conseguimos situar a linguagem, relativamente, nesta perspectiva, creio ser muito mais difícil, para nós, pelo menos por ora, situar a fala. Ora, quando há pouco eu falava da fala, falava dela num certo sentido – quando falo da fala, subentendo sempre a fala. Gostaria de que o senhor nos falasse um pouco do polo da fala, para situarmos, pelo menos, o plano da discussão.*

Sr. Marchant: – *Aliás, será que podemos separar fala e linguagem quando se manifestam?*

O que pensa o senhor disto tudo, padre Beirnaert?

Rev. P. Beirnaert: – *Pensava, como Riguet, que era a linguagem, é que, então não entendi nada.*

Sr. Riguet: – *Cada um entendeu à sua maneira.*

Sra. Audry: – *É mais complicado ainda. Seria preciso ver, primeiro, o que o marciano quis dizer.*

Jamais saberemos o que o marciano quis dizer. Quando nos colocamos no lugar em que a emissão das palavras permanece não se pode dizer que fala e linguagem se confundam.

Sr. Marchant: – *Pois bem, o senhor faz a linguagem desaparecer, e depois o senhor vem acuar-nos com isto.*

Convenho tratar-se de um apólogo que merece ser esclarecido. Há um substituto de linguagem neste apólogo, é a possibilidade de compreensão dos três indivíduos. Em cima desta linguagem funciona a fala que eles recebem. O problema é que não existe código.

O que este apólogo quer dizer é o seguinte – é num mundo de linguagem que cada homem tem de reconhecer um chamado, uma vocação, que se averigua ser-lhe revelada. Alguém falou há pouco de revelação ou de fundação, e é justamente disto que se trata. Defrontamo-nos com um mundo de linguagem, que nos dá, de vez em quando, a impressão de haver algo de essencialmente neutralizante, incerto. Não há um único filósofo que não tenha insistido, a justo título, sobre o fato de a própria possibilidade do erro estar ligada à existência da linguagem. Todo sujeito não tem apenas de tomar conhecimento do mundo, como se tudo ocorresse num plano de noetisação,[2] ele tem de orientar-se nele. Se a psicanálise significa algo, é que ele já está metido em algo que tem relação com a linguagem sem ser idêntico a ela – no qual ele tem de orientar-se – o discurso universal.

O discurso universal, concreto, que vai prosseguindo desde a origem dos tempos, é aquilo que foi verdadeiramente dito, ou melhor, realmente dito – pode-se ir até aí para fixar as ideias. É em relação a isso que o sujeito, como tal, se situa, ele está inscrito aí, é por isso que ele já está determinado, com uma determinação que é de um registro totalmente diferente do das determinações do real, dos metabolismos materiais que fizeram-no surgir nesta aparência de existência que é a vida. Sua função, na medida em que ele continua esse discurso, é a de se orientar, quanto ao seu próprio lugar, não apenas como orador, mas, desde já, como inteiramente determinado por ele.

Salientei frequentemente que, desde antes de seu nascimento, o sujeito já está situado, não apenas como emissor, mas como átomo de um discurso concreto. Ele se acha dentro da linha de dança deste discurso, ele é, se quiserem, ele mesmo este discurso. Escreveram-lhe uma mensagem na cabeça, e ele se acha situado inteiramente na sucessão das mensagens. Cada uma de suas escolhas é uma fala.

Se eu estava chamando o padre Beirnaert para vir em meu auxílio é por causa do *in principio erat verbum*. O senhor disse um dia que *fides* era o que, a seu ver, melhor traduzia a fala. É curioso que a tradução religiosa não diga *in principio erat fides*. *Verbum* é a linguagem, e inclusive a palavra. No texto grego, *logos* também é a linguagem, e não a fala. Depois disso, Deus fez uso da fala – *Faça-se a luz*, diz ele.

Vamos tentar chegar mais perto da maneira pela qual o homem se interessa, no sentido de *inter-esse*, pela fala. Sentimos, certamente, a necessidade de distinguir o que é mensagem, no sentido daquilo que é signo, um signo passeando por aí, e a maneira pela qual o homem entra na jogada. Se ele próprio se acha integrado no discurso universal, não é decerto da mesma maneira que as mensagens que passeiam pelo mundo dentro de garrafas ou em cima de crânios. Do ponto de vista de Sírius talvez se possa confundir, mas para nós não é possível. Em todo caso, o que nos interessa é saber a diferença.

Sr. Riguet: – *Será que posso permitir-me duas ou três coisas no quadro-negro? Gostaria simplesmente de tentar, em dois minutos, explicar primeiro o que os matemáticos entendem por linguagem.*

Considere-se o conjunto de todas as palavras que se possa formar com estas letras – ab, ac, ca, ad, *e* abdd, bb *etc. Vou colocando as letras uma atrás da outra numa ordem qualquer, as repetições são permitidas. Vou formando todas estas palavras aí, indefinidamente. Entre estas palavras, considere-se um subconjunto WF* – well formed, *as palavras bem-formadas – de palavras formadas com estes símbolos aí. E uma teoria matemática consiste no fato de dar um certo subconjunto, denomina-se isso axiomas, e um conjunto de regras de dedução, que vão, por exemplo, ser do tipo sintáxico. Se, dentro de uma palavra, eu tiver o símbolo* ab, *vou ter, por exemplo, a autorização de substituí-lo por* p. *Assim, a partir da palavra* abcd, *vou poder formar a palavra* pcd. *É o que se denomina teoremas, ou seja, o conjunto de todas as palavras que posso formar a partir dos axiomas por meio das produções sintáxicas. Isto, WF, se denomina uma linguagem.*

A escolha dos símbolos a, b, c, d, *é arbitrária, bem entendido. Eu poderia ter escolhido outros,* u, v, x, y, *e construir assim uma teoria isomorfa à primeira. Com efeito, para os matemáticos, a noção de linguagem só é definida se não se levar em conta o isomorfismo. E mais do que isto – ela inclusive só é definida se não* se levar em conta a codagem, pois se considero o conjuntos dos *símbolos constituídos por 0 e 1, posso convir que* a = 00, b = 01, c = 10, d = 11, *e traduzirei todas as produções sintáxicas e os axiomas em função dos símbolos 0 e 1. Mas terei de tomar cuidado quando quiser descodificar a nova teoria para obter a antiga, pois se eu codificar uma determinada palavra* 00010111001, *a descodificação vai ser efetuada, por vezes, com certa ambiguidade. Se* e = 000, *não vou saber se esta palavra começa com* a *ou com* e *etc.*

Parece-me que a sua definição dos símbolos não é a mesma que esta. Para o senhor, os símbolos estão ligados a uma outra linguagem. O senhor tem uma espécie de linguagem de base de comunicação, de linguagem universal, e os símbolos de que fala estão sempre codificados em função desta linguagem de base.

O que me admira no que acaba de dizer, se é que entendi bem – creio ter entendido –, é o seguinte – quando se exemplifica o fenômeno da linguagem com algo tão purificado formalmente quanto os símbolos matemáticos – e é um dos interesses que existe em anexar a cibernética ao dossiê –, quando se dá uma notação matemática do *verbum*, faz-se ver da maneira mais simples do mundo que a linguagem existe de maneira absolutamente independente de nós. Os números têm propriedades que existem absolutamente. Elas são, quer estejamos aí, quer não. 1729 será sempre a soma de dois cubos, o menor número da soma diferente de dois cubos.

Tudo isto pode circular das mais diversas maneiras na máquina universal, mais universal do que tudo o que puderem supor. Pode-se imaginar uma multiplicidade indefinida de escalões, onde tudo isto gira e circula em roda. O mundo dos signos funciona, e ele não tem qualquer espécie de significação.

O que lhe confere sua significação é o momento em que paramos a máquina. São os cortes temporais que efetuamos nela. Se eles forem defeituosos, ver-se-á surgir ambiguidades por vezes difíceis de resolver, mas às quais se acabará, sempre, conferindo uma significação.

Sr. Riguet: – *Não creio, porque estes cortes podem ser efetuados por outra máquina, e nada garante que um homem saberá decifrar o que vai sair desta nova máquina.*

É perfeitamente exato. É, no entanto, o elemento temporal, a intervenção de uma escansão que permite a inserção daquilo que pode ter um sentido para o sujeito.

SR. RIGUET: – *Sim, porém, parece-me que há, além do mais, este universo de símbolos, que pertence ao comum dos homens.*

O que acabamos de dizer é que ele não lhe pertence, de modo algum especificamente.

SR. RIGUET: – *Justamente, as máquinas não têm um universo comum de símbolos.*

É muito delicado, porque nós construímos essas máquinas. Na verdade, pouco importa. Basta constatar que, por intermédio de seu 0 e de seu 1, isto é, da conotação presença-ausência, somos capazes de representar tudo o que apresenta, tudo o que foi desenvolvido por um processo histórico determinado, tudo o que foi desenvolvido nas matemáticas. Estamos, efetivamente, de acordo. Todas as propriedades dos números estão aí, nestes números escritos com símbolos binários. Claro que não é assim que a gente os descobre. Foi preciso a invenção de símbolos, por exemplo $\sqrt{\ }$, que nos fez dar um passo de gigante no dia em que simplesmente começou-se a inscrevê-la num papelzinho. Ficou-se séculos embasbacado diante da equação do segundo grau sem poder sair dela, e foi escrevendo-a que se pôde ir adiante.

Encontramo-nos, pois, diante da seguinte situação problemática – há, em suma, uma realidade dos signos, dentro dos quais existe um mundo de verdade completamente desprovido de subjetividade, e há, por outro lado, um progresso histórico da subjetividade orientado de maneira manifesta no sentido de reencontrar a verdade, que está na ordem dos símbolos.

Quem é que não está sacando nada?

SR. MARCHANT: – *Eu não estou de acordo. O senhor definiu a linguagem, e creio que seja a melhor definição, como um mundo de signos, aos quais somos estranhos.*

Esta linguagem aí.

SR. MARCHANT: – *Acredito que isso se aplique à linguagem em geral.*

Não mesmo. Pois esta linguagem está inteiramente carregada de nossa história, ela é tão contingente quanto este sinal de $\sqrt{\ }$, e além do mais ela é ambígua.

Sr. Marchant: – *Acredito que a noção de erro não possa aplicar-se à linguagem quando é assim concebida.*

Não há erro no mundo dos zeros.

Sr. Marchant: – *Mas no mundo da linguagem isso evidentemente não significa mais nada. Há coisas verdadeiras ou falsas. O senhor fala de uma pesquisa que se está fazendo. A partir deste momento, erro e verdade estão determinados. Mas já é uma linguagem um tanto particular, este mundo dos símbolos matemáticos.*

No sistema da linguagem, tal como existe, posso conseguir deslindar o erro como tal. Se eu lhe disser *os elefantes vivem na água*, posso, por intermédio de uma série de silogismos, refutar este erro.

Sr. Marchant: – *Já se trata de uma frase, de uma mensagem, de uma comunicação que pode ser falsa. Se se definir toda e qualquer linguagem como um mundo de signos que existe independentemente de nós, a noção de erro não se coloca mais neste nível aí, porém num nível ulterior em que se manifestam as mensagens. A comunicação e a fala não estão no mesmo nível. Coloco a linguagem num nível inferior, sobre cuja base manifestam-se comunicação, mensagem e fala. A meu ver, a linguagem deve ser mantida num nível de quase indiferenciação. Se começarmos a querer decifrar o sentido de uma linguagem, isso não se aplica mais. Só se pode decifrar o sentido de uma fala. Ela pode ter vários, e este é até mesmo o seu papel.*

É a isto que viso. Estou-lhes mostrando que a questão do sentido vem junto com a fala.

Sr. Marchant: – *Claro. Mas não com a linguagem. A linguagem permite que um sentido se estabeleça e que uma fala se manifeste.*

Há duas coisas. A linguagem historicamente encarnada, que é a de nossa comunidade, francesa por exemplo, e, além do mais, há esta linguagem aí. O importante é darmo-nos conta de que há algo que podemos atingir em sua pureza, e onde já se manifestam leis, leis completamente indecifráveis até intervirmos nelas para colocar o sentido. E que sentido?

SR. MARCHANT: – *Ah, essa não! Ora essa, não!*

O sentido de algo com o qual nós inteiros temos de lidar. É a maneira pela qual nos introduzimos na sucessão temporal. Trata-se de saber de que tempo se trata.

MISS X: – *Acredito que haja noções de Piaget que se pode fazer intervir aqui. Ele define o essencial do pensamento formal antes em termos de possibilidade do que em termos de real. Mas na própria noção das possibilidades ele faz uma distinção entre o que denomina a estrutura possível, que corresponde às estruturas objetivas do pensamento, e o que ele denomina materialmente possível, ou seja, que deve receber uma função da consciência do sujeito.*

Mas, a circulação dos sinais binários numa máquina que nos permita, caso aí introduzamos o bom programa, detectar um número primeiro até então inédito, isso não tem nenhuma necessidade de ser pensado. Este número primeiro que circula com a máquina não tem nada a ver com o pensamento.

MISS X: – *Piaget não fala do pensamento, porém da estrutura objetiva que acha a solução para o problema, a estrutura da máquina no ser, ou seja, no caso do ser humano, a estrutura do cérebro.*

Não se trata de problemas do mesmo nível que aqueles que nos ocupam aqui.

MISS X: – *Poder-se-ia talvez dizer que a fala se intercala como elemento de revelação entre o discurso universal e a linguagem.*

SR. LEFÈBVRE-PONTALIS: – *Não sei se estou acompanhando direito. Tenho a impressão de que se está efetuando entre* linguagem *e* fala *um corte muito radical que, ao meu ver, não expressa muita coisa, pois, afinal, se não houvesse fala não haveria linguagem. No apólogo de agora há pouco, pareceu-me que a linguagem era, por definição, ambígua, e que não se podia dizer que se tratava de um universo de signos que suponha um ciclo fechado relativamente acabado, no qual se viria haurir tal ou tal significação. Diante desta ambiguidade, aquele que recebe a fala manifesta suas preferências.*

Assim que a linguagem existe – e a questão justamente é saber qual é o número mínimo de signos para fazer uma linguagem –, ela é um universo concreto. Todas as significações devem poder alojar-se aí. Não há exemplo de língua em que existam zonas inteiras que sejam intraduzíveis. Tudo o que conhecemos como significação está sempre encarnado num sistema que é universo de linguagem. Assim que a linguagem existe, ela é universo.

SR. LEFÈBVRE-PONTALIS: – *Mas pode-se inverter exatamente este resultado e dizer que a mais pobre das linguagens permite comunicar tudo. Mas isso não quer dizer que as significações todas já estejam assentadas numa linguagem.*

Eis porque distingui a linguagem e as significações. A linguagem é sistema de signos e, como tal, sistema completo. Com isso, pode-se fazer tudo.

SR. LEFÈBVRE-PONTALIS: – *Na condição de haver sujeitos falantes.*

Claro. A questão é de saber qual é, dentro disto, a função do sujeito falante.

3

Vou pegar um outro apólogo, talvez mais claro que o de Wells, porque foi expressamente fabricado no intuito de distinguir o imaginário e o simbólico. É de minha autoria.

São três prisioneiros que se submetem a uma prova. Vai-se libertar um dentre eles, não se sabe a quem dar o benefício desta graça única, pois todos os três são igualmente merecedores. Diz-se a eles – *Eis aí três discos brancos e dois pretos. Nas costas de cada um de vocês, vai-se pendurar um disco qualquer destes, e vocês vão dar um jeito para nos dizer qual foi o que lhes meteram. Não há espelho, naturalmente, e não há interesse em vocês se comunicarem, já que basta revelar a um de vocês o que ele tem nas costas para que seja ele quem tire proveito.*

Cada um deles tem, pois, um disco nas costas. Cada um vê apenas a maneira pela qual os outros dois estão conotados mediante estes discos.

Põe-se um disco branco em cada um. Como será que cada sujeito vai raciocinar?

Esta história permite mostrar escalonamentos, dimensões, como Perrier estava há pouco dizendo, do tempo. Há três dimensões temporais, o que merece ser notado, porque elas nunca foram deveras distinguidas. Não é inverossímil que todos os três se deem conta, muito rapidamente, que eles têm discos brancos. Mas se se quiser discursivá-lo,[2] vai ser, obrigatoriamente, dá seguinte maneira, há um dado fundamental que é da ordem dos 0 e dos pequenos 1 – se um deles visse discos pretos nas costas dos outros dois ele não teria nenhuma espécie de dúvida, já que existem apenas dois pretos, e ele poderia ir embora. Isto é o dado de lógica eterna, e sua apreensão é perfeitamente instantânea – basta ver. Só que, nenhum deles vê dois discos pretos, e por uma boa razão, é que não há disco preto nenhum. Cada um vê apenas dois discos brancos.

No entanto, esta coisa que não se vê desempenha um papel decisivo na especulação por meio da qual os personagens podem dar o passo em direção à saída.

Ao ver dois discos brancos, cada sujeito deve pensar consigo próprio que um dos dois outros deve ver, quer dois discos brancos, quer um branco e um preto. Trata-se justamente do fato de cada um dos sujeitos pensar o que os dois outros devem pensar, e de uma maneira absolutamente recíproca. Efetivamente, para cada um dos sujeitos uma coisa é certa, os dois outros veem, cada um, a mesma coisa, ou seja, um branco e a própria cor dele, do sujeito, que ele não conhece.

O sujeito pensa, pois, consigo mesmo que, se ele próprio for preto, cada um dos dois vê um branco e um preto, e pode pensar consigo mesmo – *Se eu fosse preto, o branco já teria pego o rumo da saída, e já que ele não se mexe, é que sou, eu também, branco, e saio.*

Ora, como o nosso terceiro sujeito não vê sair nenhum dos dois outros, ele conclui que é branco, e sai. É assim que, devido à imobilidade dos outros, ele próprio apreende que está numa posição estritamente equivalente à dos dois outros, ou seja, que ele é branco. É, portanto, só num terceiro tempo com relação a uma especulação sobre a reciprocidade dos sujeitos, que ele pode chegar à impressão de que está na mesma posição que os outros dois.

No entanto, reparem que, assim que ele chegar a esta compreensão, ele tem de precipitar seu movimento. Com efeito, a partir do momento em que chegou a esta compreensão, tem de conceber que cada um dos outros possa ter chegado ao mesmo resultado. Logo, se ele os deixar tomar nem que seja um mínimo de dianteira, ele vai recair em sua incerteza do tempo anterior. É de sua própria pressa que depende que ele não esteja enganado.

Ele deve pensar lá consigo mesmo – *Se eu não me apressar em ir dar nesta conclusão, vou cair automaticamente não só na ambiguidade, como no erro, dadas minhas premissas. Se eu os deixar tomar a minha dianteira, é a prova de que sou preto.*

É um sofisma, como vocês estão percebendo, e o argumento se inverte no terceiro tempo. Tudo depende de algo que não dá para apreender. O sujeito tem nas mãos a própria articulação através da qual a verdade que ele depreende não é separável da própria ação que dela testemunha. Se esta ação tardar um instante apenas, ele sabe da mesma feita que vai-se achar mergulhado no erro.

Pegaram?

SR. MARCHANT: – *Ninguém pode mexer-se, ou bem os três.*

SR. LAPLANCHE: – *Ele pode incorrer num fracasso.*

Trata-se, agora, do sujeito, na medida em que ele discursava[2] o que faz. O que ele faz é uma coisa, outra é a maneira pela qual o discursa. Caso o discurse, dirá – *Se os outros realizarem antes de mim o ato do qual acabo de descobrir a necessidade, do próprio ponto de vista de meu raciocínio, eles são brancos e eu sou preto.*

SR. MARCHANT: – *Mas no exemplo, não há antes, justamente.*

Sr. Laplanche: – *Eles saem porque sou branco, e...*

A partir do momento em que ele deixou os outros lhe tomarem a dianteira, ele não tem nenhum meio de se sair desta. Ele pode raciocinar das duas maneiras, e não tem nenhum meio de escolher. Ele se acha em presença de dois termos que têm propriedades de sujeito, que pensam que nem ele. E para ele mesmo, a verdade, a partir do ponto em que chegou de sua dedução, depende da pressa com a qual dará o passo em direção à porta, depois do que, terá de dizer por que pensou assim. A aceleração, a precipitação no ato, revela-se aí como coerente com a manifestação da verdade.

Sr. Marchant: – *Eu não estou de acordo porque o senhor introduz as noções de atraso e de apressar-se.*

É justamente para mostrar seu valor lógico.

Sr. Marchant: – *Mas estas duas noções só podem estabelecer-se com relação a algo. Ora, aqui, não há relação possível. É por isto que os três sujeitos não podem mexer-se. Não há relação porque cada um dos três faz o mesmo raciocínio, e espera por algo...*

Suponha que eles se mandem, os três.

Sr. Marchant: – *Cortam-lhes a cabeça, a todos os três.*

Antes mesmo de terem atingido a porta, o que será que vai ocorrer?

Sr. Marchant: – *Não é possível, eles estão à espera.*

Mas o ato de cada um depende da não manifestação, e não da manifestação. E é porque cada um dos outros não manifesta, que cada um pode ter a oportunidade de manifestar. Eles chegarão, pois, normalmente, à mesma conclusão se tiverem o mesmo tempo para compreender, elemento real que está na base de todos os exames psicológicos. Nós o estamos supondo igual.

Sr. Marchant: – *Então, não dá para sair dessa. Caso se queira resolver o problema, é preciso dizer que os tempos de compreensão não são os mesmos.*

Mas o problema só é interessante se vocês supuserem iguais os tempos para compreender. Se os tempos para compreender forem desiguais, não só não é um problema interessante, como verão a que ponto ele se complica.

SR. MARCHANT: – *Ou bem eles não são igualmente inteligentes, ou bem não podem mexer-se.*

SR. LAPLANCHE: – *Se A não vir B saindo, ele se acha mergulhado na perplexidade, mas não é erro.*

É erro, a partir do momento em que ele atingiu a verdade.

SR. MARCHANT: – *Ele não pode atingi-la.*

E se o senhor supuser fixado o tempo para compreender?

SR. MARCHANT: – *Igual para todos?*

Sim. Ao cabo deste tempo para compreender, todos estarão convencidos de que são todos brancos. Sairão todos os três juntos, e, em princípio, dirão porque são brancos. Se o senhor quiser reintroduzir um ponto de hesitação infinitesimal, em que cada um pensaria consigo próprio *mas será que os outros não estariam saindo justamente porque eles acabam de dar-se conta de que sou preto,* o que será que vai ocorrer? Uma parada. Mas não acreditem que a situação depois da parada vai ser a mesma. Quando partirem, um progresso terá sido efetuado. Poupo-lhes os detalhes da análise – deixo-os entregues a si próprios, vão ver como isso se estrutura – mas saibam que eles poderão parar uma segunda vez, mas não uma terceira vez. Em outros termos, em duas escansões tudo estará dito.

Aqui, pois, onde está a fala? Onde está a linguagem?

A linguagem, nós a temos nos dados iniciais – há dois pretos etc. São os dados fundamentais da linguagem, e estão absolutamente fora da realidade. A fala se introduz a partir do momento em que o sujeito efetua esta ação pela qual ele afirma mera e simplesmente – *Sou branco.* Claro que ele não afirma isto de uma maneira que seja, como se diz, logicamente fundamentada. Mas o percurso de seu raciocínio é, no entanto, válido se ele procedeu da maneira que acabo de dizer-lhes – *Se eu não disser imediatamente que sou branco, assim que o compreender, nunca mais poderei afirmá-lo de maneira válida.*

Não estou-lhes dando isto como um modelo de raciocínio lógico, porém como um sofisma, destinado a manifestar a distinção que existe entre a linguagem aplicada ao imaginário – pois os dois outros sujeitos são perfeitamente imaginários para o terceiro, ele os imagina, eles são meramente a estrutura recíproca como tal – e o momento simbólico da linguagem, ou seja, o momento da afirmação. Vocês veem que existe aí algo que não é totalmente identificável ao corte temporal de que o senhor falava há pouco.

SR. RIGUET: – *Totalmente de acordo.*

Eis aí onde para a potência que nos é revelada pela originalidade das máquinas que temos entre as mãos. Há uma terceira dimensão do tempo que, incontestavelmente, não lhes pertence, e que tento imajar para vocês por intermédio deste elemento que não é nem o atraso nem o adiantamento, porém a pressa, ligação própria do ser humano com o tempo, com o carro do tempo, que está aí, a esporeá-lo por detrás. É aí que a fala se situa, e que não se situa a linguagem que, ela, dispõe do tempo inteiro. É por isso, aliás, que não se consegue nada com a linguagem.

DR. LECLAIRE: – *Há uma coisa que me perturba nisto tudo. Há pouco, o senhor traduziu* no começo era a linguagem, e é a primeira vez que ouço isso. A que o senhor está-se referindo? É essa a tradução que o senhor dá?

In principio erat verbum, trata-se incontestavelmente da linguagem, não se trata da fala.

DR. LECLAIRE: – *Então, não há começo.*

Não foi eu quem escreveu o Evangelho segundo são João.

DR. LECLAIRE: – *É a primeira vez que vejo isso. Escreve-se sempre* a fala, *ou* o verbo, *e nunca* a linguagem.

Já lhes escrevi duas vezes no quadro o dístico sobre o qual ninguém me pediu a explicação.

Indem er alles schaft, was schaftet der Höchste? – Sich.
Was schaft er aber vor er alles schaftet? – Mich.

O que fazia o Todo-Poderoso quando estava fazendo a criação? – *Sich*, a si mesmo. E o que fazia ele antes de fazer o que quer que seja? *Mich,* a mim mesmo. Trata-se, evidentemente, de uma afirmação temerária.

DR. LECLAIRE: – *Não entendo por que o senhor traduz* no começo, *e não* antes do começo.

Não estou, absolutamente, lhe dizendo que são João escreveu as coisas corretamente. Digo-lhe que, em são João, está *in principio erat verbum*, em latim. Ora, o senhor viu isto quando traduzimos o *De significatione*, *verbum* quer dizer a palavra, o significante, e não a fala.

SR. X: – Verbum *é a tradução da palavra hebraica* dabar *que quer dizer justamente* fala, *e não* linguagem.

Vai ser preciso rever este negócio de hebraico. Enquanto não nos tiverem metido uma cadeira de teologia na faculdade de ciências, não vai haver saída, nem para a teologia, nem para as ciências. Mas, por ora, a questão não é saber se devemos colocar no começo o verbo ou a fala. Na perspectiva que abordamos hoje, e que acabo de ilustrar com o dístico de Daniel von Chepko, há uma miragem por onde a linguagem, isto é, todos os pequenos 0 e 1 de vocês, está aí desde toda a eternidade, independentemente de nós. Vocês poderiam perguntar-me – *Onde?* Ficaria muito embaraçado para responder-lhes. Mas o que é certo, como há pouco o dizia Mannoni, é que, numa certa perspectiva, só podemos vê-las desde sempre aí.

É um dos modos pelo qual a teoria platoniana e a teoria freudiana se distinguem. A teoria de Platão é uma teoria da reminiscência. Tudo o que apreendemos, tudo o que reconhecemos, deve ter estado aí desde sempre. E por quê? Mostrei-lhes, numa ocasião, a coerência desta teoria com o mito fundamental, o da díade – Platão não consegue conceber a encarnação das ideias a não ser numa sequência de reflexos indefinidos. Tudo o que se produz e que é reconhecido está na imagem da ideia. A imagem, que existe em si não é, por sua vez, senão a imagem de uma ideia que existe em si, não é senão uma imagem com relação a uma outra imagem. Só existe reminiscência e falamos disto ontem à noite o tempo todo – a vagina dentada vai ser apenas mais uma imagem entre as outras imagens.

Mas quando falamos da ordem simbólica, há começos absolutos, há criação. Eis porque *in principio erat verbum* é ambíguo. Não é a troco de nada que em grego era denominado *logos*. Nas origens – pode-se ver isto, igualmente, na perspectiva desta homogeneidade indefinida que encontramos cada vez no âmbito do imaginário.

Basta que eu pense em mim – sou eterno. A partir do momento em que penso em mim, nenhuma destruição de mim[17] é possível. Mas quando digo [*eu*][1] não só a destruição é possível, mas existe, a cada instante, criação. Naturalmente, ela não é absoluta, porém para nós, se um futuro é possível é porque existe esta possibilidade de criação. E se este futuro não é, ele também, puramente imaginário, é porque nosso [*eu*][1] é carregado pelo discurso anterior todo. Se César, ao atravessar o Rubicão, não efetua um ato ridículo, é porque atrás dele há o passado todo de César – o adultério, a política do Mediterrâneo, as campanhas contra Pompeu –, é devido a isso que ele pode efetuar algo que tem um valor estritamente simbólico – pois o Rubicão não é mais largo para atravessar do que o que existe entre minhas pernas. Este ato simbólico desencadeia uma série de consequências simbólicas. É o que faz com que haja, no registro simbólico, primado de criação por vir, na medida em que é assumido pelo homem.

Tudo é função de um passado no qual temos de reconhecer a sucessão de criações anteriores. E mesmo que não as reconheçamos, este passado está aí, desde sempre, nos pequenos 0 e nos pequenos 1.

Eu não estava-lhes dizendo que acreditava que a linguagem estivesse na origem – quanto a mim, nada sei das origens. Mas a propósito deste termo ambíguo, eu queria questionar aquilo com que, durante um momento, vocês todos concordaram, que os pequenos 0 e os pequenos 1 definiam um mundo de leis irrefutáveis, isto é, que os números são primeiros desde sempre.

Vamos ficar por aqui, foi um tanto árduo hoje.

15 de junho de 1955

XXIII

Psicanálise e Cibernética, ou da Natureza da Linguagem

CONFERÊNCIA

Senhor Professor, Senhoras, Senhores,

Gostaria, ao me endereçar aos senhores, de distinguir entre os presentes aqueles que vêm regularmente ouvir-me às quartas-feiras, para associá-los a mim no reconhecimento que testemunhamos àquele que nomeei primeiro, Jean Delay, que se dignou inaugurar esta série de conferências, e que hoje nos dá a honra de assistir a esta sessão.

De maneira muito pessoal, gostaria de agradecer-lhe por ter dado a este seminário, ao qual dou prosseguimento aqui há dois anos, um lugar, um teto que ilustra este ensino por todas as recordações que nele se acham acumuladas, e faz com que participe da ressonância de sua própria fala.

Quero falar-lhes, hoje, da psicanálise e da cibernética. É um assunto que me pareceu, ao se tratar de aproximar a psicanálise das diversas ciências humanas, digno de atenção.

Digo-lhes, imediatamente – não lhes falarei das diversas formas mais ou menos sensacionais da cibernética, não lhes falarei nem das maquinonas nem das maquininhas, não as denominarei pelo nome, não lhes contarei as maravilhas que realizam. Em que é que tudo isto nos poderia interessar?

Mas algo, no entanto, me pareceu poder ser depreendido da relativa contemporaneidade destas duas técnicas, destas duas ordens de pensamento e de ciência que são a psicanálise e a cibernética. Não esperem nada que tenha a pretensão de ser exaustivo. Trata-se de situar um eixo por intermédio do qual algo da significação de uma e de outra seja esclarecido. Este eixo não é outro senão o da linguagem. E é da natureza da linguagem que tenho determinados aspectos a lhes fazer entrever, num lampejo.

1

A questão da qual partiremos apareceu em nosso seminário quando, no fio da meada, chegamos a perguntar-nos o que significava um jogo de azar levado adiante com uma máquina.

Este jogo de azar era o jogo de par ou ímpar, e pode parecer espantoso que num seminário em que se fala de psicanálise, haja interesse por isto. Aconteceu, por vezes, de falarmos ali também de Newton. Acredito que estas coisas não venham por azar[63] – é o caso de dizer. É justamente por se falar, neste seminário, do jogo de par ou ímpar e também de Newton, que a técnica da psicanálise tem uma chance de não enveredar por caminhos degradados, quando não degradantes.

Pois bem, no decurso deste jogo de par ou ímpar tratava-se de lembrar a nós analistas que nada se dava ao acaso, e que aliás algo que parece confinar com o mais puro acaso podia aí ser revelado.

O resultado foi altamente espantoso. Neste público de analistas, deparamos com uma verdadeira indignação diante da ideia de que, como alguém veio dizer-me, eu quisesse cancelar o acaso. Na verdade, a pessoa que proferia estas palavras era uma pessoa de convicções firmemente deterministas. E é justamente isto que a apavorava. Tinha razão esta pessoa – há uma estreita relação entre a existência do acaso e o fundamento do determinismo.

Reflitamos um pouco sobre o acaso. O que será que queremos dizer quando dizemos que algo ocorre *por acaso*? Queremos dizer duas coisas que podem ser altamente diferentes – ou que não existe aí intenção, ou que existe aí uma lei.

Ora, a própria noção do determinismo consiste no fato de a lei ser sem intenção. É justamente por isto que a teoria determinista está sempre tentando ver engendrar-se o que se constituiu no real, e que funciona segundo uma lei, a partir de algo originariamente indiferenciado – o acaso como ausência de intenção. Nada, certamente, ocorre sem causa, nos diz o determinismo, mas trata-se de uma causa sem intenção.

Esta experimentação exemplar podia sugerir ao meu interlocutor – Deus sabe como a mente derrapa com facilidade nestes assuntos – que eu estivesse reintroduzindo o determinismo no jogo de cara ou coroa, com o qual ele identificava, mais ou menos intuitivamente, o jogo de par ou ímpar. Se houver determinismo até no jogo de cara ou coroa, onde é que vamos parar? Nenhum determinismo verdadeiro é mais possível.

Esta questão introduz a de saber o que é o determinismo que nós, analistas, supomos como estando na própria raiz de nossa técnica. Esforçamo-nos por obter do sujeito que ele nos entregue sem intenção *seus pensamentos*, como costumamos dizer, suas conversas, seu discurso, ou seja, que intencionalmente ele se aproxime o mais possível do acaso. Qual é, aqui, o determinismo procurado numa intenção de acaso? É sobre este assunto, creio, que a cibernética pode trazer-nos alguma luz.

A cibernética é um campo com fronteiras extremamente indeterminadas. Achar sua unidade força-nos a percorrer com os olhos esferas de racionalização dispersadas, que vão da política, da teoria dos jogos, às teorias da comunicação, e até mesmo a certas definições da noção de informação.

A cibernética, dizem-nos, nasceu justamente de trabalhos de engenheiros referentes à economia da informação através de condutores, à maneira de reduzir a seus elementos essenciais o modo pelo qual uma mensagem é transmitida. A este título, ela remontaria a uns dez anos. Seu nome foi encontrado pelo sr. Norbert Wiener, engenheiro dos mais eminentes. Creio que, assim, limita-se seu alcance, e que seu nascimento deva ser procurado mais longe.

Para entender do que se trata na cibernética, é preciso procurar-lhe a origem em torno do tema tão candente para nós da significação do acaso. O passado da cibernética não consiste em nada mais nada menos que na formação racionalizada daquilo que denominaremos, para opô-las às ciências exatas, as ciências conjeturais.

Ciências conjeturais, eis aí, creio, o verdadeiro nome que se deveria dar, de ora em diante a um certo grupo de ciências que se designa, habitualmente, pelo termo de ciências humanas. Não por este termo ser impróprio, já que, na verdade, nesta conjuntura, é da ação humana que se trata, mas creio que seja por demais vago, por demais infiltrado e controlado por todos os tipos de ressonâncias confusas de ciências pseudoiniciáticas, que só podem rebaixar-lhe, a tensão e o nível. Ganhar-se-ia com a definição mais rigorosa e mais orientada de ciências da conjetura.

Se situarmos assim a cibernética, encontraremos facilmente antepassados para ela, Condorcet, por exemplo, com sua teoria dos votos e das coalizões, das *partes*, como ele diz, e mais longe Pascal, que seria seu pai, e verdadeiramente o ponto de origem.

Vou partir das noções fundamentais da outra esfera das ciências, das ciências exatas, cujo desenvolvimento, em seu desabrochamento moderno, não remonta a muito mais longe do que o das ciências conjeturais. As primeiras, de certa maneira, ocultaram, eclipsaram as outras, sendo porém inseparáveis.

2

Como é que poderíamos definir as ciências exatas? Será que vamos dizer que, diferindo das ciências conjeturais, elas concernem o real? Mas o que é o real?

Não creio que, quanto a isto, a opinião dos homens tenha jamais variado muito, contrariamente ao que tenta fazer-nos acreditar uma genealogia psicologizante do pensamento humano, para a qual, nas primeiras épocas, o homem viveu nos sonhos, e que quer que as crianças sejam habitualmente alucinadas por seus desejos. Estranha concepção, tão contrária à observação que só se pode qualificá-la de mito – mito do qual seria preciso procurar a origem.

O sentido que o homem sempre deu ao real é o seguinte – é algo que se reencontra no mesmo lugar, quer não tenha estado aí, quer tenha estado. Talvez este real se tenha movido, mas neste caso a gente o procura em outro lugar, procura por que ele foi demovido, a gente também pensa que, por vezes, ele possa ter movido seu próprio movimento. Mas ele está sempre justo em seu lugar, quer estejamos lá, quer não estejamos lá. E nossos próprios deslocamentos não têm, em princípio, salvo exceção, influência eficaz sobre estas mudanças de lugar.

As ciências exatas têm certamente a mais estreita relação com esta função do real. Será que isto quer dizer que antes de seu desenvolvimento, esta função faltava ao homem, que ele estava persuadido dessa pretensa onipotência do pensamento que se identifica ao pretenso estádio arcaico do animismo? Absolutamente isto não quer dizer que o homem tenha vivido, anteriormente, no meio de um mundo antropomorfo do qual ele tenha esperado respostas humanas. Acredito que esta concepção seja totalmente pueril, e que a noção de infância da humanidade não corresponda a nada de histórico. O homem de antes das ciências exatas pensava efetivamente, como nós, que o real é o que se encontra no momento fixado. Sempre se reencontrará, na mesma hora da noite, tal estrela em tal meridiano, ela tornará a voltar lá, ela está sempre justamente lá, é sempre a mesma. Não é a troco de nada que tomo o marco celeste antes do marco terrestre, pois na verdade fez-se a carta celeste antes de se fazer a carta geográfica do globo.

O homem pensava que havia lugares que se conservavam, mas acreditava também que sua ação tivesse uma relação com a conservação desta ordem. O homem teve durante muito tempo a ideia de que seus ritos, suas cerimônias – o imperador abrindo o sulco da primavera, as danças da primavera, garantindo a fecundidade da natureza –, suas ações ordenadas e significativas – ações no sentido verdadeiro, no sentido de uma fala –, eram indispensáveis para a manutenção das coisas em seu devido lugar. Ele não pensava que o real se desvaneceria se ele não participasse desta maneira ordenada, mas ele pensava que o real se desarranjaria. Ele não pretendia fazer a lei, ele pretendia ser indispensável à permanência da lei. Definição importante, pois na verdade salvaguarda totalmente o rigor da existência do real.

O limiar foi transposto quando o homem se deu conta de que seus ritos, suas danças e suas invocações não tinham influência nenhuma na ordem. Será que ele tem razão, ou está enganado? Disto nada sabemos. Mas o que é certo é que não possuímos mais a convicção antiga. Foi a partir de então que nasceu a perspectiva da ciência exata.

A partir do momento em que o homem pensa que o grande relógio da natureza roda sozinho e continua marcando a hora, mesmo quando ele não está aí, nasce a ordem da ciência. A ordem da ciência está vinculada ao seguinte – de oficiante da natureza o homem passou a ser seu oficioso. Ele não a governará, a não ser obedecendo a ela. E tal como o escravo, ele tenta fazer seu senhor cair sob sua dependência, servindo-o bem.

Ele sabe que a natureza vai poder ser exata quando do encontro por ele marcado. Mas que exatidão é esta? É precisamente o encontro de dois tempos na natureza.

Existe um relógio muito grande, que não é outro senão o sistema solar, relógio natural que foi preciso decifrar e isto foi, certamente, um dos passos mais decisivos da constituição da ciência exata. Mas o homem também deve ter seu relógio, seu relógio de pulso. Quem é exato? Será que é a natureza? Será que é o homem?

Não é certo que a natureza responda a todos os encontros marcados. Claro, pode-se definir o que é natural como aquilo que vem responder ao tempo do encontro marcado. Quando o sr. de Voltaire dizia a respeito da história natural de Buffon que ela não era assim tão natural, era justamente algo desse gênero que ele queria dizer. Trata-se aí de uma questão de definição – *Minha prometida vem sempre ao encontro marcado, porque quando ela não vem, deixo de chamá-la de minha prometida.* Será que é o homem que é exato? Onde pode estar a mola da exatidão, a não ser justamente no fato de se porem os relógios em concordância?

Notem bem que o relógio, o relógio rigoroso, só parece existir a partir da momento em que Huyghens conseguiu fabricar o primeiro pêndulo perfeitamente isócrono, 1659, inaugurando assim *o universo da precisão* – para empregar uma expressão de Alexandre Koyré – sem o qual não haveria nenhuma possibilidade de ciência verdadeiramente exata.

A exatidão, onde está? Ela é feita de algo que fizemos descer para dentro deste pêndulo e deste relógio, isto é, um determinado fator que se tomou emprestado de um determinado tempo natural – o fator *g*. Vocês sabem, trata-se da aceleração provocada pela gravitação, portanto, em suma, de uma relação de espaço e de tempo. Ele foi depreendido por intermédio de uma certa *experiência mental*, para empregar o termo de Galileu. Trata-se de uma hipótese que se acha encarnada num instrumento. E se o instrumento foi feito para confirmar a hipótese, não é preciso, de modo algum, fazer a experiência que ele confirma, já que, pelo simples fato de ele funcionar, a hipótese se acha confirmada.

Mas é preciso ainda regular este instrumento por uma unidade de tempo. E uma unidade de tempo é sempre tomada emprestada, sempre se refere ao real, ou seja, ao fato de ele voltar, seja onde for, ao mesmo lugar. A unidade de tempo é nosso dia sideral. Se consultarem um físico – tomemos por exemplo o sr. Borel – ele lhes afirmará que caso ocorresse uma certa diminuição – insensível, porém não inapreciável ao cabo de um certo tempo – da velocidade na rotação da terra, que comanda nosso dia sideral, seríamos, de todo, incapazes de colocá-la, atualmente, em evidência, dado que regulamos a divisão do tempo pela medida deste dia sideral, que não podemos controlar.

Este reparo é para que percebam que, se se mede o espaço com sólido, mede-se tempo com tempo – o que não é igual.

Nada espantoso, nestas condições, se uma certa parte de nossa ciência exata acaba resumindo-se a um número muito pequeno de símbolos. Eis onde vai dar nossa exigência de que tudo seja expresso em termos de matéria e de movimento, quero dizer de matéria e de tempo, já que o movimento, na medida em que era algo no real, conseguimos, justamente, eliminá-lo, reduzi-lo.

O joguinho simbólico a que se resumem o sistema de Newton e o de Einstein tem, afinal, pouquíssimo a ver com o real. Esta ciência, que reduz o real a umas poucas letrinhas, a um pacotinho de fórmulas, aparecerá sem dúvida, com o recuo dos tempos, como uma espantosa epopeia, e talvez também se tornará delgada como uma epopeia de circuito um tanto curto.

Depois de termos visto este fundamento da exatidão das ciências exatas, isto é, o instrumento, talvez possamos perguntar algo mais, isto é – o que são estes lugares? Dizendo de outra maneira, interessemo-nos pelos lugares na medida em que vazios.

É justamente por se terem colocado esta pergunta que, em correlação com o nascimento das ciências exatas, começou a nascer este cálculo que se entendeu antes mal do que bem – o cálculo das probabilidades, o qual aparece pela primeira vez sob forma verdadeiramente científica em 1654 com o tratado de Pascal sobre o triângulo aritmético, e se apresenta como o cálculo, não do acaso, porém das probabilidades do próprio encontro em si.

O que Pascal elabora nesta primeira máquina, que é o triângulo aritmético, solicita a atenção do mundo sábio pelo seguinte – ele permite encontrar imediatamente o que um jogador tem o direito de esperar num certo momento em que se interrompe a sucessão dos lances que constitui uma partida. Uma sucessão de lances é a forma mais simples que se possa fornecer da ideia do encontro. Enquanto não se tiver chegado ao termo da sequência de lances prevista pela convenção, algo é avaliável, isto é, as possibilidades do encontro como tal. Trata-se do lugar, e do que nele sobrevém ou não sobrevém, de algo, portanto, que é estritamente equivalente à sua própria inexistência. À ciência daquilo que se reencontra no mesmo lugar, substitui-se, assim, a ciência da combinação dos lugares como tais. Isto, num registro ordenado que supõe por certo a noção de lance, ou seja, a de escansão.

Tudo o que até então fora ciência dos números torna-se ciência combinatória. A progressão mais ou menos confusa, acidental, no mundo dos símbolos, ordena-se em torno da correlação da ausência e da presença. E a busca das leis das presenças e ausências vai tender a esta instauração da ordem binária que vai dar no que chamamos de cibernética.

Ao manter nesta fronteira a originalidade daquilo que aparece em nosso mundo sob a forma da cibernética, vinculo isto com a espera do homem. Se a ciência das combinações do encontro escandido sobreveio no campo da atenção do homem é por ele se achar profundamente envolvido com ela. E não é a troco de nada que isto sai da experiência dos jogos de azar. E não é a troco de nada que a teoria dos jogos envolve todas as funções de nossa vida econômica, a teoria das coalizões, dos monopólios, a teoria da guerra. Sim, a própria guerra, considerada em seus mecanismos de jogo, desvinculada do que quer que seja de real. Não é a troco de nada que a mesma palavra designa estes campos tão diversos e o jogo de azar. Ora, nos primeiros jogos de que estou falando, trata-se de uma relação de coordenação intersubjetiva. Será que o homem chama, procura por algo no jogo de azar – assim como nos cálculos que ele lhe consagra – a respeito do qual esta homofonia semântica manifesta que deve ter alguma relação com a intersubjetividade, mesmo que no jogo de azar ela pareça eliminada? Ei-nos pertinho da questão central da qual parti, isto é – o que será o acaso do inconsciente, que o homem tem, de certa forma, atrás de si?

No jogo de azar ele vai, decerto, pôr sua sorte à prova, mas ele vai também ler aí sua sina. Ele tem a impressão de que algo aí se revela que é dele, e diria eu, tanto mais que não há ninguém na frente dele.

Falei-lhes da convergência do processo todo da teoria em direção a um símbolo binário, em direção ao fato de qualquer coisa poder inscrever-se em termos de 0 e de 1. O que mais é preciso para que algo que denominamos cibernética apareça no mundo?

É preciso que isto funcione no real e independentemente de qualquer subjetividade. É preciso que esta ciência dos lugares vazios, dos encontros como tais, se combine, se totalize e se ponha a funcionar sozinha.

O que é preciso para isso? É preciso tomar algo no real que possa suportar isso. Desde sempre, o homem procurou conjugar o real e o jogo dos símbolos. Escreveu coisas nas paredes, imaginou até que certas coisas, *Mené*, *Thequel*, *Pharsin*, se escrevessem sozinhas nas paredes, ele colocou algarismos no lugar onde, a cada hora do dia, a sombra do sol se detinha. Mas, enfim, os símbolos permaneciam sempre no lugar onde eram feitos para estar. Emaranhados neste real, podia-se crer que fossem apenas seus pontos de orientação.

A novidade foi que se lhes permitiu voar com as próprias asas. E isto, graças a um aparelho simples, comum, ao alcance das mãos dos senhores, um aparelho em que basta girar a maçaneta – uma porta.

3

Uma porta, rogo-lhes que reflitam nisto, não é algo de totalmente real. Tomá-la por tal conduziria a estranhos mal-entendidos. Se observarem uma porta e deduzirem que ela produz correntes de ar, os senhores levam-na consigo, debaixo do braço, para o deserto para se refrescarem.

Procurei demoradamente em todos os dicionários o que queria dizer isso, porta. Há duas páginas do Littré sobre a porta – vai-se da porta como abertura à porta como fechamento mais ou menos travado, da Sublime Porta à porta com que se dá na cara de alguém – *se voltar dou-lhe com a porta na cara*[64], como escreve Regnard. E, em seguida, sem comentário, Littré escreve que uma porta deve estar aberta ou fechada. Isso não me satisfez completamente, apesar das ressonâncias literárias, porque tenho uma desconfiança natural com relação à sabedoria das nações – muitas coisas inscrevem-se nela, porém sempre sob forma um tantinho confusional, e é até por isto que a psicanálise existe. É preciso – é verdade – que uma porta esteja aberta ou fechada. Mas isso não é equivalente.

A linguagem pode aqui guiar-nos. Uma porta, meu Deus, abre para as campinas, mas não se diz que ela fecha para o curral, nem para o cercado. Bem sei que estou confundindo aí *porta* e *fores* que é a porta do cercado, mas para nós tanto faz, e vamos prosseguindo a nossa meditação sobre a porta.

Poder-se-ia crer, por eu ter falado da campina e do curral, que se trata do interior e do exterior. Creio que se estaria muito enganado – vivemos numa época suficientemente grandiosa para imaginar uma grande muralha que daria exatamente a volta da terra.

E se nela fizessem uma porta, onde seria o interior? onde seria o exterior?

Uma porta quando está aberta nem por isso é mais generosa. Diz-se de uma janela que ela dá para o campo. É bastante curioso que, quando se fala que uma porta *dá* para algum lugar, trata-se em geral de uma porta que costuma estar fechada, e por vezes até mesmo condenada...

Uma porta, nós a levamos às vezes,[65] é sempre um ato bastante decisivo. E quando se leva uma porta, é que lhes deram com ela na cara, que é o que acontece mais frequentemente.[66]

Pode haver duas pessoas de cada lado de uma porta, espreitando, quando, no entanto, vocês não imaginam isto com relação a uma janela. Uma porta, pode-se arrombá-la mesmo que estiver aberta. Naturalmente, como dizia Alphonse Allais, isto é besta e cruel. Ao contrário, entrar pela janela sempre passa por um ato cheio de desenvoltura, e em todo caso deliberado, quando, no entanto, pode-se passar por uma porta sem se dar por isto. Assim, à primeira vista, a porta não tem a mesma função instrumental que a janela.

A porta, por sua natureza, pertence à ordem simbólica, e ela abre para algo, não sabemos muito bem se é para o real ou para o imaginário, mas é para um dos dois. Há uma dissimetria entre a abertura e o fechamento – se a abertura da porta regula o acesso, cerrada, ela fecha o circuito. A porta é um verdadeiro símbolo, o símbolo por excelência, aquele pelo qual sempre se reconhecerá a passagem do homem em algum lugar, pela cruz que ela desenha, ao fazer com que se entrecruzem o acesso e a cerca.

Foi a partir do momento em que se teve a possibilidade de abaixar os dois traços um por cima do outro, de fazer a cerca, ou seja, o circuito, algo quando está fechado passa e quando está aberto não passa, foi daí, então, que a ciência da conjetura passou às realizações da cibernética. Se existem máquinas que calculam sozinhas, que adicionam, que totalizam, que realizam todas as maravilhas que o homem acreditava até então serem peculiaridades de seu pensamento, é porque a fada eletricidade, como se diz, permite-nos estabelecer circuitos, circuitos que se abrem ou se fecham, que se interrompem ou se restabelecem, em função da existência de portas cibernetizadas.

Observem bem que é da relação como tal, do acesso e da cerca que se trata. Uma vez que a porta se abre, ela se fecha. Quando ela se fecha, ela se abre. Uma porta não deve estar aberta ou fechada, ela deve estar aberta e depois fechada, e depois aberta, e depois fechada. Graças ao circuito elétrico, e ao circuito de indução ligado nele mesmo, ou seja, o que se denomina um *feedback,* basta que a porta se feche para que, imediatamente, ela seja trazida de volta por um eletroímã ao estado de abertura, e daí torna a vir seu fechamento, e novamente sua abertura. Os senhores engendram, assim, o que se denomina uma oscilação. Esta oscilação é a escansão. E a escansão é a base sobre a qual os senhores vão poder inscrever, indefinidamente, a ação ordenada por intermédio de uma série de montagens que não passarão de brincadeiras criança.

Eis aqui quatro casos para uma porta – nos dois primeiros, uma porta fechada, nos outros, uma porta aberta.

0
0
1
1

Para uma outra porta, podemos ter, alternativamente, uma porta aberta ou fechada.

0
1
0
1

Como lhes convier, os senhores decretam agora, por exemplo, que uma terceira porta será, em certos casos, aberta ou fechada, dependendo da posição das duas portas precedentes.

0	0	:	0
0	1	:	1
1	0	:	1
1	1	:	1

Fórmula 1

Aqui, bastará que pelo menos uma das portas precedentes esteja aberta para que a terceira seja aberta.

Há outras fórmulas. Vocês podem decretar que é preciso que as duas portas estejam abertas para que a terceira seja aberta.

0	0	:	0
0	1	:	0
1	0	:	0
1	1	:	1

Fórmula 2

Terceira fórmula, que tem lá seu interesse:

0	0	:	0
0	1	:	1
1	0	:	1
1	1	:	0

Fórmula 3

Aqui, os senhores decretam que a terceira porta só será aberta quando apenas uma das duas portas estiver aberta.

O que é isto tudo? É tudo o que se queira. A fórmula 1 pode denominar-se, no plano lógico, reunião ou conjunção. A fórmula 2 tem igualmente uma interpretação lógica e, como sua lei se confunde com a da mutiplicação aritmética, é por vezes denominada multiplicação lógica. Enfim, a fórmula 3 é a soma módulo 2.

Quando os senhores somam 1 com 1, num mundo de notação binária, dá 0 e vai 1.

A partir do momento em que nos é dada a possibilidade de encarnar no real este 0 e este 1, notação da presença e da ausência, de encarná-lo num ritmo, uma escansão fundamental, algo passou para o real, e ficamos perguntando-nos – talvez não por muito tempo, mas enfim, espíritos que não são de jogar fora o fazem – se não temos uma máquina que pensa.

Sabe-se bem que a máquina não pensa. Nós é que a fizemos, e ela pensa o que lhe mandamos pensar. Mas se a máquina não pensa, está claro que nós mesmos também não pensamos quando efetuamos uma operação. Seguimos exatamente os mesmos mecanismos que a máquina.

O importante aqui é dar-se conta de que a cadeia das combinações possíveis do encontro pode ser estudada como tal, como uma ordem que subsiste em seu rigor, independentemente de qualquer subjetividade.

Pela cibernética, o símbolo se encarna num aparelho com o qual não se confunde, por ser o aparelho apenas o suporte. E ele se encarna de maneira literalmente transubjetiva.

Tive de operar por caminhos que podem parecer-lhes lentos. Mas é preciso que os tenham em mente para entenderem o sentido verdadeiro daquilo que a cibernética nos traz e, em particular, a noção de mensagem.

4

A noção de mensagem na cibernética não tem nada a ver com o que denominamos, comumente, uma mensagem, a qual tem sempre um sentido. A mensagem cibernética é uma sequência de sinais. E uma sequência de sinais se reduz sempre a uma sequência de 0 ou de 1. É por isto que, o que se denomina unidade de informação, ou seja, este algo pelo qual se mede a eficácia de sinais quaisquer, sempre se refere a uma unidade primordial que se denomina o teclado, e que não é outro senão a alternativa, simplesmente.

A mensagem, dentro deste sistema de símbolos, se acha presa numa rede banal, que é a da combinação do encontro na base de uma escansão unificada, ou seja, de um 1 que é a própria escansão.

Por outro lado, a noção de informação é tão simples de apreender quanto uma destas tabelas que lhes fiz.

0	0	:	0
0	1	:	0
1	0	:	0
1	1	:	1

Partamos desta tabela, que se lerá da maneira seguinte – para eu ganhar é preciso que os meus dois lances sejam positivos. Isto significa que, no início, tenho uma esperança de 1/4. Suponham que eu já tenha jogado um lance. Caso o lance seja negativo minha probabilidade é nula. Caso seja positivo, tenho uma probabilidade em duas, 1/2. Isto quer dizer que, em minhas probabilidades, ocorreu uma diferenciação de nível que se efetuou num sentido crescente.

Os fenômenos energéticos e naturais vão sempre no sentido de um igualamento do desnível. Na ordem da mensagem e do cálculo das probabilidades, à medida que a informação cresce, o desnível se diferencia. Não digo que ele sempre aumente, porque os senhores poderiam encontrar casos em que não aumenta, mas ele não se degrada obrigatoriamente, e tende sempre a ir mais no sentido da diferenciação.

É ao redor deste elemento basal que pode ordenar-se tudo o que denominamos linguagem. Para que a linguagem venha à luz é preciso que se introduzam pobres coisinhas como a ortografia, a sintaxe. Mas isto tudo está dado de início, pois estas tabelas são muito exatamente sintaxes, e é justamente por isto que se pode fazer com que as máquinas efetuem operações lógicas.

Em outros termos, nesta perspectiva, a sintaxe existe antes da semântica. A cibernética é uma ciência da sintaxe, e ela é feita de maneira que nos permite perceber que o que as ciências exatas fazem não é outra coisa senão ligar o real com uma sintaxe.

Então, a semântica, ou seja, as línguas concretas, essas que manejamos com sua ambiguidade, seu conteúdo emocional, seu sentido humano, o que é isto? Será que vamos dizer que a semântica está povoada, guarnecida do desejo dos homens?

O que é certo é que somos nós que trazemos o sentido. Em todo caso, isto é certo, para uma grande parte das coisas. Mas será que se pode dizer que tudo o que circula na máquina não tem sentido de espécie alguma? Não em todos os sentidos da palavra *sentido*, seguramente, porque é preciso, para que a mensagem seja mensagem, não apenas que seja uma sequência de sinais, mas que seja uma sequência de sinais orientados. Para que ela funcione segundo uma sintaxe, é preciso que a máquina vá num certo sentido. E quando digo *máquina*, vocês percebem que não se trata simplesmente da caixinha – quando escrevo em meu papel, quando dou as transformações dos pequenos 1 e 0, esta produção também é sempre orientada.

Logo, dizer que o desejo humano introduz sozinho o sentido dentro desta linguagem primitiva não é perfeitamente rigoroso. A prova é que nada sai da máquina senão o que estamos esperando. Ou seja, não tanto o que nos interessa, mas antes, o que previmos. Ela para no ponto em que fixamos que pararia, e no qual se leria um dado resultado.

O fundamento do sistema já está no jogo. Como poderia ele ser estabelecido se não se alicerçasse na noção de probabilidade, ou seja, numa determinada espera pura, o que já é um sentido?

Eis aí, pois, o símbolo sob sua mais apurada forma. Esta já pode fornecer, em si mesma, mais do que enganos na sintaxe. Enganos na sintaxe só engendram erros, são apenas acidentes. Porém, enganos na programação engendram falsidade. Neste nível, o verdadeiro e o falso já estão como tais envolvidos. O que será que isto significa para nós analistas? Com o que será que temos de lidar, no que tange a este sujeito humano que se endereça a nós?

Seu discurso é um discurso impuro. *Impuro*, será que isto é apenas devido aos enganos na sintaxe? Claro que não. A psicanálise toda está justamente fundamentada no fato de que tirar algo de válido do discurso humano não é uma questão de lógica. É por detrás deste discurso, que tem lá seu sentido, que buscamos, num outro sentido, seu sentido, e justamente na função simbólica que se manifesta por intermédio dele. E é também um outro sentido da palavra *símbolo* que surge agora.

Aqui intervém um fato precioso que a cibernética nos manifesta – algo não é eliminável da função simbólica do discurso humano, trata-se do papel que nele desempenha o imaginário.

Os primeiros símbolos, os símbolos naturais, são oriundos de um certo número de imagens prevalentes – a imagem do corpo humano, a imagem de um certo número de objetos evidentes como o sol, a lua e alguns, outros. E é isto que dá o peso, a mola e a vibração emocional à linguagem humana. Será que este imaginário é homogêneo ao simbólico? Não. E perverte-se o sentido da psicanálise ao reduzi-la à valorização destes temas imaginários, à coaptação do sujeito a um objeto eletivo, privilegiado, prevalente, que fornece o módulo do que se denomina, com este termo atualmente na moda, relação de objeto.

Se existe algo que a cibernética põe em destaque é justamente a diferença da ordem simbólica radical e da ordem imaginária. Um cibernético confessava-me, ainda outro dia, a dificuldade extrema que se tem, à despeito do que se anda dizendo, em traduzir ciberneticamente as funções de *Gestalt*, ou seja, a coaptação das boas formas. O que é boa forma na natureza viva é má forma no simbólico.

Como se disse frequentemente, o homem inventou a roda. A roda não está na natureza, mas ela é uma boa forma, a do círculo. Em compensação, na natureza não existe roda que inscreva o rastro de um de seus pontos em cada um de seus circuitos. Não há cicloide no imaginário. A cicloide é uma descoberta do simbólico. E enquanto que esta pode muito bem ser feita numa máquina cibernética, têm-se as maiores dificuldades, a não ser da maneira mais artificial, para fazer com que um redondo[67] responda a um redondo por intermédio do diálogo de duas máquinas.

Eis aí algo que põe em evidência a distinção essencial de dois planos – o do imaginário e o do simbólico.

Há uma inércia do imaginário que vamos intervir no discurso do sujeito, embaralhando este discurso, fazendo com que eu não me dê conta de que, quando quero bem a alguém, quero-lhe mal, que quando o amo, sou eu mesmo que me amo, ou quando creio amar-me, é então, justamente, que estou amando um outro. Dissipar esta confusão imaginária e restituir ao discurso seu sentido de discurso é justamente nisto que o exercício dialético da análise consiste.

Trata-se de saber se o simbólico existe como tal, ou se o simbólico é apenas a fantasia no segundo grau das coaptações imaginárias. É aqui que se efetua a escolha entre duas orientações da análise.

Aliás, já que através das aventuras da história todos os sentidos se acumularam há muito tempo no lastro da semântica, será que se trata de acompanhar o sujeito no sentido que ele desde então já havia dado a seu discurso? Sentido que é o seguinte – ele sabe que está fazendo psicanálise, e que a psicanálise formulou normas. Será que se trata de encorajá-lo a ser bem bonzinho, a se tornar um verdadeiro personagem que alcançou sua maturidade instintual, saído dos estádios em que a imagem de um orifício tal domina? Será que se trata, na análise, de uma coaptação a estas imagens fundamentais, de uma retificação, de uma normalização em termos de imaginário, ou de uma libertação do sentido no discurso, neste prosseguimento do discurso universal em que o sujeito se acha metido? É aqui que as escolas divergem.

Freud possuía no mais alto nível este sentido do sentido, o que faz com que determinadas obras suas, *Os três escrínios* por exemplo, sejam lidas como se fossem escritas por um adivinho, como se fossem guiadas por um sentido que é da ordem da inspiração poética. Trata-se de saber se, sim ou não, a análise prosseguirá no sentido freudiano, procurando não o inefável, porém o sentido.

O que quer dizer o sentido? O sentido é que o ser humano não é senhor desta linguagem primordial e primitiva. Ele foi jogado aí, metido aí, ele está preso em sua engrenagem.

A origem, não a conhecemos. Dizem-nos, por exemplo, que os números cardinais apareceram nas línguas antes dos números ordinais. Por esta não se esperava. Poder-se-ia pensar que o homem enveredasse no número pelo caminho do ordinal, pela dança, pela procissão civil e religiosa, pela ordem das primazias, pela organização da cidade, a qual não é senão ordem e hierarquia. E, no entanto, os linguistas me afirmam isto, o número cardinal aparece antes.

É preciso maravilhar-nos com o paradoxo. O homem não é aqui senhor em sua casa. Há algo no qual ele se integra e que já reina por intermédio de suas combinações. A passagem do homem da ordem da natureza à ordem da cultura segue as mesmas combinações matemáticas que as que servirão para classificar e explicar. Claude Lévi-Strauss as denomina estruturas elementares do parentesco. E, no entanto, os homens primitivos não são supostos terem sido Pascal. O homem se acha metido, seu ser todo, na procissão dos números, num primitivo simbolismo que se distingue das representações imaginárias. É no meio disto que algo do homem tem de fazer-se reconhecer. Mas o que tem de fazer-se reconhecer não está expresso, nos ensina Freud, porém recalcado.

O que numa máquina não advém a tempo, cai simplesmente e não reivindica nada. Não é a mesma coisa no homem, a escansão está viva, e o que não adveio a tempo permanece suspenso. É disto que se trata no recalque.

Decerto, algo que não é expresso não existe. Mas o recalcado está sempre aí, insistindo, e pedindo para ser. A relação fundamental do homem com esta ordem simbólica é muito exatamente aquela que fundamenta a própria ordem simbólica – a relação de não-ser com ser.

O que insiste para ser satisfeito só pode ser satisfeito no reconhecimento. O fim do processo simbólico é que o não-ser venha a ser, que ele seja porque falou.

22 de junho de 1955

XXIV

A, m, a, S

Verbum *e* dabar.
A máquina e a intuição.
Esquema do tratamento.[37]
O libidinal e o -simbólico.

No decurso de nossa penúltima conferência, interroguei-os com um êxito variado, e esta sessão produziu efeitos diversos nas mentes dos que dela participaram. Para mim, era uma maneira de afinar meu instrumento pelo que eu tinha a dizer-lhes em minha conferência sobre psicanálise e cibernética. Espero que também haja servido a vocês.

1

Sem deter-me nisto no momento, porque da maneira como as coisas caminhavam isto lhes teria causado ainda mais uma sensação de aberração, retive sua intervenção sobre o hebraico. Então, o que foi que o senhor quis dizer-me quando me disse que o *verbum* do primeiro versículo de são João era o *dabar* hebraico? No que é que o senhor se fundamenta?

Não é uma armadilha. Tornei a pensar nisto há uma hora, não sou mais entendido do que o senhor sobre isto, e certamente até menos.

Sr. X: – *Pois bem, primeiro, eu diria que há um fato* a priori *que nos impele a pensar isto.*

Se é certo que são João escreveu em grego, não é absolutamente obrigatório que ele pensasse em grego, e nem que seu *logos* fosse, por exemplo, o *logos* babilônico. O senhor diz que ele pensava o *dabar* hebraico. Diga-me, por quê? Pois decerto esta não é a única maneira de expressar em hebraico o sentido do *dabar.*

Sr. X: – *Para resumir a questão, eu diria que em são João não se encontra nenhum conceito verdadeiramente platoniano. É um fato, e eu poderia demonstrá-lo ao senhor. O que é interessante é que em geral* logos...

Quem é que lhe está falando de conceitos platonianos? Detive-me neste *verbum* para cotejá-lo, no presente caso, com o emprego latino, que nos é suficientemente indicado pela maneira como santo Agostinho o emprega no *De significatione*, que comentamos no ano passado. O senhor deve estar percebendo melhor todas as implicações depois da minha última conferência. Sugeri que, talvez, o *verbum* fosse anterior à qualquer fala, e até mesmo ao *fiat* da Gênese, como um gênero de axiomática prévia. E foi daí que o senhor me objetou que se tratava do *dabar* hebraico.

Sr. X: – *Foi porque* o *senhor disse* – no começo era a linguagem. *No que Leclaire disse* – não a linguagem, porém a fala. *E aprovei.*

Há duas questões. Primeiro por que será que o que está por baixo do *logos* de são João é o *dabar?* Depois, será que o *dabar* quer dizer *fala* mais do que outra coisa? Trate estas duas questões. Então, por que será que é o *dabar*?

Sr. X: – *Por dois motivos. O primeiro é que se trata de uma citação implícita, muito nítida, do início da Gênese.*

No início da Gênese temos, no versículo três – *fiat lux*, precisamente *va'omer. Va'omer* não é, de jeito nenhum, *dabar.* É inclusive exatamente o contrário.

Sr. X: – *Ah não! não é exatamente* o *contrário!*

Explique-me em quê.

Sr. X: – *Há uma tradição rabínica que substantificou um pouco este terceiro versículo da Gênese em algo do gênero de uma entidade mediadora entre o Criador e a criação, e que seria a fala, assim como há a sabedoria. Mas o que é certo é que na tradição bíblica inteira falta absolutamente o conceito de* ratio, *de* logos *no sentido grego. Foi o que Bultmann mostrou através de análises muito profundas. O conceito de universo não existe na tradição bíblica. Nela, falta absolutamente o conceito de lei fixa, determinada, através da qual tudo se encadeia, que é* o *sentido do conceito grego de* logos, *a racionalidade do mundo, o mundo considerado como um todo no qual tudo se produz de maneira encadeada, lógica. Os hebreus sempre dizem* a soma das coisas, *ou bem* o céu e a terra, *essas coisas todas. Mas eles não pensam dentro de conceitos estáticos, essencialistas.*

Será que, após ter ouvido minha conferência o senhor pensa que, quando estou falando de uma ordem simbólica radical, viso a este jogo dos lugares, a esta conjetura inicial, a este jogo conjetural primordial, que data de antes do determinismo, de antes de qualquer noção racionalizada do universo? Trata-se, se é que posso expressar-me assim, do racional antes de sua conjunção com o real. Será que o senhor pensa que é a isto que viso? Será que são as quatro causalidades, o princípio de razão suficiente e a quinquilharia toda?

Sr. X: – *Mas se* o *senhor diz* no início era a linguagem, *é como se fosse uma projeção retrospectiva da racionalidade atual.*

Não é que eu o diga. Não sou eu, é são João.

Sr. X: – *Não, ele não o diz.*

Chegue aqui, padre Beirnaert, porque se está tentando demonstrar a formação filológica de X. Que os semitas não tenham a noção de um universo tão fechado quanto o 0, aquele do qual Aristóteles nos fornece o sistema, concordo.

Sr. X: – *É essencialmente em movimento e sem lei racional. O que acontece na natureza é a fala de Deus repercutindo-se. É um universo que não é determinado, não é racional, é histórico por assim dizer, onde tudo se produz através de iniciativas pessoais.*

É, mas isso não quer dizer que ele não seja racional, já que é a fala que o modula.

Sr. X: – *Eu diria – não essencialista.*

E o senhor, padre Beirnaert?

Rev. P. Beirnaert: – *Estudei Sagrada Escritura, como todo mundo.*

Será que o senhor sabe o que fez um certo Burnett?

Sr. X: – *Sei.*

Ele estudou o primeiro versículo de são João com muito cuidado. Não consegui reencontrar seu texto depois de o senhor me ter feito esta objeção, porém recordo-me pelo menos de sua conclusão. Ele diz que por detrás do *logos* de são João o que é preciso supor é o *memmra* arameano.

Sr. X: – *É a mesma coisa que o* dabar *em hebraico. É o* dabar *um pouco substantificado, rabínico, como eu lhe disse.*

A questão não está aí.

Sr. X: – *Ou seja, diversas coisas conduziram a este primeiro versículo. O senhor tem a tradição da Gênese, depois a tendência do pensamento rabínico.*

Em todo caso, o *memmra* está mais perto do *va'omer* do primeiro versículo da Gênese, é a mesma raiz. Olhei, há uma hora, no *Genesius* o que quer dizer o *dabar*. Trata-se de um imperativo encarnado, do estilo *duxit*, *locutus est*, e chega até a tradução *insidiatus est*, comprometer, seduzir. Isso implica, justamente, tudo o que existe de distorcido, viciado, corrompido, naquilo que constitui uma fala, quando ela baixa ao nível do ultratemporal. Em todo caso, *dabar* é sempre o que existe de engodativo, de enganador, é a fala em seu caráter mais caduco em relação a *ammar*.

Sr. X: – *Não, nem sempre. Por exemplo, o trovão é a fala de Deus, e não no sentido caduco. O que o senhor está dizendo é um sentido derivado, mas o sentido primeiro não é este.*

Mas isso lhe mostra para que lado ele deriva.

Sr. X: – *Pode derivar, evidentemente, pode derivar.*

Está nitidamente atestado.

Sr. X: – *Claro, mas isso não prova nada.*

Mas isso mostra, em todo caso, que nada nos permite identificar este *dabar* com o emprego – efetivamente problemático, admitamos, já que a gente está bastante empenhado nisto – do *logos* no texto grego de são João.

Sr. X: – *Em todo caso, uma coisa é certa, é preciso excluir o sentido platoniano de* logos *por ele estar totalmente ausente em tudo o mais.*

Mas não é a isto que eu visava.

Sr. X: – *De qualquer maneira, não se deve traduzir por linguagem.*

No que tange a este *logos* aí, não se deve deixar de lado a inflexão que o *verbum* latino fornece. Podemos fazer dele algo de totalmente diferente da razão das coisas, isto é, este jogo da ausência e da presença que já fornece seu contexto ao *fiat*. Pois, afinal, o *fiat* se faz num fundo de não feito que lhe é anterior. Em outros termos, creio não ser impensável que até mesmo o *fiat*, a mais original fala criadora, seja segundo.

Sr. X: – *É. Mas eu diria que a gente se coloca aqui no início da ordem histórica temporal, e que não se vai mais além, como o senhor está insinuando.*

Dizer, em se tratando da fala, *no princípio, in principio*, tem um caráter de miragem.

Sr. X:– *Não estou entendendo direito o que o senhor está dizendo agora.*

Uma vez que as coisas estão estruturadas numa certa intuição imaginária, elas parecem estar aí desde sempre, mas trata-se de uma miragem, bem entendido. A sua objeção consiste em dizer que há uma retroação deste mundo constituído, num modelo ou num arquétipo que o constituiria. Mas de modo algum se trata forçosamente do arquétipo. A retroação num arquétipo que seria uma condensação se acha totalmente excluída daquilo que lhes ensino. O *logos* platoniano, as ideias eternas, não é isso.

Sr. X: – *Eu sempre entendi* linguagem, *em oposição à* fala, *como sendo esta condensação, esta essência de tudo o que existe.*

É um outro sentido da palavra *linguagem* que eu estava tentando fazer-lhes entender.

Sr. X: – *Ah!*

Trata-se de uma sequência de ausências e de presenças, ou melhor, da presença sobre fundo de ausência, da ausência constituída pelo fato de uma presença poder existir. Não há ausência no real. Só há ausência se o senhor sugerir que pode haver uma presença ali onde não há. Proponho que se situe a palavra no *in principio*, na medida em que ela cria a oposição, o contraste. Trata-se da contradição original entre o 0 e o 1.

Sr. X: – *Então, no que será que ela se opõe à fala?*

Ela lhe fornece sua condição radical.

Sr. X: – *É, mas eu acho que o senhor pode designar esta condição tanto por* fala *como por* linguagem, *pois isso se acha tão mais além desta oposição.*

É exato. Mas aí é que está o que eu lhes quero indicar. É desta espécie de palavra mestra, se é que se pode dizer isto, que se trata, e não do registro do *dabar*, que é, de certa forma, a orientação legalista.

Sr. X: – *Oh!*

O senhor vai tornar a consultar *Genesius* voltando para casa.

Sr. X: – *Mas estudei estes textos todos. Há um grande artigo de Gui-deau que reúne todos os textos possíveis, e não vai neste sentido. Acho que ele é mais nuançado do que* Genesius, *que indica o que o senhor está dizendo* – insidioso...

Que o *dabar* possa chegar até em *insidiatus est* mostra até que ponto ele se desvia.

Sr. X: – *É, ele pode desviar-se, assim como* fala *pode vir a ser* conversa fiada.

Rev. P. Beirnaert: – *É a mesma coisa com a palavra* fala, parole *em francês* – ele fala, fala, *ou seja,* ele não faz nada.

Não é exatamente isto, porque o *dabar* não vai no sentido do vazio.

Sr. X: – *O senhor tem aí um texto, Isaías, 55, a fala de Deus desce sobre a terra, e torna a subir como fertilizadora*[69]. *É a fala criadora, e não a fala insidiosa, e isso corresponde ao arameano* memmra, *um pouco substantificado, trata-se da fala carregada de vitalidade.*

O senhor acha que seja este o sentido do arameano *memmra*? O senhor acha que há nesta fala o mais mínimo compromisso com a vida? Nós estamos aqui no nível do instinto de morte.

Sr. X: – *Isto provém desta tendência a tentar entender o que existe como intermediário entre aquele que fala e o que ele produz. Isso deve ter uma certa consistência, e é o início, por assim dizer, de uma tendência especulativa no pensamento hebraico.*

O quê, o *dabar*?

Sr. X: – *O* memmra.

O senhor acha?

Sr. X: – *Sim, é a tradição rabínica.*

Rev. P. Beirnaert: – *Em que época aparece* o memmra?

Sr. X: – *Deve ser do século III.*

Burnett, no artigo de que estou falando, põe em destaque, por intermédio de convergências de tudo quanto é tipo, que são João pensava em arameano.

Sr. X e Rev. P. Beirnaert: – *Isto é certo.*

O que o senhor chama de tradição rabínica é sua inflexão gnóstica.

Sr. X: – *É, ela evidentemente dá cancha ao pensamento gnóstico, mas ela, em si mesma, não o é. Trata-se essencialmente de um pensamento legalista que tenta codificar tudo.*

O senhor não acha que o *dabar* está mais perto disto?

Sr. X: – *Não, o* memmra.

2

Não lhes dou um curso *ex cathedra*. Não creio que seja conforme ao nosso objeto, a linguagem e a fala, eu lhes trazer aqui algo de apodíctico, que vocês tenham apenas de anotar e meter no bolso. Claro, na medida em que as coisas vão indo, há cada vez mais linguagem nos nossos bolsos, ela inclusive extravasa por sobre nosso cérebro, o que não faz muita diferença – sempre se pode pôr o lenço por cima.

Se por detrás deste discurso houver uma fala verdadeira, há de ser a de vocês, meus ouvintes, tanto quanto e até mais do que a minha.

Pedi-lhes, da última vez, que me fizessem perguntas. E como elas se anunciavam um tanto parcas, propus-lhes um tema – como é que vocês compreendem isto que diz respeito à linguagem e à fala e do qual estou tentando aproximar-me? Nisto, objeções válidas formularam-se, e o fato de elas se terem detido no decurso da explicação, e de terem podido inclusive engendrar, por vezes, uma certa confusão, não teve nenhum caráter desencorajador. Isto quer dizer simplesmente que a análise está em curso.

Como a conferência que dei pode ser tida como a ponta dialética de tudo a que está encetado pelo trabalho deste ano, pergunto-lhes hoje, outra vez, se vocês têm perguntas a me fazer. Torno a pedir-lhes hoje, outra vez, que se arrisquem neste desconhecido, nesta zona ignorada, que não devemos nunca olvidar na experiência analítica, pois trata-se de nossa posição de princípio.

Alguns dizem que, no que diz respeito a fazer teoria analítica, sou eu que construo, que lhes proponho minha construção, e vocês lá se vão com isso. Isso, não quero. Com respeito a esta ordem arquetípica e platoniana quanto à qual, como sabem, tenho muitas restrições, assim como com respeito a esta fala primordial que está aí para fornecer-nos a emergência do simbólico, estamos na posição de ter de *conceber*, no sentido pleno da palavra.

Não pensamos, nem sequer por um instante, que tudo já esteja escrito. Como fazia notar o sr. Lefèbvre-Pontalis outro dia, não haveria coisa alguma se não houvesse sujeito falante. E é por isto que, para que haja algo de novo, é preciso que a ignorância exista. É nesta posição que estamos, e é por isso que temos de conceber, no sentido pleno. Quando sabemos algo, já não concebemos mais nada.

Quem toma a palavra? O sr. Marchant que tem cara de estar sendo visitado pelo espírito?

Sr. Marchant: – *O espírito que me está visitando neste momento me levaria mais a protestar. Que benefício lucraríamos fazendo perguntas?*

Pode ser que haja alguma viragem de meu discurso, na minha última conferência, que lhes tenha parecido por demais abrupta, esquivada, abreviada, olvidada, e que os impeça de efetuar o encadeamento.

Sr. Marchant: – *É num nível muito mais elevado, se é que posso dizer isto, que faço minha pergunta. Ouvimos aqui, durante um certo número de meses, um seminário do qual cada um tirou o que pôde. Se fizermos perguntas, teremos sempre tendência a preferir isso a coisas de um nível mais sólido, se é que se pode dizer isto, com tudo o que comporta de ruim.*

Estas coisas são feitas para irem dar na prática, e não se esqueça de que esta se acha absolutamente conceitualizada.

Sr. Valabrega: – *Tenho uma pergunta acerca de sua conferência. O senhor falou da triangularidade, que pode ser ou não reconhecida pela máquina cibernética. Então, será que esta noção pertence à ordem imaginária ou à ordem simbólica? Já que o senhor falou agora há pouco da ignorância, pensei em Nicolau de Cuso, que na primeira parte da* Douta Ignorância, *faz uma análise formal da noção de triangularidade, e a vincula, ao que me parece, ao símbolo.*

O senhor está fazendo alusão ao que eu disse com respeito às dificuldades especiais que existem em formalizar, no sentido simbólico do termo, determinadas *Gestalten*. E não foi o triângulo que tomei como exemplo, mas sim o redondo, o que não é a mesma coisa.

Sr. Valabrega: – *No que disse, fiz alusão ao fato de a máquina cibernética poder reconhecer ou não, segundo sua posição no espaço, uma forma. Surgiu-me, então, uma confusão e também a outros – não sabíamos mais se, para o senhor, a circularidade ou a triangularidade pertenciam, nestas experiências, à ordem do simbólico ou do imaginário.*

Tudo o que é intuição está muito mais perto do imaginário do que do simbólico. Eliminar tão radicalmente quanto possível os elementos intuitivos é uma preocupação deveras atual do pensamento matemático. O elemento intuitivo é considerado como uma impureza no desenvolvimento da simbólica matemática. O que nem por isto quer dizer que os matemáticos considerem que a partida esteja resolvida. Alguns consideram a intuição como ineliminável. No entanto, persiste uma aspiração a reduzir tudo a uma axiomática.

No que tange à máquina, creio que ela não pode resolver a questão, claro. Mas observem o que ocorre cada vez que procuramos pôr uma máquina em estado de reconhecer a boa forma apesar de todas as aberrações da perspectiva. Para nós, no intuitivo, na imaginação, reconhecer a boa forma é dado pela teoria gestaltista como sendo o mais simples. Na máquina, nunca produzimos um efeito baseado numa simplicidade semelhante – é sempre por intermédio da mais extrema, da mais artificial composição, por intermédio de uma varredura pontual do espaço, um *scanning*, e por intermédio de fórmulas por conseguinte muito complicadas, que se recompõe o que se poderia denominar a sensibilidade da máquina a uma forma particular. Em outros termos, as boas formas não fornecem à máquina as fórmulas mais simples. O que já indica suficientemente na experiência a oposição do imaginário e do simbólico.

SR. VALABREGA: – *Eu me fiz entender mal. O debate que o senhor está evocando, referente às origens das matemáticas, entre intuicionistas e não intuicionistas, é decerto interessante, mas é antigo, e é lateral com relação à pergunta que estou fazendo, que tem a ver com a noção e não com a percepção de um triângulo ou de um redondo. É ao acabamento existente na própria noção de triangularidade, por exemplo, que viso.*

Poder-se-ia retomar o texto ao qual o senhor estava aludindo. Reli este ano uma parte dele acerca dos máximos e mínimos, porém não lembro mais direito como Nicolau de Cuso aborda a questão do triângulo. Creio que para ele o triângulo é bem mais o ternário do que o triângulo.

SR. VALABREGA: – *Não estou-me referindo especialmente a ele. O que parece é que a noção de triangularidade, sejam quais forem as posições intuicionistas ou não intuicionistas dos matemáticos, não pode ser outra coisa a não ser simbólica.*

Sem dúvida alguma.

SR. VALABREGA: – *Neste caso, a máquina cibernética deveria reconhecer esta triangularidade, o que ela não faz. Foi por isto que o senhor teve, ao que parece, propensão a dizer, que o triângulo era de fato da ordem imaginária.*

De jeito nenhum.

Que a máquina reconheça, é preciso conferir a este fato um sentido mais problemático. Esta triangularidade da qual o senhor está falando é, de certa forma, a própria estrutura da máquina. É aquilo a partir do que a máquina surge como tal. Se temos 0 e 1, existe algo que vem depois. É a partir de uma sucessão que pode estabelecer-se a independência dos 0 e dos 1, a geração simbólica das conotações presença-ausência. Indiquei-lhes que o produto lógico, a soma lógica, comporta sempre três colunas. Em dada margem, 0 e 1 vão dar 1, e numa outra, 0 e 1 vão dar 0. Em outros termos, a ternaridade é essencial à estrutura da máquina. E, claro, gosto mais de ternaridade do que de triangularidade, que se presta a uma imagem.

Sr. Valabrega: – *Eu não estava falando de ternaridade, mas sim de triangularidade. Eu estava falando do próprio triângulo, da noção de triangularidade do triângulo, e não da ternaridade.*

O senhor está querendo dizer o triângulo como forma?

Sr. Valabrega: – *Se, como penso, esta noção pertence à ordem simbólica, não se entende por que não se pode construir uma máquina cibernética que reconheça a forma do triângulo.*

Muito exatamente, é na medida em que é da ordem imaginária.

Sr. Valabrega: – *Então, não é da ordem simbólica.*

É a função 3 que é verdadeiramente a mínima na máquina.

Sr. Riguet: – *É. Poder-se-ia generalizar um pouco a questão, pergunta se a máquina pode reconhecer, numa outra máquina, uma determinada relação ternária. A resposta é sim. Que ela reconheça o triângulo em todos os casos, isto, a meu ver, talvez não seja uma questão impossível, ainda que não esteja resolvida. Mas o triângulo é, na ordem das formas, muito simbolizado – não há triângulo na natureza.*

Sr. Valabrega: – *Se o problema fosse insolúvel, seria preciso supor que a tal da noção de triangularidade não fosse inteiramente da ordem simbólica, mas também da ordem imaginária.*

Sim.

Sr. Valabrega: – *Se só houver conceitos concretos elaborados, vai-se estar em contradição com as pesquisas axiomáticas. Em axiomática parece que se está eliminando conceitos concretos de intuição pelo menos em grande parte, resta apenas um resíduo, e alguns disseram que não resta nada. Existe aí uma questão.*

O senhor está querendo dizer que existe uma margem tão grande quanto se queira. O problema permanece aberto.

Sr. Valabrega: – *É, no sentido em que o senhor mesmo estava dizendo que o triângulo não existe na natureza. O que é, então, esta intuição? Não é um conceito concreto, uma elaboração a partir de formas existentes. É uma noção, é simbólico.*

Sr. Riguet: – *Nas pesquisas axiomáticas recentes, um triângulo é algo de simbólico, porque um triângulo é uma determinada relação.*

É. Pode-se reduzir o triângulo a uma determinada relação.

Sr. Riguet: – *Uma noção de incidência entre pontos e retas.*

Por conseguinte, no final das contas, isso deve poder ser reconhecido pela máquina?

Sr. Riguet: – *Deve. Mas é preciso definir muito exatamente qual é o universo de todas as formas que podemos considerar. E, dentre estas, o senhor pede à máquina que reconheça uma forma bem determinada.*

É a partir de uma redução simbólica já efetuada das formas, na prática, já efetuada a partir do trabalho da máquina, que se pede à máquina concreta, real, que opere.

Sr. Marchant: – *Trata-se aí de uma descrição.*

Não, não creio.

Sr. Riguet: – *É uma descrição da relação que o senhor impõe a esta relação incidente de ter um determinado número de propriedades sem, no entanto, enumerá-las. Trata-se de uma descrição não enumerativa, porque o senhor não faz a lista de todas as retas, de todos os pontos que considera, mas sim a lista de todos os pontos, retas etc., que estão na natureza. É aí que o imaginário se introduz.*

Sr. Marchant: – *Onde é que o senhor coloca este conceito, em que âmbito?*

Sr. Riguet: – *Não serve para grandes coisas se o senhor não o colocar no contexto de uma axiomática determinada. Falei-lhes da incidên-*

cia sobre a reta, mas há outras maneiras de axiomatizar a geometria elementar.

O. Mannoni: – *Pode-se constituir, efetivamente, o triângulo de maneira esquemática e inclusive sem saber que se está falando de um triângulo. Como é que se pode estar seguro que o triângulo que se está desenhando seja um triângulo? Existe aí um problema que diz respeito à relação entre o simbólico e o imaginário, e que é muito obscuro.*

É. Tomado em sentido contrário, se é que posso dizer isto.

O. Mannoni: – *É, ao avesso.*

Sr. Riguet: – *Quando o senhor raciocina a partir do triângulo desenhado na folha de papel, o senhor acumula um determinado número de propriedades que tem seu correspondente num modelo axiomático que o senhor está considerando.*

O. Mannoni: – *Então, o senhor está falando duas línguas que se traduzem.*

Sem dúvida alguma.

O. Mannoni: – *Então, o imaginário já é linguagem, já é simbólico.*

A linguagem encarnada numa língua humana é constituída, disto não temos nem dúvida, de imagens escolhidas, as quais têm todas uma determinada relação com a existência viva do ser humano, com um setor bastante estreito de sua realidade biológica, com a imagem do semelhante. Esta experiência imaginária é o lastro de qualquer língua concreta, e da mesma feita de qualquer intercâmbio verbal, daquilo que faz dela uma linguagem humana – no sentido mais chão e mais comum da palavra *humano*, no sentido de *human* em inglês.

É justamente nisto que ela pode ser um obstáculo ao progresso da realização do sujeito na ordem simbólica, cuja função pura se manifesta de mil maneiras na vida humana, função conotável em termos de presença e ausência, de ser e não ser.

E é justamente nisto que sempre temos de lidar com alguma resistência que se opõe à restituição do texto integral do intercâmbio simbólico. Somos seres encarnados, e pensamos sempre através de algum intermediário imaginário que detém, estaca, embrulha a mediação simbólica. Esta se acha perpetuamente picada, interrompida.

O. Mannoni: – *O que me incomoda é que tenho a sensação de que esta duplicação imaginária não fica apenas picando em pedacinhos mas que ela é o alimento indispensável da linguagem simbólica, e que a linguagem, se estiver totalmente privada deste alimento, vem a ser a máquina, ou seja, algo que não é mais humano.*

Nada de sentimentos. Não vá dizer que a máquina é bem má e que atravanca nossa existência. Não é disto que se trata. A máquina é apenas a sucessão de pequenos 0 e de pequenos 1, e aliás a questão de saber se ela é humana ou não está evidentemente de todo resolvida – ela não o é. Só que, trata-se de saber se o humano, no sentido em que o senhor o entende, é assim tão humano.

O. Mannoni: – *Trata-se de uma questão muito grave.*

Puxa, a noção de humanismo, sobre a qual não vou-lhe dar um seminário, parece-me suficientemente carregada, apresentada de história para que possamos considerá-la como uma posição particular, realizada num setor absolutamente localizado do que continuamos, imprudentemente, a denominar a humanidade. E não há por quê surpreendermo-nos diante do fato de a ordem simbólica ser absolutamente irredutível ao que se denomina comumente a experiência humana. O senhor me diz que nada existiria se não se encarnasse nesta imaginação. Não duvidamos, mas será que as raízes todas estão aí? Nada nos permite dizê-lo. Não só a dedução empírica dos números inteiros não está feita, como parece até demonstrado que ela não o possa ser.

3

Vou tentar concentrar estas considerações todas no esqueminha resumidor que já lhes apresentei.

No início do terceiro capítulo de *Além do princípio do prazer*, Freud explica as etapas do progresso da análise. Texto luminoso, do qual vocês todos deveriam ter a cópia no bolso, para que pudessem a todo instante, referir-se a ele.

Primeiro, diz ele, tínhamos visado à resolução do sintoma fornecendo sua significação. Obteve-se algumas luzes e até mesmo alguns efeitos mediante este procedimento.

REV. P. BEIRNAERT: – *Por quê?*

O que lhes ensino é apenas a expressão da condição graças à qual aquilo que diz Freud é possível. Por quê? pergunta o senhor. Porque o sintoma é em si mesmo, e de ponta a ponta, significação, ou seja, verdade, verdade posta em forma. Ele se distingue do indício natural pelo seguinte – ele já está estruturado em termos de significado e significante, com o que isto comporta, ou seja, o jogo de significante. No próprio interior do dado concreto do sintoma já existe precipitação num material significante. O sintoma é o avesso de um discurso.

REV. P. BEIRNAERT: – *Mas como é que a comunicação imediata ao doente é eficaz?*

A comunicação da significação ao doente o faz sarar na medida em que ela acarreta no doente a *Uberzeugung*, ou seja, a convicção. O sujeito integra, no conjunto das significações que ele já admitiu, a explicação que o senhor lhe dá, e pode não ser sem efeito, de maneira pontual, na análise selvagem. Mas está longe de ser geral.

Eis porque passamos à segunda etapa, em que é reconhecida a necessidade de integração no imaginário. É preciso que surja, não apenas a compreensão da significação, mas a reminiscência propriamente falando, ou seja, a passagem para o imaginário. O doente tem de reintegrar neste contínuo imaginário que se denomina o eu, tem de reconhecer como sendo dele, tem de integrar em sua biografia, a sequência das significações que ele estava desconhecendo. Estou, por enquanto, seguindo o terceiro capítulo dos *Essais de psychanalyse*[69].

Terceira etapa – a gente se dá conta de que não basta, isto é, que há uma inércia própria àquilo que já se acha estruturado no imaginário. *O principal, no decurso destes esforços,* continua o texto, *acaba recaindo frente às resistências do paciente. A arte é agora descobrir o mais depressa possível essas resistências, mostrá-las ao doente, e movê-lo através da influência humana, levá-lo a abandonar estas resistências. (...) A passagem à consciência, o tornar-se consciente do inconsciente, mesmo por este caminho, não é sempre completamente atingível.* Esta recordação toda talvez não seja estritamente o essencial, se não se obtiver ao mesmo tempo *Uberzeugung, a convicção.*

É preciso ler o texto como o estou lendo, ou seja, em alemão, pois o texto francês – isso vem da arte do tradutor – tem um aspecto cinzento, empoeirado, que oculta a violência do relevo do que Freud está trazendo.

Freud insiste no seguinte – após a redução das resistências, há um resíduo que talvez seja o essencial. Ele introduz aqui a noção de repetição, *Wiederholung.* Ela vem essencialmente do seguinte, diz ele – para o lado do que está recalcado, para o lado do inconsciente, não há resistência alguma, há apenas tendência a repetir-se.

É neste mesmo texto que Freud salienta a originalidade de sua nova tópica. A mera conotação qualitativa inconsciente/consciente não é essencial aqui. A linha de clivagem não passa entre o inconsciente e o consciente, mas sim entre, por um lado, algo que está recalcado e só tende a repetir-se, ou seja, a fala que insiste, esta modulação inconsciente de que lhes falo, e, por outro lado, algo que constitui um obstáculo a isto, e que está organizado de outra maneira, isto é, o eu. Se lerem este texto à luz das noções para as quais penso que os adestrei, verão que o eu está estritamente situado como sendo da ordem do imaginário. E Freud salienta que qualquer resistência, como tal, provém desta ordem.

Antes de deixá-los, e já que é preciso pontuar, colocar um ponto final que lhes sirva de tábua de orientação, retomarei os quatro polos que, mais de uma vez, inscrevi no quadro.

Começo por *A*, que é o Outro radical, o da oitava ou nona hipótese de Parmênides, que é igualmente o polo real da relação subjetiva, e aquilo a que Freud vincula a relação ao instinto de morte.

Depois, vocês têm aqui *m*, o eu, e *a*, o outro que não é outro coisa nenhuma, já que ele é essencialmente acoplado com o eu, numa relação sempre reflexiva, intercambiável – o *ego* é sempre um *alter ego*.

Vocês têm aqui *S*, que é ao mesmo tempo o sujeito, o símbolo, e também o *Es*. A realização simbólica do sujeito, que é sempre criação simbólica, é a relação que vai de *A* a *S*. Ela é subjacente, inconsciente, essencial a qualquer situação subjetiva.

Esta esquematização não parte de um sujeito isolado e absoluto. Tudo está ligado à ordem simbólica, desde o momento em que houve homens no mundo e que eles falaram. E o que se transmite e tende a se constituir é uma imensa mensagem na qual o real todo é, pouco a pouco, retransposto, recriado, refeito. A simbolização do real tende a ser equivalente ao universo, e os sujeitos nela não passam de retransmissores, de suportes. O que efetuamos dentro disto é um corte no nível de um destes acoplamentos.

Nada se compreende se não for a partir disto, que lhes é recordado e ensinado na obra inteira de Freud. Tomem o esquema do aparelho psíquico, que figura nestes pequenos manuscritos que Freud enviava a Fliess, e também no fim da *Ciência dos sonhos*.[27] Poder-se-ia crer que ele apenas tentava formalizar dentro daquilo que se poderia denominar a simbólica do cientismo – não se trata absolutamente disto. O ponto agudo daquilo que Freud introduz, a ideia que não se acha em nenhuma outra parte, e sobre a qual ele insiste, principalmente no capítulo VII, é que há, verdadeiramente, oposição entre a função consciente e a função inconsciente. Este ponto de partida – quer esteja justificado ou não, pouco importa, estamos por ora comentando Freud – lhe parece essencial para explicar o que de concreto ocorre com os sujeitos com os quais ele tem de lidar, para entender os setores da vida psíquica. O que ocorre no nível do puro consciente, no nível do córtex onde se situa o reflexo do mundo que é o consciente, é imediatamente apagado como tal, não deixa rastro. Os rastros ocorrem alhures.

Foi daí que partiram inúmeras absurdidades, alimentadas por este termo de profundidade, que Freud teria podido evitar e que foi tão mal-empregado. Isto quer dizer que, no final das contas, o ser vivo só pode receber, só pode registrar aquilo que ele é feito para receber – ou mais exatamente, que suas funções são feitas bem mais para *não* receber do que para receber. Ele não vê, não ouve o que não lhe é útil para sua subsistência biológica. Só que, o ser humano, este, vai para além do real que lhe é biologicamente natural. E é aí que começa o problema.

Todas as máquinas animais estão estritamente atarraxadas às condições do meio exterior. Se elas variam, dizem que é na medida em que este meio exterior varia. Claro que o próprio da maioria das espécies animais é não querer saber nada a respeito daquilo que as perturba – é melhor pifar. Aliás, é por isso que elas pifam, e que nós somos fortes. A inspiração de Freud não é mística. Ele não acredita que haja na vida poder morfogênico como tal. Para o animal, o tipo, a forma, estão ligados a uma escolha no meio exterior, assim como o avesso e o direito. Por que será que ocorre algo diferente com o ser humano?

Há suficientes experiências de laboratório, por sinal extenuantes, que mostram que basta colocar com uma certa tenacidade o polvo, ou qualquer outro animal, diante do triângulo, para que acabe por reconhecê-lo, ou seja, por generalizar. É no plano do geral que se deveria responder à pergunta de Valabrega. Mas o que é novo no homem é o fato de algo já estar aberto o suficiente, imperceptivelmente perturbado na coaptação imaginária, para que a utilização simbólica da imagem possa inserir-se.

É preciso supor nele uma certa hiância biológica, aquela que tento definir quando lhes falo do estádio do espelho. A captação total do desejo, da atenção, já pressupõe a falta. A falta já está aí quando falo do desejo do sujeito humano no que se refere à sua imagem, quando falo desta relação imaginária extremamente geral que se denomina narcisismo.

Os sujeitos vivos animais são sensíveis à imagem de seu tipo. Ponto absolutamente essencial graças ao que a criação viva toda não é uma imensa suruba. Mas o ser humano tem uma relação especial para com a imagem que lhe é própria – relação de hiância, de tensão alienante. É aí que se insere a possibilidade da ordem da presença e da ausência, ou seja, da ordem simbólica. A tensão entre o simbólico e o real está aí subjacente. Ela é substancial, se consentirem em dar ao termo substância seu sentido puramente etimológico. Trata-se de um *upokeïmenon*.

Para todos os sujeitos humanos que existem, a relação entre *A* e S passará sempre pelo intermédio destes substratos imaginários que são o eu e o outro e que constituem os alicerces imaginários do objeto – *A, m, a, S*.

Tentemos fazer um pouco de lanterna mágica. Vamos cair em mecânica chã, que é a inimiga do homem, imaginando que, no ponto de interseção entre a direção simbólica e a passagem pelo imaginário, exista uma válvula tríodo. Suponhamos que uma corrente passe no circuito. Se houver vácuo, produzir-se-á do cátodo ao ânodo um bombardeamento eletrônico, graças ao que, a corrente passará. Além do ânodo e do cátodo há um terceiro odo, transversal. Vocês podem fazer passar aí a corrente positivando, de maneira que os elétrons sejam conduzidos ao ânodo, ou bem, negativando, detendo de chofre o processo – o que emana do negativo se encontra repelido pelo negativo que vocês interpõem.

Trata-se simplesmente de uma nova ilustração da história da porta de que lhes falei, no outro dia, devido ao caráter não homogêneo do auditório. Digamos que se trata de uma porta de porta, uma porta à segunda potência, uma porta dentro da porta. O imaginário acha-se assim em posição de interromper, de picar, de escandir o que passa no nível do circuito.

Notem que o que se passa entre *A* e *S* tem, em si mesmo, um caráter conflitual. No melhor dos casos, o circuito se contraria, estaca, corta-se, pica a si mesmo. Digo *no melhor dos casos*, porque o discurso universal é simbólico, ele vem de longe, nós não o inventamos. Não fomos nós que inventamos o não-ser, nós caímos num cantinho de não-ser. E no que tange à transmissão do imaginário, também temos nosso quinhão, com todas as fornicações de nossos pais, avós, e outras histórias escandalosas que fornecem o sal da psicanálise.

A partir de então, as necessidades da linguagem e as da comunicação inter-humana são fáceis de entender. Vocês conhecem estas mensagens que o sujeito emite sob uma forma que as estrutura, as gramaticaliza, como vindas do outro, sob forma invertida. Quando um sujeito diz para um outro *tu és meu mestre* ou *tu és minha mulher*, isso quer dizer exatamente o contrário. Isso passa por *A* e por *m*, e volta em seguida ao sujeito que é, de repente intronizado, por isso, na perigosa e problemática posição de esposo, ou de discípulo. É dessa maneira que se expressam as falas fundamentais.

Pois bem, do que será que se trata no caso do sintoma, dizendo isto de outra maneira, no caso de uma neurose? Puderam notar que, no circuito, o eu está verdadeiramente separado do sujeito pelo *a* minúsculo, ou seja, pelo outro. E, no entanto, existe uma ligação. Eu, sou eu[70], e vocês, vocês também o são. Entre os dois, há este dado estruturante – os sujeitos são encarnados. Efetivamente, o que se passa no nível dos símbolos passa-se em seres vivos. O que está em *S* passa, para revelar-se através do suporte corporal do sujeito, passa através de uma realidade biológica que estabelece uma divisão entre a função imaginária do vivente, da qual o eu é uma das formas estruturadas – não temos tanto assim do que nos queixar –, e a função simbólica que ele é capaz de preencher e que lhe outorga uma posição iminente frente ao real.

Dizer que há neurose, dizer que há um recalcado, o qual nunca existe sem retorno, é o mesmo que dizer que algo do discurso que vai de *A* a *S* passa e ao mesmo tempo não passa.

O que merece denominar-se resistência vem do fato de o eu não ser idêntico ao sujeito, e de ser da natureza do eu integrar-se no circuito imaginário que condiciona as interrupções do discurso fundamental. É esta resistência que Freud põe em destaque quando diz que toda resistência provém da organização do eu. Porque é na medida em que é imaginário, e não apenas na medida em que é existência carnal, que, na análise, o eu está na origem das interrupções deste discurso que só pede para passar em atos, em falas, em *Wiederholen* – é a mesma coisa.

Quando lhes digo que a única resistência verdadeira na análise é a resistência do analista, isso quer dizer que uma análise só é concebível na medida em que o *a* estiver apagado. Uma certa purificação subjetiva deve efetuar-se na análise – caso contrário, para que estas cerimônias todas às quais nos entregamos? –, de maneira que se possa, durante todo o tempo da experiência analítica, confundir o polo *a* com o polo *A*.

O analista participa da natureza radical do Outro, dado que ele é o que há de mais dificilmente acessível. Desde então, e a partir deste momento, o que parte do imaginário do eu do sujeito concorda, não com este outro ao qual ele está habituado, e que é apenas seu parceiro, aquele que é feito para entrar no seu jogo, mas, justamente, com o Outro radical que lhe está vedado. O que se denomina transferência se passa muito exatamente entre *A* e *m*, na medida em que *a*, representado pelo analista, faz falta.

O que se trata, como Freud o diz de maneira admirável neste texto, é de uma *Uberlegenheit* – que se traduz, neste caso, por *superioridade*, mas desconfio de que haja aí jogo de palavras, como o prosseguimento o indica –, graças à qual a realidade que aparece na situação analítica é reconhecida *immer*, sempre, *als Spiegelung* – termo espantoso – *como a miragem* de um determinado passado olvidado. O termo *Spiegel*, espelho, está aí. A partir do momento em que não existe mais a resistência da função imaginária do eu, o *A* e o *m* podem, de certa maneira, concordar, comunicar suficientemente para que se estabeleça entre eles um certo isocronismo, uma certa positivação simultânea com relação à nossa válvula tríodo. A fala fundamental que vai de *A* a *S* encontra aqui uma vibração harmônica, algo que, longe de interferir, permite sua passagem. Pode-se até dar a esta válvula tríodo o seu papel real, que é, frequentemente, o de um amplificador, e dizer que o discurso fundamental, até então censurado – para empregar o termo mais conveniente – se esclarece.

Este progresso se efetua por intermédio do efeito de transferência, a qual se passa alhures, não ali onde se passa a tendência repetitiva. O que insiste, o que só está pedindo para passar, passa-se entre *A* e *S*. A transferência, esta, se passa entre *m* e *a*. E é na medida em que o *m* vai, ao poucos, aprendendo, se é que se pode dizer isto, a pôr-se em concordância com o discurso fundamental, que ele pode ser tratado da mesma maneira que o *A* é tratado, ou seja, ligado, pouco a pouco, ao *S*.

Isto não quer dizer que um eu suposto autônomo venha apoiar-se no eu do analista – como Loewenstein escreve num texto que não lhes lerei hoje, mas que eu tinha escolhido escrupulosamente – e se torne um eu cada vez mais forte, integrador e sábio. Isto quer dizer, pelo contrário, que o eu se torna o que ele não era, que ele chega ali no ponto em que o sujeito está.

Mas não creiam, nem por isto, que o eu se ache volatilizado depois de uma análise – que ela seja didática ou terapêutica, não se sobe aos céus, desencarnado e puro símbolo.

Qualquer experiência analítica é uma experiência de significação. Uma das grandes objeções que nos são contrapostas é a seguinte – que catástrofe vai ocorrer se se revelar ao sujeito sua realidade, sua pulsão não sei das quantas, sua vida homossexual? Deus sabe quanto, neste caso, os moralistas têm a nos dizer. Trata-se, no entanto, de uma objeção caduca e sem valor. Mesmo que admitamos que se revele ao sujeito alguma tendência que tivesse podido permanecer afastada dele para sempre através de sabe-se lá que esforço, o que está colocado em causa na análise não é a revelação, por nós, ao sujeito de sua realidade. Com efeito, uma certa concepção da análise das resistências inscreve-se bastante neste registro. Porém a experiência autêntica da análise opõe-se, de forma absoluta, a isto – o sujeito descobre por intermédio da análise sua verdade, ou seja, a significação que, em seu destino particular, adquirem estes dados que lhe são próprios e que se pode denominar seu quinhão.

Os seres humanos nascem com disposições de todos os tipos, extremamente heterogêneas. Mas seja qual for o quinhão fundamental, o quinhão biológico, o que a análise revela ao sujeito é a sua significação. Esta significação é função de uma determinada fala, que é e que não é fala do sujeito – esta fala ele já a recebe prontinha, ele é seu ponto de passagem. Não sei se se trata da palavra mestra primitiva do Livro do Julgamento inscrita na tradição rabínica. Não olhamos assim tão longe, temos problemas mais limitados, mas onde os termos vocação e chamada têm todo o seu valor.

Se não houvesse esta fala recebida pelo sujeito e que incide no plano simbólico, não haveria nenhum conflito com o imaginário, e cada qual seguiria, pura e simplesmente, sua inclinação. A experiência nos mostra que não é nada disto. Freud nunca renunciou a um dualismo essencial como constituindo o sujeito. Isto nada significa a não ser estes recruzamentos[2]. Gostaria de dar prosseguimento a eles.

O eu se inscreve no imaginário. Tudo o que pertence ao eu se inscreve nas tensões imaginárias, assim como o resto das tensões libidinais. Libido e eu estão do mesmo lado. O narcisismo é libidinal. O eu não é uma potência superior, nem um puro espírito, nem uma instância autônoma, nem uma esfera sem conflitos – como se ousa escrever – sobre a qual deveríamos apoiar-nos. Que história é essa? Será que temos de exigir dos sujeitos que tenham tendências superiores para a verdade? Que tendência transcendente à sublimação é essa? Freud a repudia, da maneira mais formal, no *Além do princípio do prazer*. Ele não vê a mais mínima tendência para o progresso em nenhuma das manifestações concretas e históricas das funções humanas, e naquele que inventou nosso método, isto tem lá seu valor. Todas as formas da vida são igualmente espantosas, miraculosas, não há tendência em direção a formas superiores.

É aqui que vamos dar na ordem simbólica, que não é a ordem libidinal na qual se inscrevem tanto o eu como as pulsões. Ela tende para além do princípio do prazer, fora dos limites da vida e é por isto que Freud a identifica ao instinto de morte. Vocês vão reler o texto, e verão se ele lhes parece digno de aprovação. A ordem simbólica é rejeitada da ordem libidinal, que inclui o âmbito todo do imaginário, inclusive a estrutura do eu. E o instinto de morte é apenas a máscara da ordem simbólica, na medida em que – Freud escreve isto – ela é muda, ou seja, na medida em que ela não está realizada. Enquanto o reconhecimento simbólico não se estabeleceu, por definição, a ordem simbólica é muda.

A ordem simbólica ao mesmo tempo não sendo e insistindo para ser, eis a que visa Freud quando nos fala do instinto de morte como sendo o que há de mais fundamental – uma ordem simbólica em pleno parto, vindo, insistindo para ser realizada.

29 de junho de 1955

Notas do Tradutor

1. *Le je n'est pas le moi.* A questão da tradução em português das três instâncias da segunda tópica freudiana: *ich*, *uber-ich*, e *es*, cuja tradução em francês é *moi, surmoi* e *ça*, já foi abordada quando das precedentes traduções dos Seminários de Lacan. A proposta feita por M.D. Magno e aceita por Betty Milan foi a de empregar os pronomes da própria língua para a qual se estava traduzindo, ou seja, no caso do português, o *eu*, o *super-eu* e o *isso*. Segundo eles, nada justifica o emprego dos termos latinos de *id*, *ego* e *super-ego*, introduzidos pela tradução inglesa. Esta correção pareceu ousada na época porque ia contra os hábitos adquiridos, dado que, em geral, as obras de Freud publicadas em português não foram traduzidas a partir do original, e sim da tradução inglesa. Esta retificação mostrou ser, no entanto, vanguardista, já que há atualmente nos próprios países anglo-saxões um movimento que contesta a oportunidade da habitual tradução latina dos pronomes alemães. Empregaremos, pois, o *eu*, o *supereu* e o *isso*.

Porém a tradução deste *Seminário livro II* teve de enfrentar um problema específico quanto ao emprego do pronome *eu*. A língua francesa distingue entre os pronomes pessoais da primeira pessoa o *je* do *moi*. O *je* funciona estritamente como sujeito, enquanto que o *moi* pode ocupar todas as funções, inclusive, por vezes, a de sujeito. Lacan, neste seminário, vai utilizar esta diferença na língua francesa para distinguir o sujeito do inconsciente, que ele vai chamar de *je*, o sujeito por excelência, aquele que deve advir no lugar do *isso* na consagrada fórmula de *Freud: Wo es war soll* ich *werden*, do *moi*, função imaginária. Para não termos de recorrer às formas derivadas do *eu*, como o *me*, o *mim* etc., o que implicaria uma nova revisão da tradução das três instâncias psíquicas, que não se justifica, tivemos de apelar para um artifício. Todas as vezes que tivermos em francês o termo *moi*, empregaremos o *eu*, articulando-o sempre que possível mesmo que o artigo não esteja no texto francês. Ao passo que quando se tratar do *je*, sujeito do inconsciente, empregaremos [eu] sem artigo entre colchetes, mesmo que haja artigo no texto original. Isto para indicar que se trata do sujeito da primeira pessoa, o qual em português aparece em geral oculto. *Escrevo*, dizemos, e não *eu escrevo*, senão quando queremos enfatizar. *Eu* entre colchetes, portanto, para lembrar que este sujeito pode muito bem deixar o lugar vago. Se isto é verdade quando se trata do sujeito do verbo, é ainda mais verdade quando se trata do sujeito do inconsciente, que só se manifesta para tornar a desaparecer (ref. às p.11, 37, 224, 232, 295, 394).

2. Trata-se de um neologismo de Lacan. Neste caso, assim como sempre que foi possível, fabricamos um neologismo equivalente, para que em português também permaneça esta liberdade criativa que Lacan toma, por vezes, com a língua (ref. às p.11, 74, 79, 98, 148, 208, 212, 217, 232, 245, 317, 327, 381, 388, 389, 438).

3. Traduzido habitualmente em português por: *Penso, logo existo* (ref. à p.15).

4. *méconnu*: traduzimos por *não reconhecido,* para ficar patente que se trata de algo que se quer desconhecer, mas não de algo que se ignore, de que não se tenha conhecimento (ref. às p.18, 64).

5. Eis uma situação típica da dificuldade tal como evocada na nota 1. Em certos casos, para permitir a distinção entre *je* e *moi*, teremos de retirar o artigo diante de *je* ou colocar um artigo diante do *eu*, tradução do *moi* (ref. às p.18, 59).

6. Publicado em português com o título: *Psicologia de grupo e análise do ego* (ref. às p.22, 36).

7. Publicado em português com o título: *O id e o ego* (ref. às p.22, 36).

8. Lacan joga com a homofonia em francês entre *egos* e *égaux*. Em português, para respeitar a homofonia, seria necessário pronunciar a palavra *iguais* como *egoais* (ref. à p.23).

9. Publicado em português com o título: *Análise terminável e interminável.*

10. *besoin*: para a tradução deste termo empregamos *precisão*, que existe na língua, malgrado seu emprego regional, para distingui-lo claramente da noção de *necessidade*, que Lacan emprega quando se trata da necessidade inerente à estrutura própria do simbólico, ou seja, em seu sentido lógico (ref. às p.38, 40, 149, 289, 306).

11. *frayage*: tradução do termo alemão *Bahnung*. A Standard Edition, assim como a tradução em português, empregam o termo *facilitação.* Ora, tal tradução é errônea porque *facilitação* é um conceito neurofisiológico distinto da *Bahnung.* Na *facilitação* trata-se apenas de um fenômeno quantitativo: *a aplicação simultânea de dois ou mais estímulos diferentes, insuficientes, que, quando conjugados, determinam a resposta reflexa* (in *Neuranatomia*, E.A. Erhart). Lacan critica explicitamente tal tradução, dizendo que a *Bahnung* tem um alcance estritamente oposto à noção de *facilitação* e acrescenta: *a Bahnung evoca a constituição de uma via de continuidade.* Ele chega a dizer que se trata de uma cadeia que pode ser comparada à cadeia significante (*l'Ethique*, Seminário do dia 2 de dezembro de 1959).

Aliás, a própria *Standard Edition* oscila na tradução e quando o termo aparece na *Interpretation of dreams* é traduzido por uma perífrase: *Laying down, facilitating path'* (S.E. vol. V, 539), onde a noção de *abertura de uma trilha de facilitação* está claramente indicada. Empregaremos, pois, o termo *trilhamento*, já proposto por M.D. Magno, que lembra que o verbo *trilhar*, com a acepção de *abrir caminho*, já está incluído no dicionário Aurélio Buarque de Holanda, bem como *trilhamento* e *trilhadura* como *ato* ou *efeito de trilhar* (Cf. LACAN, Jacques *O Seminário livro 11. Os quatro conceitos fundamentais da psicanálise*, Rio de Janeiro, Zahar, 1979, nota nº 16) (ref. às p.47, 150, 196, 198).

12. *enfant:* que em francês significa *filho e criança* (ref. às p.62, 63).

13. *O mar* em francês se diz *la mer*, é feminino e homófono de *la mère*, que significa a *mãe* (ref. à p.63).

14. Para sermos coerentes com a tradução de *moi* por *o eu.* (ver nota 1), (ref. às p.64, 358).

15. Trata-se do *Projeto* (ref. à p.67).

16. *Café de Flore:* bar famoso de St. Germain des Près, em Paris, onde se reuniam os intelectuais (ref. à p.69).

17. *O eu* preposicionado toma a forma *mim* (ver também nota 1), (ref. às p.69, 233, 358, 394).

18. *parole*: que em francês significa *fala, palavra falada,* mas também *palavra.* Costumamos traduzir por *fala,* porém em determinados trechos tivemos de deixar *palavra,* por ser o termo consagrado em certas expressões, por ex., em antropologia, quando se fala de *troca, de mulheres, de palavras* (ref. à p.69, 70).

19. Trata-se, aqui, do sujeito oculto na frase (ver também nota 1), (ref. à p.76).

20. De *imajar*: termo proposto por M.D. Magno para a tradução de *imager,* o que permite diferenciar a produção de imagens, *imajar,* da atividade imaginativa, *imaginar* (cf. LACAN, Jacques, *O Seminário livro 1, Os escritos técnicos de Freud,* Rio de Janeiro, 1979, nota explicativa nº 3 de B. Milan), (ref. às p.78, 160, 201).

21. *Que se conhece quando soa/ Não ser mais voz de ninguém/ Senão das águas e das matas* (ref. à p.81).

22. *O camponês de Paris* (ref. à p.105).

23. Trata-se de Françoise Dolto.

24. Traduzido em português por: *O instinto e suas vicissitudes* (ref. às p.131, 137).

25. Lacan contentou-se aqui em ler a tradução francesa disponível na época, feita por Anne Berman, que, mais tarde, foi substituída por outra (ref. à p.132).

26. Há aqui um jogo de palavras entre *conascimento* e *conhecimento,* por serem ambos homófonos em francês: *connaissance* e *co-naissance* (ref. às p.156, 301).

27. Traduzido em português por: *Interpretação dos sonhos.* Em francês também a *Traumdeutung* está agora publicada com o título de *Interprétation des Rêves.* Na época deste Seminário, porém, a tradução francesa disponível tinha por título *La Science des Rêves* (ref. às p.145, 159, 171, 184, 432).

28. E em português no vol. XIV da *Edição Standard Brasileira,* Rio de Janeiro, Imago,1974 (ref. à p.162).

29. *déjà connu, déjà expérimenté*: pertence à série do *déjà-vu,* do *já visto* (ref. às p.173, 362).

30. O *Passo-de-Calais,* no Canal da Mancha (ref. à p.174).

31. Em português a palavra *ênfase* conservou em seu emprego familiar este sentido de *força de expressão e de entonação com que se procura realçar o que se lê ou diz* (Caldas Aulete). Este sentido perdeu-se em francês (ref. à p.174).

32. Em português temos realce (ref. à p.174).

33. Em português: p.573, 574, vol. V, da *Edição Standard Brasileira*, Rio de Janeiro, Imago, 1974 (ref. à p.182).

34. Nota da p.619, vol. V, *Edição Standard Brasileira*, Rio de Janeiro, Imago, 1974.

35. Em geral, para a tradução dos textos de Freud nós nos baseamos na *Edição Standard Brasileira*, cotejando-a, no entanto, com o original alemão, o que nos levou a certas modificações (ref. às p.132, 185, 204).

36. R – R_1, R_2, R_3, de *Recordação*, trata-se da Erinnerung do gráfico original (ref. à p.189).

37. *Cure*: Hoje, no Brasil fala-se de *análise* apenas e não de *cura analítica*, nem de *tratamento*. Porém, em se tratando de textos do próprio Freud, preferimos não empregar o termo *análise*, quando ele não o emprega. Utilizaremos o termo *tratamento* para evitar ambiguidade com a noção de *cura*, como resolução da doença, situação para a qual empregaremos o termo *sarar*. O fato de Lacan, neste Seminário, empregar o termo *traitement* como sinônimo de *cure*, nos autoriza a isto (ref. às p.205, 215, 310, 327, 328, 415).

38. E em português pelo verbo *esguichar* (ref. à p.217).

39. Em português o livro foi traduzido como *O ego e os mecanismos de defesa*.

40. *Si c'est toi, je ne suis pas. Si c'est moi, c'est toi qui n'est pas* (Vide também nota 1), (ref. à p.231).

41. *lequel se réjouit d'être impair*: trata-se de um trocadilho bem conhecido dos alunos de latim no colégio. Consiste em traduzir: *Numero deus impare gaudet* (Virgílio, *Bucólicas*, VII, verso 76), não por *deus se regozija com o número ímpar*, como é o certo, porém, por: *o número dois se regozija por ser ímpar*. Trocadilho possível pela semelhança entre *deus* em latim e *deux* (dois) em francês (ref. à p.246).

42. *baccalauréat*: exame nacional ao qual todos os alunos do último ano do colegial têm de submeter-se e que dá acesso à Universidade. Traduzimos por *vestibular*, por ser uma situação análoga (ref. às p.250, 375).

43. Lacan lê a tradução feita por Baudelaire do conto *A carta roubada* de Edgar Alan Poe (ref. à p.244).

44. *après-coup:* preferimos só depois, termo proposto por M.D. Magno e empregado também por B. Milan, que o justifica com extensa nota. Cf. LACAN, Jacques, *O Seminário livro 1, Os escritos técnicos de Freud*, Rio de Janeiro, Zahar, 1979, nota nº 5 (ref. à p.250).

45. *Um 1 jamais poderá suceder a um* 3, *jamais um 1 apresentar-se-á depois de ter saído um número ímpar, seja qual for, de 2*. Aqui, para a asserção ser verdadeira é preciso acrescentar: *Se e somente se o símbolo que preceder esse 2 for 1* (ref. à p.262).

46. *Um desígnio tão funesto/ Se não for digno de Atreu é digno de Tiestes*. Deixamos em francês no texto já que nem Poe o traduz em seu conto (ref. às p.265, 277).

47. *joue*, de *jouer*, que em francês tem, entre outros, o sentido de jogar e de desempenhar papéis numa encenação teatral (ref. à p.267).

48. *S'il peut y avoir une lettre volée, c'est qu'une lettre est une feulle volante*. Jogo de palavras: *voler*, significa *roubar* e também *voar*. *La lettre volée* poderia também ser traduzida por *a carta voada, que voou* (ref. à p.268).

49. *lettre*: em francês, tem o sentido de *carta* e também de *letra* (ref. às p.268, 283).

50. *autrui-che*: palavra-valise composta de *autre*, *outrem* e *autruche*, *avestruz* (ref. à p.275).

51. *sacré*: nesta frase Lacan utiliza os dois sentidos antitéticos da palavra *sacré*: a ordem do sagrado e a ordem do intocável, do que é danado. Daí traduzirmos *des sacrés histoires* por *histórias danadas* (ref. à p.276).

52. *automatismo de repetição* (ref. à p.279).

53. *Moi* (ref. à p.319).

54. Não traduziremos as letras lacanianas como o A maiúsculo do *Outro* (*l'Autre* em francês). Como diz M.D. Magno: *estas letras funcionam como* nomes próprios, *isto é, os que não se traduzem, e há sua inscrição nos matemas.* Cf. LACAN, Jacques, *O Seminário livro 11*, *Os quatro conceitos fundamentais da psicanálise*, Rio de Janeiro, Zahar, 1979, nota nº 15 (ref. às p.320).

55. *des ego*: há homofonia em francês entre *des ego (egos)* e *des égaux* (iguais) (ref. à p.330).

56. *culotte*: designa em francês *maminha* – parte do boi, talhada na coxa, que vai do lombo ao filé – e também *calça* (ref. p.333).

57. No texto citado de Appolinaire a frase é: *mange-toi les pieds à la Saint-Ménéhoule. Coma teus próprios pés à Saint-Ménéhoule.* Trata-se de uma receita tradicional para o preparo culinário de pés de porco (ref. à p.333).

58. *songer*: tem o sentido primeiro de *sonhar*, mas também o sentido de *pensar com intensidade em algo*, correspondente, então, em português, ao *cismar em* (ref. à p.322).

59. todas as vezes em que aparecer *eu* neste capítulo, mesmo que não esteja preposicionado, trata-se do *moi* (ref. à p.358).

60. Em Plauto a oposição é entre *senhor* e *escravo*; em Molière, entre *amo* e *criado. Maître*, em francês, significa ao mesmo tempo: o *senhor*, em oposição ao *escravo*; o *amo*, em oposição ao *criado;* o *mestre*, em oposição ao *discípulo* (ref. às p.359, 360).

61. *tu me alienabis nunquam qui noster sum.* Na tradução francesa das obras completas de Plauto (Pierre Grimal, Gallimard) temos: *Tu ne m'empêcheras pas d'être moi-même et d'appartenir à mon maître* (*Não me impedirás de ser eu mesmo e de pertencer ao meu amo*). Lacan traduz por: *Tu ne me feras jamais autre, qui suis nôtre* (ref. à p.360).

62. *sacré nom de Dieu de petit bonhomme*: a língua francesa emprega frequentemente o nome de Deus em expressões blasfematórias, inclusive com conotação de palavrão. Não há equivalente na língua portuguesa (ref. à p.367).

63. *par hasard*: empregamos aqui o termo *azar*, em seu sentido primeiro, hoje menos usado de *acaso*, para conservar o jogo de palavras que Lacan faz entre *jeu de hasard* e *par hasard* (ref. à p.397).

64. Regnard escreve: *Si vous revenez, je vous en fais un masque sur le nez.* Tivemos de alterar a expressão para manter-lhe o sentido (ref. à p.405).

65. *prendre la porte*: literalmente, *pegar a porta*, tem em francês o sentido de *decidir partir*, *se mandar.* Não temos imagem semelhante em português que em-

pregue o vocábulo *porta.* A expressão *pegar portas* existe, porém num sentido de *ocupação militar.* Neste caso, tomamos o partido de deixar de lado a significação e manter a pluralidade, assim como as oposições dos sentidos possíveis das expressões compostas com *porta* (ref. à p.406).

66. *refuser la porte* à *quelqu'un*: *fechar a porta na cara de alguém.* Aqui optamos por construir uma imagem diferente em português para podermos manter as diferentes expressões compostas com *porta* e com a série dos verbos: *pegar, dar, levar* (ref. à p.406).

67. *rond*: tivemos de substantivar o adjetivo *redondo* para não empregar *círculo (cercle),* o que poderia acarretar uma confusão entre o plano imaginário e simbólico da figura geométrica (ref. à p.412).

68. versículos 10 e 11 (ref. à p.).

69. Trata-se do capítulo III de *Além do princípio do prazer*, texto que faz parte de uma coletânea publicada em francês com o nome de *Essais de Psychanalyse.* Paris, Payot (ref. à p.431).

70. *moi, je suir moi* (ref. à p.435).

Notícia do tradutor

Para realizar esta tradução em português, efetuamos um estudo tão minucioso quanto nos foi possível do texto estabelecido por Jacques-Alain Miller. Algumas incorreções que haviam escapado à transcrição francesa do Seminário II foram submetidas à apreciação de Jacques-Alain Miller, que nos deu seu pleno acordo para que a tradução brasileira já apareça corrigida. Tais retificações serão incluídas na próxima edição francesa.

Quanto à orientação geral da tradução poderíamos indicá-la parafraseando a nota introdutória aos artigos sobre metapsicologia feita pelos editores da Standard Edition (S.E. v. XIV, p.107):

Dada a extrema importância deste Seminário, o caráter denso de sua argumentação, e o lado por vezes intrincado, inerente aos assuntos tratados (e poderíamos acrescentar ao estilo próprio de Lacan), nós nos esforçamos por restituí-lo com uma particular exatidão. A tradução permaneceu, do começo ao fim (e especialmente nos trechos ambíguos) tão próxima quanto possível do francês, correndo inclusive o risco de parecer um tanto áspera.

Agradecimentos do tradutor

Esta tradução não teria sido possível sem o inestimável auxílio de Bernard Penot que, com uma paciência infinita, reviu integralmente a tradução, pondo os seus conhecimentos das sutilezas da língua francesa à nossa disposição.

À Betch Cleinman, cujo trabalho e dedicação ultrapassou de muito sua tarefa de copidesque.

1ª EDIÇÃO [1985]
2ª EDIÇÃO [2010] 8 reimpressões

ESTA OBRA FOI COMPOSTA POR SUSAN JOHNSON EM ADOBE GARAMOND E HELVETICA E IMPRESSA EM OFSETE PELA BARTIRA GRÁFICA SOBRE PAPEL ALTA ALVURA DA SUZANO S.A. PARA A EDITORA SCHWARCZ EM ABRIL DE 2023